Sibylle Plogstedt
Im Netz der Gedichte

Sibylle Plogstedt

IM NETZ DER GEDICHTE

Gefangen in Prag nach 1968

ULRIKE **HELMER** VERLAG

Printausgabe gedruckt auf säurefreiem,
alterungsbeständigem Werkdruckpapier
Printed in Germany

ISBN 978-3-89741-416-7
© 2018 Copyright Ulrike Helmer Verlag, Sulzbach/Taunus
Erstausgabe © 2001 Christoph Links Verlag, Berlin
Alle Rechte vorbehalten
Covergestaltung: Atelier KatarinaS / NL
unter Verwendung der Fotografie »Roadmovie 18«,
© Copyright stm / photocase

www.ulrike-helmer-verlag.de

Inhalt

Zurück zum Anfang 7

Prag 1968–1971 13
»Wach auf, die Russen kommen« 13
Weihnachten 19
Gefängnislektionen 26
Verhöre und Spitzel 32
Leichtigkeit mit Hippie 41
Den ganzen Tag nur Marta 56
Angeklagt wegen Untergrabung der Republik 73
Der Tod duftet nach Reseda 81
Die Niederlage Freiheit 104

Verdrängung und Spurensuche 111
Leben nach dem Gefängnis 111
Noch einmal Marta 132

Die Akten bleiben zu 177

Jahrzehnte später – Nachwort zur Ausgabe 2018 182

Anhang
Danksagung 186
Glossar 188
Personenregister 193

Ich habe zu Hause ein blaues Klavier
Und kenne doch keine Note.

Es steht im Dunkel der Kellertür,
Seitdem die Welt verrohte.

Es spielen Sternenhände vier
– Die Mondfrau sang im Boote –
Nun tanzen die Ratten im Geklirr.

Zerbrochen ist die Klaviatür ...
Ich beweine die blaue Tote.

Ach liebe Engel öffnet mir
– Ich aß vom bitteren Brote –
Mir lebend schon die Himmelstür –
Auch wider dem Verbote.

Else Lasker-Schüler

Zurück zum Anfang

Jahrzehntelang überdeckte ich die Ohnmacht, schüttete sie zu mit hektischer Aktivität. Wenn alles in Bewegung war und keine Zeit nachzudenken, fühlte ich mich sicher. Dann musste ich das Vergangene nicht wahrnehmen, konnte mich darauf beschränken, auf Anstöße von außen zu antworten. Wenn alles um mich zum Tanzen gebracht worden war, ich wie eine siebenarmige Schiwa den nächsten Handlungsfaden angelte, ging es mir gut. Doch eines Tages reichte die Kraft nicht mehr für solch einen Lebensimpuls, und die Ohnmacht, die ich nie, nie, nie mehr hatte spüren wollen, kehrte zurück und machte sich breit. Anfangs ging ich darüber hinweg, da dauerte sie nur einen Moment lang. Doch sie wuchs, kam mal für einen Tag oder für mehrere, blieb schließlich ganze Wochen da und brachte die Bausteine meines Lebens ins Wanken. Dann wurde ich so kraftlos, dass mir entglitt, was ich vorher mühelos balanciert hatte. Ich begann sie im Voraus zu spüren, jedes Mal stieg Panik in mir auf, dass ich abstürzen könnte. Die Panik bereitete der Ohnmacht den Weg. Um mich zu schützen, zog ich mich zurück. Meine Träume zeugten davon, wie schwer es war, das eigene Leben im Gepäck zu tragen.

Sie lebt versteckt in einem Haus auf dem Friedhof. Selbst das Wasser zapft sie sich nur nachts aus der Leitung. Doch das ist vergiftet, also musste sie einen Brunnen graben und die Zuflüsse durch Betonringe schützen. Ich sehe ihr, also mir, von außen zu, sehe die Brunnenringe an, wie sie in der Erde vergraben sind.

Sie sind ungleich groß und ergeben einen Tunnel, der uneben ist und aussieht wie ein liegender Turm. Die Fugen zwischen den Ringen sind mit Zement verschmiert. Nach und nach hatte sie wohl genug gefunden, um alle abzudichten. Zu dem Friedhof kommen große Vögel geflogen, ihre Gefährten. Sie hat für sie eine besondere Bohnenart gepflanzt. Wenn sie von hier wegginge, müssten die Vögel umgesiedelt werden. Ja, sie denkt daran, den Friedhof zu verlassen. Sie steckt die Bohnen für die Vögel in die Erde, weil die auf dem Nachbargrundstück keine Bleibe finden würden, die Einflugschneise dorthin ist nicht offen. Der Ort, den sie verlassen will, den wird es für sie nicht mehr geben.

Wo und wie hatte ich meine Stärke verloren? Ich wusste, dass ich die Antwort nicht heute, sondern nur in der Vergangenheit finden konnte. Dazu musste ich zurück ins Jahr 1968, zurück nach Prag, fast 30 Jahre zurück. In die Gefängniszelle, in der man mich anderthalb Jahre vom Leben weggeschlossen hatte. Versuchte ich, das Erlebte hochzuholen, kroch Furcht in mir auf und lähmte mein Gedächtnis. Mein Zugang zum Vergangenen war versperrt und verschmiert, wie die Ringe im Traumbrunnen. Kein Bild gelangte durch die Barriere und auch kein Gefühl. Außer einem einzigen. Und das war ein unfassbares Grauen. Es versperrte mir den Weg zur Erinnerung, sagte mir: keinen Schritt und kein Erinnerungsbild weiter. Mehr hältst du nicht aus!

Für das Grauen hatte ich keine Erklärung. Schließlich hatte ich lange angenommen, mit dem Gefängnis ganz gut klargekommen zu sein. Träume und Gedankenbilder gaben mir Hinweise. Doch jedes Bild stand für sich und fügte sich nur langsam ein in mein Leben. *Eine Wolke nimmt die Leichtigkeit aus der Zelle weg*, bedeutete mir eines im Halbschlaf. Wie passten denn Gefängnis und Leichtigkeit zusammen, fragte ich mich.

Unsichtbare Gletscherspalten öffneten sich, wie um mich zu verschlingen. Um der Kälte zu entgehen, sehnte ich mich nach Wärme, menschlicher Wärme. Dabei tat ich alles, um die Menschen aus meiner Nähe auszuschließen. Sie fingen an, mich zu stören. Beim Erinnern konnte mir niemand helfen. Ich wusste: Nur während der großen Erschütterungen des Lebens, in Momenten des vollständigen Verlusts, wo jede Geborgenheit verlorengeht und die Unbehaustheit an die Tür pocht, wurde die Hornhaut meiner Seele porös. Plötzlich schien mein Inneres etwas wiederzuerkennen. Aber was? Komm, geh, rief ich sie an und suchte die Erinnerung zu locken, mich aber zugleich so schnell wie möglich vor ihr zu verbergen. Bloß weil ich spürte, dass etwas in mir während eines Trennungsschmerzes in Bewegung geriet, konnte ich mich doch nicht ständig von Menschen trennen, nur weil ich mir davon erhoffte, dass endlich das entscheidende Stück vom inneren Packeis abschmolz und dort die ebenso sehr gefürchtete wie ersehnte Erinnerung lag.

Jemand bedeutet mir, es sei falsch zu glauben, dass sich im Eisschrank etwas halte. Dort finde gerade eine Inversion statt.

Ich beobachtete meine Reaktionen, so genau ich konnte. War ich mit den Stasi-Erlebnissen der einstigen DDR-Opposition konfrontiert, begann der Boden unter mir zu wanken. Die Welt um mich herum wurde unscharf, ich bekam Schwindelanfälle. Wenn mich schon die Erlebnisse anderer zum Taumeln brachten, wie sollte ich die eigenen aushalten? Sobald ich meinen Gefühlen Stoff fürs Erschrecken lieferte, verbarrikadierten sie sich. Aber vor mir hatten es doch Hunderte, ja Tausende anderer geschafft und waren durch den Schmerz der Erinnerung gegangen.

Wieso entstand dieses Grauen erst jetzt, warum erst nach dem Zusammenbruch der äußeren Seilschaften der Stasi und nicht, als sie noch über alle Möglichkeiten verfügt hatte? Warum wurden die inneren Seilschaften in mir um so vieles deutlicher, wo der äußere Gegner verschwunden war? Ohne es gewusst zu haben, hatte ich seit 1971 gegen den Druck der Stasi standgehalten. Befreit davon strauchelte ich wie jemand, der eine Wand stützte und der fällt, wenn sie weggenommen wird. Meine Ängste waren lange schon an einem Überdrehpunkt angekommen und reagierten wie eine Schraube, die, einmal zu stark angezogen, den Haltepunkt immer wieder verpasst.

Einmal musste ich noch ganz dicht heran an das, was ich in Prag nach 1968 erlebt hatte, um es endlich loslassen zu können. Ich musste wissen, was ich damals als 23-Jährige gefühlt hatte, wie ich war und wie mich andere wahrgenommen haben. All das musste in mir auferstehen, wenn ich heute, mit weit über 50, endlich aus der Haft entlassen werden wollte. Aus jenem Verlies, das in mir noch fortbestand.

Im Ringen, alte Gefühle hochzuholen, tauchte vieles auf. Erinnerungen, die zu entwirren eine richtige Aufgabe werden sollte. Meine Träume vermischten alle denkbaren Ebenen.

Eine Freundin, die einst Gefängnisdirektorin war, hat eine Familienchronik. Eingebunden in einen schwarzen Einband, sieht sie aus wie die Bibel, die meine Mutter und mein Stiefvater zur Hochzeit bekamen. Im Inhaltsverzeichnis sind Märchen aufgeführt. Ein Titel ist auf den Umschlag gedruckt. Vom eisernen Herzen *steht da.*

Mein Hauff'sches Kindheitsmärchen vom kalten Herzen, war es das, was hinter dem Berg lag? Hatte in meinem Prager Märchen der Kohlepeter mit dem Waldkönig gespielt, der auch dem Kohlepeter das Herz genommen hatte? Konnte ich nicht mehr fühlen, weil der Waldkönig mein Herz zurückbehalten hatte? Hatte mein Märchen vom kalten Herz denn kein gutes Ende?

Gesucht, gefunden und gleich wieder verloren hatte ich meine Liebe zu Petr in Prag. Im Osten, der damals noch auf Jahrzehnte hinter dem Eisernen Vorhang bleiben sollte. Im Osten hatte einst auch meine Mutter meinen leiblichen Vater gefunden und ihn nach wenigen Monaten wieder verloren. Ähnlich schnell wie ich meinen Freund Petr.

Ich kramte die Briefe, die Petr mir geschrieben hatte, wieder hervor. Er in seiner Zelle, ich in meiner. Sie waren verstaubt, mehrfach umgezogen. Längst waren sie aus dem Regal in den

Keller gewandert. Dort haben sie gelegen, jahrzehntelang. Brief für Brief, Stufe um Stufe ging ich zurück zum August 1968. Die Pausen, die ich beim Lesen einlegen musste, waren lang. Meine Erinnerungen kehrten zurück, in Bruchstücken zunächst, buchstabengetreu, genau das, was da stand. Es war etwas Größeres, das da heraus wollte. Wirr, ohne Kontur suchte es den Ausgang. Beim Fahnden nach dem Erlebten irrte ich in mir herum, hob wie in einem unaufgeräumten Büro versuchsweise hier einen Stapel mit Vergangenem an und dort einen. Und stiftete neue Verwirrungen.

Ich befinde mich im Gefängnis und grabe mir einen Fluchtweg. Mühsam robbe ich voran. Ich kenne die Richtung, in die ich raus muss. Es ist Ruhleben, mein Berliner Kindheitsviertel. In Ruhe leben. Eine Frau, mit der ich in einer Zelle sitze, schickt mich in die andere Richtung. Da geht es aber nur tiefer in den Knast.

Dabei meinte ich, Schritt um Schritt all die Löcher gestopft zu haben, die mir seit der Kindheit auf der Seele brannten, um jetzt, wo die Erinnerung hochkommen wollte, nicht einzubrechen. Als der Weg frei war und die Gefängniserlebnisse sich herauswagten, waren acht Jahre verstrichen.

Es war Zufall, aber was ist schon Zufall, dass ich Mitte der neunziger Jahre, als die Vergangenheit empordrängte, Jiřina Šiklová in Bonn wiedertraf. 1968 hatte sie mich in Prag als Mentorin am Soziologischen Institut betreut. Kurz darauf bekam sie Berufsverbot. Kaum hatte sie mich im Bonner Seminar entdeckt, schob sie mir einen Zettel über den Tisch: »Weißt Du, dass Petr an Lungenkrebs erkrankt und gerade operiert worden ist?«

An diesem Abend kam ich nach Hause, setzte mich hin und begann zu schreiben. In der Spalte zwischen Todesangst und der Hoffnung auf Überleben, wo Petr durch die Krankheit hingelangt war, hatte ich auch meine Erinnerung abgelegt. Er war der einzige, der ein Recht hatte, alles zu erfahren. Ehe Petr starb, sollte er wissen, warum ich mich damals nicht klar genug verhalten konnte, warum ich ihn in Prag aufgegeben hatte.

Zwei riesige, penisartige Mikrofone stehen bereit, damit ich jederzeit meine Prager Geschichte diktieren kann. Als ich endlich beginnen will, habe ich ein wundersames Kraut vor mir. Es ist ineinander verschlungen, so dass ich weder Anfang noch Ende entdecke. Ich lege es beiseite und nehme ein Bund Petersilie.

Meine Verdrängungsblockaden lösten sich alle auf einmal. Wie bei einem Fahrzeug am Hang wurden alle Bremsklötze zugleich weggenommen. In rasender Geschwindigkeit schrieb ich alles nieder. Jeder Erinnerungsfetzen riss sich schmerzhaft aus einer Verkrustung los. Alte Narben öffneten sich. Drei Wochen lang trug ich Schicht um Schicht ab. Manchmal taumelte ich vor Schwindel, und mein Magen revoltierte. Ich ging bis an die Grenze meines physischen und psychischen Vermögens. Gegenwart und Vergangenheit überlagerten sich, eine schälte sich aus der anderen heraus. Ging ich in Bonn die Rheinallee entlang, lief ich über die Karlsbrücke in Prag. Beide sah ich zugleich. Nach und nach fügten sich die Details und die Zeiten zueinander. Als der Schmerz endlich nachließ, war aus dem Vergessenen eine Kostbarkeit entstanden, jedes erinnerte Gefühl ein Unikat. Heraus kam ein siebzigseitiger Brief an Petr, die Grundlage dieses Buches.

Prag 1968–1971

»Wach auf, die Russen kommen«

Ich schlief fest, als es an meine Tür pochte. Das Klopfen wurde immer heftiger, doch ich wollte mich nicht rühren.
»Wach auf! Die Russen kommen!« Es war Günther, der sich bemerkbar machte.
»Sei ruhig, du Antikommunist!« Ich knurrte und drehte mich auf die andere Seite.
Günther schlug weiter an die Tür. »Hörst du nicht, die Russen sind da ...«
Jetzt erst bemerkte ich ein tiefes Brummen. Es schien aus der Luft zu kommen. Ich sprang aus dem Bett, lief aus dem Zimmer. Auf dem Balkon waren Utz, Günther und die tschechische Familie versammelt, bei der wir einquartiert waren.
Utz schaute mich so triumphierend an, als hätte er den Einmarsch schon seit Tagen vorhergesagt, und Günther meinte fachmännisch: »Es sind Transportflieger, die fliegen Panzer ein.« Er war bei der Bundeswehr gewesen. Als Westberlinerin war ich es nicht gewohnt, dass sich ein Gleichaltriger in Waffen und Fluggerät auskannte. Nach Berlin kamen damals vor allem die, die mit dem Bund nichts zu tun haben wollten.
Langsam erhob sich das nächtliche Grau und machte der Tageshelligkeit Platz.
Es war ein regnerischer Tag, dieser 21. August 1968 in Prag. Sobald es hell genug war, liefen wir auf die Straße. Vor den Häusern und Läden standen Kästen mit Milch.
»Das ist das erste Mal, dass in Prag die Milch pünktlich aus-

getragen worden ist«, kommentierte einer ironisch. An den Häusern waren die Nummern- und Namensschilder abmontiert, die Straßenschilder vertauscht und die Richtungsweiser für den Fernverkehr verdreht oder geschwärzt. Seit Tagen hatte es Gerüchte über einen Einmarsch gegeben. Man hatte Verhaftungen erwartet.

»Wir müssen Geld tauschen, solange es noch geht«, sagte Utz, der Realistische. Wie man jetzt an Geld denken konnte, stieß es mir auf, doch ich fügte mich. Am Platz der Republik betraten wir die Staatsbank. In ihrem Käfig aus Panzerglas saß eine Kassiererin. Heute liefen ihr die Tränen herunter. Wenn Menschen so um das Verlorene trauerten, musste es gut gewesen sein. Jetzt, da das Experiment des demokratischen Sozialismus scheiterte, begann es, mich zu überzeugen.

Plakate an jeder Hauswand, an jeder Mauer. Ganz Prag war auf den Beinen und schien sich in einen Plakatklebetrupp verwandelt zu haben. Alle warteten auf die Nachricht, ob die nach Moskau verschleppte Parteiführung der KPČ zurück war. Lautsprecherdurchsagen beschallten den Wenzelsplatz. Scheppernd verkündete eine blecherne Stimme: »Teure Freunde, wir sind als Brüder zu euch gekommen. Wir wollen euch gegen die Konterrevolutionäre helfen. Wir sind nicht hier, um euch etwas aufzuzwingen.«

Unmut unter den Demonstranten. An einer Regenrinne kletterte ein Student die Hauswand empor und durchschnitt das Kabel. Der Lautsprecher verstummte, die Menge applaudierte.

Hinter dem Museum wurde ein russischer Panzer umzingelt. Vor ein paar Stunden war hier ein Mensch getötet worden. Der Blutfleck färbte das regennasse Pflaster. »Idite domoj« stand in kyrillisch daneben, »Haut ab, geht nach Hause« war auch an Rollläden, Hauswänden, auf tschechischen Fahnen zu lesen. 1945 waren die russischen Panzer blumenbekränzt in Prag eingezogen. »Sozialismus ja, Okkupation nein«, hieß es nun auf in Eile entworfenen, aber höchst perfekt wirkenden Plakaten. Und der an einem geheimen Ort tagende XIV. Parteitag der KPČ hatte gerade alle mit den Russen kollaborierenden Parteifunktionäre abgewählt. Stundenlang trieb ich durch die Altstadt, angeschoben vom Strom der Menschen, suchte mir hier und da ein paar Plakate aus und nahm sie als Dokumente des Widerstands mit. Umstehende beobachteten mich misstrauisch. Spannung baute sich auf. Ein Mann sprach mich an und übersetzte den anderen, dass ich Westberlinerin sei. Die beruhigten sich wieder. Als Westlerin durfte ich sammeln.

»Es wird brenzlig«, meinten meine Mitreisenden. »Wir müssen sehen, dass wir hier wegkommen. Noch ist es möglich.« Es war der dritte Morgen nach dem Einmarsch. Und dass wir mit unserer Seminararbeit über den Umbau der tschechoslowakischen Wirtschaft, für die wir wochenlang alle wichtigen Institutionen von den Gewerkschaften bis zum Managementinstitut abgeklappert hatten, jetzt nicht weiterkämen, sei doch sowieso klar.

Ich schüttelte den Kopf. Jetzt zurückzukehren, dazu war ich nicht bereit. Solch einen Widerstand hatte ich noch nie erlebt, keinen Moment wollte ich verpassen. In der Gemeinschaft des Protests fühlte ich mich wie ein Fisch im Wasser. Kein Vergleich zu dem, was in Westberlin 1968 abgelaufen war.

Günther versuchte es sanfter: »Überleg doch mal. Wir haben genug gesehen. Was sollen wir denn hier tun?«

»Nein«, beharrte ich und blieb. Die beiden fuhren ab.

»Feiglinge«, fauchte ich ihnen hinterher. Ich war enttäuscht. Aber sie waren eben keine Revolutionäre und nicht im Sozialistischen Deutschen Studentenbund (SDS), im Gegensatz zu mir. Von mir war mehr zu erwarten, wie ich meinte.

Aber was wollte ich noch in Prag? In Berlin wandte ich mich an den AStA, wenn ich wissen wollte, was los war. Also ging ich zur Philosophischen Fakultät und bot den Studentenvertretern meine Hilfe an: »Ich habe ein Auto und kann Fahrten übernehmen.«

Jiří Müller und Karel Kovanda kannten den SDS. Beide waren vom AStA der Freien Universität schon einmal nach Berlin eingeladen worden. Das war, nachdem Rudi Dutschke im Frühjahr 1968 in Prag gewesen war. Als die Delegation der Prager Studenten am 11. April zum Gegenbesuch in Berlin eintraf, war Dutschke gerade vor dem SDS-Gebäude am Ku'Damm niedergeschossen worden. Mit den tschechischen Studenten wusste niemand etwas anzufangen. Außer zu sagen: »Kommt doch mit!« Die Springer-Kampagne war entbrannt.

Ein »Mach doch mit!« nun auch in Prag. Ost wie West, beide Systeme waren bis ins Mark erschüttert, jedes brachte sein Gegenteil hervor. Der Kapitalismus eine sozialistische Opposition, der bürokratische Sozialismus eine, die die freie Marktwirtschaft beleben wollte.

Mein Angebot wurde angenommen, und so transportierte ich Papier von einem Prager Stadtteil zum anderen, fuhr von der Papierfabrik zu einer Druckerei. Überall wurden in diesen Tagen Flugblätter und Plakate gegen den Einmarsch gedruckt. Die Papierstapel waren hinter dem Rücksitz verstaut unter einer Abdeckhaube, die jeder VW-Käfer damals hatte. Ein Student begleitete mich, denn allein hätte ich den Weg nicht gefunden, es gab ja keine Straßenschilder mehr.

Ich übernahm auch den nächsten Transport. Auf der Moldaubrücke ging es durch die russischen Kontrollen. »Stoj!« kommandierte der Offizier. Kofferraum auf, Motorhaube auf. Knappe Befehle. Kein Russe kam darauf, die Abdeckung vom Hintersitz anzuheben.

»Hallo, Sibylle«, Günther und Ramba, zwei Mitglieder des SDS, hatten sich von Berlin aus auf den Weg nach Prag gemacht, durch Zufall traf ich sie auf den Straßen. »Wir haben uns noch ein Mandat vom SDS geholt«, feixten sie. Im Auto hatten sie eine Vervielfältigungsmaschine. Ich verwies sie an die Studentenvertretung. Als ich ihnen wieder beggegnete, hatten sie Delegierte zu dem XIV. Parteitag gefahren, der später für illegal erklärt wurde.

Nach zwei Wochen hatte der Protest für mich seine Anziehung verloren. Ich kehrte zurück nach Deutschland. Die Studentenvertretung in Prag bat mich noch, einige Tschechen mitzunehmen, die das Land verlassen wollten. Ich fuhr über Österreich. Die dortige Grenze werde am wenigsten kontrolliert, hieß es. Erleichtert kletterten die Tschechen bei Graz aus dem VW, es hatte geklappt.

Ich fuhr nach Frankfurt am Main. Mitte September tagte dort die Delegiertenkonferenz des SDS wegen des Einmarsches in Prag. »Hast du gehört«, kam mir Jürgen Treulieb entgegen, damals AStA-Vorsitzender der FU Berlin, »dass wir nach dem Einmarsch die erste gemeinsame Demonstration von SDS, SPD, DGB und CDU hatten?« In einer Arbeitsgruppe auf der Konferenz rangen wir um eine Resolution. Der DKP-Flügel des SDS versuchte, die Verurteilung des Einmarsches auf jeden Fall zu verhindern, während die späteren Maoisten vor allem die neue Bourgeoisie in Prag anprangern wollten. Elmar Altvater setzte sich zur Wehr. Der Studentenbund krachte aus allen Fugen. Diesmal setzte sich noch der undogmatische Flügel durch, und der SDS verabschiedete eine Resolution, in der er den Einmarsch verurteilte. Nach den Demonstrationen gegen den Krieg in Vietnam – der Vietnamkongress in Berlin, den ich mitorganisiert hatte, war gerade ein halbes Jahr her – wäre der SDS unglaubwürdig geworden, wenn er die Besetzung der ČSSR hingenommen hätte.

Doch unsere Beratungen über die Prag-Resolution standen unter Zeitdruck. »Ihr müsst jetzt rüberkommen, gleich sind die Frauen dran«, trieb uns jemand an. Im Sitzungssaal stand Helke Sander bereits am Pult, um ihre Rede gegen die männlichen Autoritäten im SDS zu halten. Wir nahmen Platz an langen Tischen, doch Ruhe wollte nicht so schnell einkehren. Aus Wut über die Bemerkung eines Vorstandsmitglieds schmiss Sigrid Rüger eine Tomate, jene berühmte Tomate, die am Kopf von Hans-Jürgen Krahl landete und zum Fanal für die Frauenbefreiung werden sollte.

Mit Frauen konnte ich damals nicht besonders viel anfangen. In Berlin hatten mich früher schon einige vom Aktionsrat zur Befreiung der Frau als »Mittelstandsneger« angegriffen, weil ich versuchte, politisch meinen Platz unter den SDS-Männern zu behaupten. Wenige Monate später, auf der nächsten Konferenz, ging der Frauenkampf weiter. Da flogen über die Köpfe der überwiegend männlichen Delegierten Flugblätter mit dem Text: »Befreit die sozialistischen Eminenzen von ihren bürgerlichen Schwänzen!« Für jeden der bekannteren Genossen die Zeichnung eines Schwanzes – wie Jagdtrophäen waren alle nebeneinander aufgereiht.

Prag ließ mich nicht los. Ich wollte mitbekommen, wie sich der Widerstand dort entwickelte. Andere vom SDS fuhren nach Lateinamerika oder Afrika, ich suchte Kontakt in Prag. Bis ich linksradikale Studenten traf, die ähnlich dachten wie wir damals im SDS. Einen meinte ich in Zbyněk Fišer zu finden, der galt als Maoist. Ein behäbig-dicker Mann mit langem, etwas schütterem Bart. Fišer servierte mir Tee, hatte an internationalen Kontakten aber kein Interesse. Er gab mir die Adresse von Petr Uhl: »Der interessiert sich dafür, der ist Trotzkist.«

In der Wohnung von Petr Uhl traf ich Maša an, Petrs geschiedene Frau.

»Leider«, sagte sie zögernd, »bin ich nicht so engagiert. Aber Petr wird gleich hier sein. Er wird dir sicher helfen können.«

Petr und Maša wohnten nach der Trennung noch Wand an Wand in derselben Wohnung, nach einer Scheidung gab es keine neue. Petr hatte während des Prager Frühlings bereits Kontakt aufgenommen zu den revoltierenden französischen Studenten um Alain Krivine und zu dem linken Ökonomen Ernest Mandel. Beide standen auch mit dem SDS in Verbindung. Mandel führte für den SDS Schulungen durch, und Krivine war einer der Hauptredner auf dem Vietnamkongress in Berlin gewesen. Durch Petr erfuhr ich von Arbeiterräten, die nach der Intervention in fast allen Betrieben gegründet worden waren. Ihre

Gründung hatte der XIV. Parteitag als Signal des Widerstands während des Einmarsches beschlossen. In der philosophischen Fakultät trafen sich Koordinationsräte, in denen Schulen, Fakultäten und Betriebe ihren Widerstand abstimmten. Dorthin nahm Petr mich mit. Schnell war klar: Er war für den SDS der richtige Partner. Auch für mich war er das.

Weihnachten

Petr feierte Weihnachten nicht, aus Prinzip. Also entschied ich mich, allein nach Berlin zu fahren. Es war der 13. Dezember 1969, ein Samstag. Petr brachte mich zum Bahnhof. Er schaute sich um: »Ich habe niemanden gesehen. Es scheint uns keiner gefolgt zu sein.«

»In vierzehn Tagen bin ich wieder da«, tröstete ich ihn. Petrs Blick blieb traurig. Bekümmert, so ließ ich ihn auf dem Bahnsteig zurück. Er winkte mir lange nach. Erst als sich der Zug in die Kurve lehnte und ein Signalmast sich vor den Bahnsteig schob, verlor ich ihn aus den Augen.

Je weiter mich der Zug von Prag fortbrachte, desto freier atmete ich. Kleine Bahnhöfe an der Strecke, Felder und verschneite Hänge, weiß glitzernde Äste. Ich war bezaubert. Die Angst der vergangenen Tage verlor ihren Raum.

Eine alte Frau wartet vor dem Veitsdom. »*Wenn nur mehr Leute ...*«, *sagt sie bedeutungsvoll. Den Rest verstehe ich nicht. Ich lache, werfe unbekümmert meine Sachen den steilen Hang hinunter. Ein Mann klettert mir mit vollem Gepäck entgegen. Der Weg ist schmal. Er zögert, als er meine Sachen auf halbem Wege liegen oder an Felsvorsprüngen und Sträuchern hängen sieht.* »*Gehen Sie ruhig weiter*«, *sage ich,* »*es kommt niemand mehr nach. Es sind nur die Sachen.*«

Stunden war es her, da hatte die Angst noch meine Lebendigkeit aufgefressen. Ratlos war ich tagelang durch Prag gelaufen, hatte gespürt, dass uns jemand folgte, und bekam ihn nie zu Gesicht. Weder Petr noch ich. Fremde Autos standen vor unserer Tür, wir wussten das genau, aber nie waren sie wiederzuerkennen. Auf dem Weg zur Universität hatten wir begonnen, uns umzuschauen und im Restaurant auf die Nachbartische zu achten. Unsere Verfolger waren unsichtbar geblieben. Eines Tages kam Petr von seiner Schule, wo er als Ingenieur unterrichtete. Sie waren dagewesen und hatten Kollegen über ihn befragt. Es stimmte also. Wortlos gingen wir hinüber zur Philosophischen Fakultät, als hätten wir uns nichts mehr zu sagen. Proteste gab es dort schon längst keine mehr.

Prag war grau, nur grau. Graue Häuser und graumatschige Straßen. Kaum war ich einmal allein, fiel die Panik über mich her. Verzweifelt überlegte ich, wen ich zu Rate ziehen konnte. Wer würde helfen? Ich kannte niemanden außer Petr, den Mitarbeitern am Soziologischen Institut und den Studenten aus unserer Gruppe, der Bewegung der Revolutionären Jugend, die wir Ende 1968 gegründet hatten. In Berlin hätte ich gewiss jemanden gefunden, an den ich mich hätte wenden können. Irgendwer hätte schon weitergewusst. In Prag fiel mir nichts ein, was mich, was uns hätte retten können. Petr, mich, unsere Gruppe. Ich sprach ja nicht einmal Tschechisch. Petr wusste offenbar auch nicht weiter. Grau, so grau blieb Prag in meiner Erinnerung. Jahrzehntelang.

Der Zug schüttelte mich durch, die Bäume flogen an mir vorbei. Das Fliegen der Bäume machte mich ganz leicht. Fast sorgenfrei erreichte ich die Grenze, atmete schon durch und glaubte, es geschafft zu haben, als ein Beamter zurückkehrte und mit meinem Ausweis verschwand. Der Zug stand. Unruhig begann ich auf der Bank hin- und herzurutschen. Der Zug stand. Der Ausweis war doch in Ordnung, das Visum nicht abgelaufen. Im Kopf ging ich mögliche Fehler durch. Mir fielen nur die harmlosen ein. In Prag war ich ordentlich gemeldet. Was sollte also geschehen, versuchte ich mich zu beruhigen.

Aber der Zug stand. Der Beamte kam nicht zurück. Eine lange halbe Stunde verging.

Sie kamen zu zweit. Schon von weitem sah ich sie den Gang entlangkommen, in jedes Abteil blickten sie hinein. Neben mir blieben sie stehen, verglichen das Foto auf dem Ausweis mit mir und baten mich, ihnen zu folgen, sie auf einen Moment in ihr Büro zu begleiten. Sie baten sehr höflich. Kaum war ich draußen, setzte sich der Zug in Bewegung – ohne mich. Hilflos brauste ich auf: »Wie soll ich denn zu meiner Mutter kommen? Die erwartet mich doch.«

Trotz meiner Ungeduld – die Beamten blieben zuvorkommend. Einer versuchte, mich zu beruhigen: »Es wird eine Weile dauern, bis Sie abgeholt werden. Jemand wird aus Prag kommen. Sicher wird es für Sie heute noch sehr anstrengend. Am besten, Sie legen sich noch etwas hin und ruhen sich aus. Sie brauchen Ihre Kraft noch.« Und er wies auf eine Liege.

Liegend würde alles nur noch schlimmer, das spürte ich. Dann würde die Ohnmacht über mir zusammenschlagen. Lieber lief ich im Raum auf und ab, ging nach draußen zur Toilette. Ich ging so oft, dass der Chef der Grenzstation misstrauisch von seinem Schreibtisch aufschaute, als ich wieder auf die Tür zuging. Tatsächlich hatte ich nach und nach mein kleines tschechisches Adressbuch runtergespült. Ich trennte mich nur zögernd, Seite für Seite, Klogang um Klogang.

Es war längst dunkel, als draußen ein Tatra vorfuhr, ich durch den Schnee stolperte und einstieg. Im Licht huschten die Bäume scheinwerferweiß an uns vorbei und die Dörfer. Angespannt saß ich etwa drei, vier Stunden auf dem Rücksitz und versuchte, mir irgendetwas von dem Weg zu merken. Wohin würde man mich bringen? Als hätte man mir die Augen zugehalten und mich um die eigene Achse gedreht, verlor ich die Orientierung.

Wie die Häuser plötzlich aus dem Dunkel im Scheinwerferkegel auftauchten, Warnschilder beleuchtet wurden, tauchten die Bilder der vergangenen anderthalb Jahre vor meinen Augen auf. Wie wir unsere ersten Gruppentreffen abhielten und um die Gründungserklärung rangen. Wie wir Flugblätter gegen den Einmarsch schrieben und im ganzen Lande verteilten. Wie wir sie illegal in einer Gartenlaube druckten. In jeder Kurve, die das Auto nahm, wurde anderes beleuchtet. Ich klammerte mich am Sitz fest, um den Halt nicht zu verlieren. Mein Blick wich nicht von der Straße.

Wie ausgeschnitten tauchte aus dem Dunkel ein massiver Bau vor uns auf. Angestrahlt rundum, Stacheldraht auf den Mauern. Der Tatra passierte eine Sicherheitsschleuse. Wortlos wurde ich ein paar Stufen hinauf- und gleich wieder ein paar hinabgeführt. Auf dem Weg schwere Eisentüren, die aufgeschlossen werden mussten. Hier gab es nur noch Uniformierte.

Im Kellergeschoss eine lange Theke, ein Magazinraum, wo mir alles abgenommen wurde: die weiße Felljacke, die Tasche, das Gepäck, selbst der Gürtel und das Geld. Ein Uniformierter zählte mein Geld, ließ mich einen Beleg unterschreiben und eine Quittung, dass meine Kleidung gegen einen braunen Trainingsanzug und die Schnürschuhe gegen schwarze Gummipantinen eingetauscht worden waren. Ich quittierte zwei Wolldecken, dicke blassblaugrüne Unterwäsche, die viel zu groß war, einen Zahnputzbecher, ein Leinenhandtuch. »Klapp klapp« machten die Pantinen bei jedem Schritt, als ich, mit meinem neuen Gefängnisstaat bepackt, weitergeführt wurde.

Hinter mir schloss sich die eiserne Tür. Benommen sank ich auf einen Hocker, sah nichts von meiner Umgebung, so sehr hatte ich mich angestrengt, ruhig zu bleiben und den Kopf nicht zu verlieren. Erschöpft sank ich weiter hinunter auf eine Matratze am Boden. »Peng«, jemand schlug mit einem Stock gegen die Tür. Ich fuhr zusammen. Der jemand sagte etwas hinter der Eisentür, das ich nicht verstand. Es wirkte wie eine Drohung. Ich nahm an, dass es sich auf mein Liegen bezog, rappelte mich mühsam hoch, setzte mich wieder auf den Hocker. Nun klopfte es nicht mehr. Ich hatte die erste Lektion meiner Gefängnissozialisation.

Ich grübelte: Wer würde von meiner Verhaftung erfahren? Was würde meine Mutter tun, wenn ich nicht ankam? Würde sie bei Petr nachfragen? Dann wüsste der wenigstens Bescheid. Oder war Petr auch schon festgenommen worden? Was wusste die tschechoslowakische Staatssicherheit, dass sie mich sogar an der Grenze weggefangen hatte? Angstfragen spulten sich ab wie Fäden und verhedderten sich. Während des entführungsähnlichen Szenarios war kein Raum fürs Nachdenken gewesen.

Bis spät in der Nacht blieb ich auf dem Hocker sitzen. Längst hatte eine Klingel geschnarrt. Ich hatte keine Ahnung, was die bedeutete. Das Licht wurde heruntergedreht. Hinter dem Spion in der Tür ein Auge. Es fixierte mich immer häufiger und immer länger. Nach Stunden, als die Müdigkeit mich überwältigte, wagte ich noch einmal, mich hinzulegen. Diesmal sauste kein Stock gegen die Metalltür. Dafür verschwand das Auge im Spion.

Sonntagmorgen: Ich entdeckte die Spuren von anderen Häftlingen, Inschriften im Tisch und an der Wand. »Ihr roten Faschisten« oder nur »Faschisten« stand da. Die haben nichts verstanden, war mein verächtlicher Reflex. Seit meiner Einlieferung war ich ruhig geworden. Das, wovor ich mich gefürchtet hatte, war ja nun geschehen. Was sollte jetzt noch passieren? Ich verspürte sogar eine Art von paradoxem Stolz. Also hatte es doch einen Sinn gehabt, was wir getan hatten. Vor der Festnahme war mir alles nur noch wahnsinnig vorgekommen. Auf einmal schien es, als hätten wir etwas erreicht. Die Frage, warum sich Sinn und Selbstwert ausgerechnet an meiner Verhaftung bewiesen, stellte ich mir nicht.

Nach und nach nahm ich meine Umgebung wahr. Zwei mal drei Meter war die Zelle, ich maß sie in Schritten aus. Ein Hocker, zwei Matratzenteile längs am Boden bildeten das Bett. Für das dritte Teil hätte der Platz nicht gereicht. Legte man die Matratze aus, musste der Tisch weichen. Ein französisches Klo war in der Ecke. Nach draußen gab es kein Fenster. Hinter der Fensteröffnung lag ein Gang, schräg dahinter ein zweites Fenster. Licht kam da kaum durch. In die Wand eingelassen zwei Klappsitze wie in der U-Bahn. Sie waren fixiert und stammten wahrscheinlich von früheren Gefangenengenerationen. Bei denen waren also nicht einmal Tisch und Stuhl bewegbar gewesen. Ich rollte mich in die Decken ein. Merkwürdigerweise schlief ich durch. Am Morgen ließ ich die Decken zusammengeknüllt auf den Matratzen liegen. Sofort erschien eine Wache und zeigte mit dem Prügel darauf. Zusammenlegen hieß das. Dann richtete sich der Knüppel auf die Matratzen: Aufeinanderstapeln hieß das.

Die Wache verschwand. Mit einem Ruck wurde plötzlich die Tür noch einmal aufgerissen, der Wärter blieb draußen stehen. »Nehmen«, sagte er einsilbig, aber immerhin auf Deutsch. Ein Blechnapf auf einem Brett neben der Tür. Igitt, dachte ich, Muckefuck. Dazu ein zehn Zentimeter dicker Brotlaib und kein Messer, um ihn aufzuteilen. Ein Klumpen Marmelade, etwas Fett. Später lernte ich: Das war die Feiertagsration. Ich ließ alles liegen und ging zurück in die Zelle. Mittags war ich hungriger und nahm den kalten, unaufgeschnittenen Knödel und versuchte, ihn mit dem Löffel in der Soße aufzuteilen.

Ich bin in einem großen Haus. Über die Gänge schallt eine tschechische Stimme. Seit ich die gehört habe, finde ich mich immer als erste zum Essen ein. Die Frau kocht für alle in der Villa. Aber ich spreche nie Tschechisch mit ihr.

Am frühen Nachmittag holte mich ein Schließer. »Du komm«, versuchte er es auf Deutsch. Ich ging raus, er schloss die Zellentür zu, den Knüppel am Gürtel. »Stehen.« Schließen, Gittertür auf, durchgehen. »Warten!« Schließen, Gittertür zu. Es fühlte sich an wie eine Hundedressur. Treppe rauf, Fahrstuhltür auf, rein in den Fahrstuhl, Knopfdruck in eins der oberen Stockwerke. Ich wusste nicht, wohin es ging. »Warten!« Stehen neben der Tür. Der Schließer klopfte, meldete mich an. Diesmal wirkte er unterwürfig, was nicht zur Uniform passte.

Drinnen ein Major der Staatssicherheit. Wahrscheinlich gehörte er der Inneren Sicherheit an, der vnitřní ochrana.

»Wir lassen Sie sofort frei, wenn Sie uns sagen, was Sie wissen.«

Der Major der Staatssicherheit schaute mich an. Er war aus dem Wochenende geholt worden und wollte schnell wieder dorthin zurück.

»Was soll ich Ihnen sagen? Ich weiß nichts«, gab ich zurück.

Ein Dolmetscher war dabei und übersetzte. Er saß rechts von mir, auf meiner Seite des Schreibtischs, der Major mir gegenüber.

»Was wissen Sie über Petr Uhl?«

»Er war mein Freund«, übersetzte der Dolmetscher.

»Worüber haben er und seine Freunde geredet?«

»Leider konnte ich das nicht verstehen, ich spreche ja kein Tschechisch.«

»Und was hat er Ihnen hinterher erzählt?«

»Ich war nur seine Freundin.«

»Nun sagen Sie ihm schon, was Sie wissen«, assistierte der Dolmetscher. »Sie ahnen ja gar nicht, was hier auf Sie zukommt.«

Zwei gegen eine! Ich streifte ihn mit einem verächtlichen Blick und verlangte nach einem Anwalt. Nach zwei, drei Stunden fluchte der Major und schickte mich zurück. Das heißt: Er rief die Wache, damit die mich abholte.

Ob Petr von allem erfahren hatte? In der Nacht suchte ich die Wärme seines Körpers. Ich stellte ihn mir ausgestreckt neben mir auf der Matratze vor. Unsere politischen Abenteuer waren eng mit unserer Sexualität verquickt gewesen, sodass ich ihn nun fast süchtig vermisste. »Sozialismus in einem Bett«, hatte ich unser erotisches Leben genannt. Immerhin war er einer der ganz wenigen, der mich intellektuell, sexuell und emotional zugleich ansprach. Nur mein Bedarf an Abenteuern war übererfüllt, jedenfalls im Moment.

Ich bin auf dem Weg zur Gärtnerei. Mit dem Auto komme ich nicht durch. Die Polizei hat alles abgesperrt. Ich parke auf einem Stellplatz für Fahrräder und will zu Fuß weiter. Ich weiß nicht, wie ich da wieder herauskomme.

Meine Mutter hatte schon am Abend von meiner Verhaftung erfahren und herausgefunden, wo ich war. Sogar die Telefonnummer von Ruzyně hatte sie bekommen.

»Wo haben Sie die denn her, die ist doch geheim«, staunte mein Vernehmer, als man meine Mutter zu ihm durchstellte. Dabei hatte sie nur bei der Auslandsauskunft nachgefragt. Ich erfuhr nichts von ihrem Anruf.

»Petr ist auch hier.« Das teilte mir der Major, der inzwischen einen Namen hatte und Horák hieß, gleich am Montagfrüh mit. Nach und nach folgte die gesamte Gruppe, insgesamt sechzehn Personen. Den Anwalt, den ich benannt hatte, bekam ich nicht. Petr und ich hatten nicht bedacht, dass wir nicht denselben Verteidiger haben durften. Für mich wurde ein anderer bestellt, immerhin einer, der Deutsch konnte. Da ich auf den alten Mann aber nicht vorbereitet worden war, fasste ich kein Vertrauen zu ihm. Er wirkte gezeichnet vom Nationalsozialismus, wahrscheinlich fiel es ihm schwer, eine Deutsche zu vertreten.

Ob ich Petr schreiben dürfe, fragte ich den Major. Einen Moment zögerte er und erlaubte es dann. Etwas Unehrliches lag in seinem Ausdruck, als ob er hoffte, ich schriebe etwas auf, das ihn in seinen Ermittlungen weiterbrächte. Ich verfasste einen leidenschaftlichen, ja obszönen Brief. Petr hat ihn nicht bekommen. Erst im Sommer darauf fand er ihn in den Akten.

Gefängnislektionen

Man brachte mich in eine Gemeinschaftszelle. Vier Frauen begafften mich, redeten durcheinander. Mit ein paar Brocken Tschechisch versuchte ich, mich vorzustellen, die Antworten verstand ich nicht. Wie sollte ich hier klarkommen? Eine der Frauen hielt mir Tabak und Papierchen hin. Alle schauten gespannt. Immerhin, das konnte ich. Das Zigarettendrehen war in der westlichen Linken ein Ritual gewesen.

Haftalltag: immer wieder Verhöre. Ich weigerte mich, etwas zu Protokoll zu geben. Stunde um Stunde, ganze Tage saß ich wortkarg dem Major gegenüber. Im Nachhinein bin ich überrascht, dass die Verhöre nur 17 Tage gedauert haben sollen. Sie schienen mir unendlich! Die Unregelmäßigkeit, mit der ich aus der Zelle geholt wurde, dehnte das Zeitgefühl. Mal kamen sie zu nur einer Vernehmung pro Woche, manchmal zu dreien. Mal war ich den ganzen Tag weg, dann nur eine Stunde. Und wann würde das nächste Mal sein? Diese Unberechenbarkeit wuchs sich zur Daueranspannung aus.

Mit oder ohne tschechische Sprache – ich musste zurechtkommen. Ich lernte durch Zuschauen. So dauerte es ein paar Wochen, bis ich begriff, wie ich das Geld bekam, das ich während der Verhaftung bei mir gehabt hatte. Und dass ich davon Zigaretten kaufen und Zeitungen bestellen konnte. Dass die Wache am Dienstagmorgen den Einkauf aufschrieb und ihn donnerstags ausgab. Nach zwei bis drei Wochen fand ich mich zurecht und bestellte ebenfalls. Ein Pfund Wurst, drei Ecken Schmelzkäse, immer dieselbe Sorte. Briefpapier und Marken, Tabak und Papierchen, Zigaretten der Marke Letka, Seife und Zahnpasta – das war das Angebot. Längst nicht alle hier konnten sich einen Einkauf leisten.

Und es gab Bücher! Als ich das erste auf dem Bord im Flur fand, atmete ich auf. Für mich war ein deutsches dabei.

»Gerettet«, dachte ich. Lesen wurde mein Zeitvertreib.

Wenn ich Glück hatte, standen Tolstoi oder Gontscharov auf meinem Wochenleseplan. Oder Egon Erwin Kisch. Viele Gefangene absolvieren im Gefängnis ein Literaturstudium. Hatte ich Pech, erhielt ich stalinistische Pionierliteratur. Bald wusste ich genau, wie ein Staudamm am Amur zu bauen ist.

Telefonieren war die zweite Beschäftigung. Eine der Gefangenen drückte mit dem Putzlappen das Wasser aus dem Toilettenknie. Das Fallrohr war die Leitung. »Hallo«, rief sie ins Becken. Meist wartete da schon jemand. »Wie heißt du? Warum bist du hier? Bist du verheiratet? Hast du Kinder?« Der Sprechkontakt reichte in alle Becken der darüber- und darunterliegenden Etagen.

Natürlich war das Telefonieren verboten. Die Wärter stürmten regelrecht in die Zelle, direkt auf den gelben Plastikvorhang zu, sobald sie durch den Spion gesehen hatten, dass nicht alle vollzählig am Tisch saßen. War wirklich mal eine auf dem Klo, hatte sie Pech. Mit viel Glück ergatterte sie gerade noch ein Stückchen vom Vorhang, um sich vor den aufdringlichen Blicken des Wärters zu schützen.

Dreimal am Tag war Essensausgabe. Gefangene begleiteten den Geschirrwagen über den Flur, hinterließen Blechnäpfe und Blechlöffel auf dem Bord neben der Zellentür. Der Wagen war schon zwei Türen weiter, wenn der Wärter öffnete. Das unterband jeden Kontakt zwischen denen in der Zelle und den Gefangenen draußen. Wortlos mussten die Näpfe zurückgestellt werden, wenn sich die Tür wieder öffnete. Und wehe, es fiel ein Wort. Meist rissen sich die Insassinnen darum, das Geschirr zurückzutragen. Sie winkten den Männern am Wagen verstohlen zu. War ich dran, die Näpfe rauszustellen, kam mir der Gefängnisgang plötzlich ganz lang und weit vor. Und die Gefangenen, die diesen Dienst versahen, unendlich frei.

Zwischen Major Horák und mir gab es keine Verständigung. Ich bestritt beharrlich, überhaupt etwas zu wissen. Schließlich verkündete er: »Dann lasse ich Sie eben schmoren!«

Von Januar bis März ließ er mich kein einziges Mal holen. Ich lernte, in den Grenzen von vier Wänden zu leben.

Über manche Rechte hatte mich der Anwalt informiert. Dass ich einen Anspruch hätte, jemanden von der Botschaft zu sprechen, erfuhr ich jedoch nie. Damals hatten die Bundesregierung und die Tschechoslowakei noch keine Botschafter ausgetauscht. In den anderthalb Jahren in Ruzyně bekam ich nie einen Vertreter der Bundesregierung zu sehen, auch nicht in Gestalt eines Angehörigen einer anderen Botschaft, die die Interessen der Bundesrepublik Deutschland wahrnahm. In meiner Opposition gegen den Staat im Osten wie im Westen kam ich nicht einmal darauf, dass ich als Bürgerin einen Anspruch auf Schutz durch die deutsche Regierung hatte.

Ein paar Dinge konnte ich nicht abschauen, weil die »Holky«, die »Mädchen«, damit nichts zu tun hatten. Um ein Paket geschickt zu bekommen, hätte ich bei der Aufsicht ein »P« beantragen und den Zettel mit dem »P« in einem frankierten Umschlag nach draußen schicken müssen. Dass in einen Briefumschlag mit einem »P« aber kein Brief hineingehörte, weil er durch die Zensur aufgehalten wurde, überstieg meine Vorstellungskraft. Irgendwann erklärte Petr mir das Verfahren, weil seine Mutter ihn darum gebeten hatte. Sein erster Brief kam aber erst nach sechs Monaten. Vorher hatte er mir nicht schreiben dürfen.

Ich erhielt dennoch Pakete, die Regelung wurde großzügig ausgelegt. Das erste traf schon nach ein paar Wochen ein. Ich wurde zur Aufseherin gebracht, sie hatte ihr Büro hinter einem Schaufenster zwischen den Zellentrakten im Treppenhaus mit Sicht auf unseren Teil des Flurs. Meine Mutter hatte das Paket per Express in Berlin losgeschickt. Ich musste es vor der Aufseherin auspacken. Sie nahm alles in die Hand und befühlte die Westwaren. Obst, Käse in Tuben und Schinken in Folie ja, Zahnpasta und Zahnbürste auch, Schokolade ebenfalls, Plastikbesteck nein, Pullover nein, Filzstifte nein. Sie entschied, was ich mit in die Zelle nehmen durfte und was zu meinen Sachen in den Keller musste.

Mit dem Karton im Arm kehrte ich in die Zelle zurück. Ein bisschen wollte ich sofort essen und teilte mit den Frauen. Gleich viel für jede. Das Paket stellte ich nachts unter das Bett, bei den anderen brach die Gier aus. Sie stahlen, was ich am Tag nicht verteilt hatte.

»Du wolltest alles nur für dich. Du bist ein Geizkragen«, warf mir die Anführerin aggressiv vor.

Ohne Tschechisch konnte ich mich nicht verteidigen. Ohne Worte nichts erwidern, ihnen also auch nicht verständlich machen, dass ich ja von allem geben wollte, nur dass Schokolade, Schinken und Käse eben nicht an einem einzigen Tag aufgegessen sein sollten. Die Aufwieglerin begann, mich tätlich anzugreifen. Ich konnte nur die Arme hochreißen, um meinen Kopf zu schützen, und rannte in Panik zur Eisentür, hämmerte nach der Wärterin.

»Holky, lasst das«, sagte die lahm und schloss die Tür wieder. Damals kam ich nicht auf die Idee, dass die Angriffe gesteuert sein konnten. Ich zog eine andere Folgerung daraus: Wenn ich hier überleben wollte, musste ich Tschechisch lernen. Ich ließ mir ein Lexikon und eine Grammatik schicken. Ein kleiner Langenscheidt kam aus Berlin und ein großes, zweibändiges Wörterbuch aus Prag. Ich abonnierte eine tschechische Zeitung und machte mich ans Lernen. Das füllte meine Zeit und strukturierte den Tag. Aus den Artikeln schrieb ich jede Vokabel heraus, die ich nicht verstand, und schlug sie nach. Ausdrücke, die die Frauen benutzten, ließ ich mir aufschreiben. Mein Wortschatz wuchs von Tag zu Tag.

Als erstes lernte ich den Gefängnisjargon, die ordinärsten Wörter gleich zu Beginn. Eine der Zellengenossinnen brachte sie mir bei. Mit »Ty Kurvo« (du Hure) wehrte ich mich bald gegen Übergriffe und setzte nach: »jdi do prdele« (Geh zum Arsch). Das ordinärste Abwertungsvokabular lautete »Ty seš hovno« (Du bist Scheiße). Insbesondere »pasák« (Lude) oder »ty čuráku« (du Schwanz) gingen mir glatt über die Lippen. Bis heute kann ich jede wohlanständige tschechische Gesellschaft schockieren, wenn ich eins dieser Wörter einfließen lasse. Scham lernt man ja nur in der eigenen Sprache.

Zu viert oder fünft waren wir fast immer in der Zelle. Anderthalb Jahre lang ohne jede Privatheit, ohne Rückzugsmöglichkeit, spielte sich das Leben zwischen Tisch, doppelstöckigem Bett und Klo ab. Jede bekam von der anderen alles mit. Mir blieb nur, was ich in mir verschloss.

Meist war eine, manchmal zwei Zigeunerinnen dabei. Als Sinti oder Roma bezeichneten sie sich damals nur selbst. Ihre Anwesenheit löste eine Spaltung in der Zelle aus. Miteinander redeten sie nur in der eigenen Sprache. »Schuness« (Hör zu), riefen sie sich durchs Fenster von Zelle zu Zelle an. Fast alle Zigeunerinnen waren wegen Diebstahls im Gefängnis, die übrigen Frauen wegen Prostitution. In der Zelle versorgten sich die Roma gegenseitig und bekamen – anders als die Tschechinnen – regelmäßig Besuch. Verwandte brachten ihnen geräuchertes Fleisch mit, Spezialitäten, die sich hielten. Die Würste und ganze Räucherspeckseiten wurden ins Fenster gehängt. Die Tschechinnen rümpften die Nase, wenn das Räuchersalz aus dem Fleisch ausgetreten war. »Die essen Schimmliges.« Den Zigeunerinnen war es recht, wenn man sie sich selbst überließ. Mit den Tschechinnen sprachen sie sowieso nur das Notwendigste.

Die Liebe, die Freier und die Entlassung, das waren die Themen in der Zelle. Einigen war jedes Mittel recht, um bloß wieder rauszukommen. Manch eine hatte schon mal ein Messer oder die Gabel verschluckt. Eine zeigte mir die Narbe, wo der Chirurg den Löffel wieder herausgeschnitten hatte. Gefängnis lässt sich nicht herausoperieren.

Frühmorgens riss die Aufsicht die Tür auf. Wir standen nebeneinander aufgereiht, eine rief die Nummer der Zelle. Prüfend warf der kleine, schwarzhaarige Wärter seinen Blick auf die Betten, liftete mit dem Stift die oberste Decke, um zu sehen, ob der Rest darunter Kante auf Kante lag, deutete mit dem Kugelschreiber in eine Ecke des Schränkchens, wo zwei Bleistifte nicht gerade lagen oder Hefte nicht nach ihrer Größe gestapelt waren: »Ordnen Sie das!« Er monierte, wenn die Schemel nicht parallel neben dem Tisch standen. Am Boden war selten etwas auszusetzen, der wurde oft gewischt. Wenn der Zellen-TÜV bestanden war, notierte er, ob wir Binden, Seife oder Toilettenpapier brauchten, ob ein Gang zum Doktor angesagt war. Ganz zuletzt nahm er schließlich auch Briefe entgegen. Im Laufe des Vormittags kehrte er noch einmal zurück und brachte die Post. Bald erhielt ich Briefe von meiner Mutter, etwas seltener tschechische von Petrs Mutter. Von den Berliner Freunden schrieben wenige und das auch nur selten. Eine Karte schickte mir Dieter Kunzelmann, Grüße aus einer Zelle im Westen an eine im Osten. Alle vier Wochen kam vom Staatsanwalt die Haftverlängerung und kurz darauf vom Anwalt der Einspruch dagegen. Mit dem Erfolg, dass das Gericht jeden Antrag auf Haftentlassung kurz darauf verwarf. Die jungen Frauen in der Zelle erhielten selten Post. Nur Haftverlängerungen.

Verhöre und Spitzel

Manche Provokation war leicht zu durchschauen. Eine Mitgefangene bot mir an, versteckt in einem Paket, einen japanischen Transistor schicken zu lassen. Mit Sender, versteht sich. Sie beschrieb mir, »wie es die anderen machen«, die sich solch eine Chance nicht entgehen ließen.

Ihre Mutter sei, sie sage mir das nur, weil sie mir vertraue, im Slánský-Prozess verurteilt worden, also in dem größten stalinistischen Prozess der fünfziger Jahre. Nachprüfen konnte ich das nicht. Ich hatte nur die Gewissheit: Wenn ich nicht reagierte, konnte ich weder mich noch andere gefährden.

Gefängnis lehrt, alles hinzunehmen. Gefängnis heißt, einen Panzer herauszubilden. Einen Panzer als Schutz und Schirm. Dass diese ständige Notwendigkeit, sich zu wappnen, in der Seele auch noch wuchert, wenn man es nicht mehr braucht, merkte ich spät. Und da war ich bereits von allen inneren

Wahrnehmungen abgeschnitten, lange über die Gefängniszeit hinaus. Denn der Panzer schützt gegen jedes Gefühl, auch gegen die, die man zum Leben braucht.

Tereza, eine andere Mitgefangene, behauptete, Abitur zu haben. Sie machte aber so viele Rechtschreibfehler, dass ich die nach meinem »Tschechischkurs à la Ruzyně« recht bald entdeckte. Aber statt ihre Aufschneiderei als Warnung zu begreifen, überging ich solche Zeichen. Lieber ließ ich mich von Terezas Fähigkeiten anstecken, andere zu begeistern. Etwa wenn sie politische Lieder gegen die Intervention sang: »Bratříčku, nevzlykej, to nejsou bubáci, vždyť už jsi velikej, to jsou jen vojáci« (Brüderchen, flenn doch nicht, das sind keine Bösewichte. Du bist doch schon groß, und das da sind doch nur Soldaten). Schwejksche Traditionen wie das »Maulhalten und Weiterdienen!« lebten darin weiter. Im Ton von Arbeiterliedern parodierte Tereza: »Vlevo vbok, vpravo vbok, držet hubu, držet krok, směrem do nepřítelé!« (Links um, rechts um, haltet die Klappe, haltet Schritt, alles in Richtung Feind!) Die leichte Seite des Zellenlebens, ich begann sie zu mögen.

Ich klagte über meinen Anwalt. Der räumte Petrs und meinem Plan, im Gefängnis zu heiraten, keine Chance ein. Dass er alle Schritte in die Wege leitete, um das Unmögliche möglich zu machen, versöhnte mich nicht. Ich brauchte die Hoffnung, wieder mit Petr zusammenzuleben.

»Ich habe einen super Anwalt«, schwärmte Tereza. »Er ist ein Spezialist. Und so nett. Manchmal bringt er mir sogar ein Brötchen mit. Wenn du willst, frage ich ihn, ob er dich auch vertritt.« Sie zeigte mir ihre neueste Haftverlängerung. Ihr Anwalt hatte Einspruch dagegen eingelegt. Verstoß gegen das sozialistische Eigentum war als Haftgrund auf dem Schreiben angegeben, also Diebstahl von Staatsbesitz. Ich wechselte. Das war im März 1970. Das Ergebnis: Der neue Anwalt tauchte während der gesamten Zeit der Verhöre überhaupt nicht auf. Im Juli, als er endlich erschien, waren die Vernehmungen bereits vorbei. Ich hatte sie ohne Rechtsbeistand durchstehen müssen.

Im Frühjahr 1970 wurde eine Amnestie durch Präsident Svoboda erwartet. Alle hofften, aus dem Gefängnis rauszukommen. Tereza brachte das Gerücht mit, man würde nur die entlassen, deren Fälle bereits abgeschlossen seien. Es schien, als läge es in unserer Hand, entlassen zu werden. Flächendeckend wuchs die Aussagebereitschaft derer, die das glaubten. Schließlich wollten ja alle raus.

Auch ich wurde nach monatelanger Pause wieder zum Verhör geholt. Mit Major Horák geriet ich wie üblich in Streit. Noch immer wollte ich nichts sagen. Er konfrontierte mich Tag für Tag mit dem, was andere über mich zu Protokoll gegeben hatten. »X. hat gesagt, die Plogstedt hätte sich zum Flugblatt über den Tod von Jan Palach geäußert. Y. hat gesagt, Petr Uhl hätte das übersetzt. Z. sagt, dass der Teil des Flugblatts, wo es hieß, wer zum Sterben bereit sei, müsse auch bis zum Ende kämpfen, bestimmt von der Plogstedt sei, denn sonst hätte sie sich in der Gruppe nicht dazu geäußert.«

Mein Problem war: Viele der Aussagen stimmten. Zum Beispiel die über die Druckmaschine, die unsere Gruppe besessen hatte. Sie war von der Polizei gefunden worden. Im Sommer 1969 waren die Kontrollen in den Druckereien bereits massiv gewesen, besonders vor dem Jahrestag des Einmarsches. Eine von uns wäre fast mit der Flugblattvorlage in einer Druckerei erwischt worden. Schon aus diesem Grunde hatte die Gruppe die erstbeste Maschine genommen, die sich ihr geboten hatte.

Aussagen darüber konnten nur von den Mitgefangenen stammen. Oder weil sie uns abgehört hatten. Horák zitierte aus den Protokollen: »T. hat ausgesagt: ›Die Plogstedt war dabei, als wir das Flugblatt zum Jahrestag der Invasion vervielfältigten.‹ U. hat gesagt: ›Petrs Freundin hat sich an der Vervielfältigung nicht beteiligt, aber sie war auf dem Grundstück und hat sich im Garten aufgehalten.‹ V. hat gesagt: ›Anschließend sind wir mit dem Wagen der Plogstedt wieder nach Prag zurückgefahren.‹«

In mir stiegen Bilder hoch: Ich lief auf dem Laubengrundstück herum, während die Männer das Flugblatt druckten. Unter dem Laubentisch war ein Minikeller, dort war die Maschine versteckt. Ich stieg gelangweilt über das Gemüse. Wir waren zu viele, und ich hatte nichts zu tun. Es kam niemand vorbei. Ich war froh, als wir endlich alles einpackten, um nach Prag zurückzukehren.

Als ich wieder nichts sagte, fuhr Horák fort, mich zu konfrontieren: »W. hat gesagt: ›Ich weiß nicht, ob die Plogstedt das Flugblatt geschrieben hat.‹ X. hat gesagt: ›Ich glaube, dass die Plogstedt das Flugblatt geschrieben hat, denn sie hat in die Diskussion so eingegriffen, als ob der Text von ihr wäre.‹«

Wieder war ein Bild da. Petr hatte ein Flugblatt geschrieben und es mir übersetzt. Ich schlug ihm Änderungen vor, die er übernahm. Und als dieser Teil in der Gruppe diskutiert wurde, hatte ich etwas dazu gesagt. Petr übersetzte. Es war im Kopf nicht auszuhalten: Ich hatte permanent geleugnet, was die Polizei längst wusste.

»Petr redet auch«, versuchte Horák mich zu überzeugen, irgendetwas zuzugeben.

»So etwas würde der nie tun!« Ich war mir da sehr sicher.

Kurz darauf traf ich Petr auf dem Gang. Es war das einzige Mal, dass ich ihn unterwegs traf, ganz zufällig. Er hatte einen dicken Ordner unter dem Arm und wurde aus dem Verhörstrakt geführt, als ich in einer Gruppe Frauen zum Arzt geführt wurde. Petr schaute sehnsüchtig und winkte vorsichtig.

Der Wächter kommandierte barsch: »Geradeaus sehen! Ruhe! Weitergehen!«

In der Zelle hielt sich die Vorfreude. Tereza setzte auf Entlassung, sie schürte die Hoffnung. Das Gefühl, in der Gruppe vielleicht die letzte zu sein, die noch kämpfte, war quälend. Warum Petr bloß so einen dicken Ordner mit sich trug? Was, wenn selbst Petr redete ... Die Angst, dass er aufgegeben haben könnte, zog mir den Boden unter den Füßen weg. Auf die Idee, unsere Begegnung könnte gezielt herbeigeführt worden sein, kam ich nicht. Und auch nicht, dass Petr sich systematisch Notizen machte, gerade weil er während der Vernehmungen standhielt. Inszenierungen sind schwer zu erkennen.

Wieder beim Verhör. Ich konnte nicht umhin, mich erneut mit Horák zu streiten. Der saß mir übellaunig gegenüber. Wie üblich.

»Nun erzählen Sie mal: Wie sind Sie eigentlich nach Prag gekommen?«

»Mit dem Auto«, konterkarierte ich lakonisch. »Das habe ich Ihnen doch schon zigmal gesagt.«

Der Major wurde wütend, und ich triumphierte innerlich. Ein rundlicher Beamter kam herein, hörte uns eine Weile zu.

»Lassen Sie mich mal«, schob er Horák beiseite und bot mir aufmerksam eine Zigarette an. Ob ich vielleicht ein Brötchen aus der Kantine wolle, fragte er und machte sich sogar auf den Weg, um mir eins zu holen. Auch am nächsten Tag brachte er eins mit, das war verpackt in einer weißen Bäckertüte. Eine richtige Bäckertüte! Wenn das nicht nach Freiheit roch. Die Väterlichkeit des Beamten lullte mich ein.

Ehe ich aussagte, brach ich in der Zelle zusammen. Weinend saß ich an der Zellentür: »Jetzt kann ich nicht mehr anders, jetzt muss ich aussagen.«

»Mach das nicht!« Tereza saß am Tisch. Wie in Trance war ich unerreichbar für sie. Ich wollte aus dem Gefängnis heraus, ich wollte mit Petr leben, ich wollte wieder hoffen.

Und doch gab es eine andere Stimme in mir, die mir sagte: »Na gut. Eine Chance gebe ich ihnen noch. Aber nur noch diese!« Die innere Stimme meinte damit die Kommunisten. Sie wollte offenbar doch noch auf sie hoffen. Und sie machte mich in diesem Moment mächtiger, als ich es dann sein konnte, als sie fortfuhr: »Wenn sie diese Chance auch verspielen, dann gnade ihnen Gott!«

Der Brötchenkäufer blieb nicht. Er verschwand, sobald das Eis gebrochen war. Einmal aufgeweicht, wieder an die eigenen Hoffnungen und Wünsche erinnert, gelang es mir nicht, in die Abschottung zurückzukehren. Major Horák konnte die Verhöre weiterführen. Er zitierte aus den Akten: »Y. hat gesagt: ›Petr hat erzählt, dass er mit der Plogstedt die Flugblätter in die Slowakei gefahren hat.‹ Z. hat gesagt: ›Die Verteilung erfolgte per Post.‹ In der Gruppe hieß es, Uhl und die Plogstedt haben die Flugblätter im ganzen Land in Postkästen geworfen. Was sagen Sie dazu?«

Ich suchte nach einem Ausweg. Wenn zwei oder drei aus der Gruppe bereits dasselbe zu Protokoll gegeben hatten, gestand ich es ein. Stellte der Major mir dagegen eine offene Frage, verneinte ich, davon zu wissen. Neue Themen berührte ich nie. Im Geiste zählte ich in der Zelle unsere Aktionen an den Fingern ab. Tereza beobachtete mich bei meinem lautlosen Themencheck. »Das wissen sie, das auch, das und noch das.«

Die Staatssicherheit hatte so gut wie alles über unsere Gruppe erfahren. Indem ich in den Verhören nun zugab, was mir auf den Kopf zugesagt wurde, überschritt ich eine Grenze in mir, verhielt mich anders, als es mein Selbstbild verlangte. Ich hatte geglaubt, allem standhalten zu können. Meine Selbstüberschätzung brach zusammen. So etwas tut weh. Das heißt, ganz verschwand sie nicht, die Selbstüberschätzung, sie siedelte sich anderswo an: im Versagen. In meiner Phantasie blähte sich mein Fehler überdimensional auf, so als hätte ich alles zugegeben und alle verraten.

Ein paar Tage darauf kam ich vom Verhör zurück, Tereza war weg. Ich schrieb sofort einen Brief und wollte ihn ihr nachschicken: »Käferchen, was denkst Du Dir eigentlich dabei, so plötzlich aus der Zelle zu verschwinden!«

»Lass das lieber«, warnten die Mitgefangenen in der Zelle. »Die hat immer so schlecht über dich gesprochen, wenn du weg warst.«

»In fremden Diensten« hatte das KP-Organ *Rudé Právo* im Januar 1970 nach unserer Verhaftung getitelt und unserer Gruppe geheimdienstliches Engagement unterstellt. Die westliche Presse hatte der Zeitung zufolge unsere Verhaftung als Rückkehr in die fünfziger Jahre angegriffen. Heikelster Punkt der Verhöre waren deshalb die Westkontakte. »Kennen Sie Claude – sind Sie Catherine begegnet – wann trafen Sie Moneta – haben Sie Ernest Mandel getroffen«, die Namen prasselten auf mich nieder. Jeder Besucher aus Deutschland oder Frankreich war verdächtig.

Wieder ging es um eine Druckmaschine, und zwar um eine, die allerdings nie in Prag eingetroffen war. Um sie von Berlin nach Prag zu bekommen, war sie in Berlin in meiner kleinen Hinterhof-Küche zerlegt und für den Zusammenbau fotografiert worden. Der Transport war mit Jakob Moneta, damals heimlich Trotzkist und offiziell Chefredakteur der *Metall* in Frankfurt, und mit Micky Beinert von den Falken abgesprochen. Die Maschine hatte der AStA der Freien Universität Berlin gespendet. Später hatte der AStA wegen ihres Fehlens Schwierigkeiten mit dem Berliner Rechnungshof bekommen. Merkwürdig genug: Die Prager Ankläger wussten das und versuchten, mir zu unterstellen, ich hätte die Maschine gestohlen. Es brauchte sogar die Bestätigung des Präsidenten der FU, dass ich mich korrekt verhalten hatte. Lediglich dass ich Matrizen aus Berlin mitgebracht hatte, gab ich zu. Das hatten vor mir schon viele der Mitbeschuldigten ausgesagt.

Ob ich für die CIA arbeite, die Frage wurde mir direkt gestellt. Oder für den französischen Geheimdienst. Ich war unglaublich empört über diese Unterstellung. Schließlich sei ich Sozialistin. Und meine Kritik an den Prager Genossen sei, dass sie es nicht wagten, die Basis einzubeziehen und eine direkte Demokratie zu praktizieren. Die Selbstverwaltung müsse in allen Betrieben verwirklicht werden. Ohne Arbeiterräte, ohne Basisdemokratie könne es keinen Sozialismus geben. Ich redete so, wie wir das im SDS vertreten hatten und in der Bewegung der Revolutionären Jugend in Prag. Die Verhörer fragten nach der fremdsprachigen Bibliothek in Petrs Wohnung. Antisozialistische Literatur? Nein, damit hätten wir nichts zu tun, gab ich zurück. Ich hätte ausschließlich sozialistische nach Prag gebracht. Gewiss, gab ich zu, sei manches davon nicht in Prag zu erhalten gewesen. Aber genau das sei ja meine Kritik an der tschechoslowakischen Zensur. Dabei ging es mir auch um den Einmarsch, wenn ich mich auf theoretische Diskussionen über den Sozialismus einließ. »Wie können Sie annehmen, dass eine Militärintervention dem Glauben an den Sozialismus nützt! So kann man doch keinen Sozialismus machen, gegen die gesamte Bevölkerung.« Ich war aufgebracht.

Horák versuchte es andersherum. Welche Agenten ich denn kenne.

»Überhaupt keine«, sagte ich.

Ob mir der und der Name bekannt sei.

»Ja, den kenne ich aus dem SDS und dem Republikanischen Club.«

Ob ich wisse, dass er für die CIA gearbeitet habe. Ich zögerte. So ein Gerücht hatte ich in Berlin schon einmal gehört. Ich wisse nicht, ob das stimme, sagte ich.

Die Beschuldigung, ich hätte für einen Geheimdienst gearbeitet, tauchte später weder in der Anklage noch im Urteil auf.

Der Kampf ging Wort um Wort, Satz um Satz. Tag für Tag, monatelang. Falsches durfte nicht ins Protokoll kommen. Manchmal genügte ein Bluff, um mich doch reinzulegen.

»Unterschreiben Sie hier unten!« Der Major wies mich an, unter einer Protokollseite zwei Zeilen freizulassen. Misstrauisch leistete ich Folge. Jede Protokollseite wurde, nachdem sie der Sekretärin diktiert worden war, einzeln abgezeichnet. Bis heute bin ich überzeugt, dass Horák einen Satz hinzugefügt hat, ich konnte ihn aber nie wiedererkennen. Dass es ihnen gelang, mich reinzulegen, nahm ich übel. Mir selbst.

Kürzlich fand ich eine Zeitungsnotiz, dass in den Niederlanden die gegen uns damals angewandte Verhörmethode zur psychischen Folter zählt und verboten ist. Dort darf die Polizei Angeklagte nicht mehr mit den Aussagen anderer Beschuldigter konfrontieren. Der Grund: Der Gefangene kann dem Druck nicht widerstehen und wird ihn auch hinterher nur schwer wieder los. Tatsächlich, die erpressten Aussagen lasteten auf mir. Nur Folter liegt wie ein Trauma auf einem.

Das Frühjahr war vorbei, der Sommer da. Wir saßen bereits ein halbes Jahr hinter Schloss und Gittern. Die Untersuchung war abgeschlossen. Wochenlang wurde ich jeden Morgen zur Akteneinsicht in die Vernehmungsräume geführt. Eine Weile beharrte ich darauf, dass der Dolmetscher mir jede Seite übersetzte. Irgendwann konnte ich die monotone Stimme an meiner Seite nicht mehr ertragen und las lieber selbst in den beschlagnahmten Briefen, Aussagen von Mitgefangenen, Freunden.

Petr fand jetzt auch meinen ersten erotischen Brief, der ihm damals nicht ausgehändigt worden war. Seine Reaktion auf den Fund: Es sei ihm unangenehm, dass so viele fremde Augen unser Intimleben mitbekämen, schrieb er. Seit die Untersuchung abgeschlossen war, durften wir uns schreiben. Unangenehm sei ihm vor allem, dass die Mitglieder der Gruppe das lesen dürften. Sein Tadel traf mich wie ein Schlag. Als er meine Liebeserklärung auch noch als hilfreich für unsere Verteidigung umbog: »Dann sehen sie wenigstens, dass wir eine ganz normale Beziehung haben«, zerbrach ein Stück Liebe zu ihm. Gekränkt zog ich mich zurück. Nun wurden seine Briefe werbender.

»Kannst du mir noch einmal so einen Brief schreiben wie damals«, bat er. Ich konnte nicht. Im Gefängnis wuchern Missverständnisse.

Leichtigkeit mit Hippie

Ständig mit Frauen zusammenzuleben war neu für mich. Genaugenommen: Es war ganz alt. Ich war in einer Mutter- oder Frauenfamilie aufgewachsen, in einem der männerlosen Haushalte nach dem Krieg. Bis zum Ende meiner Schulzeit hatte ich zärtliche Freundinnenbeziehungen gehabt, daneben die ersten Flirts mit Männern. Danach hatte ich Frauen gemieden.

Wie ein Blitz traf mich das Liebesgefühl zu einer Frau. Die neue Mitgefangene war so fröhlich, so leicht, so voller spontaner Eingebungen, dass ich sie Hippie taufte. Hippie gehörte zu denen, die in Bars, im Café Alfa und im Hotel International die Freier anmachte.

»Erzähl doch mal«, drängte ich sie, als habe die Neonglitzerwelt doch etwas Erstrebenswertes. Doch immer, wenn ich sie nach ihrem Gewerbe fragte, sah sie mich mit großen Augen traurig an. Ihr Gesicht verlor seine Ebenheit, büßte zitternd seinen Zusammenhalt ein.

»Ach, Sibylle«, stammelte sie dann, »so einfach ist das doch auch nicht.«

Doch wenn eine Frau neu in die Zelle kam und die anderen sie abcheckten, wurde etwas davon sichtbar. »Kennst du den? Der hat immer gut gezahlt.«

»Der andere war besser. Der war wenigstens auch gut im Bett.«

Der Frauenknast war eine einzige Informationsbörse. Welcher Kellner mit wieviel geschmiert werden musste, welcher Rausschmeißer gefürchtet war, erfuhr man hier. Noch im Knast demonstrierte jede ihr Gut-drauf-Sein, ohne das auf dem Strich keine müde Mark zu holen ist. Im Angesicht der Konkurrentinnen musste in der Zelle die Fassade von draußen aufrechterhalten werden.

Dass es im Milieu nicht nur lustig zuging, konnte ich an den Brandflecken auf den Handrücken und Armen der Frauen sehen. Die Zigaretten waren von Freiern oder Zuhältern darauf ausgedrückt worden.

Ab und an fiel eine ganz durch. »Die geht für einen Hunderter«, wurde sie abgewertet, weil sie Kronen als Zahlungsmittel akzeptierte. Das kam einem Sturz ins Asoziale gleich. Der D-Mark-Verdienst draußen zeigte auch drinnen den Wert an. Und das, obwohl keine hier D-Mark besaß. Keine außer mir.

Prostitution war nicht verboten in Prag. Dennoch waren 90 bis 95 Prozent der weiblichen Häftlinge Prostituierte. Die 17-, 18- oder 20-Jährigen waren angeklagt, weil sie keiner geregelten Erwerbsarbeit nachgingen. Bis zu drei Jahren Gefängnis gab es im Wiederholungsfall für »Schmarotzertum«, weil sie dem »Recht auf Arbeit« nicht Folge leisteten. Wer einer regelmäßigen Erwerbsarbeit nachging, dem konnte nichts passieren. Aber tagsüber arbeiten und nachts, das hielt keine durch. Lediglich Ehefrauen waren vor der Verfolgung geschützt. Auch wenn es nicht gern gesehen war: Sie durften als Hausfrauen zu Hause bleiben.

Doch wie gehetzt meine Mitinsassinnen waren, erfuhr ich nicht. Auch nicht, dass sie das erpressbar machte. Ab und zu gelang es einer, sich durch eine sexuelle Dienstleistung von der Verhaftung freizukaufen. Um der Inhaftierung zu entgehen, sammelte sie Informationen über westliche Geschäftsleute und Politiker. So war die Stasi an den Bars und in den Betten dabei. Auch im Gefängnis.

Meist war Hippie gut gelaunt. Sie griff zum Schemel, begann darauf zu trommeln. Ihre leicht heisere Stimme stimmte den populären Schlager an: »Mám naději, zě slyšfs mé tiché volání« (Ich hoffe, du hörst mein leises Rufen).

Mein Herz flog Hippie zu, bald stimmte ich ein. Alle sangen mit. Hippies Fröhlichkeit war ansteckend. Jahre später hörte ich die Originalversion des »Mám naději, zě uslyším tvé tiché volání« (Ich hoffe, ich höre dein leises Rufen) und war enttäuscht. Der Text war anders, die Instrumentierung fremd. Noch heute singe und trommle ich, wenn ich traurig bin, das Lied in Hippies Version.

Mit Hippie führte ich den Kosakentanz auf. Solange ich irgend konnte, hüpfte ich aus der Kniebeuge heraus und warf ein Bein ums andere vor, die Arme vor der Brust verschränkt. Ich konnte das Gleichgewicht lange halten. Auch Petr erzählte ich in meinen Briefen davon. »Was für ein Mädchen«, schrieb der an seinen Freund Jan Frolík. »Wie erstaunlich gut sie mit dem Gefängnis fertig wird.«

Nach einem dreiviertel Jahr Haft wurde das Leben in der Zelle leicht. Es zählte nicht mehr, dass tagsüber schon das Sitzen auf dem Bett mit Strafe versehen war. Die Metallfüße der grünen Holzschemel ohne Lehne bohrten sich nicht mehr aus Langweile in den Boden wie in die Ewigkeit. Die Zeit, quälend verstrichen, wurde wieder zum Augenblick. Alles war jetzt und war lebendig.

Endlich freute es mich, dass ich so viel geschickt bekam. Jetzt konnte ich Hippie etwas bieten. Mit dem Zahnbürstenstil durchtrennten wir den Schinken. Meine Mutter erschrak, als ich im Brief davon berichtete. Ihr war nicht bewusst gewesen, dass wir nicht einmal ein Messer hatten. Der dänische Krabbenkäse in der Tube schmeckte plötzlich doppelt so gut. Und wenn ein Paket von Petrs Mutter kam mit frisch in Gänseschmalz und Knoblauch gebratener Hühnerleber, hatten wir einen Festtag.

Es wurde Herbst und Spätherbst. Die Nächte waren kühl. Ich fror, Hippie schlotterte im Nebenbett. Plötzlich wechselte sie rüber zu mir und brachte ihre Decken mit. Da froren wir nicht mehr. Nicht einmal, als der Winter so kalt wurde, dass die Fenster von innen gut zwei Zentimeter dick mit Eis verkrustet waren. Als tagelang im ganzen Gefängnisflügel die Heizung ausgefallen war, durften wir uns sogar tagsüber in Decken hüllen.

Die Nähe zwischen Hippie und mir war von den Wachen bemerkt worden. Ihre Augen erschienen immer häufiger im Spion. Ab und an schlug einer mit dem Knüppel an die Tür: »Buzerantky!«

Wie in einer Peepshow drängelten zwei Wachen sich vor dem Spion, während wir einfach nur aneinandergekuschelt im Bett lagen, uns wärmten oder schliefen.

»Wie machen sie es denn, wenn sie keine Kerze haben?« fragte einer. Sein Auge wurde von dem des Kollegen abgelöst.

»Sie haben doch eine Zahnbürste«, wusste der.

Sobald Hippie ein Auge im Spion sah, flehte sie es demonstrativ an: »Pane velitele, je zima.« (Herr Wärter, uns ist kalt.)

Man ließ uns. Die Beziehung zu Hippie war Liebe ohne Sexualität. Dass es die auch hätte geben können, kam mir nicht in den Sinn. Dazu war ich zu sehr an Petr gebunden. Dem aber hatte man die Nachricht über ein Verhältnis zwischen Hippie und mir längst hinterbracht. Der Weg war einfach. Eine Gefangene aus meiner Zelle wurde in die einer Mitangeklagten verlegt, und sie schrieb es ihm. Viele Briefe lang musste ich mich mit Petrs Eifersucht auseinandersetzen. Das verleidete mir das Schreiben.

Damals scheiterte auch unser Plan zu heiraten. Trotz seiner und meiner Ablehnung der Ehe hatten Petr und ich uns aufgrund der Umstände für eine Stellvertretertrauung entschieden. Gesetzlich war vorgeschrieben, dass mindestens einer der Partner während der Zeremonie anwesend sein musste. Wir rechneten uns aus, dass er oder ich im Gefangenentransport zum Standesamt fahren durfte, weil in Ruzyně keine Trauungen durchgeführt wurden. Dann kam die Entscheidung: Es wurde gar kein Transport erlaubt. Weder für ihn noch für mich. Ohne Transport keine Hochzeit. Und keine Chance mehr, meine Ausweisung zu verhindern.

Wir saßen zu viert am Tisch und spielten »Mensch, ärgere dich nicht«, da wurde die Zellentür aufgerissen.

»Plogstedt, zabalte si.« Packen!

Ich war wie vor den Kopf geschlagen. Warum sollte ich fort? Ich suchte meine Sachen zusammen, viel war ja nicht erlaubt. Aber im Vergleich zu anderen Gefangenen besaß ich Reichtümer. Nicht nur Lexika und Grammatikbücher, sondern auch Zeichenstifte, Malblöcke und Hefte. Lenins »Was tun?« und die »Grundrisse der Kritik der politischen Ökonomie« von Marx gehörten auch dazu. Eigentlich hatte ich die Zeit zum Studium nutzen wollen. Aber marxistische Theorie in einem »sozialistischen« Gefängnis zu lesen, war mir doch unmöglich. Lieber malte ich.

Kleidung hatte ich kaum. Neben dem braunen Trainingsanzug, den das Gefängnis stellte (ausgerechnet in Braun, der Farbe der Nazis), durfte ich eine orangefarbene Strickjacke mit schwarzer Bordüre tragen. Zivil hieß das in Ruzyně. Laut Gefängnisvorschrift hatte jeder ein Recht auf Zivil. Doch die Erlaubnis, private Kleidung zu tragen, wurde wie eine Gnade gewährt. Und da die Rechte, die ein Gefangener hatte, nirgendwo aushingen, kam ich auch nicht darauf, dass es welche geben könnte. Anders Petr. Der kämpfte um alles, was ihm zustand, auch um das Tragen eines Anzugs. Ich schaute mir von anderen ab, was ging und was nicht. Also hatte ich mal die Jacke an und dann wieder nicht.

Für den Abschied von Hippie blieb keine Zeit, dafür ging alles zu schnell. Teilnahmslos folgte ich dem Wachmann, wurde samt Gepäck ein paar Stockwerke höher geleitet. Eine ungewöhnliche Richtung im Gefängnis, wo die Zellen für Frauen nur in der ersten Etage lagen, je nach Belegung manchmal auch in der zweiten. Nur zu Verhören und zum Arzt ging es nach oben. Im sechsten Stock blieb der Schließer vor einer Krankenzelle stehen, drehte den schweren Schlüssel im Schloss, legte den Riegel um und riss mit dem üblichen Ruck die Tür auf. Vor mir sah ich eine Dreierzelle, zwei ältere Frauen lagen in Krankenbetten. Das dritte war für mich bestimmt.

Die grauhaarige Frau Čeřenská war eine Oppositionelle. Sie war etwa 60 Jahre alt und blieb die einzige Politische, der ich während meiner anderthalb Jahre in Ruzyně begegnete. Die andere, eine Person mit dunklen Locken, mochte um die 50 sein und kam mir, obwohl ich sie nur im Bett sah, untersetzt vor. Etwas an ihr bedrückte mich sofort. Ich machte sogleich die Rechnung auf: Wenn zwei keine Spitzel sind, musste es die dritte sein. Sonst würde man zwei Politische nicht zusammenlegen. Noch dazu in einer solchen Stille, wo man jedes Wort mit einem Mikrofon aufnehmen konnte. Das immerzu notwendige Misstrauen begann an mir zu zehren, das Gefängnis hinterließ Spuren. Auf einmal wurde meine Schutzhaut brüchig. Die Risse führten mich zurück an Kindheitswunden.

Dabei war ich mir mit zwölf Jahren bereits gewiss, dass mich ein Panzer unverwundbar gemacht hatte, wie weiland Siegfried nach dem Bad im Drachenblut. Und dass es auch bei mir ein Lindenblatt gab, das verhinderte, dass mein Siegfried-Panzer vollständig geschlossen war. Trennung hieß mein Lindenblatt. Als ich den wunden Punkt erstmals spürte, war meine Großmutter gestorben. Ich war damals entsetzlich allein. Und jetzt hatte man mich von Hippie weggeholt. Meine Furcht vor dem Verlassenwerden speiste sich aus noch früheren Quellen. Mit zwei Jahren, es war kurz nach dem Krieg, wäre ich beinahe verhungert. Dieser frühe Kampf mit dem Tod macht die Angst übermächtig. In mir gibt es keine Gewissheit, dass ein geliebter Mensch zurückkehrt und dass ich das noch erlebe. Wenn man mich zu lange warten lässt, verlasse ich vorsichtshalber selbst. Um mich zu retten. Ich war dabei, Petr innerlich zu verlassen, weil er mich gekränkt hatte. Ich war zu Hippie geflohen. Sollte ich sie nun auch verlieren?

In meinen Briefen nach Hause versteckte ich solche Gefühle. »Inzwischen bin ich in die bessere Gesellschaft des Gefängnisses gekommen«, schrieb ich an meine Mutter, »ich bin mit zwei älteren Damen zusammen, die sehr gut Deutsch können und ich kann endlich wieder ausdrücken, was ich meine. Leider ist diese eitle Freude dadurch gestört, dass ich durch diese Verlegung von einem Mädchen getrennt wurde, mit dem ich sehr gut befreundet war. Man kann nicht alles haben.« Ich deutete nur selten an, dass mir das Gefängnis zu viel wurde.«Nachdem ich fast ein Jahr abgesessen habe, rechne ich damit, bald entlassen zu werden. Gern würde ich wieder frische Luft bei freier Bewegung atmen. Und freikommen muss ich schon deshalb, damit es mit dir wieder bergauf geht.« Meine Mutter hatte sich über meine Inhaftierung sehr aufgeregt.

Frau Čeřenskás Lippen waren leicht blau angelaufen. Herz. Alles erinnerte mich an die Schwerstkrankenpflege. In meiner Kinderzeit hatte meine Großmutter den halbseitig gelähmten Großvater versorgt. Krankenruhe herrschte in der Wohnung, genau wie in diesem Trakt. Allein war mir die Flucht in die Leichtigkeit versperrt.

Unter unserer Zelle lagen die Vernehmungsräume der vierten und fünften Etage. Automatisch stellte ich mir unter dem Fußboden Mikrophone vor, die jedes Gespräch aufnahmen. Was sollte ich also sagen, nun, da ich mich ausdrücken konnte und verstanden wurde?

Einmal in der Woche kam mein deutschsprachiges Buch aus der Gefängnisbibliothek. Aber je länger ich in Ruzyně war, desto häufiger wiederholten sich die Titel. Ich langweilte mich. Hier auf der Station gab es keine Korrespondenz mit den Männern in den benachbarten Zellen. Kein Telefonieren durchs Klosettrohr mit den darüber- oder darunterliegenden Zellen. Keine anonymen Liebespartner. Ich selbst hatte zwar nur selten solche Briefe geschrieben, doch das Zusehen, Zuhören und das Risiko anderer beim Briefependeln hatten für Spannung im Zellenleben gesorgt. Ging einer der Tabak aus, holte sie gewiss neuen aus der Nachbarzelle. Dazu wurde eine Schnur herausgezogen aus einer Matratze, am Ende mit einem Briefchen beschwert und durch das schmale Fenster so lange gegen das Nachbargitter gependelt, bis sich die Schnur verfing. Zurück kam sie – sofern niemand dabei erwischt wurde, mit Antwortbrief und Tabak. Die Zelle nebenan war leer. Also auch nach dorthin kein lang-lang-kurz, kurz-kurz, lang-kurz-lang, und dann mit der Faust an die Wand, um zu signalisieren, das Wort endet hier. Drei Klopfer standen fürs Ende einer Botschaft. Es brauchte Zeit, um den Namen eines Morsers zu dechiffrieren. Aber davon gab es ja genug. Den am häufigsten gemorsten Gefängnissatz: »Ich liebe dich«, den verstand man schon nach den ersten Buchstaben.

Ab und an hörte ich entfernte Klopfgeräusche aus den Zellen drei oder mehr Stockwerke unter uns. Bei uns erschien selbst das Auge im Spion nur sporadisch. Kam ein Wärter, war seine Ankunft lange vorher vom Fahrstuhlschacht zu hören. Die Eisentür schloss sich, und dann näherten sich Schritte, die über den menschenleeren Korridor unserer Tür nahe kamen. Vormittags liefen Gruppen vorbei, gemeinschaftliches Schlurfen und Klappern von Gummipantinen. Gefangene, auf dem Weg zur ärztlichen Visite.

Ein kleines Bild von Rosa Luxemburg bewahrte ich in der Zelle auf, ich hatte es aus einer Zeitung ausgeschnitten und mit Brot auf Pappe geklebt. Die Ikone der Andersdenkenden. Es hatte mir stets weitergeholfen. Wärme, Liebe und Vertrauen waren ihr im Gefängnis nie abhandengekommen.

Ich hatte den Stuhl neben das Bett von Frau Čeřenská gerückt und der anderen Frau halb den Rücken zugewandt. Ich erzählte ihr leise von den Recherchen, die ich im August 1968 gemacht hatte. »Was hätten Sie getan, wenn ich damals auch zu Ihnen gekommen wäre?«, wollte ich wissen. Frau Čeřenská schaute mich an: »Wenn jemand an meine Tür klopft, weiß ich, es ist wichtig für ihn, mit mir zu sprechen. Dann bin ich auch für ihn da.« Mein Herz belebte sich bei dieser Antwort, ich fühlte mich angenommen.

Vom Hof her, wo die Frischluftzellen lagen, drangen vormittags die Rufe der Gefangenen, die zellenweise ausgeführt wurden. Eine Stunde täglich, außer an den Wochenenden. Meist wurde die Zeit unterschritten, an Regentagen fielen die Spaziergänge ganz aus. Ich ging allein, die beiden Frauen waren ja krank. Auf der Mauer schritt der Wärter entlang. Er wachte darüber, dass keine Nachrichten gerufen oder aus den Zellen Briefe in den Hof geworfen wurden. Aber wenn da etwas flog, waren das meist Liebesbriefe oder Tabak. Tabak hatte mehr Wert.

Mein fünfundzwanzigster Geburtstag. Die Gratulationsbriefe erreichten mich in der Krankenzelle. Meine Mutter schrieb, wie sehr sie Petrs und meine Haltung bewunderte und wie großartig wir uns hielten. Ich fühlte mich gerade alles andere als stark.

Petr hatte mir eine Mickymaus gezeichnet, die einem Eichhörnchen einen Strauß roter Nelken reicht. Mickymaus war mein Spitzname für ihn, weil er, wenn er zornig wurde, in eine comicartige Aufregung verfiel. Auf der Zeichnung trug die Mickymaus einen Schnurrbart, wie Petr ihn damals hatte, eine kurze Hose mit Hosenträgern und eine Tageszeitung in der Gesäßtasche, die Ärmel aufgekrempelt: Micky zeigte Muskeln. Eichhörnchen war sein Spitzname für mich – es saß auf einem ziemlich kahlen Ast, nur ein Zweiglein trug noch Nadeln. Petrs Wunsch: Das Eichhörnchen möge viele Nüsse finden, scharfe Krallen haben und recht bald wieder einen großen Wald um sich. Es war einer der wenigen Briefe, in dem er mir nicht vorrechnete, dass ich ihm erst 57 Mal geschrieben hätte, während er schon beim 63. war. Selbst die Nummerierung dieses Briefes war klein geraten, ich fand sie erst am Ende.

Als ich Petrs Briefe wieder las (meine an ihn hatte er nach unserer Trennung weggeworfen und dazu gesagt, er hätte keinen Platz mehr für sie in der Wohnung gehabt), stieg in mir die Wut hoch. Petr hatte mich erdrückt mit seiner Kontrolle. Bei der Korrektur meiner in Tschechisch geschriebenen Briefe hatte er ein weites Feld. Zugleich wunderte ich mich aber auch, von wieviel Liebe seine zeugten. Eine Liebe, an die ich geglaubt hatte ... im Nachhinein meine ich, ich hätte meine Wut auf ihn damals austragen sollen, statt mich von ihm zu entfernen.

Auch von Hippie kam ein Brief und gleich drei Zeichnungen.

Darunter eine Rose, unter der auf Slowakisch stand: »Diese Rose soll Dich erinnern, dass ich nur eine Sehnsucht habe: Dass Glück mit Dir sei an Deinem Geburtstag!« Ausgestreckt lag ich auf meinem Bett und las.

Ich mag zwei oder drei Wochen in der Krankenstation gewesen sein, da schallte es von unten herauf: »Sibylle!« Das war nicht Petr, der da rief. Schnell kletterte ich aufs Bett, steckte meinen Kopf quer durchs Fenster und antwortete: »Hippie!«

Von unten kam zurück: »Sibylle, ich liebe dich.«

Die Frischluftzellen lagen da wie ein Rohbau, dem die Decke fehlte. Hippie stand eng an der hintersten Wand, damit sie sehen konnte, ob ich mich irgendwo meldete. Viele Frauen drängten sich in der äußersten Ecke. Männer drehten regelmäßiger ihre Runden. Dass Hippie mich suchte und sich dazu über Regeln hinwegsetzte, schmeichelte mir. Wir begannen, uns auch abends aus den Fenstern zuzurufen. Dass Petr von diesen Rufen erfahren würde, kam mir nicht in den Sinn, wir wurden ja nie auf derselben Gefängnisseite einquartiert. Mir fiel auch nicht auf, wie wenige Frauen sich gegenseitig zuriefen. Denn als Paar sah ich Hippie und mich ja nicht.

Die Wochen der Trennung hatten mir gezeigt, wie wichtig mir das Zusammensein mit ihr war. Ich wollte zurück in die alte Zelle. Hippie hatte Teile des Platzes von Petr eingenommen. Sein Bild verlor an Kontur. Ich konnte es nicht dauerhaft wachhalten, meine Sehnsucht nicht beständig darauf richten. Als wäre das Leben eine Leiter, sind im Gefängnis einige Sprossen zerbrochen, einige davon bin ich zurückgefallen. Die Liebe zu Petr hatte zu kurz gedauert, ihre Sprossen waren noch nicht stark genug gewesen.

Ich schrieb einen Brief an die Gefängnisleitung und strich meinen beruhigenden Einfluss auf Hippie heraus, in der Zeit unseres Zusammenseins hätte sie nur selten Disziplinarstrafen erhalten. Frau Čeřenská jedenfalls versuchte nicht, mich davon abzubringen, die Verlegung zu betreiben. Sie korrigierte sogar mein Tschechisch in dem Brief an die Gefängnisleitung. Vielleicht dachte sie, dass ich bei jüngeren Frauen besser aufgehoben wäre.

Wenige Tage später kam die Gefängnisleitung meinem Wunsch nach. Mit Sack und Pack wurde ich abgeholt, und plötzlich stand ich wieder in der alten Zelle. Hippie fiel mir in die Arme. Zerbrechlich wie eh und je, nur ihre Haare waren deutlich länger geworden. Überschäumend vor Glück schrieb ich Mitte Dezember an meine Mutter: »Hurra! Das erste Jahr habe ich heute hinter mir. Ich hoffe, dass Du den heutigen Tag ebenso freudig begehst wie ich. Bin bei bester Laune, lese, singe und tanze. Es fehlt nur der Sekt, um diesen Jahrestag zu begießen.«

Das Gefängnisregime änderte sich. Die politische »Normalisierung«, die nach und nach die gesamte Tschechoslowakei erfassen sollte, begann in den Institutionen der Repression. Also auch im Gefängnis. Päckchen kamen nur noch einmal im Monat an, und statt fünf Kilo ließ man nur noch drei zu. Statt täglich durfte nur ein Brief in 14 Tagen geschrieben werden. »Jetzt wird es für mich sehr traurig, wenn ich entscheiden muss, wem ich nun schreibe«, klagte ich gegenüber meiner Mutter. »Es bleibt wirklich nur noch zu wünschen, dass alles bald vorübergeht!« Meine positive Haltung schwand. Petr dagegen machte sich gerade Hoffnungen auf eine baldige Entlassung. »Petr ist so optimistisch, dass ich mir fast Sorgen um ihn mache«, schrieb ich. »Das einzige, was hiesige Verhältnisse erträglich machen kann, ist Fatalismus. Nichts ist unerträglicher, als vergeblich auf etwas zu warten.«

Aus der Zeitung erfuhr ich, dass in Prag jemand angeklagt worden war, weil er während des Nationalsozialismus 57 Tschechen hatte erschießen lassen. Den Namen gab es auch in meiner Familie. Entsetzt schrieb ich nach Hause, um zu erfahren, ob es sich um einen Verwandten handelte. Meine Mutter hat die Frage nicht beantwortet. Das Nazithema beunruhigte mich im Gefängnis. Während der Verhöre hatte der Major behauptet, meine Mutter sei bei der SS gewesen. Als ich mich mit Petr nach dem Abschluss der Verhöre darüber austauschte, warnte er, alles für wahr zu halten, womit die Polizei mich konfrontierte. Was die Staatssicherheit von der CIA oder vom Nationalsozialismus behaupte, sei längst nicht alles glaubwürdig, schrieb er.

Petr und mir wurde ein Besuch gestattet. Er freute sich wochenlang darauf. In jedem Brief malte er sich aus, wie unser Treffen ausfallen würde. Je mehr er davon erwartete, desto mulmiger wurde mir. Prompt ging die Begegnung schief. Ich war hölzern und unerreichbar, ich hatte mich gegen seinen Erwartungsdruck abgeschottet. Dazu kam das Tschechische, das wir noch nie miteinander gesprochen hatten. Der Beamte, der den Besuch überwachte, musste alles mitbekommen. Nach unserer Begegnung schrieb Petr, wie sehr er geweint habe, nachdem er alle Hoffnungen in dieses Wiedersehen gesetzt hatte. Ich tröstete ihn, so gut es ging.

Ständig wechselte die Zusammensetzung der Zelle. Selten blieb eine Gruppe länger als zwei Wochen stabil. Eine Frau wurde ins Arbeitslager geschickt, eine neue gebracht. Eine schleppte Läuse ein, alle wurden mit einer ätzenden Läusekur bestrichen. Als meine Mutter zu Besuch kam, bekam sie mich samt Antiläusepomade zu sehen.

»Der Eindruck, den ich von meiner Tochter hatte«, schrieb sie im Februar 1971 an Amnesty International, »war besser, als ich befürchtet hatte. Vermutlich hat sie in der Gesamtzeit fünfzehn Pfund abgenommen, aber sie war vergnügt und freute sich über meinen Besuch, besonders natürlich über die mitgebrachten Lebensmittel. Der Richter sagte uns, dass für sie als Ausländerin Sonderbestimmungen gälten, nach denen ihr Briefverkehr keinerlei Beschränkungen unterworfen wäre. Das war auch meiner Tochter neu und vermutlich das Ergebnis eines Schreibens, das ich an Dr. Husák gerichtet hatte.« Ganz selbstverständlich nahm meine Mutter alle Informationen – auch die über meine Mitangeklagten – mit in den Westen und informierte die Öffentlichkeit und Verbände von den internationalen Juristen bis zum Roten Kreuz. Ich erfuhr davon nichts.

Eine der Mitgefangenen las mir aus der Hand. Die Prognose schrieb ich auf einen Umschlag: »Deine Mutter erhält einen Brief, dass ein junger Mann tot ist. Es ist nur ein kurzer Weg zu einem hochstehenden, uniformierten Mann. Eine ältere Person will dich aus ihrem Leben ausschließen, da du ihr Unglück gebracht hast. In drei Tagen hast du ein Treffen mit einem Menschen, den du gern hast. In einer Woche bringt dir eine Amtsperson eine gute Nachricht. In vierzehn Tagen wird Petr krank, du darfst kurz mit ihm sprechen. In einem Monat: Vorsicht vor einer Frau mittleren Alters! In einem halben Jahr: Trennung von Petr. Zu Hause triffst du Menschen, die du gern hast. In einem Jahr wirst du auf eine große Reise gehen. Danach bist du wieder mit Petr zusammen.«

Hippie wandte sich einer der Frauen zu, die neu in unsere Zelle gelegt wurde. Gleich am ersten Abend schlüpfte sie unter deren Decke. Rasend vor Eifersucht ergriff ich einen Schemel, zerschlug das Fenster über den beiden, sodass, obwohl Draht in das Glas eingeschmolzen war, alle Glasteile herausfielen. Eine Frau rannte zur Tür, hämmerte dagegen und rief nach der Wache. Die Wärterin warf nur einen Blick auf Hippie, die noch im Bett dieser Frau lag. Ich hatte mich wieder beruhigt und meldete mich auf die Frage, wer das gewesen sei.

Ich musste meine Sachen packen. Auch alle anderen sollten die Zelle verlassen, es bestand die Gefahr, dass eine Glas schluckte. Hippie kam noch den schmalen Gang zwischen den Betten auf mich zu: »Sibylle, das war doch nicht so gemeint.«

Zu spät. Ohne mich umzusehen, ging ich weg.

»Hippie war sicherlich kein Spitzel«, meinte Petr Jahrzehnte später, als ich mit ihm die Situation durchsprach. »Aber in dem

Moment, als du ihnen – er meinte die tschechoslowakische Stasi – deine Schwäche für sie gezeigt hast, musste auch für sie etwas dabei herausspringen. Spätestens seitdem wollten sie etwas von deiner Hippie.« Sobald ihr Name auftauchte, wurde Petr bissig. Auch heute noch. Hippie rechnete er mir als Treulosigkeit an, und wegen ihr, meinte er, hätte ich mich von ihm getrennt. Merkwürdig: Ihr Name fand sich nach der Wende in keiner Gefängnisdatei. Aber das mochte daran liegen, dass sie Slowakin war und alle Unterlagen über sie nach Bratislava gebracht worden sind.

Ich stand im Gang an der Wand und musste warten. Der diensthabende Wärter, es war »Šedivák«, der Grauhaarige, näherte sich mir drohend. »Faschistka!«, pöbelte er. Um mich zu provozieren, stieß er mich auch noch. Ich stolperte, nahm mich aber zusammen. Hätte ich ihn angefahren, mich gar zur Wehr gesetzt, ich hätte ihm den Grund für einen Übergriff geliefert. Oft genug wurden blutüberströmte Gefangene über den Gang zum Arzt geführt. Aus disziplinarischen Gründen seien sie geprügelt worden, hieß es. Es gelang mir, die Wut auf den Grauhaarigen niederzukämpfen. Aber: Man lernt dabei, die Wut gegen sich zu richten. Und beschädigt sich damit dauerhaft.

Die Strafe fürs kaputte Fenster: eine Woche im Karzer, im Loch, wie es dort hieß, und Paketverbot. Meine oder Petrs Mutter hatten umsonst gepackt. Tageslicht gab es keines im Loch – vierundzwanzig Stunden brannte die Glühbirne in den Arrestzellen, nur nachts wurde die Helligkeit etwas herabgeschaltet. Es war eine der Zellen, in die ich bei meiner Ankunft eingeliefert worden war.

Alleinsein im »Loch«, das war wie Urlaub. Meine Nerven erholten sich sofort. Nach mehr als einem Jahr engster Gemeinschaft fand ich endlich einmal Ruhe. Eigentlich hätte ich mir nur Palmen und Strand vorstellen müssen, denn aus den Nachbarzellen drangen Geflüster, Getuschel und Liebesschwüre. Die Wärter, die hier Dienst hatten, ließen sich für kleine

Gefälligkeiten sexuell versorgen. Von Frauen, die sie als Männer draußen nie beachtet hätten. Endlich verstand ich, warum manche der Wärter oben in den Zellen ihre Nachtdienste bekanntgegeben hatten. Sie hofften, ihre Auserwählte während des nächsten Schichtdiensts unten im Loch vorzufinden. Die Entlohnung für den Sex bestand in einem Mitbringsel von draußen, einem Brötchen aus der Kantine, manchmal sogar einem Schluck Alkohol. Oder einer Nachricht, die zu Hause ausgerichtet wurde.

Ich bezweifelte keinen Augenblick, dass es richtig gewesen war, mich aus der Zelle mit Hippie hinauskatapultiert zu haben. Ein Dreieck, und dann noch eins mit Zusehen, hätte ich nicht ausgehalten. Das Kapitel Hippie war abgeschlossen.

Eine etwa 40-Jährige, die mit Hippie und mir die Zelle geteilt hatte, schickte mir Grüße nach. Einer der Gefangenen, der den Gang wischte, schob den beidseitig beschriebenen Umschlag unter meiner Tür durch. »Ich hoffe«, las ich da, »Du warst zufrieden in unserer Zelle. Eines musst Du verstehen: Wir sind alle Mütter von Kindern und haben riesengroße Sorgen. Wundere Dich also nicht zu sehr über uns. Wir haben uns Dir gegenüber anständig verhalten. Natürlich hast auch Du Probleme, das erkenne ich an, aber eigentlich kannst Du doch sorglos sein. Du wirst nach Hause entlassen, und dann bekommst Du alles, was Du Dir nur wünschst. Deine Maminka wird Dir alles von den Augen ablesen. Also: Bleib ruhig, Du hältst das schon durch. Wir hier wissen auch nicht, wann uns das Schicksal wieder auseinanderreißt. Möglicherweise werden wir uns nie mehr begegnen, gemeinsam in einer Zelle bleiben wir sowieso nur kurz. Sibylko, ich glaube, Du kannst bald wieder so leben wie früher. Vergiss nichts von dem, was Du hier erlebt hast. Wenn wir uns einmal wieder begegnen, erzählen wir uns den Rest. Vor allem: Bleib gesund, das wünscht Dir …«

Den ganzen Tag nur Marta

Mein »Ferienaufenthalt« war beendet, ich wurde wieder nach oben gebracht. Diesmal machte der Wärter im ersten Stock halt. Längst baute ich mich von selbst seitlich neben der Tür auf, während die aufgerissen wurde. Eine schlanke Frau von etwa 40 Jahren erhob sich, grüßte: »Zelle 179.«

»Richten Sie sich ein«, wies mich der Wärter an und ging.

Mein Eindruck war Leere. Eine große, leere Zelle. Hier saßen nicht wie erwartet fünf Frauen, die miteinander um Raum kämpften, hier gab es nur eine. War es die neue Mitgefangene, die dieses Gefühl von Leere in mir auslöste, oder entstand es, weil es hier keine Hippie mehr gab? Ich konnte es nicht unterscheiden.

»Marta. Marta Martová«, grüne Augen schauten mich an. Grün, noch grüner als die Zelleneinrichtung.

»Sibylko!« Mit hoher Kinderstimme und sofort in Koseform wiederholte diese Marta meinen Namen. Die Nähe, die nicht gewachsen war, irritierte mich. Aber das Gefühl der Leere war weg. Marta war etwas größer als ich. Ihre dunklen Haare wirkten fettig, wahrscheinlich sah ich nicht anders aus, wir durften ja nur einmal in der Woche duschen, und in der Zelle gab es nur kaltes Wasser. Vom Typ her erinnerte Marta mich an eine Tante, zu der ich als kleines Kind eine enge Beziehung gehabt hatte.

Im Umzug von Zelle zu Zelle geübt, bugsierte ich die Kisten mit den Lexika und den Büchern auf ihren Platz vor einer zweiten, ungenutzten Zellentür. Die Kosmetika und Waschmittel, die Schreibutensilien und die Reste aus meinem Päckchen kamen in ein Fach im grünen Hängeschränkchen unter der Lichtklappe. Es war dasselbe Grün wie das der Wände, der Betten, der Türen, der Fenster. Nur der Boden war in jeder Zelle rot.

Martas Augen folgten meinen Bewegungen. Würden wir miteinander klarkommen? Während ich noch mit Heften und Farbstiften, Tabak und Zigarettenpapier hantierte, prüfte sie meinen Besitz. Ob jemand etwas zu verteilen hatte oder durchgebracht werden musste, klärte sich in solchen Augenblicken. Ich warf einen Blick in Martas Fach. Es war leer.

Weshalb sie im Gefängnis war, erzählte sie nicht. Auch auf mein Nachfragen hin nicht. Männer zeigen sich sofort ihre Haftunterlagen, erfuhr ich später. Sie wollen von Anfang an wissen, mit wem sie es zu tun haben. Bei den Frauen war das anders. Also wusste ich mal, weshalb eine da war, und dann wieder nicht.

Das Verhalten der Wärterinnen war auffällig. Gleich am zweiten Morgen, es war ein Dienstag, hatte die blondgelockte Zdena, die wir Zdenka nannten, die Tür aufgerissen und verblüfft ausgerufen: »Was? Ihr seid nur zu zweit? Der ganze Knast ist doch überbelegt!«

Aha, also stimmte etwas nicht. Mein Misstrauen sprang an.

»Wir müssen überlegen, wie wir die Zeit miteinander verbringen«, sagte Marta. Ich saß ihr gegenüber am Tisch. Ein Angebot, die Stunden anders als mit »Mensch, ärgere dich nicht« verstreichen zu lassen, hatte ich in Ruzyně noch nicht bekommen.

»Kannst du Russisch?«, fragte ich hoffnungsfroh. »Ich würde gern etwas lernen. Wir könnten jeden Tag eine Stunde machen.« Schon der Gedanke, wieder etwas in meinen Kopf zu bekommen, belebte mich. Marta wirkte verdutzt, widersprach aber nicht, murmelte zwei, drei Worte, die ich nicht verstand, und nickte. Ich schloss daraus, dass sie Russisch konnte.

»Fangen wir doch gleich an«, schlug ich vor.

»Heute nicht«, sagte sie. »Morgen.«

Als ich sie am nächsten Tag dazu bringen wollte, mir Unterricht zu geben, wich sie aus. »Nein, ich habe Kopfschmerzen. Vielleicht morgen.«

Noch zwei, drei vergebliche Anläufe, dann begann ich zu warten, ob Marta ihr Versprechen einlösen würde. Ich wartete einen Tag, einen zweiten und dritten. Eine Woche, die zweite, die dritte. Aus dem Russischunterricht wurde nichts. Marta kam mit keinem Wort darauf zurück. Dafür kannte sie Gedichte. Die Verse flossen ihr nur so aus der Feder. Ganz auf sich konzentriert, setzte sie sich an den Tisch und schrieb. Dann las sie mir vor:

> *Durch eine dunkle Gasse gehen,*
> *angeschmiegt an dich – träumen.*
> *Sie würde wenig verlangen,*
> *nur dir nahe sein wollen.*
> *Verlöre ich dich,*
> *würde ich mich selbst verlieren.*

Martas erstem Gedicht folgte ein zweites und drittes, ein Gedicht ums andere. »Hör zu«, sagte sie und las. Ihre Stimme rührte mich, tief im Inneren, wo nur Kinderstimmen einen Platz haben, auch die der Erwachsenen. Das innere Kind in mir, das vernachlässigt, zu kurz gekommen und nie bewundert worden war, immer hinter anderen zurückstehen musste, es fühlte sich umworben. Noch nie hatte ihm jemand so viele Gedichte geschrieben.

Überhaupt: Dass Marta unter diesen Bedingungen schreiben konnte, beeindruckte mich. Wo es mir schon schwerfiel, Bücher zu lesen, hatte ich nicht ans Schreiben denken können. Versuchte ich mich mal am Tagebuch, schwemmten mich die Gefühle fort, bis ich die Orientierung verlor. Benommen tauchte ich wieder auf. Zu bedrohliche Ausflüge, die ich schnell unterließ. Stattdessen suchte ich Halt in sachlichen Texten. Und da saß nun eine, die brauchte nur nach innen zu schauen und hielt Gefühltes fest. Und es war die Welt, dieses Gefängnis, das um sie herum versank.

Ich bemalte das Heft, in das Marta die ersten Gedichte hineingeschrieben hatte, und bestimmte es zum Gedichtbuch. Für den Deckel malte ich ein Signet. Auf die Innenseite einer Zigarettenschachtel rote, sich an den grünen Rand schmiegende Ecken, innen ein weißflächiges Oval. In der Mitte eine grüne Schale, offen wie ein Blütenständer. Heraus sprang ein blauer Ball an einem grünen Seil, ein Springball, wie wir ihn als Kinder hatten. Mit zerkautem Brot klebte ich das Signet auf die Lyriksammlung. Brot. Brot bedeutete uns alles. Geknetet und geformt wurde es hart wie Stein. »Mensch, ärgere dich nicht«-Figuren entstanden daraus, für die ich das Grün von den Wänden gekratzt hatte, das Rot vom Boden, das Schwarz aus der Asche. Später, als ich Farbe von zu Hause geschickt bekam, wurden die Figuren bemalt. Brot war das Gärungsmittel für den mit Zucker und Früchten geheim gebrauten Alkohol. Bei der Essensrückgabe wurde ein Napf zurückgehalten und musste drei Tage lang verborgen werden, bis das Vergorene Blasen schlug. Wurde es zum Kochen gebracht – dazu machten wir mit Papier Feuer in der Zelle –, wurde der Alkohol stärker. Dass bei unserer Brennerei Methylalkohol entstand und wir hätten erblinden können, wusste niemand von uns. Während einer Filzung durfte der Topf nicht gefunden werden. Filzungen waren die regelmäßigen Durchsuchungen der Zelle. »Pling, pling, pling« machte der Eisenstab, wenn am Klang der Gitter geprüft wurde, ob jemand daran herumgesägt hatte.

Mit Marta standen Gefängnisvergnügungen dieser Art nicht mehr auf der Tagesordnung. Sie spielte andere Spiele.

Sehnsüchtig brennend
blind, blind
eine Balance auf dem Seil
beinahe
auf jedem Wort ausrutschend
deine Zeit verfehlend
auf dem Friedhof schlafend
bringst du mir Mut bei,
Schwester meiner Bangigkeit.

Innen bekam das Gedichtebuch auch eine Zeichnung: einen schwarzen Torbogen, nach oben hin zugespitzt. Seine rechte Seite verschwand im Nichts, die linke war im Boden verankert. Eine grüne Wand trennte einen Hohlraum mit einer schwarzen Schriftleiste ab: »Achtung Aufnahme« stand da. Davor eine rote Kugel, die durch einen gewichtigen, schwarzen Pfeil nach unten gezogen wurde. Das Bodenlose, das Abgehörtwerden und der Versuch, sich zu verankern, waren in diesem Bild. Die Spitze eines grünen Dreiecks wies nach außen, ins Nichts. Solch ein Dreieck hatten Kriminelle in KZs. Ein Kopf, den es wie einen Ballon nach oben zog, abgelöst hing der Kiefer an einer Spirale fest. Der mächtige, schwarze Torbogen hielt das alles zusammen.

Trotz allen Misstrauens, das Marta in mir auslöste, widmete ich ihr das Buch. »Niemanden habe ich so geachtet wie dich«, schrieb ich hinein. Marta antwortete mit dem Vers:

Warum sollte Sonne und Glück suchen,
wer es in sich trägt. Für dich. Marta.

Marta las vor, ich träumte mit der Musik der Sprache. Meine gestauten Gefühle kamen wieder in Fluss. Die Zelle, die Gitter, die Eisentür und all die Verluste traten in den Hintergrund. Ich suchte die Ruhe nach dem Gefühlssturm. Marta lullte mich ein. Sie tat dies mit infantilen Angeboten.

»Spinkej«, »Mach Heia«, klang es abends aus dem Nebenbett sanft und fürsorglich. »Papej«, »Mach Hamham«, ermunterte sie mich, wenn das Essen kam. Babysprache macht wehrlos.

Hör, mein Herz spricht,
und wisse, es sind nicht nur Versprechen,
dass ich ein Mensch bin, der lieben kann,
trotz meiner Fehler.

Einst las ich in einem Gedicht
eines bekannten Dichters:
Wenn es schön sei, soll man sich trennen.
Doch lernen wollte ich das nicht.
Ich kann nicht weggehen.

Mein leises Danke
sagt, dass ich dich liebe.

Martas Poesie schuf Bindung. Wärme und Nähe vermisste ich am meisten. In Versen warb sie mit einer Intensität um mich, die mir den Atem nahm. Dass Gedichte keine Realität und Trennungen Martas Thema waren, nahm ich nicht wahr.

Geduldig erklärte Marta mir tschechische Worte, die ich nicht kannte, ersetzte mir eines durch ein anderes, bis ich den Sinn verstand oder es im Lexikon fand. Wenn ich beim Sprechen schluderte, griff sie ein. Bei dem teuflisch weichen rjsch-Laut zum Beispiel. Überdeutlich sprach sie ihn mir vor, ich wiederholte. Wurde nur ein rsch daraus, ließ sie mich ein zweites, ein drittes Mal nachsprechen. Ich ließ es zu. Diese Art von Ungleichgewicht war mir aus der Beziehung zu Petr vertraut.

Es war ein Sonntag, noch am Anfang unserer gemeinsamen Zeit. An den Wochenenden durften wir auf dem Bett liegen und mussten nicht wie Pik Sieben auf den Schemeln sitzen. Der Wärter hatte gerade seinen Kontrollgang hinter sich, seine Schritte entfernten sich hörbar, das Etagengitter fiel ins Schloss. Bis zur nächsten Runde, bis zum nächsten Blick durch den Spion würde eine Weile vergehen. Ich saß in meinem Bett und las, Marta lag ausgestreckt in ihrem, bedeckt mit der grauen Decke.

»Mach es mir«, hörte ich ihre Stimme neben mir.

Ich zuckte zusammen. Ich hatte noch nie mit einer Frau geschlafen. Bisher gab es das nicht einmal in meiner Fantasie. Zärtlichkeit, Küsse ja, die hatte ich mit Klassenfreundinnen ausgetauscht. Das war wie von selbst entstanden. Bei Marta spürte ich diesen Wunsch nicht. Doch was ich nicht fühlte, ersetzte sie mühelos durch Eindringlichkeit. Sie wollte es, und alle Gefühlsmacht ging von ihr aus. Ich geriet in einen Sog. Vielleicht war auch eine Spur Neugier dabei. Ein Experimentieren mit dem Unbekannten, ein Spiel mit dem Feuer. Und Mitleid. Wenn Marta das unbedingt brauchte ...

Auf dem Nachbarbett sitzend, ohne ihr auch nur einen Millimeter näher zu rücken, reichte ich ihr meine rechte Hand. Marta führte sie, ohne dass meine Finger auch nur über ihren Körper glitten, unter der Decke direkt an ihre Feuchtigkeit. Ihr Kopf schlug auf dem Kissen nach rechts und nach links aus. Meine Aufmerksamkeit war eher auf den Gang gerichtet, ob sich ein Wärter näherte. Es wurde ein seelenloses Gerubbel, das mich nicht erregte. Marta trug den Wunsch nach Sexualität nie wieder an mich heran. Haften blieb eine Scham, wie ich sie selbst bei missglückten Affären nicht kannte. Es war die Scham, missbraucht worden zu sein.

Dass ich Marta nicht hatte abweisen können, war neu. In Beziehungen zu Männern hatte ich das nicht gekannt. Da hatte ich deutlich machen können, was ich wollte und was nicht. Bei Marta, der Älteren, gelang das nicht. Vor ihrer Übermacht rutschte ich in einen frühen, noch gehorsamen Teil in mir zurück. Dort erreichte mich Martas Befehl: »Mach es mir!« Für solche Spiele war ich zu jung. Dass man, auch wenn man sich nicht anfassen lässt, nicht unberührt bleibt und dass einseitige Beziehungen besondere Abhängigkeiten schaffen, erfuhr ich nun. Als Gebende spürte ich das mehr als Marta, die Nehmende. Durch Geben entsteht Bindung, und Marta forderte sie ein.

Eine zweite Warnung kam, diesmal von einer anderen Wärterin: »Was, ihr seid immer noch allein? In allen anderen Zellen sind die Frauen schon zu fünft oder sechst.«

Wovor sollte ich mich in Acht nehmen? Ich hatte nicht das Bedürfnis, Marta etwas aus meinem Strafverfahren anzuvertrauen. Es ging um Fundamentaleres. Da ich es nicht verstand, wusste ich auch nicht, wovor ich mich schützen musste. Und erst recht nicht, wie. Es war der Zwiespalt zwischen Bewunderung und Verdächtigung. In ihm geriet meine Bodenhaftung in Gefahr. Martas Verse hörten sich an, als wollte sie sich entschuldigen. Meine Zweifel schienen einen Platz zu finden.

Schmerz wollte ich dir keinen bereiten,
auch wenn ich nicht ohne Fehler bin
und kein Engelsgesicht trage.
Ich verabschiede mich nie,
schließe dich in meine Erinnerungen ein.
Ich begleite dich nur.

Marta wurde fast jeden Tag fortgeholt. Zum Verhör, vermutete ich. Sie sagte nie, wo sie gewesen war. Wenn man sie zurückbrachte, sprach sie kein Wort. Sie griff sofort zum Heft und schrieb. Mir kam der Gedanke, dass sie außerhalb der Zelle ihre Texte lernte und sie deshalb sofort aufschrieb. Und sich abschottete, damit sie ihr nicht verlorengingen. Um mich sicherer zu fühlen, beobachtete ich sie. Nichts nährt einen Verdacht so wie Kontrolle. Ich entdeckte immer mehr Anhaltspunkte für mein Misstrauen. Die Fantasie, dass Marta die Gedichte draußen lernte, hielt nur so lange, wie meine Kontrolle andauerte. Danach verwischte sich der Eindruck. Dann merkte ich, dass sie auch schrieb, wenn sie tagelang in der Zelle blieb.

Marta wollte mir etwas Wichtiges sagen. Sie horchte an der Tür, stellte den Wasserhahn an. Ihr Mund näherte sich meinem Ohr. Ihre Stimme wurde tonlos, sie sprach, fast ohne die Lippen zu bewegen. »Sibylle, ich bin in großer Gefahr. Sie kommen nachts und holen mich aus der Zelle. Sie bringen mich zum Verhör, und ich werde dort gefoltert.«

Ungläubig schaute ich sie an. »Aber ich habe keine Wachen gehört.«

»Sie kommen, wenn du schläfst.«

Während des ganzen Jahres in Ruzyně hatte ich so etwas noch nicht gehört. In Büchern über die fünfziger Jahre stand das. Oder über die dreißiger in der Sowjetunion. Oder über den Nationalsozialismus. Aber heute in Prag, drei Jahre nach dem Ende des Prager Frühlings? Und warum sollte ich nicht mitbekommen haben, dass man sie holte? Selbst wenn man uns ein leichtes Brommittel zur Beruhigung in den Tee gegeben hatte, damit wir durchschliefen – das Öffnen und Schließen der Eisentüren hätte mich wachgerüttelt. Erst recht, wenn Marta gegen ihren Widerstand abgeführt worden wäre. Neckend fragte ich am nächsten Morgen nach: »Na, bist du heute Nacht wieder abgeholt worden?«

»Ja, sie sind wieder gekommen.«

Marta war bleich. Noch bleicher beteuerte sie auch am nächsten Morgen dasselbe. Irgendwann wurde ich mürbe und versuchte, Martas Erzählung zu überprüfen. Ich nahm mir vor, wach zu bleiben.

Nachts sind die Geräusche im Gefängnis andere. Zellen wurden auf- und zugeschlossen. Im Gang schleifte etwas den Boden entlang. Eine Matratze, ein Sack, ein Mensch?

Marta stieß mich angstvoll an: »Das ist das Geräusch von Zwangsjacken«, flüsterte sie.

Zwangsjacken? Wir waren doch nicht in der Psychiatrie. Mühsam kämpfte ich an gegen den Schlaf. Auf dem Gang ein Kettenrasseln, im Bett neben mir die fest schlafende Marta. Meine Lider hingen bleischwer. Irgendwann fielen mir die Augen zu. Am Morgen entdeckte ich voller Scham, dass ich nicht durchgehalten hatte. Und Marta versicherte, dass sie nachts doch noch dagewesen waren.

Drei, vier Nächte versuchte ich, wach zu bleiben. Je länger ich auf Schlaf verzichtete, desto mehr lagen meine Nerven blank. Nie hatte ich mitbekommen, dass Marta wirklich weggewesen war. Meine Seele wurde fast stündlich dünnhäutiger, und dann nachts diese Müdigkeit, der ich immer weniger widerstehen konnte. Marta behauptete unverändert: »Sie kommen, wenn du schläfst.«

Jedes Einschlafen eine Niederlage. Im Gedicht nahm Marta auf, was mir die Ruhe nahm.

Sich selbst überwindend,
wird man Sieger.
Nicht an einem Tag,
auch nicht nach einer schlaflosen Nacht früh am
  Morgen.
Im Kampf mit sich gibt es viel zu untersuchen,
bis man die Wirklichkeit kennt und nicht nur den
  Traum.
Bei jedem Erwachen erfährt man sie unverändert,
redet sich ein,
dass das Böse nicht da sei,
und führt ein Leben in falschen Sicherheiten.
Lieber die Wahrheit sehen und ihr etwas abgewinnen.

Durch den Schlafentzug empfindlich geworden, begann ich, minimalste Unterschiede zu registrieren. Manchmal erinnerte Marta sich nicht an das, was wir besprochen hatten. Dann schien es, als ob sie alles zum ersten Mal hörte. Sie bewies keine Kontinuität.

Am Morgen waren ihre Haare anders. Mit fettigen war sie schlafen gegangen, heute hatte sie frische. Seit dem Duschtag waren fünf Tage verstrichen. Was, wenn es zwei Martas gab? Ich begann, den Verdacht zu überprüfen. Wusste die Marta, die jetzt da war, was sie mir gestern zugeflüstert hatte? Dass die Namen all der Herren von der Staatssicherheit in Wirklichkeit Decknamen waren? Dass kein Name eines Untersuchungsbeamten stimmte? Irritiert schaute sie mich an, wenn ich ihr Fangfragen stellte, sie schwieg. Für mich ein Zeichen, dass ich es mit einer zweiten, der anderen Marta zu tun hatte. Täglich entdeckte ich mehr Unterschiede. Beim Waschen über dem Abtritt die Schwangerschaftsstreifen an ihrem Körper. Von Kindern hatte sie mir nie erzählt. Gestern hatte Marta noch eine Goldkette, wo war die bei der von heute? Nur Gedichte schrieben beide.

Meine Fantasie nahm das Angstgewöll auf, zupfte daraus den nächsten logischen Fragefaden: Wurden da zwei gleich aussehende Frauen, Zwillinge vielleicht, nachts miteinander vertauscht? Solche mit unterschiedlichen Charakteren? Meine Phantasie trennte messerscharf zwischen Gut und Böse. Dass Gut und Böse in einem Menschen nebeneinander bestehen können, war mir unvorstellbar. Noch weniger frei war ich anzunehmen, Marta denke sich das alles aus. Lügen waren tabu. Ich klebte am Gesagten, und das hatte wahr zu sein.

Die Zugewandte unter den Martas war es, die mir abhandenkam, natürlich. Wo blieb sie, während die Böse mit mir in der Zelle war, fragte ich mich beunruhigt. Marta hatte von Folter gesprochen. Physische Spuren hatte ich nie an ihr entdeckt, nur einmal einen blauen Fleck. Auch sie schien unter Druck zu stehen, als sie das Gedicht mit dem Titel »Der Weg« schrieb.

Nein, nicht diesen Weg,
den ich jeden Tag genommen habe.
Ich suche einen anderen,
der vertraut schien und bekannt,
doch dann kam die Angst.
Es war kein Traum,
aus dem ich morgens früh erwachte
und erkannte, dass ich verloren habe,
ich möchte, dass du meinen Namen – Marta – kennst
und nie glaubst, ich könnte dich verraten.

Die Idee war simpel: Mit einer Schnur band ich Marta an meinem Arm fest. Die Strippe dafür zog ich aus einer Matratze. Sie ließ

mich gewähren. Wenn man sie nachts wieder wegholte, musste ich es merken. Mitten in der Nacht schreckte ich aus dem Schlaf. Ein Geräusch wie ein undichter Siphon oder das Zischen einer Gaspatrone. Ich schaute auf meinen linken Arm und fuhr hoch: Die Fadenschlaufe am anderen Ende war leer. Panisch sprang ich aus dem Bett, entdeckte Marta – oder eine der beiden – vor dem Hängeschränkchen. »Was machst du?«
»Ach, ich suche nur etwas«, beruhigte sie mich und ging zurück in ihr Bett. Ich legte ihr die Schlaufe erneut um. Fadenscheinige Sicherheit.

Am Morgen hatte Marta wieder frische Haare. Sie war nicht weggewesen und doch verändert. Ich trat vor das Schränkchen, stellte mich vor das Fach, so wie ich sie nachts gesehen hatte. Dort musste des Rätsels Lösung liegen. Plötzlich war mir alles klar, es war unendlich banal. Marta hatte nachts mein Trockenshampoo benutzt.

Fieberhaft begann ich weiterzusuchen, jetzt wollte ich alles aufklären. Unter ihrer Matratze fischte ich das Goldkettchen hervor, mein nächstes Unterscheidungsmerkmal zwischen den beiden Martas. Von da an hörte der Spuk auf. Sie behauptete nie wieder, aus der Zelle geholt zu werden. Aber ich fragte auch nicht mehr.

Marta kapselte sich ab.

Wenn ich jetzt gehe, ruf mich zurück –
vielleicht hätte ich die Kraft umzukehren.
Um nicht am Garten vorm geschlossenen Türchen zu stehen,
wenn du mir eine Blume reichst.

Bei dir wollte ich sein, wirklich nahe.
Ich weiß, in dem Garten wachsen andere Blumen.
Sei nicht böse deswegen – ich bin es auch nicht.
Gerade darum schreibe ich den ersten Satz.

*Wenn das Laub von den Bäumen fällt,
ist Herbst. So ist das Gesetz der Natur.
Wenn ein Mensch weggeht
und sich nicht verabschiedet, schweig!
Schwer ist es zurückzukommen,
ohne Abschied genommen zu haben,
und zu sagen: Vergib!*

Martas Liebe. In den Gedichten verlangte sie »alles und das mit Recht«, um im gleichen Schriftzug zu beteuern, »zu sagen, dass ich dich gern habe, steht mir nicht zu«.

Marta litt. Ganze Haarbüschel lagen morgens auf ihrem Kopfkissen. Sie bekam kleine grüne Tabletten verschrieben. Kaum hatte sie eine genommen, begann sie, auf Licht zu reagieren. Im Schmerz zuckten ihre Lider, es durchfuhr ihren Körper, sobald ich eine Zigarette anzündete. Drogen, dachte ich und schnippte ein paar Mal mit dem Feuerzeug. Sie zuckte, jedes Mal wieder. Ich untersuchte, ob Martas Pupillen vergrößert waren. Die wirkten etwas starr, sonst konnte ich nichts entdecken. Sie ließ sich meine »Untersuchungen« gefallen. Sie hatte starke Anfälle. Wie in Trance stieg sie über die zweistöckigen Betten: »Ich muss zum Licht!«

Sie war nicht aufzuhalten, sie, die Kranke, die Zerbrechliche, verfügte auf einmal über unheimliche Kräfte. Sie stieß mich weg, als ich sie vom Bett ziehen wollte. Unaufhaltsam strebte sie dem Licht entgegen.

Durch Zufall entdeckte ich, dass so ein Anfall aufhörte, wenn sie erschrak. Sobald sie wieder auf die Lampe zusteuerte, begann ich, Geräusche zu machen. Die Folge war ein Wutanfall. Marta überschüttete mich mit Vorwürfen: »Du hinderst mich, der Kraft des Lichts zu folgen«, tobte sie.

»Und was ist, wenn die Wärter dich da oben schnappen?«

»Du verstehst überhaupt nichts«, kam Marta nun erst richtig in Fahrt. »Ich will mit dir nichts mehr zu tun haben. Du bist zu nichts nütze.«

Ich wartete ab, bis der Anfall vorüberging. Einmal habe ich eine von den grünen Tabletten probiert. Etwas habe ich auf Licht reagiert, aber längst nicht so intensiv wie Marta. Nach kurzer Zeit ließ meine Lichtempfindlichkeit wieder nach.

Unfähig, ihr Verhalten einzuordnen, war ich ratlos. Keine meiner Erfahrungen passte. Mein Denken versagte, und damit die Macht, über die ich sonst verfügte. Die Seite, die ich an mir mochte. Mit Marta in der Zelle stimmten meine Koordinaten nicht mehr, das starre Anstaltskorsett geriet aus den Fugen. Ihre Wahnvorstellungen jagten mir täglich neue Schauder ein. Das Gefängnis hatte das nicht vermocht. Jedenfalls bis dahin nicht.

War sie krank, oder stand sie unter Drogen? Musste ich Marta helfen oder mich vor ihr in Acht nehmen? Oder beides? Und wie konnte ich das unterscheiden, wenn sie von morgens bis abends mein einziger Kontakt war? Ich mit niemand anderem sprechen konnte, einfach, weil keiner da war?

Es war ein Tag, an dem es Marta gut ging. Gerade war ein »Pferd« von nebenan gekommen, von Fenster zu Fenster gependelt. Der Brief hing noch im Gitter, während Marta eines der doppelstöckigen Betten erklomm. Da riss die Wärterin Zdenka die Tür auf. »Paketverbot, Martová!« brüllte sie.

»Bitte nicht, Frau Wärterin!« Marta flehte und barmte und war wie desorientiert vor Panik. Als sie sich überhaupt nicht wieder beruhigte, versuchte ich, ihr beizustehen: »Lassen Sie doch. Wenn es Marta so viel ausmacht, dann schreiben Sie das Paketverbot auf mich«, wollte ich die Strafe übernehmen. Dass Marta nie Pakete bekam, fiel mir nicht ein.

»Das wollte ich nur sehen!«

Zdenka schlug die Tür zu. Martas Verstoß blieb ohne Strafe. Was hatte Zdenka sehen wollen? Ich bin doch nicht abhängig von Marta! In mir begehrte es auf. Und doch gab es etwas, das mich an sie band. Liebe nicht, da war ich mir sicher. Ihre schnellen und extremen Verhaltenswechsel begründeten offenbar eine Abhängigkeit, aber von der wusste ich damals noch nichts, für die fehlten mir die Erfahrung und die Worte.

Als ich das schrieb, brach die Panik von damals wieder durch. Unvorhersehbar, unfassbar, immer noch unbegriffen. Ich fand Notizen nicht, die ich mir nach meiner Entlassung aus dem Gefängnis über Martas Anfälle gemacht hatte. War ich zu nervös, um am richtigen Platz nachzuschauen? Hatte ich sie bei einer Reise liegenlassen? Plötzlich verformte sich meine Panik zu einem Schreckbild: »Sie« waren da, »sie« hatten sie mir fortgenommen. Dabei hätte ich nicht einmal sagen können, wer »sie« waren. Außer dass es ein Begriff für die Übermacht der Stasi war, die durch meine Gefühle spukte, obwohl es »sie« nun seit Jahren schon nicht mehr gab. Erst als ich mich wieder gefangen hatte, verschwand dieses »sie«. In solchen Situationen kam ich mir vor wie ein Stück Schweizer Käse, in dem immer neue Löcher entstehen, weil der Gärstoff nach und nach überall eingedrungen ist. Verzweifelt suchte ich, das Aufsteigen der Angst durch Kontrollen einzugrenzen. Gelang es nicht, den Bezug zur Realität sofort herzustellen, wurde alles nur schlimmer. Dann kroch die Todesangst von damals wieder hoch, meine Beine wurden zittrig, im Körper zirkulierten alle Flüssigkeiten zugleich, als wollten sie ihre Bahn verlassen und in die andere Welt, in die von damals, abdriften. Die heutige geriet derweil aus den Fugen. Ja, vielleicht ließ es sich so erklären, dieses Gefühl: Ich war mit etwas konfrontiert, für das ich keine Erklärung hatte. Etwas, das meinen Angst-Raum überdimensional erweitert hatte. Und er konnte sich noch heute derartig aufblasen, sobald mich Signale an Marta erinnerten, selbst wenn die nur darin bestanden, dass ich meine mir so kostbaren Notizen verlegt hatte.

Der Tag bestand aus Marta. 24 Stunden lang Marta, nichts als Marta. Nicht einmal ein Blick durch die beiden Lichtklappen unter der Decke war möglich. Die ins Glas geschmolzenen, engmaschigen Gitter formten das Tageslicht. Davor die Eisenstäbe. Öffnen ließ sich das Fenster um weniger als Kopfesbreite. Hinaufklettern und hinaussehen war verboten.

Marta zeigte nicht nur eine Art von Wahn. An eine hätte ich mich ja vielleicht gewöhnen können oder lernen, damit umzugehen. Martas Welten waren flüchtig, sie wechselten ständig. Jeder Schub dauerte ein paar Tage, manche der Gebilde hatten etwas länger Bestand. Ein zweites Mal wiederholten sich die Symptome nie. Nachdem das Lichtthema abgeschlossen war, kam es nicht wieder. So wie Martas Behauptung, nachts aus der Zelle geholt zu werden.

Meine Instrumente der Kontrolle waren untauglich, sie stießen mich nur tiefer in Martas System und damit ins nächste Problem. Doch ehe das nächste entstand, gab es zwei, drei Tage Pause, ein kurzes Atemholen wenigstens.

Diesmal begann es mit Müdigkeit. Marta konnte sich nur minutenweise konzentrieren. Beim Schreiben ließ sie Buchstaben aus, stöhnte auf, sobald sie es bemerkte, quälte sich weiter, versuchte, sich und ihre Gedanken zusammenzunehmen. Es gelang nicht. Ihr Bedürfnis nach Sauberkeit und Ordnung, normalerweise sehr ausgeprägt, verschwand. Bei der geringsten Belastung reagierte sie gereizt. Am Morgen zeigte sie mir eine Schwellung an der Innenseite des Oberschenkels ihres rechten Beins. Ein blauer Fleck zog sich vom Knie nach oben.

»Wo hast du denn den her?«

»Keine Ahnung.«

Die Angst, die Marta ausströmte, traf einen empfindlichen Punkt bei mir. Meine Großmutter war an Leukämie gestorben. Vor ihrem Tod war ihr Körper voller blauer Flecken gewesen.

Marta klagte über Schwierigkeiten beim Bewegen des Arms, zeigte mir eine Schwellung am Kopf. Sie befürchtete, es könnte ein Geschwür sein. Dann begann sie über Kreuz- und Kopfschmerzen zu klagen, hielt die Hand an die Stelle. Ihr Harn färbte sich im Becken rot.

Die Zeit bis zu Martas Rückkehr vom Arzt kam mir endlos vor. Ich wusste ja, so ein Arztbesuch dauerte beinahe einen halben Tag. Kein Wunder, denn da traf man auf Gefangene aus anderen Zellen. »Bist du mit der, kennst du die ...«, im Gang wurden die Informationen ausgetauscht.

»Schweigen Sie«, ging der Wärter dazwischen.

Für einen Moment kehrte Ruhe ein, jedenfalls solange er in der Nähe war. Bis alle Mitgefangenen in eine Kabine gegangen waren und sich entkleidet hatten, zum Arzt gerufen und zum Ankleiden zurückgeführt worden waren, dauerte es Stunden. Dann folgte das Warten im Gang, bis alle fertig waren und auch der letzten noch Blut abgezapft worden war. Zurück ging es erst, wenn alle verarztet waren.

Wieder in der Zelle. Marta war überschwänglich und sang. Das war ungewöhnlich, aber sie war guter Dinge. »Sie haben mir eine Spritze gegeben«, plauderte sie, »auf der war das Bild einer Dogge.«

Kurz darauf kippte die Stimmung. Sie versteckte sich unter dem Bett, knurrte und bellte. Und weigerte sich um alles in der Welt, wieder hervorzukommen.

Samstagnacht im Gefängnishof ein Hundebellen. Marta sprang auf: »Rex, das ist Rex!«

Das Bellen hatte ich auch gehört. Dort hatte noch nie ein Hund angeschlagen. Marta sprach von ihrem Vater, einem Förster. Der habe eine Dogge besessen. Sie hätten mitten im Wald gelebt, in einem Haus am Rande einer Lichtung. Marta schrieb:

Wie ein Zuhause,
das ich in Tränen erhoffte,
wenn aus fremdem Tor ein Hund bellte.
Ich erreiche dich nur unter Verlusten.
Du bist ein Regen! Ein Regen!

Ihre Zeit vergehe, wie der Baum, der seine Blätter verliert, schrieb sie weiter. Sie sei ein zertrampelter Rasen und ich ihr Zuhause. Ich ihr Zuhause?

Im Gefängnishof lag Schnee. Plötzlich das Gezwitscher eines Sommervogels. »Hast du das gehört?« Marta lauschte fasziniert. Ja, ich hatte den Vogel gehört. Ob jemand ein Band abgespielt hatte? Saß nebenan ein Stimmenimitator? Weder der Hund noch der Vogel waren je wieder zu hören. Auch sie waren flüchtig, wie Martas Symptome.

Sei es wie Blitz und Donner –
ich gehöre nicht zu denen, die sich ergeben,
bin im Gewitter wie das Höhnen des Berges,
dem sich nur die Braut der Sonne ergibt.

Zwischen den Gedichtseiten ein gepresstes Blatt. Ein Geschenk. »Das habe ich dir mitgebracht.«
Marta hatte es von einem Philodendron während des Arztbesuchs gepflückt. Kleine, lederne Verwerfungen bildeten ein Lebensmuster auf der brüchig gewordenen Haut.
Natur war kostbar. Der Grashalm im Pausenhof, der das Betonsystem durchstieß und die dünne Krume zu nutzen wusste, nährte mich. Ein Symbol des Überlebens, Kraft nicht nur für die abgezählten Minuten an der frischen Luft. Eines Tages fand ich eine Butterblume. Nur eine einzige in anderthalb Jahren nach einem langen und sehr kalten Winter. Glück durchschoss mich, wärmte alle Poren meines Seins. Die Bedrängnis ganzer Monate war fortgeblasen. So intensiv habe ich keine Rose, nie eine Orchidee gespürt. Haften blieb die Erinnerung an das Glück, das so wenig braucht.

Angeklagt wegen Untergrabung der Republik

Die Vorladung zum Prozess kam. Wegen antistaatlicher Tätigkeit und Untergrabung der Republik gegen die Bewegung der Revolutionären Jugend. Gegen Petr, mich und dreizehn weitere

Angeklagte. Die Zeit drängte. Für Stunden und Tage schob ich die Beschäftigung mit Marta weg.

Verhandelt werden sollte über die Flugblätter, die wir geschrieben, gedruckt und verteilt hatten, woher die Druckmaschinen waren, wer die Bücher der jugoslawischen Praxisgruppe, von Milovan Djilas, die der polnischen Dissidenten Kuron und Modzelewski oder der Russen von Trotzki bis Bukowski nach Prag gebracht, die Texte übersetzt oder abgetippt hatte, und von wem Flugblätter in den Städten der Tschechoslowakei verteilt worden waren, wer die Auslandsreisen der Gruppe nach Berlin und auch von Petr und mir nach Paris organisiert und finanziert hatte.

Ich arbeitete. Marta saß am Tisch, las in einem Buch oder in der Zeitung. Oder schrieb. So gut es ging, schottete ich mich ab und ging die Anklage durch. Mir fehlte jede Vorstellung, wie das Gerichtsverfahren ablaufen würde und wie die anderen sich dort verhalten würden. Dass alles gut ausging, Petr und ich frei zusammenleben konnten – etwas in mir hoffte das noch immer.

Einmal las der Wald allein,
Eichhörnchen kamen näher
und schauten ihm ins Buch.
Es scheint, die haben
den Wald gekitzelt, bis er sich ärgerte.
Er meckerte mit den Ästen
und blies ihnen mit Kraft in die Seiten.
Bums, fielen die Eichhörnchen auf den Boden.
Herr Wald, achten Sie auf Ihre Gesundheit,
sagt der Specht weise,
damit Sie nicht krank werden.
Gestatten Sie, dass ich Sie durchklopfe.

»Bums« machte das Eichhörnchen und fiel. Eichhörnchen war der Kosename, mit dem Petr mich anredete. Marta spielte mit uns und der Gefahr, in der wir steckten.

Sie zog mich an, stieß mich weg, sog mich aus. Ich versuchte standzuhalten. Sie zehrte an meiner Stabilität, spielte mit meinen Ängsten. Je mehr ich aushalten musste, desto mehr Festigkeit hatte ich zu entwickeln. Und versteinerte nach und nach. Die Gelassenheit, hinter der ich meine Angst verbarg, wurde zur Überlebensmaske. Sie wucherte wie eine Geschwulst, wuchs, wuchs noch lange über die Gefängniszeit hinaus. Ich opferte meine Lebendigkeit und wurde davon abhängig, von außen belebt zu werden.

»Jemand hat mich verraten! Sie wissen alles!« Aufgebracht forschte Marta nach, von wem ihr Untersuchungsbeamter seine Informationen haben könnte. Ohne dass sie auch nur erzählte, worum es ging, geriet ich für einen Moment in den Kreis ihrer Verdächtigen, die übrigen blieben namenlos. Müde und irritiert winkte ich ab: Wie sollte ich meine Verteidigung vorbereiten, wenn die Zelle zur Anklagebank wurde? Ruhe, ich wünschte mir nur Ruhe. Der Angriff ging schnell vorüber, doch Martas Furcht drängte sich immer neu vor. Sooft es eben ging, schob sie sich vor die Beschäftigung mit meiner Verteidigung, vor die mit meiner Zukunft. Sie wollte Vorrang behalten.

Ich gehe zu einem Fußballspiel, Petr ist der Kapitän der einen Mannschaft. Ich habe gekocht und will seinen Jungen Essen bringen. Wir beobachten das Feld von einem Zimmer aus. Gerade gelingt es mir noch, das Essen an den Wachen vorbeizuschmuggeln. Aber zurück kann ich nicht alle Schüsseln mitnehmen.

Während ich lavierte und meine Schwäche zu verbergen suchte, wirkte Marta stabiler denn je. Schwäche war mir zeitlebens untersagt gewesen. »Kann-nicht ist gestorben«, hatte meine Mutter mir immer gesagt. Insofern trafen mich Martas Zeilen wie ein Keulenschlag.

*Noch kennen wir deinen wahren Wert nicht,
suchen dich in der Dunkelheit.*

Marta schien meine Situation genau zu begreifen.

In der Gruppe der Mitangeklagten wurde ich zum Gerichtssaal geführt. Es war der 1. März 1971, der erste Verhandlungstag. Man führte uns an wartenden Menschen vorbei, den Eltern der Gruppenmitglieder. Ich kannte sie nicht. Meine Mutter stand unter ihnen. Teilnehmende und besorgte Blicke, ganz Mutige wagten ein Wort auf den Weg.

Drinnen: ein langer Richtertisch für den Vorsitzenden und die Beisitzer. Davor mehrere Reihen mit Bänken. Zwischen uns war je eine Wache platziert, nicht etwa ein Verteidiger. Petr zu Gesicht zu bekommen war fast unmöglich, dazu musste ich mich aus der Reihe weit nach vorn beugen. Er verfolgte meist konzentriert, was da verhandelt wurde. Neben mir saß ein Dolmetscher. Ich hörte alles im Tschechischen, während die deutsche Übersetzung wie ein Filter die folgenden tschechischen Sätze überlagerte und ihnen die Seele entzog.

»Das äußere Bild im Verhandlungssaal sah folgendermaßen aus«, schrieb meine Mutter an Amnesty International, »vorn saßen sechs Richter, rechts 19 Verteidiger, links drei Staatsanwälte. Die ersten vier Reihen waren für die Angeklagten bestimmt, von denen jeder einen Bewacher an der Seite hatte und die – mit Ausnahme der Mädchen – in Handschellen hereingeführt wurden. Dann kamen zwei Reihen für die Angehörigen (es war ja ein ›öffentlicher‹ Prozess, ausländische Journalisten waren aber nicht zugelassen). Links saßen einige tschechische Journalisten und in der letzten Reihe zeitweise 15 Angehörige der tschechischen Staatssicherheit, die sich aber abwechselten. In den Rauchpausen wurden die Ohren von diesen Herren immer länger.«

Gleich zu Beginn monierte ich, dass mir die Anklageschrift nicht auf Deutsch vorgelegen habe. Ich hätte mich nicht ausreichend auf den Prozess vorbereiten können. Angereist war auch mein Freund Johannes Agnoli von der Freien Universität Berlin. Als Vertrauensperson für Petr und mich beantragte mein Anwalt dessen Teilnahme am Prozess. Obwohl ausreichend Plätze frei waren, verweigerten die Richter das stur. »Es sind Platzkarten ausgegeben worden.«

Hauptbeschuldigter war Petr. In den Akten hieß das Verfahren »gegen Ing. Petr Uhl und andere«. Petr bezweifelte die Unabhängigkeit des Gerichts und forderte Aufklärung: »Waren die Richter an früheren Verfahren wie den stalinistischen Slánský-Prozessen beteiligt? Hatten die Richter mit den Beamten des Justizapparates Kontakt während des Prozesses? Waren die Richter mit politischen Organen außerhalb des Justizapparates in Verbindung? Sind die Richter Mitglieder der KPČ? Sind sie der Parteidisziplin unterworfen? Sind sie Angehörige von Massenorganisationen?« Träfe einer oder mehrere dieser Punkte zu, sähe er die freie Meinungsbildung nicht als gegeben an.

Petrs mutiger Beginn regte mich an weiterzukämpfen. Ich erklärte, meine Aussage sei aufgrund des psychischen Drucks während der Haft erfolgt, und zog sie zurück. Wie ich handelten eine Reihe unserer Mitangeklagten. Mit so etwas hatte das Gericht nicht gerechnet, der Prozess wurde unterbrochen. Als Petrs Verteidiger sich darüber mit seinem Mandanten beraten wollte, lehnte das Gericht solch ein Gespräch als unbegründet ab. In dem Wortgefecht, das nun folgte, gab der Richter sogar zu, dass er gewisse Vorurteile gegen den Hauptangeklagten habe. Aber als befangen sah er sich deshalb nicht an.

Zurück in die Gerichtszellen, in die Transportwagen, zurück nach Ruzyně. Die Männer wurden in Handschellen zu einem Gefangenentransport gebracht, die Frauen – das waren Petruška Šustrová und ich, die übrigen waren nicht in Untersuchungshaft – wurden in einem Pkw gesondert gefahren. Reden durften wir unterwegs nicht, das war klar.

In der Woche darauf begann die eigentliche Runde vor Gericht. Der wichtigste Zeuge der Anklage war Josef Čechal. Der Alibi-Arbeiter unserer Gruppe aus dem roten Kladno, einer Stadt westlich von Prag, war als Spitzel bei uns eingeschleust worden. Nun sagte er aus. Zum Beispiel, dass die Gruppe vorgehabt hätte, einen jungen Studenten zu liquidieren, und dass er deshalb die moralische Pflicht gefühlt habe, zur Polizei zu gehen.

Was war geschehen? Wir hatten gemerkt, dass wir beobachtet wurden. Es war Panik entstanden. In der Koordinierungsgruppe – aus Sicherheitsgründen trafen wir uns längst nicht mehr alle auf einmal – war ein Verdacht gegen einen jungen Studenten entstanden. Hell empört hatten die Mitglieder gerätselt, wie sie sich vor Verrat und Verhaftung schützen könnten. Einem kam die Idee einer Liquidierung des Studenten. Petr hat mir damals erzählt, dass einer vorgeschlagen habe, ihn mit einem Lkw zu überfahren.

»Seid ihr wahnsinnig geworden?« Ich war, wie von der Tarantel gestochen, auf Petr zugeschossen.

»Aber wir haben ja beschlossen, es in den Gruppen zu diskutieren«, wiegelte er verlegen ab.

»Wie kann man über so etwas überhaupt reden!«

Meine Wut schlug in Angst um. Petr nahm mich in den Arm und versprach, mein Nein in der nächsten Sitzung zu vertreten. Er sei ja auch dagegen. Auf dieser Sitzung ist dann entschieden worden, die Gruppe sofort aufzulösen und die illegale Arbeit einzustellen. Unmittelbar danach ging Čechal zur Polizei.

Vor Gericht gab er zu Protokoll, er habe mich nur einmal in Begleitung von Petr Uhl gesehen.

»Wieso«, fragte ich dazwischen, »bin ich dann als erste verhaftet worden?«

Die Frage wurde vom Richter nicht einmal protokolliert. Čechal, erfuhr ich nach der Wende, hat sein Verratsgewerbe noch in drei weiteren Gruppen praktiziert. Rund 10 000 Kronen soll er insgesamt dafür kassiert haben.

Als ich an die Reihe kam, brachte ich die Provokationen im Gefängnis zur Sprache. Ich stützte mich auf eindeutige Beispiele. Ich hatte die Aussagen von einigen Mitinsassinnen im Sommer in den Untersuchungsakten gefunden. Zu meiner Verteidigung erhob ich mich, ich durfte deutsch sprechen: »Es gehört zu den ältesten Methoden der Polizei, in die Zellen Spitzel zu schicken. Als einen solchen Spitzel sah ich D. an. Als sie mir den Beschluss der Übernahme in meine Zelle zeigte, schlug sie mir vor, ich solle Kontakte zu den Komplizen aufnehmen, die noch nicht eingesperrt wären, um ihnen eine Nachricht zukommen zu lassen. Sie bot mir an, versteckt in einem Paket eine Sende- und Empfangsanlage in Form eines japanischen Transistors zu vermitteln. Diesen Vorschlag habe ich selbstverständlich abgelehnt. Um aber meinen Verdacht zu überprüfen, habe ich D. gebeten, meiner Mutter meinen derzeitigen Aufenthaltsort mitzuteilen, den diese ohne Schwierigkeiten meinen Briefen entnehmen konnte. D. sollte sich dazu an den Hausmeister des Soziologischen Instituts in Prag wenden, was sie tat. Daher hat es mich nicht überrascht, ihre Aussage gegen mich in den Akten der Staatsanwaltschaft zu finden. Außerdem erhalten Untersuchungshäftlinge niemals im Vorhinein Kenntnis über den genauen Zeitpunkt ihrer Entlassung, während D. ihn bereits 14 Tage vorher wusste.«

Wieder entstand ein Tumult. Ehe der Richter sich überhaupt bereitfand, meine Beschuldigungen zu Protokoll zu nehmen, drohte er mir: Wenn ich Unschuldige verdächtigte, würden mir weitere Strafverfahren drohen. Ich müsse meine Behauptungen beweisen können. Schließlich diktierte der Richter auch meine nächste Aussage: »Ihr selbst wurde von den Gangmeistern mehrfach nahegelegt, an Petr Uhl zu schreiben. Einer stellte sich als Benno vor. Ob das sein richtiger Name sei, wisse sie nicht. Dieser Benno befand sich unter ihr in der Zelle. Er versprach ihr auf eigene Initiative, ihr die Zelle von Petr Uhl mitzuteilen und ihm beim Spaziergang den Kassiber zuzuwerfen.«

Der Richter unterbrach sich, um mich wieder einzuschüchtern: »Ihr Recht auf Verteidigung in der Hauptverhandlung ist zwar gesichert, aber das, was Sie zu Protokoll geben, muss im Rahmen der geltenden Rechtsordnung geschehen. Wenn Sie etwas behaupten, was für andere Personen eine Straftat begründet, müssen Sie damit rechnen, zur Strafverantwortung gezogen zu werden.«

»Ich nahm an, dass diese Aufklärung zu einer vollständigen Verteidigung gehört«, erwiderte ich, »weil ich erklären will, dass ich im Verlauf der Haft nur mein Geständnis ablegte, weil ich die Nerven verloren habe – eben infolge dieser Umstände, die im Gefängnis herrschten. Ich möchte noch ein Beispiel anführen, das ein Gesuch an die Aufsicht betrifft. Ich bat sie, in eine andere Zelle verlegt zu werden. Ich wurde vorgelassen. Mein Gesuch wurde folgendermaßen beschieden: Ich könne sofort woandershin, wenn ich gegen Jan Frolík aussage.«

Der Gerichtsvorsitzende wurde immer nervöser, er fiel mir ins Wort. Was ich jetzt gesagt hätte, gehöre nicht zu meiner Verteidigung. Meine Antwort: »Ich reagiere nur auf die Schlussrede des Staatsanwalts. Es gab keine Legalität während der Untersuchung. Ich habe mehrfach nach dem Verteidiger verlangt, aber er ist nur zweimal bei mir gewesen.«

Im Grunde war es gleichgültig, wie wir uns verteidigten. Das Gericht verurteilte uns wegen »antistaatlicher Tätigkeit« und wertete unsere Opposition als Untergrabung der Republik. Zugrunde gelegt wurde der Paragraph 98 des tschechoslowakischen Strafgesetzes. Petr erhielt vier Jahre Gefängnis, ich zweieinhalb Jahre samt Ausweisung. Jarda Bašta erhielt ebenso lange wie ich, die übrigen wurden zu Strafen zwischen einem und zwei Jahren verurteilt.

Dass die Gruppe sich im November 1969 selbst aufgelöst hatte, wog nichts auf. Strafverschärfend wirkte, dass wir uns als revolutionär und sozialistisch verstanden und die Gruppe zeitweise sogar von der Bewegung der Revolutionären Jugend in die Revolutionäre Sozialistische Partei umbenannt hatten. Sogar das Politbüro, in dem Dubček noch Mitglied war, war mit unserem Strafverfahren befasst gewesen und hatte über diesen ersten politischen Prozess nach der Intervention abgestimmt, erzählte Petr

Jahrzehnte später. Mit sechs zu fünf hatte es für die Eröffnung unseres Verfahrens votiert. Dubček hatte dafür gestimmt. Nach der Wende wurde der Paragraph 98, aufgrund dessen wir verurteilt worden waren, als erster gestrichen. Wir wurden alle rehabilitiert und erhielten Haftentschädigung vom tschechischen Staat.

Aufgeben wollte ich nicht. Ich ging in Berufung, ich wollte Petr nicht verlieren. Der Gedanke an die Ausweisung war für mich das Schlimmste. Außerdem sicherte meine Anwesenheit die internationale Berichterstattung und half damit auch allen übrigen. Dass deutsche und französische Medien berichteten, konnte ich von Zeit zu Zeit den Attacken der tschechischen Presse entnehmen.

Es war mir nicht klar, dass meine Mutter die Informationen aus dem Gerichtssaal an die Presse weiterleitete. Unsere Briefe waren ja zensiert, und während der Besuche konnte in Gegenwart eines Stasi-Beamten so ein Thema nicht besprochen werden. Während der Verhandlungstage hatte sie alles stenographiert und den Eltern der Mitangeklagten sogar angeboten, Nachrichten über ihre Kinder in den Westen weiterzuleiten. An einem dieser Tage vergaß meine Mutter ihre stenographischen Notizen im Gerichtssaal. Als sie am nächsten Verhandlungstag in den Sitzungssaal zurückkehrte, fand sie die auf ihrem Sitzplatz wieder vor.

Meine Mutter erwartete, dass ich nach dem Urteil sofort aus dem Gefängnis käme, und wollte mich direkt nach dem Prozess mitnehmen. Als ihr das nicht gelang, buchte sie ein Hotel in Bayern und hinterlegte Geld für mich in meiner Berliner Wohnung. Ich dagegen wollte gegen das Urteil in Berufung gehen. Bei meiner Mutter stieß das auf Unverständnis, ich erhielt einen wütend-verzweifelten Brief.

Der Tod duftet nach Reseda

Bis zum Prozess hatte Marta fortlaufend von vorn das Buch gefüllt. Alles in allem 20 Seiten Gedichte, jede Seite eng beschrieben. Nach dem Prozess begann sie, von hinten in das Buch zu schreiben, und eröffnete – 20 Seiten vor Heftende – einen zweiten Zyklus, die gut 200 Seiten in der Mitte blieben leer. Die Gedichte füllten die zweite Hälfte im Heft wie Körner die untere Seite einer Sanduhr.

Am Tag vor meiner Ausweisung hat sie das letzte Gedicht geschrieben. Es steht auf der vorletzten Seite.

Sie verfasste jetzt nur noch selten eigenes, sie schrieb aus der Erinnerung moderne tschechische Lyrik nieder. Manchmal las ich es nicht einmal mehr. Sie benutzte zwar weiterhin mein Buch, genauso gut hätte es aber das von jemand anderem sein können. Auch ihr schien es gleichgültig zu sein, ob ich ihr Werk noch beachtete.

Im April 1971 wurden die Wachen ausgetauscht. Nach 15 Monaten kannte ich das Gefängnispersonal. Solche Veränderungen bedeuteten nichts Gutes. Vertraute Gesichter, Augen, die einem auch mal zugezwinkert hatten, Wachhabende verschwanden, die gemahnt hatten, statt zu strafen.

Die politische »Normalisierung« erhöhte die Repression, auch im Gefängnis.

Martas Geschichte bekam nun einen politischen Anstrich. So wie sie vier Wochen zuvor noch geschworen hatte, sie werde aus der Zelle geholt und gefoltert, begann sie nun anzudeuten, sie sei Mitglied in einer Untergrundorganisation.

Wieder schaute ich sie ungläubig an. Sie hatte nie über den Grund gesprochen, weshalb sie hier war.

»Doch, Sibylko«, versicherte sie mir, »es handelt sich um eine Widerstandsgruppe, die es vor der Unabhängigkeit schon gab.«

Es musste also eine Gruppe sein, die es möglicherweise schon im Zweiten Weltkrieg gegeben hatte, entschlüsselte ich mir. Marta ließ nur ab und zu eine Andeutung fallen, erzählte nie zusammenhängend. Stattdessen deutete sie auf die Wand zur Nachbarzelle: »Psst. Nebenan ...«

Von dort war selten etwas zu hören.

»Mikrofone!« Ihre Lippen formten das Wort lautlos. Unbegründet war solch eine Angst gewiss nicht. Aber mich tangierte das nicht mehr, mein Prozess war ja abgeschlossen. Wenn, dann war Marta das Opfer des Lauschangriffs.

Ehe sie fortfuhr und ihre Lippen ein nächstes tonloses Wort formten, lauschte sie noch einmal an der Tür. »Deine Mutter war früher auch bei uns«, hieß Martas unhörbare Botschaft.

Nein, das konnte nicht sein. Marta ging ein drittes Mal zur Tür. Dort war es ruhig geblieben. »Deine Mutter ist doch mal ins Ausland gefahren.«

»Ins Ausland? Wieso?« Verständnislos fragte ich nach. Reisen war doch normal. Wenn auch nicht gerade während eines Krieges. Das typisch Stalinistische an dem Verdachtsmuster fiel mir nicht auf: Wer reist und Kontakte zu westlichen Staaten hat, ist immer auch verdächtig, mit Geheimdiensten zu tun zu haben. Diese Denkart war mir fremd. Außerdem wusste ich sowieso von keiner Auslandsreise meiner Mutter. »Sie hat im besetzten Polen und in Riga gearbeitet«, steuerte ich nachdenklich bei.

»Das meine ich nicht«, lenkte Marta meine Fantasie zum Thema Urlaub zurück.

»Ich weiß nur von einer Fahrt nach Italien«, grübelte ich.

Mir fiel eine »Kraft durch Freude«-Fahrt mit der Wilhelm Gustloff nach Pompeji ein. Als Kind waren mir die Fotos vom Vesuv, die mumifizierten Körper in der Vulkanasche, stets besonders gruselig vorgekommen. Trotzdem hatte ich mir die Bilder immer wieder angeschaut.

»Ja, genau«, bestätigte Marta, immer noch tonlos, »um diese Fahrt geht es.« Damals sei meine Mutter schon dabei gewesen. Also vor dem Krieg. Für Marta war die Beweiskette nun abgeschlossen. Und ich hatte nichts verstanden und war damit beschäftigt, einen Sinn herauszufinden.

Als Kind hatte ich resigniert und aufgehört, stets von neuem nachzufragen, wenn meine Mutter die Auskunft über meinen leiblichen Vater wieder einmal verweigerte. Auch jetzt unterließ ich es, aus Marta herauszufragen, was sie denn genau meinte. Möglicherweise hätte sie ein Riesentheater angefangen, dass ich sie nur aushorchen wolle, oder sie wäre auf der Stelle krank geworden. Ich griff auf mein Kindheitsmuster zurück, wartete ab, speicherte jedes Wort, den Klang von Martas Stimme, jede ihrer Bewegungen, jedes Gefühl, füllte die unerträgliche Doppelbödigkeit selbst, so lange, bis sich in mir ein Sinn herstellte, sich ein Puzzlestein zum anderen fügte. Wie im wirklichen Puzzle bei den Himmelsteinen, die alle ähnlich blau oder grau sind und sich verhaken, wenn sie nicht genau passen, bestand die Gefahr falscher Verknüpfungen. Marta setzte von Zeit zu Zeit einen neuen Reiz, machte eine neue Andeutung. Informationen in einer homöopathischen Verdünnung wirken umso heftiger. Ihre Gruppe habe den Schwerpunkt in der Ukraine gehabt, erzählte Marta. Um dann mit erwartungsvollem Blick hinzuzufügen: »Bočkovský ist auch ein ukrainischer Name.«

»Gehört mein Anwalt denn auch zu euch?« Ich fuhr entsetzt zurück.

Marta wartete ab. Ich ergänzte mir ihre Andeutungen, um ihre Chiffren zu verstehen. Das hier war zu nah, ich fühlte mich wie umzingelt. Meine Mutter, der Anwalt und Marta, alle, mit denen ich zu tun hatte, waren offenbar in eine Gruppe involviert, jedenfalls behauptete sie das. Marta lenkte meine Phantasie, webte immer neue Angstbilder ins Geflecht.

Die traditionsreiche Illustrierte *Květy* begann gerade, eine Erzählung abzudrucken. Ihr Titel war: »Der Tod duftet nach Reseda«. Die Serie begann am 27. März 1971.

Die *Květy*-Hefte hatte ich im Gefängnis gelassen. Petrs Mutter hatte sie mir, kurz bevor sie starb, noch einmal besorgt und mir nach Berlin geschickt. Doch ich wollte mit dem Thema Prag nichts mehr zu tun haben. Also warf ich sie weg. Geholfen hat das nicht. Nach 30 Jahren musste ich mir die Hefte doch noch einmal besorgen und jede einzelne Folge durchgehen, Seite um

Seite. Mit Herzrasen näherte ich mich meiner Niederlage in Prag.

Es war Marta, die mich auf die Serie aufmerksam gemacht hatte. Es ging darin um die Besetzung einer Wiener Brücke, wobei der Held der Geschichte in deutsche Kriegsgefangenschaft geriet, schließlich sogar in ein KZ. Eine russische Heroengeschichte, dachte ich, ähnlich denen, die ich aus der Gefängnisbibliothek hinreichend auf Deutsch bekam. Uninteressant, eine von vielen Kriegsgeschichten, ich legte die Nummer beiseite. In der Woche drauf brachte der Wärter die nächste Ausgabe. Kein Buch und keine Zeitschrift hatte Marta je so erwartet. Die Intensität signalisierte eine Bedeutung. Sie verschlang den Text, ich las die Spannung an ihrem Gesicht ab. Wieder hielt sie mir die Geschichte hin.»Du musst das unbedingt lesen.«

Na gut, warum nicht. Ich las weiter, wo ich sonst längst aufgehört hätte.

Der Mann hieß Kolesnikov und war natürlich Kommunist. In Mauthausen fand er Kontakt zu anderen Kommunisten im Lager. Von den Genossen erhielt er den Auftrag, ein Radio samt Sender zu bauen.

Einen Sender? Unbeteiligt entzifferte ich auch den nächsten Absatz. Dass ich im August 1968 selbst einen Sender in meinem Auto transportiert hatte, wusste ich damals noch nicht. Als ich der Studentenvertretung der Karls-Universität meine Hilfe angeboten hatte und Papier durch die russischen Kontrollen auf der Moldau-Brücke schmuggelte, hatten die Soldaten nie unter die Abdeckhaube hinter der Rückbank geschaut. Ich auch nicht. Von dem Sender, den man mir eingeladen hatte, erfuhr ich erst Jahre später, als ich den einstigen Studentenvertreter Karel Kovanda in den USA traf und der mich anstrahlte:»Wusstest du eigentlich, dass du damals ...« Nein, ich wusste es nicht. Deshalb bezog ich die Serie auch nicht auf mich. Zum Glück.

Und die Folter, die Kolesnikov in Mauthausen erlebte? Blutüberströmte Gefangene? In Ruzyně wurde nicht gefoltert, sondern nur aus disziplinarischen Gründen geprügelt. Kommunismus und Nationalsozialismus unterscheiden sich eben doch, sagte ich mir.

Der Held spuckte dem SS-Mann ins Gesicht. Dabei war sein Mitstreiter vor seinen Augen gerade zu Tode gefoltert worden. An ihm, hieß es, könne man lernen, wie Kommunisten im Verhör sterben.

Ich empfand Genugtuung. Das unerträgliche Pathos entging mir. Wahrscheinlich hätte ich nicht weitergelesen. Selbst die ersten Reportagen über die Mondfähre und den Weltraumspaziergang Gagarins waren an mir vorbeigegangen. Der Mond war weit. Ich hatte damit zu tun, mit Marta zurechtzukommen. Und mit mir selbst.

In Andeutungen stellte Marta Bezüge zu sich her. Falken und Adler kamen in dem Text vor. In dem Forst, in dessen Nähe sie mit ihrem Vater gelebt habe, habe es auch Raubvögel gegeben, erzählte sie. Sie habe ihnen häufig zugeschaut. Wenn ich weiterläse, könnte ich sie besser verstehen. Also las ich:

Kolesnikov wurde von der Kommission, die eben noch seinen Freund niedergeschossen hatte, für ein Experiment ausgesucht. Worum es dabei gehen sollte, erfuhr er nicht. Von nun an wurde er nicht mehr geschlagen, er bekam sogar genügend zu essen. Er spürte, dass auf ihn eine Gefahr besonderer Art wartete.

Die Spannung vor einer Gefahr, nicht zu wissen, was mit einem geschieht, das war vergleichbar mit dem, was ich gerade erlebte. Die Handlung gewann meine Aufmerksamkeit. Ich begann, auf die nächste Folge zu warten.

Kolesnikov wurde in eine wunderschöne alte Villa gebracht. Zum Spazierengehen führte man ihn in einen Garten voll großer bunter Blumen. Der Boden neigte sich leicht, der Garten lag in einer Mulde. Eine Idylle. Kolesnikov befand sich zwischen Blumenbeeten, als ein leichter Wind aufkam. Blumenduft wehte zu ihm herüber. Zugleich stieg Angst in ihm auf, sein Herz begann wild zu schlagen, schnell, immer schneller. Der Duft wurde so stark, dass er ihm die Besinnung raubte. Als Kolesnikov zu sich kam, fand er sich in seiner Zelle wieder und fragte sich:» Habe ich das alles eben erlebt, oder bin ich dabei, verrückt zu werden?« Wieder und wieder ließ er jede seiner Bewegungen Revue passieren: Wie der Wind aufkam, sein Herz zu rasen begann und die Panik einsetzte. Entweder er phantasierte, oder ihm wurden Drogen ins Essen getan, vermutete er.

Drogen! Das konnte es sein. Martas wahnhafte Schübe hatten diese Angst schon vorher in mir genährt. Der Artikel verstärkte sie. Was ich in Ruzyně erlebte, war unter den Nazis entwickelt worden. Martas blaue und rote Flecken am Bein. Ihre Empfindlichkeit gegen Licht, das Bellen der Hunde und die Vorstellung, dass sie nachts aus der Zelle geholt würde. Ich ging jeden einzelnen Schub noch einmal durch. All das entstand doch nicht von allein! Ob Martas Untergrundtätigkeit die Ursache dafür war?

Für mich war Marta das Opfer. Denn dass ich nach dem Prozess noch ein Ziel von Stasi-Maßnahmen hätte sein können, darauf kam ich nicht. Dass ich mich nicht wichtig genug nahm, bewahrte mich lange vor Panik, setzte mich aber auch der Gefahr umso länger und intensiver aus.

Kolesnikov überlegte:» Wollen sie meinen Willen brechen, damit ich zu reden beginne?« Er war inzwischen den schlimmsten Halluzinationen ausgesetzt, man ließ ihn wie verrückt zwischen den Beeten hin- und herlaufen. Er kam darauf, dass er um den Verstand gebracht werden sollte.

Das Bild des Gartens, in dem nichts stimmte, ich sah ihn vor mir. Ob im Traum oder der Erinnerung, ich wusste es nicht. Terrassenförmig stieg das Gelände an. Hinter verglasten Scheiben kinderarmdicke, eiserne Wasserleitungen. Die Glasscheiben waren ganz hoch, fast so groß wie ich. Dahinter rankte Wein. Woher stammte nur dies Bild von dem Garten? Endlich fiel es mir ein: Mein Kolesnikov-Garten waren die Terrassen von Sanssouci. Als Kind war ich mit der Großmutter und dem Onkel dort gewesen. Und irgendetwas hatte damals nicht gestimmt. Wie fixiert hatten die Erwachsenen hinübergeblickt zum Ende des Gartens, auf ein Haus am Rande des Parks. Mit meinen vier oder fünf, ich weiß nicht genau, wieviel Jahren, spürte ich: Das hat etwas mit mir zu tun. Jahrzehnte später erfuhr ich, dass dort am Rande von Sanssouci mein leiblicher Vater mit seiner Mutter gelebt hat. Man hatte ihn stets vor mir verheimlicht.

Meine Abgrenzung zu der Kunstperson Kolesnikov wurde immer schwächer. Fünf Schritte hatte ich in der Zelle vom Fenster bis zur Tür, sieben, wenn ich an den Betten vorbei zum Abort ging. Enger ging es kaum. Und doch fand ich mich nicht mehr zurecht. Ich war etwas Unverständlichem ausgesetzt, nicht einmal einen Namen hatte ich dafür. Marta verknüpfte alles zu einem unentwirrbaren Knäuel, die Fäden passten nicht aneinander. Die Serie, was hatte sie mit Martas Wahn zu tun? Was ihr Wahn mit ihrer Organisation und die wiederum mit meiner Mutter und dem Anwalt? Und wie passten in all das diese Versuche im Garten des Kolesnikov?

In diesem Spiel ohne Grenzen mit mehrfach gedoppeltem Boden brach ich ein. Je mehr ich die Ebenen verdichtete und ineinander fügte, desto unheimlicher wurde es und desto mehr verstrickte ich mich. Wie in einem Spinnennetz: Je mehr ich zappelte, desto mehr klebte ich fest. Ich rang ums Verstehen. Nur wer den Sinn versteht, kann Grenzerlebnisse aushalten und verarbeiten. Doch es waren gerade die Versuche sinnhafter Verknüpfungen, die meine Angst verdoppelten und verdreifachten.

Kolesnikov irrte im Garten umher. Überall spürte er den Blumenduft, der ihm die Besinnung raubte. Jedes Mal kam er erst in der Zelle zu sich. Vor seinem nächsten Zusammenbruch wollte er klären, was ihm in diesem Garten widerfuhr. Er wusste, er hatte nur ein paar Minuten, bis die Ohnmacht erneut einsetzen würde.

Mitte April wurde eine Glühbirne ausgewechselt. Sie war nicht kaputt gewesen. Eine Woche später explodierte die andere, die nicht ausgetauschte Birne. Minutiös nahm ich das wahr. Ich wusste sofort, dass Marta heftig darauf reagieren würde. Nur auf ihre Angstbilder kam ich nie, die stellten sich bei mir nicht ein.

»Radioaktive Strahlung!« Marta zitterte vor Furcht.

Kolesnikov erkannte, dass es der Duft der Reseda war, der ihn vergiftete. Er suchte und fand die Pflanze und riss sie aus der Erde. Obwohl er nur eine einzige im Garten entdeckte: Der Geruch blieb unverändert stark und wirksam. Er wusste, dass er bald wieder ohnmächtig werden würde. Er nutzte die verbleibende Zeit, den Garten noch einmal zu untersuchen: Er maß den Abstand der Kugeln, die auf Metallstangen saßen. Bislang hatte er die als Gartenschmuck angesehen. Dann beachtete er die Winkel zwischen den Beeten und Wegen. Beim letzten Mal, als er in der Zelle zu sich gekommen war, hatten ihn die Wärter bereits erstaunt angeschaut. Kolesnikov schloss daraus, dass andere vor ihm nicht so lange durchgehalten hatten. Auch ihm würde nur noch wenig Zeit bleiben, um herauszufinden, was es mit dem Garten auf sich hatte.

Aus der Nachbarzelle kam ein »Pferd«. Marta wurde bleich, hielt mir den Brief hin. »Wir sind hier nicht wahrnehmbaren Lichtstrahlungen ausgesetzt«, stand da. Der Brief strotzte vor Fehlern. Ich fing an zu zählen. 51 auf dem Postkartenformat. Und das waren nur die, die ich mit meinem begrenzten Tschechisch entdecken konnte. Merkwürdig: Auch in Martas Antwort fehlten plötzlich unendlich viele Buchstaben. Ob diese Glühbirne das bewirkte? Ich schaute meine Briefe an. Die schienen mir aber normal. Sie schrieb:

Ich suche dich, Liebe,
wie lebendiges Wasser,
weil wir alle krank sind.

Nach der Ursache musst du nicht suchen.
Im Kernzeitalter bist du unser Traum.

Kolesnikov. Er hatte erlebt, was mich gerade bedrängte. Mühsam versuchte ich mich immer wieder zu beruhigen, damit die Angst mich nicht überflutete. Während ich die Geschichte von Kolesnikov weiterlas, schaute ich immer seltener im Lexikon nach. Hätte ich gelassener damit umgehen können, ich hätte sogar Hilfe aus dem Text ziehen können.

Kolesnikov erinnert sich an den Satz eines ehemaligen Mithäftlings: »Im Gefängnis muss man immer den Verstand bewahren. Lass nicht zu, dass sie dich um den Verstand bringen. Halt ihn bereit wie eine Waffe.«

Marta beruhigte sich wieder. Nach einer Weile parodierte sie ihre Angst vor radioaktiver Strahlung. Ein ironisches Gedicht floss ihr aus der Feder:

Die Birne erlosch – verbrannter Draht.
Das Flämmchen der Liebe, rot abbrennend.
Wer traurig ist, liebt Scherben
und zielt im Schießstand auf die Birnen.
    (frei nach Vítězslav Nezval)

Mein Anwalt brachte neue Nachrichten über das Gerichtsverfahren. Für einen Moment schien es, als ob der Staatsanwalt nicht in Berufung gehen würde. Die Prozessaussichten verbesserten sich für die zweite Instanz. An dem Tag fühlte ich mich gerade etwas stabiler, Martas Angstschübe hatten nachgelassen. Ich wollte in Ruzyně durchhalten. »Ich habe mich entschieden, noch zu bleiben«, schrieb ich meiner Mutter.

Nach einigem Suchen im Garten entdeckte Kolesnikov Ventilatoren. Die waren es, die in heftigen Böen den Geruch zu ihm hinübertrieben. Er stieß auch auf ein Teleskop, das jede seiner Bewegungen überwachte. Was ihm das Bewusstsein nahm, war kein Blumenduft, sondern Gas. Ein Gas, das nach Reseda roch. In einer Ecke des Gartens fand Kolesnikov schließlich den Ärmel vom Kleid einer Frau und das Strumpfband eines Kindes. Wie wahnsinnig mussten Mutter und Kind um ihr Leben gelaufen sein. Die Opfer hatten gekämpft, ohne zu wissen wogegen. Aber sie hatten gewusst, dass es sie zerstören würde.

Ich schaute von meiner Lektüre hoch auf Marta, die die Folge bereits gelesen hatte. Sie stand an der Wand zwischen den Fenstern und verfolgte jede meiner Bewegungen. Die Heizung neben ihr brodelte und zischte, die Ventile waren nie dicht gewesen. Marta zeigte auf das Heizungsgitter links von sich. »Gas!«

»Gas?« Entsetzen durchfuhr mich. Gas auch hier? Die entsetzliche Vernichtungs- und Versuchsmaschinerie der Nazis in Ruzyně?

Kolesnikov zertrümmerte das Teleskop, das ihn während seiner Rundgänge überwacht hatte. Danach kam die Ohnmacht. Als er erwachte, war er verletzt und fand sich in einem Krankenzimmer wieder. »Er ist sein wertvollster Käfer«, hörte er einen Wachhabenden sagen. »Ja, er will ihn unbedingt noch am Leben halten«, fügte der andere hinzu. Kolesnikov tat, als schliefe er, simulierte, dass er schwer krank sei. Insgeheim trainierte er unter der Bettdecke seine Muskeln und bereitete einen Fluchtplan vor. Nachts wollte er um Wasser bitten und zuschlagen, sobald sich jemand über ihn beugte. Vor allem den Versuchsleiter wollte er erwischen. Schon um sich zu rächen für das, was er und andere vor ihm durchgemacht hatten. Er kam nicht mehr dazu. Plötzlich wurde im Nebenraum hektisch gepackt. Auch Kolesnikov wurde angekleidet. Dann hörte er schnelle Schritte, Motorengeräusche. Als sich nichts mehr rührte, begriff er: Die SS war evakuiert worden. Kolesnikov stand vorsichtig auf für den Fall, dass doch einer geblieben war. Dann durchsuchte er das Haus. Bald fand er das Arbeitszimmer des Professors. An der Wand hing ein Hitlerporträt mit persönlicher Widmung. »Die Welt lässt sich nur durch Angst beherrschen«, stand da.

»Ach, lass doch«, wehrte ich ab. Marta sprach wieder über ihre Widerstandsgruppe. Flüsternd begann sie, mir Codes beizubringen. »Was soll ich damit«, wehrte ich mich. Das Gefängnis hatte mich von jeder Neugier kuriert. Ich wollte von nichts wissen, das andere in Gefahr bringen konnte.
»Deine Mutter kennt die auch.«
Marta erreichte mit der Behauptung, dass ich doch hinhörte. *Hektisch suchte Kolesnikov weiter. Im Schreibtisch fand er eine Kladde. Darin hatte der Professor seine Experimente niedergeschrieben. Angst ist ein Vorgang, las Kolesnikov, den man chemisch auslösen kann. Sie kann einen normalen Menschen in einen debilen verwandeln. Solche Wirkungen sind mit Arsenwasserstoff möglich. Durch Einwirkung von Isinychlorasin wird der Mensch empfindlich wie eine Maus. Zyankaliwasserstoff führt zu Zuckungen und Beschwerden depressiver Art im zentralen Nervensystem sowie zu Phantasien und Halluzinationen. Ihm sei es in seinen Versuchen darauf angekommen, dass die chemisch hervorgerufene Angst nicht von Krämpfen begleitet würde und auch keine Rückstände im Hirn blieben. Mit einer entsprechend hohen Dosis sollten das Adrenalin wie das Noradrenalin ansteigen. Als einzigem Chemiker sei es ihm, dem Professor, gelungen, solche Gefühle auszulösen, ohne dass seine Versuchspersonen deshalb auf allen vieren herumkrochen oder ihnen der Speichel aus dem Mund troff. Kretins seien für Experimente körperlich zu unsensibel, man solle die Chemie nicht entwerten, indem man einen normalen Menschen in einen debilen verwandelte. Ihm, dem Professor, genüge es, wenn er seine Objekte in eine panische Angst hineinzwänge.*

Wieder kam ein Brief per »Pferd« aus der Nachbarzelle. In ihm war von einem Code die Rede. Ein einfaches Muster durch die Unterstreichung gewisser Buchstaben. Auch Marta unterstrich Buchstaben in ihren Gedichten. Es waren immer dieselben: A, T, P. Manchmal eine 9, oder das R von Ruzyně. Aber ein System erschloss sich mir nicht.

Lange hätte er, so der Professor, nach Pflanzen mit einer ähnlichen Wirkung wie Mohn oder Hanf gesucht, ohne dass die positiven Gefühle wie bei Opium oder Haschisch dabei aufkamen. Die Lösung hatte er in der Reseda gefunden. Schon als Kind habe er die gekannt. Luteolin sei einer ihrer wichtigsten Bestandteile. Früher wurde die Reseda wegen ihrer Färber-Eigenschaft industriell angebaut. In einem Buch aus dem Jahre 1603 habe er gefunden, dass im Mittelalter Frauen ihren Zaubertränken Reseda als Flugmittel beimischten. Ihre Einbildungskraft führte sie dann auf den Brocken, wo sie sich an satanischen Orgien beteiligten. All das bewirkte der Absud von Reseda, schrieb der Professor in seine Kladde und fügte als persönliche Beobachtung bei, dass er als Kind täglich an einem Resedafeld vorbeigegangen sei. Der Duft hätte wie ein Reizmittel auf ihn gewirkt und ihn in solch eine Bedrängnis gebracht, dass jeder Anstand von ihm abgefallen sei. Später hätte er verstanden, dass die Reseda ein Halluzinogen ist.

In seinen Experimenten habe er all das nachvollziehen können. Nach ersten Versuchen an Mäusen, Hasen und Enten sei er recht bald zu Menschenversuchen übergegangen. Die Personen dafür stellten ihm die Gefängnisse und das benachbarte Konzentrationslager.

Menschenversuche mit Gas! Was, wenn hier wirklich Gas aus der Heizung ausströmte? Kein tödliches, ich lebte ja und Marta auch, sondern ein angsterzeugendes? Wie konnte ich mich davor schützen? Probeweise hielt ich die Luft an, um doch nur tiefer einatmen zu müssen. Hilflos blickte ich auf Marta.

»Schau mal!« Marta blätterte in der *Květy* und wies auf ein Foto von einem voll erblühten Kirschzweig, »das ist eine Botschaft!«

Es war die Ausgabe vom 1. Mai. War das wieder einer dieser Codes, die ich doch nicht erlernen wollte? Marta zuckte die Achseln. Sie antwortete nicht. Eine Stunde später öffnete sich die Zellentür.

»Besuch«, verkündete Zdenka und strahlte wie immer. Überrascht folgte ich ihr. Mir hatte man niemanden angekündigt.
»Wer ist es denn?«, fragte ich unterwegs.
»Die Mutter«, sagte sie.
»Übernehmen Sie.« Zdenka übergab mich an den Gefangenenbegleiter. Eine Treppe tiefer wurde ich in den Besucherraum geführt. Drinnen saß meine Mutter und hielt mir einen blühenden Kirschzweig entgegen.
Der Zweig zog mir den Boden unter den Füßen weg. Meine Abwehr gegen Martas Geschichte zerbrach. Meine Unsicherheit, nie genug darüber erfahren zu haben, was meine Mutter in der Zeit des Nationalsozialismus getan bzw. gewusst hatte, obsiegte. Nach dem Krieg war ihr Chef, der Bromberger Polizeipräsident, in Polen festgenommen worden und während der Haft umgekommen. Als seine Sekretärin muss meine Mutter viel gewusst haben. Nicht umsonst ist sie später nie nach Polen gefahren, hat auch nie wieder ihren Geburtsort im ehemaligen Ostpreußen besucht. Der Zweig schien mir nunmehr der Beweis für ihre unglückselige Verstrickung.

Dabei hatte die Auseinandersetzung zwischen uns Geschichte. Als ich 16 oder 17 war, hatte ich begonnen, meine Mutter zu befragen. Sie entzog sich, bis unsere Gespräche Verhören ähnelten. »Im Namen der Aufklärung«, wie ich glaubte, und ohne jedes Mitgefühl für sie von meiner Seite. Pubertierende kennen keine Gnade. Sie schwieg. Auch darüber, dass sie ihren nächsten Chef in Riga, einen General, in den Entnazifizierungsverfahren nach dem Krieg entlastet hatte. Von Konzentrationslagern hätte sie erst nach dem Krieg erfahren, wiederholte sie immer wieder. Eines Tages, meine ich zu erinnern, hatte ich es doch geschafft, und sie hatte wenigstens zugegeben, einmal in der Nähe eines Lagers vorbeigefahren zu sein. Als ich kurz darauf noch einmal nachfragte, bestritt meine Mutter das erneut. »Das ist alles nur deine Phantasie!«

Mit diesen Worten tat sie alle Aufklärungsbemühungen ab. Dass ihr Geheimnis ein ganz anderes, nämlich das meiner Herkunft war, begriff ich damals nicht. Und da sie mich über meinen wirklichen Vater nicht aufklärte, stocherte ich blind in der Geschichte herum, die auch die Zeit des Zusammenlebens mit meinem Vater war.

Verdeckte Mitteilungen treiben Blüten. So hatte meine Mutter mir nie erklärt, warum sie mich als Zwölfjährige so massiv davor gewarnt hatte, je für einen Geheimdienst zu arbeiten oder Rauschgift zu nehmen.

»Dann kenne ich dich nicht mehr«, hatte sie mir gedroht.

»Das ist doch nicht typisch, dass man einem Kind so etwas sagt«, hielt ich ihr später vor.

»Nein«, gab sie zu, ohne jede Erklärung.

Der Raum für Vermutungen blieb. Marta bewegte sich im selben Bereich. Das machte mir zu schaffen. Trotzdem: Meine Mutter im Untergrund? Das konnte ich mir nur schwer vorstellen. Egal, sollte sie mit Martas Gruppe zu tun gehabt haben – und das war ja die Bedeutung des Signals mit dem Kirschzweig – dann war meine Mutter in Gefahr. Dann war sie es jetzt, in diesem Moment, wo sie gerade in Prag war. Und sie war es jedes Mal, wenn sie kam, um mich zu besuchen.

Gespannt, wie Marta auf den Kirschzweig reagieren würde, den ich erstaunlicherweise mit in die Zelle nehmen durfte, kehrte ich zurück. Doch ich kam gar nicht dazu. Mir bot sich ein Bild der Verwüstung. Alles war durchwühlt, selbst die Schranktüren standen weit offen. Von jeder einzelnen Tube war der Deckel abgeschraubt, alle lagen geöffnet auf dem Tisch herum.

»Was soll denn das«, meine Stimme klang mehr erstaunt als empört.

Marta zuckte mit den Schultern. Sie litt.

Den Kirschzweig stopfte ich erst mal ins Klobecken, damit er wenigstens nicht sofort verdorrte. Eine Vase würde ich kaum bekommen. Ich versuchte, mir die Situation zu erklären: Ob wohl eine Gefängniskontrolle dagewesen war? Normalerweise sah die anders aus. Oder ob Marta einen neuen Schub hatte?

Sie bot ein erbärmliches Bild. Sie stand vor mir, glitt auf den Hocker und fiel in krampfartige Zuckungen. Speichel troff aus ihrem Mund. Vielleicht hatte sie etwas gegessen, das verdorben war.

»Gift«, stieß sie hervor.

Mechanisch griff ich zur Tubenmilch. Milch hilft gegen Vergiftung. Marta ließ sich die süße Tubenmilch einflößen. Sie lag in meinem Arm wie ein Kind, Mund und Augen erwartungsvoll auf die Tube gerichtet wie auf eine Brust. Ihre Schmerzen ließen schnell nach. Ich wertete das als Bestätigung für die Vergiftung.

Ich suchte, was wohl Martas Vergiftung verursacht haben könnte, probierte am Schmalz und an der Wurst und fand nichts. Aus den Paketen war nichts schlecht geworden. Vielleicht hatte man ihr etwas in die Linsen getan, denn über Mittag war ich fortgewesen. Von meiner Frage nach dem Kirschzweig kam ich dabei vollständig ab.

Es wäre wirklich leicht, dem Essen etwas beizugeben. Auch ich begann, vorsichtig zu essen. Es gab im Gefängnis nicht viel, aus dem man hätte auswählen oder auf das man hätte verzichten können. Das trockene Brot? Sonntags die Marmelade? Mittags die kalten, am Rand schon angetrockneten Knödel? Die lauwarme Soße, in der nur sonntags ein Ministück Fleisch schwamm? Das häufig wiederkehrende Kraut oder die dicken Erbsen? Während ich mich mit solchen Überlegungen herumschlug, saß Marta schon wieder seelenruhig am Tisch und schrieb:

Inserat!
Tausche eine große Wohnung
gegen zwei kleinere.
Tausche die Lüge, die dem Glück ähnelte,
gegen die Wahrheit der Einsamkeit,
gegen das Ausschneiden von Fotos aus dem Album.
Ich biete komfortablen Sonnenschein,
ein Dreizimmer-Leben.

Im ersten klirren die Gläser,
lächelt mein Brautschleier,
im zweiten suche ich die Kinder und finde Falten,
im dritten schweigen zerschlagene Teller.
Ich biete eine große Wohnung
gegen zwei kleine.
Ich biete denjenigen Hoffnung,
die Liebe in diese Wohnung bringen,
Sie sollen wissen: Nach zwei Seiten
dürfen Sie sich nicht bedienen,
können nicht alles haben wollen,
weil dann selbst eine große Wohnung eng wird.
Und dann biete ich Träume,
die ich wegen des Zeitmangels nicht verpacke,
die hier noch herumhängen, und die Sie finden
werden.
Ich biete Küche, Bad und Zentralheizung
und Gas, vor dem ich flüchten muss.
(frei nach Vojtech Mihálik)

Bočkovský legte mir nahe, die Ausweisung anzunehmen. Ich schwankte, ob ich im Gefängnis bleiben sollte oder nicht. Ich wollte Petr nicht verraten. In manchen Momenten sah ich keine Chance auf ein Zusammenleben. Ich willigte in meine Ausweisung ein, indem ich die Berufung zurückzog. Dann wieder fühlte ich mich besser und veranlasste das Gegenteil.

»Hiermit widerrufe ich meinen Auftrag zur Rücknahme der Berufung, die Dr. Bočkovský vorliegt, an dessen Ausstellung ich mich jedoch nicht erinnern kann.«

Mein Anwalt reagierte knapp: »Zur Kenntnis genommen.«

Als die Wache mir die Kopie meines eigenen Schreibens mit diesem Vermerk brachte, fühlte ich mich im Stich gelassen. Ich fand, er hätte persönlich erscheinen müssen. Ich war wütend auf ihn. Mit dem Misstrauen, das Marta gesät hatte, wurde das eine unheilvolle Mischung. Wenn mein Anwalt zu derselben Gruppe wie Marta gehörte, wollte ich ihn wechseln. Zwar hatte er sich vor Gericht nicht schlecht gehalten, gemessen daran, dass Prager Anwälte alles andere als frei waren, ihre Mandanten zu verteidigen. Taten sie zu viel für uns, konnten sie mit Berufsverbot belegt werden. Petr hatte seinen bereits verloren. Meine Mutter protestierte. Sie verfüge seit ihrer Scheidung nicht mehr über ausreichend Geld, um solche Sperenzchen zu finanzieren, den ersten Anwalt habe sie doch auch schon bezahlt. In der Zelle dachte ich zuallerletzt an Geld. Ihr Widerspruch nährte mein Misstrauen. Also konnte es sein, dass die Verbindung Marta-Bočkovský-Mutter doch nicht so unwahrscheinlich war.

Derweil schrieb Marta der Trennung entgegen:

Jetzt weiß ich, dass am Ende keiner von uns wartet.
Wenn du mir winken wirst, werde ich lange schauen.
Die Erde ist rund, in der Mitte die große Pfütze.
Sei mit Gott, meine Liebe.
Ich rufe dir noch zu: Auf Wiedersehen,
über Felsen, Wiesen, bis zu der großen Pfütze
schicke ich dir meinen Gruß,
und rufe: Auf Wiedersehen, auf Wiedersehen.

Täglich schärfte Marta mir ihre Codes ein.
»Die hatten wir schon«, wehrte ich mich.
»Wiederhol sie!« Ihre Stimme klang streng. Einer, es war der sechste, hieß »had« – auf Deutsch bedeutet das »Schlange«. Had wie Hades. Die Schlange, das Tier des Todes und der Schöpfung. Had stand für Gefahr. Auch bestimmte Wärter, bedeutete sie mir, gehörten zu ihrer Organisation oder sympathisierten mit ihr. Wenn sie einmal nicht da wäre und ich in Gefahr sei, könnte ich mich an diese Wärter wenden. Während der nächsten Schicht zeigte sie auf den einen oder anderen von ihnen. »Er da. Der gehört dazu.«

Dann wieder eine Schicht weiter. »Der ist auch dabei.«
Ich konnte kaum noch atmen, so eng wurde das Netz um mich herum.
Dann war Marta weg. Sie wurde zu ihrem Prozess gebracht, irgendwo außerhalb von Prag. Ich blieb in der Zelle, allein. Diesmal war es keine Erholung, im Gegenteil. Alle Schrecken der vergangenen Wochen, die Marta in der Zelle geäußert hatte, drohten über mich herzufallen. Kam das Essen, dachte ich an Gift, zischte die Heizung, an Gas. Martas zerstörerisches System hatte sich an mich geheftet und von mir Besitz genommen. Zugleich kreisten meine Gedanken um sie: Hoffentlich geschah ihr nichts unterwegs! Jetzt, wo sie fort war, konnte ich nicht in die Rolle der Helferin flüchten. Jetzt war ich die Betroffene. Alle mühsam im Zaum gehaltenen Ängste brachen aus. Oder bekam etwa ich jetzt die Drogen, die Marta bis dahin kaputtgemacht hatten?

Am Abend öffnete einer der Wachhabenden die Tür, den Marta mir als vertrauenswürdig gezeigt hatte. Plötzlich erschien er mir als die Rettung. Ich ging auf ihn zu, sagte leise das Codewort: »Had«.

»Wie bitte?« Der Mann schaute mich erstaunt an.

»Ha-haben Sie vielleicht ein paar Binden?« Blitzschnell hatte ich mich wieder im Griff. Nach einer Weile kam er mit dem Bestellten zurück. Gerade noch hatte ich eine Gefahr abgewendet. Mir war die Orientierung abhandengekommen, von welcher Seite ich bedroht wurde.

Tags darauf kam Marta wieder. Prompt hatte sie den nächsten Horror parat.

»Unten im Loch hat jemand seine Matratze angezündet«, berichtete sie. »Ein Selbstmordversuch.«

Als ich nicht reagierte, wurde sie deutlicher. »Ich glaube, es war Petr.«

Dieses Mal nahm ich ihr nicht ab, was sie sagte. Petr war stabil, ich hatte ihn ja vor nicht zu langer Zeit beim Gericht gesehen.

Seine Briefe zeigten, dass sich daran nichts geändert hatte. Bisher hatte ich reagiert, weil Marta unter etwas litt. Selbst die Geschichten über meine Mutter waren eingebunden in etwas, das Marta betraf. Wenn es um Petr ging, hatte Marta keine Macht über mich. Sie muss das gespürt haben. Sie kam nicht mehr darauf zurück.

Ich wurde aus der Zelle geholt, die Wache geleitete mich in eines der oberen Geschosse. Sechs Männer waren es, die mich erwarteten. Sie hatten in einem kleinen Sitzungsraum an Tischen Platz genommen. Als Gefangene hatte ich zu stehen, einen Dolmetscher gab es nicht. Die Männer wirkten bestimmt. Hier wurde über mein Schicksal entschieden, das spürte ich. Nicht einmal vor Gericht war dieses Gefühl so deutlich gewesen.

Das ist eine Kommission, ängstigte ich mich, die über meine Einlieferung in die Psychiatrie entscheidet. Wie es mir gehe, wurde ich gefragt.

»Danke, es geht mir gut.« Diesen kleinen Satz gelassen herauszubringen, bereitete mir die allergrößte Mühe.

Vom Gesagten bleibt bis heute kein Wort, von den Männern kein Gesicht haften. Meine Niederlage, meine Trennung von Petr, ich kann sie mir nicht ansehen. Nur Watte ist in meinem Kopf. So wie alle Gefängniserinnerungen, ehe ich schrieb, weich und unstrukturiert waren, traurig-tröstende Watte. Die alte Narbe und mein schmerzenreiches »Danke, es geht mir gut« spüre ich bis heute täglich, mehrfach. Bei jeder Frage, wie es mir geht, wird dieser Schmerz ausgelöst. Und mit jeder Antwort: »Danke, gut.«

In der Kommission benutzte niemand das Wort Psychiatrie. Das nahm mir nichts von der Sorge. Ich war durch Marta so übersensibilisiert, doppelte Botschaften zu entziffern, dass ich mich mit einfachen nicht abgab. Ich wusste um den Missbrauch der Psychiatrie in Osteuropa. Als politischer Häftling dort hinzukommen, fürchtete ich am meisten.

Als die Wache mich wieder hinausführte, folgte mir der Untersuchungsbeamte. Ab da ist meine Erinnerung wieder klar. Wir

standen einen Moment auf dem Gang. Durch die monatelangen Verhöre und den Widerstand gegen ihn gab es eine Gesprächsebene zwischen uns. Anders als zu denen da drinnen. Ob ich mich nicht doch lieber ausweisen lassen wolle, fragte er.
»Nein«, blieb ich fest.
»Wollen Sie es wirklich bis zum Ende treiben? Überlegen Sie es sich noch einmal.« Seine Stimme klang besorgt. »Sie können sich jederzeit bei mir melden. Auch am Wochenende.«
Ich befürchtete das Schlimmste.
Und Marta? Sie schrieb eine Hymne auf. »Der Partei« ist es gewidmet. Sollte Marta doch eine Parteisoldatin gewesen sein? Oder eine, die versucht hatte, es einmal zu sein?

Irgendwo in der Hitze des Sommers brennt
unter der Tropensonne die stolze Agave.
In ihr schwellen gesammelt die Säfte der Erde
zu zauberhaften Blüten, die klar
in der Sonnenflut glänzen.
Nur die Agave, die Mutter der Schönheit,
heißt an diesem Tag den Tod willkommen,
hart und stumm geht sie ein: Ein Gesetz,
den Hirnen der Wissenschaftler verborgen,
hat ihr bestimmt, dass sie nur einmal im Leben blüht.
Sollte mein Leben nur eine Blüte haben,
nicht mehr, dann soll mir durch die Ader
derselbe scharfe Erdensaft fließen.
Wenn mein Weg von der Sonne begleitet wird
nur für eine einzige Blüte, soll sich mir
die gleiche lodernde Flamme ins Herz ergießen.
(frei nach Vojetch Mihálik)

Mich zerriss es. Die Angst, wahnsinnig zu werden, und die, Petr zu verlieren. Weiterkämpfen oder Aufgeben. Fast schien mir der Tod die angenehmste Lösung. Eher jedenfalls als der Wahn. Ich setzte mich an den Tisch und schrieb an meine Mutter: »Wie mir mein Anwalt Dr. Bočkovský mitteilte, bist Du am Freitag nach dem Prozess nach Berlin gefahren, nachdem Du vergeblich auf meine Ausweisung gewartet hast. Mein Entschluss, nun doch die Berufung abzuwarten, steht fest – ich fühle mich in keiner Weise schuldig, und ich glaube, die Tatsache, dass der Staatsanwalt die Berufung gegen mich zurückgezogen hat, zeugt davon. Selbstverständlich möchte ich so bald wie möglich wieder zu Hause sein – in diesem Wunsch sind wir einig. Ich möchte aber auch wieder mit Petr zusammenleben, den ich sehr vermisse und dem allein meine Sympathien gehören ... Ich träume von einem schöneren Leben, weiß aber noch nicht, ob mir der Sprung dorthin gelingt. Deshalb halte ich mich an das Wort, das mir in meiner Kindheit stets ein bisschen unheimlich vorkam: ›Kann-nicht ist gestorben.‹ Ich muss und will können. Allen zuliebe, die mir Liebe gegeben haben und denen ich sie nicht immer genügend erwidern konnte. Jetzt hätte ich die Voraussetzung dafür. Aber vielleicht kann ich einmal gutmachen, wozu ich bisher keine Möglichkeit hatte.«

Mir fehlte das Wort für das, was sich in mir ver-rückt hatte und das die Zensur passieren würde. Halluzinationen hatte Kolesnikov es genannt. Ich schrieb: »Es gibt Erfahrungen, die man später als Halluzinationen erkennen muss, und es gibt Erfahrungen, die anderen als Halluzinationen erscheinen müssen, obwohl sie real sind. Das ist schwer zu unterscheiden. Nur weiß ich nicht, warum gerade ich in den Strudel dieser Einbildungswelten geraten musste. Nur die Wahrheit ist revolutionär, hatte ich im SDS gelernt. Deshalb zöge ich ein Ende wie Rosa Luxemburg dem (Wahn) eines Schopenhauers vor. Aber wie wenig habe ich bisher geleistet, wieviel ist noch zu tun. Deshalb darf es dieses Ende vorläufig nicht geben. Ich werde eine ganze Philosophie der Halluzinationen ausarbeiten müssen, denen Menschen nicht unterliegen dürfen, wenn sie sie selbst bleiben und wenn sie überhaupt nur existieren wollen. Deshalb bleibt meine Entscheidung offen. Sofern ich irgendeine Möglichkeit sehe, werde ich die Ausweisung auch weiterhin zu umgehen suchen. Aber nicht um jeden Preis.«

Und im Postskriptum eine deutliche Bitte: »Bitte lass ab jetzt meine Handschrift regelmäßig graphologisch untersuchen.«

Diesen Brief, der an der Grenze des Verrücktgemachtwerdens geschrieben wurde, habe ich nicht mehr abgeschickt. Kaum hatte ich den Nachsatz geschrieben, war mir klar, dass ich nicht durchhalten konnte. Dass es über meine Kräfte ging, mich dauerhaft an der Grenze zum Wahn aufzuhalten. Sofort ließ ich mich bei dem Untersuchungsbeamten melden.

»Ich bin mit der Ausweisung einverstanden«, sagte ich.

Meine Papiere waren bereits vorbereitet, ich musste nur unterschreiben.

Marta begleitete mich in einem Gedicht.

Sei mit Gott, Erde! Die Bangigkeit ist vorbei.
Die Mitternacht lässt dich erzittern ewig,
zwei Sterne heißen dich im Himmel willkommen.
Nerudas Mond und Máchas Luna.
Der Erste hat dich umarmt, die Augen tauen
warm in die Tränen, du fühlst dich zu Hause.
Die Zweite aber vereist die Augen zu Kristallen,
wenn sie ohne Umarmung küsst.

Wie oft habe ich über Liebe gesungen
und all die heißen Gesänge
versteckten sich in der Stirnfalte,
wie der Staub zerdrückter Spreu.
Die Worte, nur so gesungen,
kehren hart ins Leben zurück,
wie der Tau in die Wolken erhoben
als Hagelschlag zurückkehrt.
Aber die Lieder, die ich heute singe,

während du das Kind in den Schlaf wiegst,
gehen mir schwer über die Lippen,
wenn sie dich nicht bezaubern.

»Die, die zu uns gehören, haben in der Uhr ein Zeichen«, vertraute Marta mir noch an. »Wenn du zu Hause bist, öffne die Deckklappe von der Uhr deiner Mutter. Dort wirst du es finden.«
Dann kam eine dritte Frau in die Zelle. Von Marta kamen keine Codes mehr, keine Andeutungen und auch kein einziger Anfall. Der Spuk hörte einfach auf.
Mein Aufenthalt im Gefängnis mag noch einen Tag, höchstens zwei gedauert haben und zwei Gedichte weiter.
Martas letzter Griff zum Gedichtheft. Ihre Schrift war feierlich. Sie schrieb:

Derjenige ist schwach,
der das Band der Täuschung nicht zerreißt.
Heute kann ich meine Gefühle nicht mehr
beherrschen,
das Datum kennst du.

Die Niederlage Freiheit

Am 12. Mai morgens erschien der Aufseher: »Plogstedt, zabalte si věci!« (Plogstedt, Sachen packen!) befahl er.
Noch zehn Minuten, dann würde alles ein Ende haben. Erzwungen-freiwillig-erzwungen. Was ich hatte, ließ ich Marta da. Alle Lebensmittel, die Kosmetika, Stifte, Papier, Zigaretten und Papierchen. Die Wurst blieb am Fenstergitter hängen. Nur die Briefe, Dokumente, Bilder, Bücher und das Foto von Rosa Luxemburg kamen in meinen Reisekarton. Auch die ungelesenen Bände von Marx und Lenin.
Ich floh aus Ruzyně, verließ Petr, der mir unter dem Druck

fast abhandengekommen war. Mein Antrag, uns noch einmal zu treffen und voneinander zu verabschieden, wurde abgelehnt. Vielleicht hätte ein Abschied das Eis zwischen uns gebrochen. Vielleicht hätte er auch meinen Entschluss zu gehen noch einmal ins Wanken gebracht. Ich verließ Marta, die ich in Gefahr wähnte. Ich war bis an meine Grenzen gegangen. Jetzt katapultierte ich mich außer Landes.

Die Wache kam, um mich mitzunehmen. Zum Abschied standen Marta und die Frau nebeneinander. Für mich galt die Gefangenendisziplin nicht mehr. Zu mir sagte auch kein Aufseher: »Na, dich haben wir ja doch bald wieder hier.«

Es ging die Treppen hinab ins Gefängnisdepot, wo ich die Knastbekleidung abgeben und registrieren lassen musste: Brauner Trainingsanzug, Unterwäsche, Schuhe, Strümpfe, Zahnputzbecher, Handtuch. Mehr war es nicht geworden, weniger auch nicht. Im Tausch bekam ich zurück, was ich bei der Verhaftung hatte dalassen müssen. Dazu alles, was mir aus Paketen nicht ausgehändigt worden war: Pullover, warme Socken, Tusch- und Malkästen, Buntstifte, Ölkreide. Meine zivile Kleidung schlotterte mir am Körper, so viel hatte ich abgenommen. Ich musste die Hose festhalten, damit sie nicht rutschte. Die weiß auf Weiß bestickte, afghanische Lederjacke mit dem braunen Innenfell war viel zu heiß für Mitte Mai. Ich war im Dezember festgenommen worden.

Unter meinen persönlichen Dingen fand ich auch Bilder, die ich in der Zelle gemalt hatte. Der Aufseher warf mir einen Blick zu. Ich stutzte: Waren das nicht die Skizzen, die ich meiner Mutter gegeben hatte, damit sie die nach Berlin mitnimmt? Nein, das konnte doch nicht sein, die waren doch bei meiner Mutter sicher verwahrt, redete ich mir meinen Zweifel aus.

Mir fiel Martas Gedichtheft ein.

»Ich habe etwas in der Zelle vergessen.«

Ohne jede Diskussion brachte man mich zurück. Ich griff

nach dem Heft. Marta stand in der Zelle, das musste sie, weil der Aufseher dabei war. Sie schaute nur. Wir hatten immer sehen wollen, wie jemand in Zivil aussah. Marta sagte kein Wort. Neben ihr saß die neue Mitgefangene.

Petr hatte von meiner Abschiebung erfahren, schon ehe ich weg war. Vom Fenster aus hatte er gesehen, dass mein Auto plötzlich im Gefängnishof stand. Nach meinem Abtransport wurde er krank. Er verlor seine Kraft, als ich nicht mehr durchhielt.

Ich werde in seine Zelle geführt, um mich zu verabschieden. Seine Zelle ist ein Tiefkühlraum. Drinnen liegt er eingefroren am Boden. Die Wärter drängen mich ab, damit ich seinen Zustand nicht sehe.

Während ich das schrieb, träumte ich öfters von Petr. Die Erinnerung stieg in mir hoch und mit ihr kam die Traurigkeit von damals zurück. Sie hatte in mir weitergelebt. Nach so vielen Jahren begann der Boden unter meinen Füßen noch einmal zu wanken.

Dann wiederum sehe ich Petr in einer Tiefgarage. Männer mit Kreissägen gehen auf ihn los. Es gelingt ihm, sich eine davon zu schnappen. Es ist ein Kampf auf Leben und Tod.

In einem dieser schwarzen Stasi-Autos, ein Wolga war es diesmal wohl, passierte ich die Eingangsschleusen des Gefängnisses. Zum ersten Mal sah ich hin. Als ich eingeliefert worden war, war es dunkel gewesen, auf dem Weg zum Gericht hatte ich anderes im Blick gehabt. Jetzt öffneten sich die riesigen Stahltüren wie von allein. Im Vorbeifahren sah ich Menschen, die durch die kleine Besuchertür neben dem Pförtnerhäuschen hineingingen. Und als der Wagen nach rechts auf die Landstraße bog, umfuhr er ein Stück der Mauer, die das Gefängnis umschließt.

Ich hatte gehofft, mich auf der Fahrt von Prag verabschieden zu können. Aber der Wagen passierte keine der Straßen, durch die ich mit Petr gegangen war, oder die Anglicka, in der wir gewohnt hatten. Prag lag gar nicht auf seinem Weg. Der Wagen wandte sich gleich in Richtung Nordwesten. Die Strecke war ich früher oft gefahren.

Kaum hatten meine Augen aus dem frischen Grün der Felder wieder etwas Kraft gesogen, erwachte der Widerstandsgeist in mir. Konnte ich nicht doch fortlaufen und einfach hierbleiben? Meine Muskeln begannen sich anzuspannen wie die des Kolesnikov unter der Decke.

Die fehlende Klinke an meiner Seite der Wagentür machte mir klar, wie gefährlich es wäre, Fluchtgedanken zu folgen. Auch wenn nur ein Beamter mit mir im Auto saß – der zweite steuerte vor uns meinen VW –, bewaffnet waren gewiss beide. Und wer von Petrs Bekannten hätte überhaupt den Mut gehabt, mich aufzunehmen? Fast jeder hatte vor der Polizei ausgesagt, jeder wäre durch meine Anwesenheit gefährdet gewesen. Nein, der Einsatz war zu hoch.

Vor uns schwenkte mein VW plötzlich nach rechts aus, fing sich wieder, hoppelte neben der asphaltierten Straße auf dem Grasstreifen weiter und hielt. Der Fahrer stieg aus, lud ein Rebhuhn, das er gerade überfahren hatte, in den Kofferraum. Die Selbstversorgung hatte Vorrang, auch jetzt.

Frei, endlich frei, atmete ich bei meiner Ankunft in Děčín/Zinnwald durch. Ich wollte auf mein Auto zugehen und selbst weiterfahren.

»Moment!«

Auf Deutsch hielt man mich zurück, in meinen Wagen zu steigen.

»Wir bringen Sie bis zur Grenze.«

Auf mich warteten zwei Männer von der DDR-Stasi und übernahmen mich in ihren Wartburg. Wieder ging es weiter in einem Auto ohne Klinke.

»Wir können jederzeit eine Untersuchung gegen Sie eröffnen.« Der Beifahrer drehte sich von seinem Vordersitz zu mir nach hinten um.

Verdutzt blickte ich ihn an. »Wieso das?«

»Sie waren beteiligt am Zustandekommen eines Streiks im Heim ausländischer Studenten in Dresden. Dafür können wir Sie bei uns für mehrere Jahre festsetzen.«

Immerhin: Ich verstand, worauf er hinaus wollte. Sowohl der SDS als auch meine Prager Freunde hatten Kontakt zu einer Gruppe burmesischer Studenten in Dresden gehabt. Einmal hatte ich die sogar in Dresden besucht, einmal waren sie beim SDS in Berlin gewesen.

»Aber ich weiß ja nicht einmal, dass es dort einen Streik gab.«

Nach außen hin blieb ich gelassen wie immer, wenn ich unter Druck gesetzt werde.

»Ich bin nie von mir aus nach Dresden gefahren. Meine Aufenthalte dort waren jeweils auf Autopannen zurückzuführen. Die Polizei hätte mich auch woanders hinschleppen können«, fügte ich hinzu.

Zwei oder drei Mal hatte die Vopo meinen klapprigen VW nach Dresden gebracht. Bis der Wagen nach der Reparatur in einer DDR-Bastlerwerkstatt fertig war, hatte ich mir die Zeit im Dresdener Zwinger vertrieben. Einmal hatte ich sogar zwei Tage auf meine Klapperkiste warten müssen.

Offenbar begriff die DDR-Stasi, dass mich ihre Anschuldigungen nicht so leicht aus der Bahn warfen, wie sie gehofft hatte. So unmittelbar nach dem Gefängnis meinten sie, in mir eine leichte Beute zu finden.

»Reden wir doch einmal in einer anderen Atmosphäre, wo wir es etwas gemütlicher haben«, wechselten sie die Taktik.

Diese Ankündigung machte mir mehr Sorge als die Konfrontation. Der Wartburg hielt vor einem großen Café. Die Bedienung kannte die Herren und wies ihnen einen Tisch zu. Er stand außerhalb der Hörweite anderer Gäste. Die Stasi-Herren versuchten, mich mit Versprechungen zu ködern: »Wir stellen Sie an die Spitze einer großen Bewegung ...«

Sie hatten Pech. Bestechlich war ich noch nie gewesen.

Prompt kam der nächste Lockversuch: »Wir wissen doch, wie sehr Sie sich für empirische Sozialforschung interessieren. Wir finanzieren Ihnen große Untersuchungen.«

Offenbar hatte die Stasi meine Studienvorlieben erkundet. Mein Soziologie-Studium hatte ich mir als Tutorin für Empirie mitfinanziert.

»Ja, das stimmt«, bestätigte ich. »Ich interessiere mich dafür. Aber wenn ich wieder forsche, dann würde ich in der DDR untersuchen, warum die Menschen so unpolitisch sind.«

Dass ich in der Sprache parieren konnte, in der man mich angriff, gab mir ein Stück meiner Schlagfertigkeit zurück. Inzwischen war der Kaffee gekommen, der erste seit anderthalb Jahren. Ich probierte ihn vorsichtig. »Der Kaffee in der ČSSR schmeckt aber besser«, mäkelte ich.

»Das wird Ihnen noch leidtun«, drohten die Stasi-Abgesandten.

Von da ab fuhren sie mich, ohne noch ein Wort an mich zu richten, direkt zur Berliner Mauer. Auf der Ostseite des Checkpoint Charly übergaben sie mir den Autoschlüssel.

»Ab jetzt dürfen Sie die Interzonenautobahnen nicht mehr benutzen«, teilte der eine mir mit.

»Na gut. Dann fliege ich eben.«

»Werden Sie jetzt Interviews darüber geben, wie Sie in Prag behandelt wurden?«, wollte der zweite noch wissen.

Ich schüttelte den Kopf. »Nein. Aber ich kann nicht wissen, was die Zeitungen ohne mein Dazutun veröffentlichen.«

Über den Anwerbeversuch sollten die beiden Beamten laut Stasi-Akte in der Gauck-Behörde notieren, ich sei noch genauso antisozialistisch und republikfeindlich wie vorher: »Insgesamt entstand der Eindruck, dass sie aus ihrer Haft keinesfalls die richtigen Schlussfolgerungen gezogen hat und durchaus die Möglichkeit besteht, dass sie künftig auf der Grundlage einer ideologisch völlig verwirrten trotzkistischen und revisionistischen Position ihre konterrevolutionäre Tätigkeit fortsetzen wird.«

Und ich hätte so gern meine Frechheit dokumentiert gesehen. Nach meiner Rückkehr durchlief ich das Durchgangslager Marienfelde. Dort sollte ich unterschreiben, dass es keine Anwerbeversuche gegeben habe. Unterschreiben wollte ich nichts mehr. Aber mündlich informierte ich den Beamten von den Vorschlägen der DDR-Stasi. Der zuständige Verfassungsschützer notierte, wie ich später in meiner Akte beim Berliner Verfassungsschutz nachlesen konnte: »Die Plogstedt ist so antiautoritär, dass nicht davon auszugehen ist, dass sie sich hat anwerben lassen.«

Verdrängung und Spurensuche

Leben nach dem Gefängnis

Freiheit ist subjektiv. Vor Prag hatte ich mich für frei gehalten, wenn ich die Mauer mit der S-Bahn nur ein paar Meter in Richtung Osten überquert hatte. Dieses Paradoxon war nun zusammengebrochen. Doch innerhalb der vier Wände der Berliner Mauer schien wenig verändert. Und das, nachdem ich so durchgeschüttelt worden war.

Unangekündigt stand ich vor der Tür meiner Mutter. Nach all den Monaten ließ die mir keine Zeit zum Luftholen. »Erzähl erst einmal, wie es dir ergangen ist«, forderte sie mich auf.

Ich bekam kein Wort heraus. Als ich nicht sofort lossprudelte, überfiel sie mich mit ihren Prag-Erlebnissen, sprach davon, wie schlecht es ihr ergangen sei, wie sehr sie gelitten hatte, als ich, ihre Tochter, in Haft war. Welche Ängste sie ausgestanden und welche Abenteuer sie in einem Prager Hotel erlebt hatte, als sie eingeschlossen in ihrem Zimmer war und plötzlich die Tür von außen aufgeschlossen wurde, obwohl der Schlüssel innen steckte. An wen sie alles geschrieben hatte, um mich freizubekommen. Sie brachte mir alle Korrespondenzordner, die sie angelegt hatte.

Ich konnte es nicht ertragen, so zugeschüttet zu werden, und schwieg. Ihr Leiden gegen meines, ich hasste diese unselige Konkurrenz. Ich war am Ersticken, weil ich für meine Gefühle keinen Ausgang und keinen Raum fand. Und meine Mutter war gekränkt über meinen Undank.

Wir übergingen die Unfähigkeit, miteinander zu reden, und versuchten, zum Alltag zurückzukehren. Meine Mutter machte ein Foto von mir.«Dann kannst du später sehen, wie du ausgeschaut hast«, sagte sie. Ich fühlte mich ausgeliefert. Als ich jemandem Jahrzehnte später das Foto zeigte und es mit Bildern aus der Zeit kurz vor dem Gefängnis verglich, erschrak ich. Mein Gesicht hatte alles Strahlen, das Hoffnungsfrohe und die Frische verloren. Die Augen versteckte ich hinter einer Sonnenbrille, den Kopf schützte ich unter einer Mütze. Ich wollte nicht erkannt werden. Mit meiner Entlassung war die Gefängniszeit längst nicht beendet.

»Wenn wir wieder draußen sind, dann ...« All die Wünsche, die ich wie eine Utopie mit anderen geteilt hatte: Endlich etwas Schönes essen, wieder Wein trinken, Sexualität – draußen sah alles anders aus. Zumal ich ja ohne Petr entlassen worden war.

Knast macht abhängig. Alles wird einem besorgt, man muss nur warten, bis sich der Blechnapf füllt. Nach der Rundumversorgung hatte ich es verlernt, einkaufen zu gehen, zu kochen, Wäsche zu waschen, Geld zu verdienen. Nicht einmal zum Spaziergang wurde abgeholt. Oder zum Duschen. Gefängnis heißt warten. Warten auf Gutes, warten auf Böses, immer warten. Ein täuschend verlässliches, abhängiges Warten, bei dem es unter Strafen verwehrt war, für sich selbst einzustehen. Und draußen? Wenn man da wartete, wie konnte man sicher sein, dass überhaupt etwas geschah? Draußen kam nur das Wetter, die Sonne, der Mond von allein.

Mich erfasste ein fast unwiderstehlicher Sog zurück nach Ruzyně, zurück zu Petr, zu Marta, zu all den Frauen, die ich dort getroffen hatte. Ich hätte alles getan, um wieder dorthin zu kommen. Mir war klar, warum so viele Häftlinge schnell rückfällig werden. Wenn jemand wissen wollte, wie es im Gefängnis gewesen war, antwortete ich:»Es gibt keine schnellere Sprachschule. Mal sehen, was für eine Sprache ich als nächstes lerne.«

Doch erst einmal musste ich klären, was Marta alles über meine Mutter behauptet hatte. Die Gewissheit verschaffte ich mir auf eigene Faust. Ich schnappte mir die goldene Uhr meiner

Mutter – sie trug sie schon längst nicht mehr – und öffnete den Rückdeckel. Marta hatte ja gesagt, dass die Mitglieder der Gruppe dort ihre geheimen Zeichen trügen. Eingeritzt waren gleich mehrere. Ich war schockiert. Über den Knast hinaus wusste ich nicht, ob Marta recht hatte oder nicht. Bis ich endlich erfuhr, dass die Uhrmacher dort früher nur ihnen verständliche Reparaturzeichen in die Deckel ritzten, vergingen Jahre. Während ich mich beim Schreiben noch einmal mit meiner Mutter auseinandersetzte, träumte ich von mir als Dreijähriger am Fenster unserer Souterrainwohnung unmittelbar nach dem Krieg.

Eine Frau beugt sich von draußen herein, schreit und schimpft. Sie hat lange Haare wie Marta. Sie droht mit dem Finger. Ich weiche zurück in den Raum, weit weg vom Fenster. Drinnen sitzt eine Frau, die mich tröstet: »*Diesmal hast du dich schon viel besser gewehrt.*« *Die böse Frau kommt ins Zimmer, aber sie beachtet mich nicht mehr. Mein Wehren scheint zu helfen. Wie eine Hexe im Märchen geht sie auf einem Kamm wie auf Stelzen. Die Zähne des Kamms bohren sich in ihre Füße.*

Und der Kirschzweig? Danach fragte ich. Meine Mutter erzählte, ihr sei zu dem Mitbringsel geraten worden, denn von selbst wäre sie überhaupt nicht darauf gekommen, dass man so etwas ins Gefängnis mitnehmen dürfe. Jemand hatte ihr vorgeschlagen, mir dies als ein sichtbares Zeichen von draußen zu bringen. Da ich nach Jahrzehnten nicht genau erinnerte, wer ihr zu dem Mitbringsel geraten hatte, ob es der Staatsanwalt, der Richter oder mein Anwalt war, fragte ich sie während des Schreibens noch einmal.

Sie wusste nur noch: »Der Zweig sollte ein Zeichen sein, dass es draußen auch etwas anderes gibt.«

Die Bilder, die ich in der Haft gemalt hatte, hoffte ich nun bei meiner Mutter zu finden. Doch sie waren weg.

»Wieso weg?« fragte ich. Ich war perplex.

»Sie sind in Prag.«

Meine Mutter klang etwas kleinlaut, als sie das zugab. Panisch um mich besorgt, hatte sie mich um jeden Preis aus dem Gefängnis holen wollen. Selbst gegen meinen Willen. Nur handelnd hatte sie mit ihrer Angst fertig werden können. Kaum hatte sie meine abstrakten Bilder – die waren ihr unheimlich – in den Händen, trug sie die zu einem Westberliner Psychiater. Durch ein Gutachten wollte sie mildernde Umstände erreichen. Der Psychiater lehnte ab. Nur aus Bildern könne man das nicht ableiten, begründete er. Zumindest müssten Arbeiten aus anderen Zeiten zum Vergleich vorliegen. Die hatte meine Mutter nicht. Dennoch ließ sie nicht locker. Sie nahm die Bilder mit nach Prag. Dort versprach ihr ein dpa-Korrespondent, sie weiterzuleiten. Von dem Mann hatte es später in Prag geheißen, dass er für die Stasi gearbeitet habe.

»Wie konntest du nur so eigenmächtig handeln«, warf ich meiner Mutter vor. »Du wolltest mich wohl in eine Psychiatrie bringen. Du konntest doch überhaupt nicht beurteilen, was das in Osteuropa heißt. Zumindest hätte ich erwartet, dass du das mit meinen Freunden vorher besprichst.«

In Prag, nahm ich an, wäre man nur allzu bereit gewesen, solch ein Gutachten zu erstellen, um mich loszuwerden. Und hatte ich nicht schon vor der Kommission gestanden, die über meine Einlieferung zu entscheiden hatte? War gar meine Mutter verantwortlich für diese unsägliche Tortur mit Marta? Und ich, fuhr ich atemlos fort, ich hatte in Prag kapituliert, weil ich es nicht ertragen konnte, dass meine Mutter in Gefahr geriet! Zu Hause war davon nichts zu spüren. Im Gegenteil: Meine eigene Mutter hätte mich in falscher Fürsorge sogar noch der tschechischen Psychiatrie ausgeliefert!

Marta blieb mein Thema. Ich fürchtete, ihr zu schaden, wenn ich über sie redete. Also schwieg ich. Mein Misstrauen aber dauerte an. Ich konnte nicht klären, ob Marta Täterin oder Opfer war, ob sie in Gefahr war oder auf der Seite der Stasi stand, vor allem konnte ich nicht einordnen, was ich mit Marta erlebt hatte.

Noch in Ruzyně hatte ich mir vorgenommen herauszufinden, ob man mich mit Drogen behandelt hatte. Vielleicht gab es Rückstände im Körper, die sich nachweisen ließen. Ein paar von Martas Tabletten hatte ich mitgenommen, um prüfen zu lassen, ob das Drogen waren.

Ich versuchte, mit Freunden zu sprechen. Im Hause Helmut Gollwitzer hörte man mir gut zu. Der Theologe bezweifelte jedoch meine Vermutungen über Marta, er hielt das für sehr unwahrscheinlich. Aber Gollwitzer kannte nur die alte, stalinistische Art der Verhöre und der Folter. Samt den Lagern, die er als Kriegsgefangener überlebt und später beschrieben hatte. Er schlug vor, einen Spezialisten hinzuzuziehen. »Da ist ein Psychologe, der den Innensenator in Polizeiangelegenheiten berät«, erläuterte er.

Ich zögerte. Schon das Wort Polizei ließ mich zurückweichen.

»Nein, machen Sie sich keine Sorgen. Er hat nach der Ermordung von Benno Ohnesorg selbst beruflich Probleme bekommen«, beruhigte er mich.

Nur von Drogen verstand der Experte wenig. Meinem Wunsch, mich untersuchen zu lassen, rieten beide zu: »Wenn Sie das brauchen, machen Sie das.«

Eine Woche nach meiner Rückkehr begab ich mich in eine kleine Psychiatrie in der Derfflinger Straße.

»Die nutzen dort die modernsten Methoden«, hatte der Psychologe versichert. Meine Mutter fuhr mich hin.

Als ich der Ärztin gegenüber saß, war ich noch nicht einmal bereit, meinen Namen zu sagen. Wieder einmal war es Marta, um deretwegen ich anonym bleiben wollte. Wenn man in Prag von den Untersuchungen erführe ...

Die Ärztin bekam nichts aus mir heraus.

»Warten Sie einen Moment draußen«, schickte sie mich fort. Sie redete mit meiner Mutter allein weiter.

14 Tage lang blieb ich zur Beobachtung in der geschlossenen Abteilung hinter einer Tür mit rundem Bullauge. Ich war zusammen mit acht bis zehn Patientinnen auf der Station, wir hatten einen kleinen Aufenthaltsraum mit Fernseher. Morgens, mittags, abends wurden knallbunte Tabletten verteilt. Für jede Patientin ein Gläschen voll. Alle waren ruhiggestellt. Nur ich bekam keine Tabletten, man beobachtete mich lediglich. Allerdings ohne mit mir zu reden. Eine Assistentin maß regelmäßig meine Gehirnströme. Ab und zu warf mir eine Schwester oder eine Ärztin nachdenklich einen Blick zu, wenn ich im Flur an der gläsernen Schwesternkabine stand und ihnen zusah. Ich war viel zu verschlossen, um von mir aus auf dieses »Wachpersonal« zuzugehen.

Wie sollten diejenigen, die Tabletten für das allein Seligmachende hielten und noch nicht einmal Gesprächstherapien anboten, klären, ob ich in Prag mit Drogen behandelt worden war? Man fand es nicht heraus. Nach einer Woche war es wohl auch schon zu spät dafür. Um irgendetwas festzuhalten, notierte ich mir Martas Symptome: Haarausfall, Angezogensein von Licht, Bellen wie ein Hund, Vergiftungsängste ... Ohne diese Stichworte hätte ich die Geschichte nicht rekonstruieren können.

Im Gegensatz zu allen übrigen Patientinnen durfte ich die geschlossene Abteilung verlassen. Kam ich beim Pförtner vorbei, grüßte der mich und sagte: »Das ist doch schön, wenn man raus kann, nicht?«

»Ja«, nickte ich und begann um das Blumenbeet zu gehen. Wie in Ruzyně, wie in der Frischluftzelle. Hier war der Kreis durch das Beet vorgegeben. Ich durfte auch auf die Straße, aber mein Freiheitsdrang war nicht sehr stark. Nur langsam erweiterte sich mein Radius. Ich sicherte jeden Schritt ab, den ich neu machte.

Als ich mir nach mehr als 25 Jahren den Befund aus den Krankenhausarchiven kommen ließ, fand ich die folgende Einschätzung: »Die von der Patientin geschilderten psychischen und körperlichen Veränderungen bewegen sich im Rahmen der Haftpsychose mit vorwiegend paranoidem Charakter. Inwieweit äußere Einflüsse – etwa Drogen – dabei eine zusätzliche Rolle gespielt haben, ist durch die nachträglichen Explorationen nicht mehr zu klären. Zum Zeitpunkt der jetzigen Untersuchung war die Patientin psychiatrisch unauffällig.«

Ich verschloss das Erlebte in mir. Fast alle, die in Osteuropa in einem Gefängnis gesessen hatten, sprachen nicht darüber. Im Westen verstand sie ja niemand. Erst nach der Wende wurde das anders, als die Übermacht von drüben nicht mehr drohte.

Auch ich redete nicht. Das heißt: Natürlich redete ich. Aber ich sprach nur allgemein, nur politisch, nur sachbezogen. Ich kappte meine Gefühle. Manch einer spürte, wie wenig ich dabei empfand. Nach meiner ersten Veranstaltung an der TU Berlin kurz nach meiner Rückkehr wunderte sich einer: »Es ist, als ob die Sibylle über ihre Schwester spricht.«

Natürlich beschäftigte mich das Thema Haft. Doch es war leichter, mich mit den Gefängniserlebnissen von anderen zu beschäftigen als mit der eigenen Isolation. In Deutschland war damals die RAF in Haft. Indem ich mich mit denen beschäftigte, verpasste ich die Chance, meine Wunden zu behandeln, solange sie noch frisch waren. Wie bei Kafka geriet ich in den Sog immer neuer Gefahren. Als ich eine Freundin besuchte, die für ihre Unterstützung der Bewegung 2. Juni im Gefängnis gesessen hatte, lümmelten auf den Matratzen ein paar junge Typen herum, von denen ich keinen einzigen kannte. Einer sagte: »Die könnte doch auch mal was für uns besorgen.«

Zögernd blieb ich stehen: »Und was sollte das sein?«

»Die kommt doch gerade erst aus dem Gefängnis.« Es war die Freundin, die mich vor ihren Gästen schützte. Ich entging nur knapp einem Anwerbeversuch der militanten Gruppen.

In den Akten der Gauck-Behörde fand ich später, dass Mitglieder der Bewegung 2. Juni der Stasi Auskunft gaben. Waltraud Siepert, einst aktiv im Berliner Frauenzentrum und dann in der Bewegung 2. Juni, verleumdete mich, indem sie gegenüber der DDR-Stasi behauptete, ich hätte für die CIA gearbeitet. Naseweis fügte sie den Rat an die Stasi-Genossen hinzu, sie sollten doch mal in Prag nachfragen, die wüssten dort schon Bescheid. Das Gerücht ging um, Siepert trug nur zur Stasi zurück, was die bereits kurz nach meiner Verhaftung im SDS hatte streuen lassen, um die Solidarität der Linken aufzubrechen. Personen, die der Sozialistischen Einheitspartei Westberlins (SEW) nahestanden, verbreiteten dieses Gerücht auch Jahre danach noch, um mich zu isolieren.

Als ich 1971 nach Berlin zurückkam, war der SDS zerfallen, an den Universitäten wurde gestreikt. Die Frauen gingen für die Streichung des Paragraphen 218 auf die Straße und zeigten sich selbst an wegen Abtreibungen. Militante Gruppen hatten erste Aktionen und Überfälle hinter sich. Es war zu Verhaftungen und Befreiungen gekommen. Hals über Kopf war die Baader-Meinhof-Gruppe in den Untergrund abgetaucht.

Ich beschäftigte mich weiter mit Osteuropa. Tschechische Emigranten hatten die Untergrundzeitschrift *Informační materiály* gegründet, die, auf Luftpostpapier gedruckt, in die Tschechoslowakei gebracht wurde. Der Transport wurde entweder über Milan Horaček in Frankfurt am Main oder über Jan Kavan in London abgewickelt. Eine Weile arbeitete ich mit. So wie ich einst Literatur nach Prag mitgenommen hatte, übersetzte die Redaktion jetzt Texte der undogmatischen Linken, von oppositionellen Bewegungen in anderen Staaten Osteuropas und berichtete über Berufsverbote und Verhaftungen in der ČSSR. Als Petr aus dem Gefängnis kam, wurde er der wichtigste Korrespondent. Erst als die Charta 77 den Freiraum geschaffen hatte und Petr unterdrückte Nachrichten im eigenen Lande drucken konnte, konnten die *Informační materiály* eingestellt werden.

»Wanted by the Czech Police«, stand auf einem Plakat, das auf meinen Vortrag hinwies. Manchmal schockierte es mich, wie ich angekündigt wurde. Von London bis Edinburgh und von New York bis Seattle, von Paris bis Rom. Überall sprach ich über die politische Repression in der Tschechoslowakei. Ich redete über die Opposition in Prag, nie aber über meine eigenen Erlebnisse in der Zelle. Die kamen in keinem Vortrag vor. Ich berichtete immer nur über die Repression gegen andere. Und ging ich damals unsere Fehler in Prag durch, so geschah das nur unter polizeitaktischen Gesichtspunkten. Ich studierte Observationsmethoden und formulierte Tipps, wie man sich in Verhören verhält, wie man mit der Polizei und der Justiz umgeht. Zusammen mit anderen schrieb ich ein Buch darüber.

Die trotzkistischen Gruppen gehörten zu den wenigen linken Gruppierungen, die in Osteuropa aktiv waren. Doch mein Konflikt, einer solchen Gruppe beizutreten, war immens. Gehorsam und Gefolgschaft, wie sie in zentralistischen Strukturen gefordert werden, sind mir zuwider. Dennoch wurde ich für etwa drei Jahre dort Mitglied. Wohl aus Bindung an Petr und stellvertretend für ihn, solange er im Gefängnis saß.

Petr war in einem Arbeitslager. Unschlüssig, ob ich auf ihn warten oder mich neu orientieren sollte, ging ich nur kurze Verhältnisse ein. Zunächst nur zu Männern, später auch zu Frauen. Petr war hin- und hergerissen zwischen der Hoffnung auf unser weiteres gemeinsames Leben und der Enttäuschung, dass ich ihm nicht häufig genug schrieb. Als seine Mutter starb, durfte er nicht einmal zur Beerdigung das Gefängnis verlassen. Neben Frolík in Prag war ich sein einziger Kontakt nach draußen. Aber Liebe zu ihm konnte ich in der Entfernung nur noch wenig ausdrücken. Eine Weile beklagte er das. Ich geriet unter Druck. Meine Briefe kamen zwar regelmäßiger, aber noch emotionsloser. Er meinte, das richte sich gegen unsere Beziehung. Ich konnte ihm nicht widersprechen, weil ich nicht wusste, dass meine Gefühle gerade dabei waren, ganz aus meinem Leben zu verschwinden, bzw. sich auf die Felder zu verlagern, die nicht so beschädigt waren.

Petr hatte eine klare Vorstellung von unserer Beziehung: Gemeinsame Sprache Französisch, regelmäßige Ausflüge in die

Natur – Festlegungen, die mir alle zu eng waren, zumal, wenn ich sie Jahre vorher erfuhr und mich später danach richten sollte. Mich schreckte das. Dabei war das Leben mit Petr ursprünglich eine Entwicklung gewesen, etwas, das im Fluss gewesen war. In seinen Briefen wirkte alles nur festgezurrt. Aus dem Lager heraus empfahl er mir, doch im Hinblick auf die gemeinsamen Kinder schon mal nicht mehr zu rauchen. Auch die Zahl, es waren drei, stand für ihn fest. Ob ich Kinder wollte und ob so viele, fragte er nicht. Auch Nachfragen wie: Wann schließt du dein Studium ab, wann schreibst du deine Dissertation, wie hoch ist dein Stipendium, was für ein Auto fährst du? machten mich unfrei. Doch auf die Idee, die Beziehung mit ihm zu beenden, kam ich nicht. Und das nicht nur aus Rücksicht darauf, dass er noch im Gefängnis saß.

Es war Anfang 1973. In meinem Briefkasten fand ich eine Postkarte. Darauf war eine Treppe gezeichnet. Links oben, über der obersten Stufe, flog ein Flugzeug. Unten rechts explodierte es. Die Karte war in Berlin abgestempelt. Ich betrachtete sie verständnislos und legte sie beiseite. Drei Tage darauf las ich in der Zeitung, dass an der tschechischen Grenze ein Flugzeug explodiert war. Drinnen saßen ein tschechoslowakischer Minister sowie ranghohe russische Beamte. Alle starben auf der Stelle. Ich bezog die Nachricht sofort auf das Flugzeug auf meiner Postkarte. Panik erfasste mich. Vielleicht wussten die in Prag etwas! Aber nein, anrufen, das ging nicht. Ich fürchtete, Freunde zu gefährden. Allein solch ein Anruf wäre für die Stasi nur ein Indiz gewesen, dass jemand von uns damit zu tun hatte. Mir blieb nur, die Angst, diese unerträgliche Spannung, herunterzuschlucken, auszuharren, abzuwarten und nichts zu tun. Irgendwann erstickt man an zu viel runtergeschluckten Ängsten.

1990, ein Jahr nach der Wende. In Erfurt traf ich einen der ganz frühen Stasi-Aufklärer aus dem Kreis der DDR-Oppositionellen. Als ich ihm die Postkarte beschrieb, wurde er bleich.

»Ich habe die auch bekommen«, murmelte er.

»Und was bedeutete die«, forschte ich nach.

»Normalerweise folgte dem ein groß angelegter Anwerbeversuch. Sie demonstrierten ihre Macht so massiv, dass es kein Entrinnen gab, wenn sie dann kamen.«

»Aber es ist niemand gekommen ...«, bohrte ich weiter.

»Irgendetwas muss schiefgegangen sein«, sagte er. Was immer dieses »irgendetwas« gewesen sein mochte. Und wer immer sie waren, diese »sie«.

Etwa zur gleichen Zeit, als ich die Karte erhielt, wurde Petr aus dem Lager zurück nach Ruzyně gebracht. Er war erneut in Untersuchungshaft. Auch Jan Frolík wurde noch einmal kurz verhaftet. Gegen Petr wurde auf einmal wegen Terrorismus ermittelt. Aus dem Gefängnis heraus habe er Anschläge gegen Gebäude der KPČ organisiert, lautete die Beschuldigung. In Prag war man ganz dicht an den Methoden der fünfziger Jahre.

»Selbst der Staatsanwalt Dr. Felcmann war damals so weit, die Lust an seinem Beruf zu verlieren. Ich habe ihm geraten, in Pension zu gehen«, erzählte Petr nach der Wende und lachte dabei so wie immer, wenn er jemanden provozierte.

Zufall oder nicht und ob es dazugehört oder nicht, man weiß das nie genau: Dass mir in dieser Zeit in voller Fahrt auf der Autobahn fünf Mal ein Reifen platzte, war für meinen Geschmack vier Mal zu oft, um es noch normal zu finden.

Noch etwas – und wieder ist nicht klar, ob es dazugehört: Unter der rot-grünen Regierung in Berlin erhielt ich Ende der achtziger Jahre Einsicht in meine Akte vom Verfassungsschutz. Zwei Beamte, die mich bestens kannten, weil sie mich – unsichtbar für mich – seit Jahrzehnten begleitet hatten, führten mich in die Kellerräume vom Fehrbelliner Platz. Ich wurde einen Gang entlanggeführt. Rechts und links schwere, eiserne Zellentüren. Seit hier die Nazis gefoltert hatten, war baulich nur wenig verändert worden. Die Schreie der Gefangenen hingen noch in der Luft. Eine schwere, eiserne Zellentür öffnete sich, als wollte sie mich wieder in Haft nehmen.

Drinnen: Wie bei einem Verhör nahmen die Beamten mir gegenüber am Tisch Platz. Ihnen war es unlieb, dass ich in ihre Unterlagen, in ihre Arbeit, in mein Leben Einsicht nahm. Und erst recht, dass ich mir Notizen machte. Kaum hatte ich mich hingesetzt, um zu lesen, begannen sie, mich anzutreiben.

»Schneller, schneller!«

In mir stieg das Adrenalin an.

»Schneller, schneller.«

Mein Körper verhärtete sich, ich verstand kaum noch, was ich las.

»Schneller«, einer der Beamten sagte es gerade wieder, da platzte mir der Kragen. Ich drohte, die Einsichtnahme zu unterbrechen und den Staatssekretär zu informieren. Das wirkte. Sie ließen mich in Ruhe.

Ich las über eine Demonstration gegen den US-Außenminister Haig Anfang der achtziger Jahre in Berlin. Eine Gruppe von Frauen hatte Alu-Luftballons in der Nähe des Flughafens aufsteigen lassen. Wieso die plötzlich über logistisches Wissen verfügten, dass durch Alu der Funkverkehr zwischen Tower und Flugzeug gestört würde, sodass Haig dann möglicherweise nicht landen könnte, ging aus der Akte nicht hervor. Damals war ich mitgegangen und mit allen übrigen zusammen zur Feststellung der Personalien auf die Wache gebracht worden. In der Akte fand sich einer der wenigen operativen Hinweise: »Sofort tätig werden, die Plogstedt war wieder dabei.«

Dann, nur ein paar Seiten weiter, ein Zeitungsartikel. Es ging um ein Flugzeug, genauer: um eine Flugzeugentführung in Südostasien. Ich stutzte.

»Was soll denn dieser Artikel hier«, wandte ich mich an einen der Beamten.

»Ach, der muss wohl falsch eingeordnet worden sein«, wiegelte der ab.

Statt lauthals Alarm zu schlagen, den Staatssekretär rufen zu lassen, begann in meinem Kopf das Fragekarussell zu kreisen.

Wer war es, der mich damals in die bewaffneten Gruppierungen hineinziehen wollte? War es der Westen? Und wer hatte mir die Karte mit dem abstürzenden Flugzeug geschickt? War es der Osten? Und warum wollte mich plötzlich jemand mit Flugzeugentführungen in Verbindung bringen? Der Westen, der Osten, der Westen ...???

Petr kam frei, endlich. Wie aber sollten wir nun unsere Zukunft klären? Sosehr er sich auch mühte, er durfte nach seiner Entlassung nicht einmal nach Ostberlin fahren. Ich dagegen fürchtete mich, nach Polen einzureisen, um ihn illegal an der grünen Grenze zu treffen. Ich scheute das Risiko, man hätte uns beide festgenommen. Petr wollte vorher Gewissheit über unser Zusammenleben, nur dann wäre er bereit, in den Westen zu kommen. Meine Sicherheit aber hätte erst wieder in mir wachsen müssen, ich hätte ihn spüren und fühlen müssen. Briefe gaben mir die schon lange nicht mehr.

»Versuchen will ich es noch einmal. Aber garantieren kann ich Dir natürlich nicht, ob es klappt«, schrieb ich ihm. So unbestimmt hätte ich nicht sein müssen. Längst hatte ich nämlich meine Einzimmerwohnung gegen eine größere getauscht und gegenüber den Vormietern, zwei vom SDS, die nach Lateinamerika gingen, sogar mit Petrs Kommen argumentiert. Aber weder er noch ich wussten, dass Handeln mehr zählt als Worte. Innerlich hatte ich mir eine andere Brücke gebaut: Wenn Petr in Prag bliebe, käme er wieder ins Gefängnis. Für ihn wäre es in jedem Fall gut, nach Deutschland zu kommen. Mein fürsorglich-bevormundendes Denken verhinderte, dass ich mich entschied. Das Ergebnis: Petr blieb in Prag.

Petr schrieb, dass er in Prag ein Verhältnis habe. Ich war gekränkt, dass er sich sofort jemanden gesucht hat. Ein paar Monate später überschnitten sich unsere Briefe. Ich zog gleich, gestand ihm ebenfalls ein Verhältnis, das zu einer Frau. In seinem Brief stand, dass er Hanka Šabatová geheiratet habe.

Ich liege mit Petr in einer Zelle. Es ist eine große Zelle ohne

Doppelstockbetten. Wir sind einige Betten voneinander entfernt. Er zeigt mir einen Text, ich robbe näher. Er wird zärtlich. Ein Wärter kommt rein, sucht etwas unter dem Tisch und installiert eine Überwachungsanlage. Wir stören uns nicht daran. Meine Beziehung hielt damals nur sechs Wochen. Petr wurde bleich, als er das nach der Wende hörte.

Es war ein Jahrestag der Invasion in der ČSSR, ich war die Hauptrednerin in Wien. Vor mir in der ersten Reihe saß Franz Marek vom *Wiener Tagebuch* mit der gesamten tschechischen und österreichischen Dissidentenprominenz. Plötzlich verließ mich die Kraft, ich konnte kein Wort mehr über diese Invasion herausbekommen. Um nicht den Faden zu verlieren, kürzte ich den Vortrag. Statt nach 45 Minuten verließ ich das Podium bereits nach 20. Ich hielt keinen Vortrag mehr über Prag. So lange nicht, schwor ich mir, bis ich wieder Neues zu sagen hätte.

Der Berliner Verfassungsschutz hatte mein Engagement nach meiner Rückkehr an die Universität von Anfang an verfolgt. Mein Name war durch die Prager Haft in den Medien bekannt geworden. Während der Studentenstreiks an der FU schrieben die Verfassungsschützer mit. Je ein Agent war zuständig für drei Redner. Der Tenor all dieser Berichte: »Die Plogstedt betritt mit ihrem Anhang ... mit ihrer Gefolgschaft ... mit ihrem Tross ... das Audimax, sie stürmt sofort nach vorn zum Podium, stürzt auf das Mikro zu, ergreift das Wort ...« Die Art, wie das geschrieben wurde, war zielgerichtet.

Das Ergebnis: Berufsverbot. Die Berufsverbote waren ganz neu. Ich war die zweite in Berlin, die eins erhielt. Ausgerechnet ich sollte eine Stelle am Osteuropa-Institut verlieren. Nach dem Ende meiner Studien hatte ich dort eine Forschungsstelle bekommen zum Thema »Streiks in der Sowjetunion nach der Revolution«. Zwei Jahre lang kämpfte ich gegen die Entlassung an. Otto Schily war mein Anwalt. Eine einstweilige Verfügung hatte ich gewonnen, sodass ich erst einmal arbeiten durfte. Auch die Universität mit Uwe Wesel als Vizepräsident verteidigte mich. Trotzdem: An manchen Tagen erschien mir dieser Kampf härter als der während der Zeit im Gefängnis. Aber das lag wohl an der Retraumatisierung. Ich hatte mir mit meiner Radikalität beweisen müssen, dass mich die tschechoslowakische Staatssicherheit nicht untergekriegt hatte. Ich durfte nicht zur Ruhe kommen, sonst wäre alles auf mich eingestürzt.

Ich musste das Institut verlassen. Die Richterin, die gerade noch für mich entschieden hatte, war plötzlich versetzt worden. Ich verlor den Prozess vor dem Arbeitsgericht.

Ich suchte nach einer neuen Existenz und gründete mit ein paar Frauen die Berliner Frauenzeitung *Courage*.

Die Fassade eines radikalen, kraftvollen Handelns musste bleiben. Sonst hätte die Stasi gesiegt. Wenn ich trank, hatte der Schrecken einen Namen. Er hieß Marta. Nur unter Alkohol kam es heraus, und ich erzählte abends den Frauen von *Courage* davon. Marta bedeutete Ohnmacht, totales Ausgeliefertsein. Um weiterzuleben, hatte ich meine Erinnerung abgeschnitten und die Gefühle einzementiert. Nach außen wirkte ich hart wie Beton, doch inwendig bröselte meine Lust am Leben. Der Knast fraß und fraß und fraß. Er fraß meine Lebendigkeit.

Ich ermorde zwei Wärter. Danach lebe ich in der Familie des einen, das heißt mit seiner Frau und ihren Kindern. Ich nehme seine Stelle ein.

Wie immer merken die Betroffenen zuletzt, was sie sich vorenthalten. Als eine Freundin verzweifelt von mir verlangte: »Tu doch endlich mal was für dich«, verstand ich nicht, was sie meinte. Als mir jemand vorwarf, ich sei wie Beton, spürte ich nichts. Ich durfte nichts spüren, es wäre zu schmerzhaft gewesen. Wäre jemand deutlicher geworden, ich hätte mich zur Wehr gesetzt. Was verstanden die schon von Gefängnis! Und dann noch in Osteuropa!

Auf immer ablagern ließ sich das Erlebte nicht. Ich hörte auf zu trinken, um meine Beziehung zu retten. Doch das hieß, der

Schrecken wurde namenlos. Unsichtbar, unfühlbar und unbenennbar. Der Knast war weitergewandert nach innen. Die Erinnerung mit Arbeit, mit hektischer, politischer Aktivität zu ersticken, das gelang für einige Jahre. Solange ich die Kraft hatte, das Stasi-Thema beiseite zu schieben.

Ein Brief aus dem Gefängnis, ich beantworte ihn nicht. Ich will damit nichts mehr zu tun haben. Jahre später kommt wieder ein Brief. Diesmal lese ich ihn. Und beschäftige mich damit, dass »Befängnis« statt Gefängnis auf dem Blatt steht, auf dem ich den Traum notiere.

Ich verfolgte die Geschichte der Stasi-Enthüllungen. Doch durch die Erfahrungen der ehemaligen DDR-Opposition kam mir die Erinnerung keinen Millimeter näher. Im Gegenteil. Meine Phantasie blähte sich auf, spielte jeden Horror durch: X. war abgehört worden, und das im Westen. Also hatte die Stasi das auch bei mir getan. Für Y.s Beziehung hatte es einen Zersetzungsplan gegeben, also war der auch bei mir wahrscheinlich. Bei Z. hatte ein Spitzel in der Wohnung gewohnt. Sofort fragte ich mich: Wer kam aus meinen Wohngemeinschaften in Frage?

Die Medien hatten gerade über den Ehemann als IM im Fall Vera Lengsfeld berichtet, da kam ein Schreiben von der Gauck-Behörde. Meine Stasi-Akte trug den Namen »Partner« (genau: Operative Personenkontrolle Partner). Monatelang war ich dem Aktentitel ausgeliefert. Es war, als schlüge es mein Leben in Stücke. Mein Sein verlor den inneren Zusammenhalt, die Koordinaten lösten sich auf. Nicht ich hatte Angst, die Angst hatte mich. Nichts hielt sie mehr in Schranken.

»Warte erst einmal ab, was da steht. Meistens ist es anders, als es auf den ersten Blick aussieht«, warnte mich damals noch Jürgen Fuchs, der im Umgang mit Stasiakten ungleich Erfahrenere.

Doch der Titel »Partner« ließ meiner Phantasie freien Lauf. Alles, was mir je in einer Beziehung unklar geblieben war, stieg hoch und bekam Bedeutung. Wie eine Wühlmaus begann das

Misstrauen die Grundlage aller ehemaligen Liebesbeziehungen von der Wurzel her wegzufressen. In mir verdorrte, was positiv weitergelebt hatte. Alle Liebe von gestern, die Sicherheit von heute im Leben. Das Fundament, auf dem ich stand, drohte zu zerbersten.

Nach sechs Monaten kam endlich der Termin für die Akteneinsicht. Fieberhaft blätterte ich im Lesesaal der Gauck-Behörde in den Ordnern, bis ich die Lösung hatte. »Partner« war überhaupt kein Name von einem Spitzel. Die Akte begann in meiner Prager Zeit, und die Stasi hatte diesen Titel jahrzehntelang beibehalten. Dass meine Partnerschaft zu Petr Uhl aus dem Jahr 1969 noch bis zum Jahr 1989 den Namen für eine Akte hergab, war mir nach Jahrzehnten in der Frauenbewegung nicht eingefallen.

In der Akte »Partner« gab es mehrere Berichte, die von einem Verwandten stammten. Der lebte in Ostberlin. Ich nannte ihn der Einfachheit halber Cousin, laut Stasi-Akte war er der Ur-Enkel der Schwester meiner Urgroßmutter. Kennengelernt hatte ich den Cousin 1963, war als 17-Jährige beim ersten Passierscheinabkommen mit meinen Eltern zu ihm gefahren. Schon bald hatte mich die sozialistische Einstellung mit ihm verbunden. Ich erhielt Karten von seinen Moskau-Reisen.

Etwa einen Monat vor meiner Verhaftung wurde der Cousin von der DDR-Stasi vorgeladen und berichtete dort über mich. Er wurde damals als IM-Kandidat geführt. Im Treffbericht des Stasi-Hauptmanns Sievert stand: »Reiber war wie immer pünktlich auf die Minute zum Treff erschienen. Im Auftreten und Verhalten zeigten sich keine Veränderungen. Mit offensichtlichem Stolz und betonter Freude berichtete er über seine Auszeichnung als Aktivist der sozialistischen Arbeit anlässlich des XX. Jahrestages der DDR.«

Dass ich neben meinem Berliner Ausweis einen bundesrepublikanischen Reisepass hatte, um in die DDR einreisen zu können, wusste die Stasi von Reiber: »Bis 1968 ist sie dann mehrmals bei uns zu Besuch gewesen. Während dieser Besuche zeigte sich in den gehabten Unterhaltungen, dass sie sehr fortschrittlich eingestellt war. Sie gehörte zum Republikanischen Club in Westberlin. Ihre positive Einstellung auch gegenüber der DDR wurde besonders deutlich, als sie nach der Ermordung des Studenten Benno Ohnesorg unmittelbar nach hier kam, um ihrer Empörung Luft zu machen.«

Mit dem Einmarsch in Prag sei jedoch alles anders geworden. Am 15. November 1969 sei ich überraschend zu ihm gekommen: »Während der Unterhaltung mit der Pl. entwickelte sich gleich anfangs ein bemerkenswerter Disput über Husák und Dubček. Dabei machte sie die neue Parteiführung in der ČSSR für die schwierige Versorgungslage verantwortlich und verteidigte eindeutig Dubček. In diesem Gespräch wurde sie teilweise recht heftig und aggressiv.«

Reiber meinte, beobachtet zu haben: »Während des Gesprächs am 15.11. stellte die Pl. auffällig unvermittelt einige Fragen, die mich aufmerksam werden ließen. Zunächst wollte sie wissen, wie mir die Außenpolitik gefällt. Danach fragte sie nach der Hierarchie in der *Aktuellen Kamera*. In diesem Zusammenhang wollte sie wissen, wer bei uns die Außenpolitik macht und wie sie gemacht wird. Dabei gewann ich den Eindruck, dass sie genau wissen wollte, welchen Einfluss ich darauf habe. Daran schloss sich ihre Meinungsäußerung an, wonach wir falsch polemisiert hätten nach dem 21.8.68. Sie wurde dabei wieder heftig und meinte, unsere Propaganda läge völlig falsch.«

Einmal fragte ich ihn nach den Einkommen der Nomenklatura. Das irritierte ihn maßlos. Damals hatte ich gerade etwas über unbegrenzte Verfügungsmöglichkeit von hohen Funktionären über besondere »Nullkonten« gelesen und hatte das sogleich nachprüfen wollen. Das Gespräch tauchte im Treffbericht auf: »Im Zusammenhang mit den Verdienstmöglichkeiten erkundigte sie sich nach dem Vorhandensein von Null-Konten. Sie wollte wissen, was ein Null-Konto ist, und ob ich wüsste, welcher Personenkreis über ein Null-Konto verfügen kann. Sie fragte direkt, wie viele solcher Konten existieren und welche Funktionäre aus der Partei- und Staatsführung über eines verfügen.«

Als ich Reiber auch noch bat, mir westliche Agenturmeldungen nach Prag nachzuschicken, weil ich mir dort ohne aktuelle Informationen wie abgeschnitten vorkam, erschien ihm das fast als Anwerbeversuch.

»Ich hatte den Eindruck, dass sie schon den ganzen Abend versucht hatte, mit mir über das Thema zu sprechen, weil sie es dann in einer gewissen Hektik und für meine Begriffe unvorsichtig zur Sprache brachte ... Mein persönlicher Eindruck aufgrund des Gesamtverhaltens der Pl. ist, dass sie versucht, mich zu ködern, um mich an einem bestimmten Punkt unter Druck zu setzen.«

Es war Reiber gewesen, der bereitwillig alle Informationen über die Familie weitergab: Meine Adresse in Prag, meine finanzielle Situation, die Vermögensverhältnisse meiner Familie. Von Reiber stammte auch die Fehlinformation, dass meine Mutter früher für einen SS-General in Litzmannstadt gearbeitet habe.

Das Misstrauen von Reiber mir gegenüber war so groß, dass er, als ich mich auf den Weg machte, um in Schönefeld in den nächsten Zug nach Prag zu steigen, mir heimlich in der S-Bahn folgte, um zu beobachten, ob ich den Zug auch wirklich nahm. Nach einem anderen Besuch von mir hatte er sogar die Speisekammer nach Wanzen durchsucht, nachdem seine Kinder ihm gesagt hatten, dass ich in der Kammer gewesen war. Für die Kontakte zwischen mir und ihm waren von der Stasi Abhörmaßnahmen angeordnet worden »zwecks gleichzeitiger konkreter Überprüfung der Zuverlässigkeit des Reiber«, wie es in der Akte hieß.

Meine Anwesenheit in Prag bewertete die DDR-Stasi folgendermaßen: »Bei der Einschätzung des im Bericht geschilderten Sachverhaltes muss davon ausgegangen werden, dass die feindlichen Geheimdienste im Rahmen der Vorbereitung und Durchführung der konterrevolutionären Angriffe in der ČSSR eine aktive Rolle spielten. Unter diesem Gesichtspunkt muss die Übersiedlung der Pl. nach Prag von Westberlin aus betrachtet werden.« Reibers Aufgabe war: »Das Interesse der Pl. für die Beschaffung von Informationen soll weiter gesteigert werden, um weitere Hinweise über Motive und Hintergründe zu erhalten.«

Ich hatte Reiber sogar nach Prag eingeladen. Als er kam, war ich bereits verhaftet. Daraufhin begann er, meine Verwandten in Leipzig auszuhorchen. Ob er mir ins Gefängnis schreiben solle, fragte er scheinbar ratsuchend bei einer Tante an. Die meinte, er solle die Finger davon lassen. Es sei denn, er sei in der Partei.

»Als ich das verneinte, sagte sie, dann müsse ich unbedingt den Parteisekretär im Betrieb ins Vertrauen ziehen, um keine Unannehmlichkeiten zu bekommen«, berichtete Reiber der Stasi.

In den Akten, die mir in Prag während meines Gefängnisaufenthalts vorgelegt wurden, habe ich über Reiber nichts erfahren. Ich war also nicht einmal misstrauisch, als er mich, kaum war ich aus Prag ausgewiesen, in Westberlin anrief, ich solle ihn doch wieder in Ostberlin besuchen.

»Das geht nicht, ich habe Einreiseverbot.«

Einmal hatte ich es schon versucht und war nicht in die DDR hineingekommen. Der Cousin ließ nicht locker: »Trotzdem: Probier es noch mal!«

Ich wunderte mich, versprach es aber und kam tatsächlich wieder in die DDR rein.

Reiber berichtete sofort wieder: »Vordergründiges Anliegen der Pl. bestand darin, von mir zu erfahren, ob sich für uns irgendwelche Nachteile abgezeichnet hätten durch ihre Inhaftierung in der ČSSR. Ich erklärte daraufhin, dass von mir diesbezüglich nichts festgestellt wurde. Mein Interesse, von ihr die tatsächlichen Hintergründe zu erfahren, wurde von ihr bewusst übergangen. Sie ging darauf nicht ein, überging diesbezügliche Fragen und antwortete mit einer Gegenfrage.«

Mein erneutes Interesse an seiner beruflichen Situation deutete Reiber als eine Wiederaufnahme des Gesprächsfadens aus der Zeit vor meiner Verhaftung. Als ich mich dann auch noch weiter für eine Liberalisierung der DDR aussprach und die Möglichkeiten für eine Zusammenkunft von Intellektuellen vermisste, zog auch der mit meinem Fall befasste Stasi-Hauptmann die Folgerung, dass ich in der DDR-Hauptstadt »Anschluss an negative und schwankende Personen aus intellektuellen Bereichen der DDR« suchte. Reiber erhielt den Auftrag, mein Interesse auf sich zu konzentrieren. Aber trotz mehrfacher Anrufe von Reiber fuhr ich nicht mehr zu ihm. Gegenüber der Stasi rechtfertigte er sich, dass er ja nichts dafür könne, wenn ich nicht rüberkäme.

Nach der Wende traf ich den Sohn von Reiber auf einem Familienfest. Ich erfuhr, wie seine Geschichte weitergegangen war, nachdem ich schon Jahre nichts mehr mit ihm zu tun gehabt hatte. Reiber hatte Anfang November 1979 Besuch von einem Herrn der sowjetischen Botschaft erhalten, war mit dem in ein Restaurant gegangen und angeheitert zurückgekehrt. Die Familie war darüber verwundert, denn Reiber trank nie. Zwei oder drei Tage später starb er an Herzversagen. Seine Frau reagierte misstrauisch und fragte bei der sowjetischen Botschaft nach dem Herrn. Er sei dort nicht bekannt, wurde ihr gesagt.

Bei der Beerdigung von Reiber war die Stasi dabei. Über seinen Tod hinaus wurde das Grab überwacht. Man registrierte fast empört, dass niemand von der westlichen Verwandtschaft erschien. Selbst seine im Westen lebenden Eltern hätten die Schwiegertochter und ihre drei Kinder erst im Monat darauf besucht.

Laut Auskunft der Gauck-Behörde ist die Akte von Reiber vernichtet. Kein Wunder: Der Tod durch Herzmittel zählt zu den typischen Methoden des KGB.

Noch einmal Marta

Ich versuche, aus den Kellern von einem Burgverlies hochzusteigen. Alles ist längst eingefallen, der Oberbau der Burg abgetragen. Mauern sind keine mehr da. Das Verlies liegt frei. Mühselig schleppe ich mich die Treppe hinauf. Ich hätte nie vermutet, dass es mir gelingen könnte, diese Stufen zu erklimmen und wieder herauszufinden.

Zu Hause. Ich sortierte alte Bücher aus und blätterte darin. Ein Satz aus einer Broschüre von Amnesty International schlug wie ein Blitz bei mir ein. In Osteuropa, stand da, sei die Folter Mitte/Ende der sechziger Jahre von der physischen auf die psychische umgestellt worden.

Das konnte es gewesen sein, was mich all die Jahre so beunruhigt hatte. Das, was ich nie verstanden und wofür ich nie Worte gefunden hatte. Denn woran erkennt man Folter, wenn niemand auch nur die Hand gegen einen erhebt? Wenn kein Stasi-Verhörer einem eine Frage stellt? Und wie erklärt man anderen, wofür man keine Sprache hat?

Auf einmal ergaben all die Erinnerungsfragmente einen Sinn. Ich verstand, warum sie emotional so hochaufgeladen waren. Wie im Puzzle passten die Erlebnisse nun ineinander. Endlich hatte ich den Baustein, an dem alles Verstehen hing.

Mit der Öffnung der Stasi-Akten und dem Wissen über die geheimdienstlichen Methoden kamen auch neue Worte dazu. »Zersetzungsmaßnahmen« nannte die Stasi die von ihr gesteuerte Zerrüttung von Beziehungen. Petrs und meine war unter dem Druck zerbrochen. Zerschellt an dem, was ich mit Marta erlebt hatte. Sollte die tschechoslowakische Staatssicherheit dieses Ziel verfolgt haben, so hat sie es erreicht.

Doch immer wieder quälten mich Zweifel. Stimmte es denn überhaupt, dass die psychische Folter in Prag angewandt wurde? Was sprach dafür, dass sie gerade gegen mich eingesetzt worden war? Ich war damals doch noch eine ganz junge Studentin. Und warum hat sonst kaum jemand über psychische Folter gesprochen? Prag ist doch voll von ehemaligen politischen Häftlingen. Eine Erklärung war für mich plausibel. Mindestens 30 Jahre brauche es, um ein Trauma zu verarbeiten, erklärte mir meine Therapeutin. In Prag begann die Arbeit der Therapeuten erst nach der Wende.

»Aber ich verstehe den Zeitpunkt nicht«, zweifelte ich beharrlich weiter. Nach und nach bezog ich alle Freundinnen in meinen Denkprozess ein. »Warum ausgerechnet am Ende meiner Haft, warum haben sie das nicht während der Verhöre getan?«

»Wieso hast du denn geglaubt, dass sie dich in Ruhe lassen, solange sie dich noch in ihren Fängen haben?« fragte eine Anwältin zurück.

Verdutzt schaute ich sie an. Offenbar ging ich bis heute von einer gewissen Fairness, einer Rechtssicherheit in Osteuropa aus. Also davon, dass, wenn eine Untersuchung abgeschlossen war, auch die Tortur ein Ende hatte.

»Das kannst du doch nicht geglaubt haben«, lachte die einstige DKP-Juristin mich aus, »und das auch noch bei so einem Prozess!«

Trotz allem: Ich sah keinen Sinn darin, warum mir das alles widerfahren war. Die Untersuchenden seien davon ausgegangen, überlegte jemand mit mir, dass ich nicht alles gesagt hatte. Tatsächlich fand sich sogar in den Akten der Gauck-Behörde solch ein Passus. Die deutsche Stasi war auf dem Laufenden und hatte fortan einen Teil der Beobachtung übernommen. Um herauszufinden, was das sei, gäbe es eine Methode, erfuhr ich weiter. Dabei werde ein Mensch seelisch so belastet, bis er zusammenbreche. Das Ergebnis: Nur um aus dieser Situation wieder herauszukommen, würde jemand, der bis dahin etwas verborgen halte, reinen Tisch machen und alles gestehen.

Als ich 1986 von Berlin nach Bonn zog, zog die Stasi eine Zwischenbilanz. Die Abteilung XX des Ministeriums für Staatssicherheit habe nicht herausbekommen, hieß es dort, für welchen Geheimdienst ich gearbeitet habe. Dass ich aus Engagement gehandelt hatte, kam der Stasi nicht in den Sinn.

Das einzige, was mir von Marta geblieben war, waren ihre Gedichte. Ich legte das Heft einer Freundin vor, die Schriftexpertin ist.

»Was für ein Mensch war Marta? Kann man das an der Schrift ablesen?«

Marta schrieb Druckbuchstaben, große und kleine, manchmal nur in Versalien.

»Die Schrift«, erfuhr ich, »ist sehr stilisiert. Marta hält sich bedeckt. Wäre sie offen, hätte sie eine Schreibschrift und die Buchstaben wären zumindest manchmal miteinander verbunden.« Ihre Schriftzüge sprächen für einen rigiden Charakter mit einer aggressiven Abwehr, analysierte die Freundin. Doch so aggressiv Marta auch sei, sie sei es nicht aus Habsucht oder aus materiellen Gründen. »Diese Marta setzt ihre Sachen durch und ist gewiss ein kompromissloser Mensch. Auch dort, wo sie zuverlässig ist, resultiert dies aus der Disziplinierung für sich und andere.«

»Könnte sie also für die Stasi gearbeitet haben?« drängte ich.

»So eindeutig lässt sich das nicht sagen. Die Gestaltung ihrer Buchstaben spricht für eine sehr starke Eigenwilligkeit.« Zugleich demonstriere Martas Schrift ein Minderwertigkeitsgefühl, einen fehlenden Selbstwert. Oder aber den Bescheidenheitsmythos eines Menschen, der sich weit zurücknehme, sich einfüge in ein größeres System von Welt. Sie als einzelne wäre dann darin nicht bedeutend.

»Also sprechen für die Stasizuarbeit die Aggressivität und das Vermögen, sich einzufügen. Eigenwilligkeit dagegen zählte nicht gerade zu den Eigenschaften, die die Stasi bei ihren Mitarbeitern besonders schätzte«, suchte ich die Aussagen abzuwägen.

Ludwig Klages hat seine Schriftanalyse aus dem Tanz entwickelt. Wie der Körper zeichnen die Bewegungen der Hand auf dem Papier die Energie der Seele nach.

Martas Schrift sei sehr gut arrangiert. Sie habe ein ästhetisches Empfinden, erfuhr ich weiter. Nicht nur der Text der Gedichte, auch ihre Schrift spreche für eine erotische Intensität, aber nicht im Sinne von Wollust. Die Art, wie Marta Buchstaben ansetze und beende, beweise eine Harmonie. Alles in allem sei die Schrift eine geschickte Stilisierung. Manchmal ist im Heft eine Seite leer gelassen. Vieles weise auf eine praktisch-organisatorische, allerdings konservative Intelligenz hin.

Außerdem gehe aus der Schrift hervor, dass es sich um eine zarte Persönlichkeit handele, die mit großer körperlicher Schwäche zu kämpfen habe. Von Lebendigkeit sei wenig zu spüren. Gut könne sie sich damals nicht gefühlt haben.

Tatsächlich, jetzt sah auch ich, wie gegen Ende unserer gemeinsamen Zeit ihre Schrift zittriger und schwächer wurde. Am Anfang war das weniger ausgeprägt. Je länger unser Zusammensein andauerte, desto poröser und nervöser wirkten ihre Texte. Plötzlich schrieb Marta zu dicht am Rand und die Aufteilung der Seiten verlor ihre Ausgewogenheit. Als hätte sie den Überblick und damit die eigenen Ordnungsprinzipien verloren.

»In der Schriftanalyse spricht man vom Missbrauch des Formats der Seite«, sagte die Freundin. Ein solcher Missbrauch könne bedeuten, dass die Dinge zu dicht an Marta herangekommen seien. Sie könne sich ja ebenfalls überschwemmt gefühlt haben. Allerdings, schränkte die Freundin ein, auch Geizige nützten den Platz manchmal so aus. Im Heft hätte es ja genügend Raum gegeben. Erst im Gedicht unmittelbar vor meiner Ausweisung sei Martas Schrift wieder ästhetisch gestaltet. In diesem letzten Text zeigten die Schriftzüge auch wieder ein gewisses Pathos, wohl wegen des Abschieds.

Die Unterschrift – Marta zeichnete viele ihrer Gedichte mit Namen – sei kein eingeschriebenes Wort, gemessen daran, dass die Unterschrift das Wort ist, das wir am längsten kennen und im Leben eines der häufigst geschriebenen Wörter bleibt.

»War es nicht ihr richtiger Name?«, hielt ich an meiner Fragerichtung fest.

»Nicht unbedingt. Manche schreiben so, vor allem die mit einer intuitiven Intelligenz.« Die Freundin zeigte mir den Brief eines Kollegen. Allerdings, schränkte sie ein: Andere Sprachen haben andere kulturelle Ausprägungen und auch eine andere Schriftführung.

Die Angst überflutete mich immer wieder. Ich brauchte Pausen, manchmal lange Pausen. Jeder Klärungsschritt dauerte Wochen, mancher Monate. Aber nun, wo ich mich wieder erinnerte und beschreiben konnte, was ich gesehen hatte, bekam ich Antwort.

Dass es sich bei Martas Krankheiten im klinischen Sinne um die Symptome einer Schizophrenie gehandelt hat, erfuhr ich nun. Auffällig sei jedoch, stellte meine Therapeutin fest, dass Martas Krankheit fast lehrbuchhaft abgelaufen sei. Im normalen Leben zeigten sich nur selten bei einem Menschen alle denkbaren Symptome, eines nach dem anderen. Meist bleibe es bei ein, zwei Formen, die sich mit geringen Abweichungen stereotyp wiederholten. Dass bei Marta alle Formen auf einmal auftauchten, sei zwar nicht ausgeschlossen, in der Praxis aber ausgesprochen selten. Es könne eventuell ein Hinweis darauf sein, dass die Krankheit pharmazeutisch ausgelöst worden war.

Wäre Martas Schizophrenie chemisch hervorgerufen gewesen, wäre es auch logisch anzunehmen, dass sie Tabletten bekam, mit denen sie die Wirkung abmildern konnte. Das waren möglicherweise die kleinen grünen Pillen, von denen ich einmal probiert hatte. Das Gegenmittel, erfuhr ich nun auch, hätte nie dieselbe Wirkung wie das Hauptmittel. Deshalb hätte ich an mir auch nicht die Symptome spüren können, die Marta zeigte.

»Sie haben Glück gehabt«, sagte meine Therapeutin. »Wären Sie etwas anders strukturiert gewesen, Sie hätten verrückt werden können. Die Belastung war jedenfalls stark genug.«

»Heißt das nun, dass ich gefoltert wurde oder nicht?« beharrte ich immer noch auf meiner Eingangsfrage.

Sie zuckte die Achseln. »Die Art, wie das Thema auf Ihnen lastet, spricht dafür.«

Ein Puzzlestück fügte sich an das andere, zufällig fiel mir der Artikel eines Prager Korrespondenten in die Hand:

Mit Psychopharmaka gegen die Kritiker des Regimes

Prags Kommunisten unternahmen bis zur Wende Versuche an Menschen – Hilfe für befreundete Entwicklungsländer.

Prag. Hinweise auf zielgerichtete medizinische »Experimente« an Regimegegnern in der kommunistischen Tschechoslowakei gab es schon einige Zeit. Jetzt scheint die zuständige Prager Ermittlungsbehörde erste konkrete Beweise in der Hand zu haben. Bemerkenswerterweise wurde das »Amt für die Dokumentation und Untersuchung der Verbrechen des Kommunismus« (UDV) nicht im eigenen Land fündig, sondern in den Vereinigten Staaten.

Die Prager Behörde erwarb aus dem Washingtoner Außenministerium Archivmaterialien, die Informationen aus nachrichtendienstlichen und diplomatischen Quellen über die Entwicklung in der Tschechoslowakei zwischen 1948 und 1956 enthalten. Diese Informationen bestätigen, dass beispielsweise gegen die Angeklagten in den stalinistischen Schau-Prozessen der fünfziger Jahre Drogen eingesetzt wurden, um so »Geständnisse« erpressen zu können. Ärzte sollen die Verhöre beobachtet haben, um zu testen, wie die in der Regel völlig grundlos Beschuldigten die Qualen verkraften. Das nach der demokratischen Wende von 1989 errichtete UDV hat den Verdacht, dass die berüchtigte kommunistische Geheimpolizei im Todesfall Selbstmord oder Herzversagen vortäuschte. Die Washingtoner Archivinformationen belegen außerdem, dass die damalige Tschechoslowakei ihren großen »Erfahrungsschatz« beim repressiven Umgang mit unbotmäßigen Personen auch weitergab. »Befreundeten Entwicklungsländern wurde materielle Hilfe für die Paralysierung der dortigen Regimegegner geleistet«, erklärte der stellvertretende Chef der Prager Untersuchungsbehörde, Pavel Bret. Die Tschechoslowakei habe die »Brüder« geschult und in diesen Ländern sogar Krankenhäuser errichtet, in denen dann die menschenverachtenden Experimente abliefen.

Noch aufschlussreichere Beweise vermutet Bret in den Archiven des Moskauer Geheimdienstes KGB. Der Zugang dazu ist der Prager Behörde bislang jedoch versperrt. Bret und dessen Mitarbeiter wären aber schon zufrieden, wenn die Zusammenarbeit mit den Archiven im eigenen Land funktionieren würde. Hier wird aber offenkundig die Arbeit der Ermittler teilweise bewusst torpediert. Die haben Erkenntnisse darüber, dass sich auch die tschechoslowakische Armee in der Zeit des Kommunismus an Menschenversuchen beteiligte. Die zuständigen Stellen dort aber geben sich unwissend, klagte Bret. Bitte man die Armee um Unterlagen, dann behaupte die bislang bürokratisch und »stumpfsinnig«, sie könne nur helfen, wenn die genaue Aktennummer bekannt sei.

»Es ist ein Teufelskreis«, meint Bret. Auch andere vermuten, dass die Armee schlicht um ihr Ansehen in der Öffentlichkeit fürchtet. Das liegt auch bei anderen involvierten Institutionen nahe, zumal die Menschenversuche nicht nur in »»grauer Vorzeit« stattfanden, sondern bis zur demokratischen Wende 1989 praktiziert wurden.

Während des kommunistischen Regimes in den Jahren von 1948 bis 1968 starben mindestens 2127 Menschen im Gefängnis. Das Amt hat begonnen, zahlreiche ungeklärte Todesfälle zu untersuchen. Den Angaben nach sollen fast 600 Menschen an sogenanntem Herzversagen gestorben sein, 160 verübten angeblich Selbstmord und 250 kamen bei vermeintlichen Unfällen um. Zudem wurde bei Hunderten von Todesfällen nur angegeben: »Ursache nicht festgestellt.«

Wie zivile Dienststellen »mauern«, belegte Bret am Beispiel eines Krankenhauses in Nordböhmen. Vor Jahresfrist habe man dort Akteneinsicht erbeten, weil in besagtem Hospital in den fünfziger Jahren mehrere regimekritische Geistliche still und heimlich »liquidiert« worden seien. Unmittelbar nach der Anfrage der Ermittler dort seien die beweiskräftigen Akten auf wundersame Weise im Reißwolf gelandet.

(Bonner Generalanzeiger, 28./29.8.1996)

Beim Lesen dieses Artikels schwappte die Angstwoge erneut hoch, versuchte, mich mitzureißen. Doch endlich hielt ich stand. Ich musste weitersuchen, musste die Spuren weiterverfolgen. Ich entschied mich, nach Prag zu fahren, um Petr meinen langen Brief, den ich ihm geschrieben hatte, als ich von seiner Krankheit erfahren hatte, persönlich zu bringen. Ich fuhr los und traf Petr auch in seiner Wohnung an, er war gerade von seiner Kur zurück. Eine Narbe lief quer über seinen Rücken. Beschämt hatte er sein Hemd ausgezogen und dabei fragend auf seine Frau geschaut. Die hatte genickt und gesagt: »Zeig sie doch.« Der Arzt habe gemeint, die Lungenwerte seien gut.

Petr nahm meine Aufzeichnungen entgegen, und sofort rechnete er seine Langsamkeit im Deutschen nach: »Wenn ich zehn Minuten pro Seite brauche, dann sind das zwölf Stunden Arbeit.« Wieviel Lebenszeit mich das Schreiben gekostet hat, fragte er nicht. Wir vertagten das Gespräch, denn trotz seiner Krankheit musste Petr auf eine Dienstreise.

Eine Gruppe tagt. Petr und Hanka kommen hinzu, sie nehmen am Tisch Platz. Petr sagt, er habe gehört, heute müssten sie ernsthaft sein. Er zieht ein Gesicht. Nur Hanka, die neben, aber etwas unter ihm lagert, beginnt, ernsthaft über die Zeit im Gefängnis zu reden.

Ohne die Einbettung in Petrs Kontakte blieb mir Prag fremd. Mir fehlte der Zugang zu den Menschen. Spärliche Konversationen, als ich meine Haftentschädigung bei der Bank abholte. Die Angestellte wunderte sich über mein Tschechisch. »Gehören Sie zur zweiten Generation?«

»Nein, ich bin keine Sudetendeutsche. Ich habe es in Ruzyně gelernt.«

Die Frau schwieg. Und ich war froh, als ich wieder auf der Straße stand.

Jede Verabredung, die ich traf, holte die Angst, Panik und Trauer in mir hoch. Wieder und wieder. Selbst bei Freunden war das so. Ich suchte mein Gleichgewicht, ging, einem Einfall folgend, zum Beten in eine Kirche. Solche Fluchtorte waren mir sonst fremd, 1968 waren viele Kirchen sowieso noch geschlossen gewesen. Ruhig saß ich in einer Holzbank, Tränen liefen mir über die Wangen. Tief in mir löste sich etwas und floss ab. War genügend abgeschmolzen, konnte ich den nächsten Schritt wagen.

Ich wohnte bei Jiřina Šiklová. Sie half mir, Kontakte zu Menschen herzustellen, die nach 1969 in der Opposition waren. Zum Beispiel zu Petr Pithart, dem ersten Ministerpräsidenten nach der »Samtenen Revolution«, der Prager Wende. Als ich ihn traf, kandidierte er gerade für den Senat und wurde bald dessen Vorsitzender. Pithart bekam große Augen: »Ach, das ist die Sibylle?«

Ich war den dortigen Oppositionellen ja nie begegnet. Auf Rudolf Battěk konnte ich selbst zugehen, den kannte ich noch von damals.

»Was, du lebst noch?«, staunte er.

Ich begriff, welche Rolle wir als Gruppe der Revolutionären Jugend damals für die intellektuelle Opposition gespielt hatten.

»Wir wussten 1969/70 noch nicht«, erläuterte Jiřina, »ob die Innere Sicherheit in der Repression zu den Methoden der fünfziger Jahre zurückkehren würde. Natürlich zögerten wir, uns solchen Torturen auszusetzen. Viele wussten ja aus der eigenen Familie, was das bedeutet hatte. Und dann kamen 1971 die Urteile gegen euch, wo die meisten nur ein bis zwei Jahre Gefängnis erhielten und anschließend fast alle weiter in der Opposition aktiv waren. Das war ein Risiko, das viele bereit waren, auf sich zu nehmen. Ihr habt uns damals den Weg gebahnt. Durch die Berufsverbote hatten wir unsere Arbeit ja sowieso schon verloren.«

Deshalb also waren auch ehemalige tschechische Emigranten auf einem Empfang der Heinrich-Böll-Stiftung in Prag auf mich zugekommen: »Du warst unser Idol. Wir danken dir, für alles, was du für uns getan hast. Du gehörst doch weiter zu uns, nicht wahr?«

Ich war gerührt. Hanka Šabatová, Petrs Frau, stand ganz in der Nähe.

»Nicht wahr, du bist doch einverstanden«, wurde sie um Zustimmung gebeten. Hanka ist nicht nur Petrs Frau. Sie und ihre Familie stehen in Prag ebenfalls für den ganz frühen Widerstand.

»Ja, sie hat sich gut verhalten. Zusammen mit Petr.«

Kirchenbesuche wurden immer wieder nötig. Vor dem Altar teilte ein Priester die Hostie aus. Ich reihte mich ein in die Schlange der Gläubigen und rückte langsam mit nach vorn. Schließlich war ich dran. Ich mochte mir die Oblate nicht in den Mund schieben lassen und streckte die Hand aus. »Woher kommen Sie?« fragte der Priester.

»Aus Deutschland.«

Er wendete meine zum Nehmen gespitzten Finger um zur geöffneten Hand: »Sie müssen auch empfangen können.«

Mein nächster Besuch galt Petrs einstigem Freund Jan Frolík. In Prag war unser ehemaliger Mitangeklagter der Hüter der Stasi-Akten. Gemeinsam betraten wir eine Bierkneipe an der Ecke. In sprödem Tschechisch versuchte ich, ihm die Geschichte mit Marta zu erklären. Seine Ansicht: Sie könnte eine Agentin der Inneren Sicherheit gewesen sein. Er habe bereits an das Gefängnisarchiv geschrieben, berichtete er und zeigte mir den Antwortbrief. Eine Marta ihres Namens hätte es dort nicht gegeben, lautete die Gefängnisauskunft. War Marta denn so eng mit der Stasi verstrickt, dass nicht einmal ihr Name registriert war?

Frolík klärte mich auf. Damals, am Ende meiner Gefängniszeit, hätte es einen rechtsfreien Raum gegeben. Der sei folgendermaßen zustande gekommen: Ich bzw. mein Anwalt Bočkovský hätte die Berufung zurückgenommen. Der Staatsanwalt tat im Gegenzug dasselbe. Daraufhin hat mir das Gericht die Reststrafe erlassen, um mich ausweisen zu können. Plötzlich sei ich dann aber erneut gegen die Ausweisung in Berufung gegangen. Die Behörden wussten nicht, wie sie damit umgehen sollten. Meine Verurteilung galt ja nicht mehr.

»Schade, dass ich das nicht wusste. Beinahe hätte ich es also durchgesetzt, in Prag bleiben zu können. Aber das hatte mir niemand gesagt.«
»Ausgewiesen hätten sie dich wahrscheinlich trotzdem«, meinte Frolík.

Er blätterte in Papieren.

»Es gab auch ein Gespräch zwischen dir und dem Gerichtsvorsitzenden Kašpar ...«
»War er allein da?«
»Das ist in der Akte nicht verzeichnet. Klar ist nur, dass Kašpar in Ruzyně war.«

Dann gehörte er wohl zu der Kommission, der ich vorgeführt wurde.

Frolík erschien es logisch, dass sich die Maßnahmen in der Zelle so verschärften, bis ich am Ende selbst in meine Ausweisung einwilligte.

Auch der nächste Schritt war eine Mutprobe. Ich besuchte Pavel Bret, also den Polizisten in jener Abteilung der tschechischen Polizei, die sich mit der Aufklärung der Verbrechen des Kommunismus beschäftigte. Prompt hatte ich meinen Pass nicht dabei. Man ließ mich aber auch so hinein.

»Wir brauchen diese Sicherheitsmaßnahmen«, erläuterte Bret. »Nicht alle mögen unsere Arbeit.«

Wieder erzählte ich von meinen Erlebnissen mit Marta. Bret dachte nach. Nicht alles, was ich berichte, müsse von der Stasi geplant gewesen sein. Manches – wie die Geschichte mit meiner Mutter und dem Kirschzweig – könnte auch eine Koinzidenz gewesen sein.

Dass Marta eine Agentin war, hielt er für unwahrscheinlich. Professionelle Spitzel hätten gelernt, kein Misstrauen zu erwecken und sich so zu verhalten, dass sie nur Vertrauen auslösten. Das sei bei Marta nicht der Fall gewesen. Bret hielt es dagegen für möglich, dass man mir eine psychisch Kranke in die Zelle gelegt hatte, um mir Angst einzujagen. Den Familien der Kranken gegenüber hätte man damals beteuert, dass in der Psychiatrie gerade kein Platz frei sei.

Aber solch eine Häufung von Symptomen sei doch nicht typisch für Schizophrene, wandte ich ein. Gewöhnlich tauche doch nicht gleich das gesamte Lehrbuchspektrum auf, stellte ich meine bisherigen Ergebnisse auf die Probe. In Prag hatte man andere Erfahrungen.

»Wenn man psychisch Kranken die Freiheit nimmt, entstehen viel mehr Facetten ihrer Krankheit als draußen. Dann brechen auch Symptome aus, die sie normalerweise nie bekommen hätten«, erzählte Bret.

Dieser Mechanismus sei der tschechoslowakischen Staatssicherheit bekannt gewesen und gezielt eingesetzt worden. Die Folge: Den Wahnausprägungen waren die politischen Häftlinge ausgesetzt.

»Um ein völlig fremdes Erleben auszuhalten, muss es integriert werden. Dazu mussten die Häftlinge ihr seelisches Toleranzspektrum ausweiten. Anders hätten sie das Erlebte nicht verarbeiten können.«

»Was meinen Sie damit?«

»Wenn Sie ihre Ausweisung nicht unterzeichnet hätten, hätte Ihre Geschichte so weitergehen können: Die Stasi hätte auch bei Ihnen medikamentös eine Schizophrenie ausgelöst. Das wurde bei einigen politischen Häftlingen so gemacht«, erzählte Bret. »Wir verfügen hier über eine Reihe von Berichten ehemaliger Häftlinge, die plötzlich die Symptome ihrer Mithäftlinge an sich feststellten«, erzählte er. Manche seien damit nicht fertig geworden. In der Annahme, sie seien nun auch verrückt geworden, hatten sich einige aus dem Fenster gestürzt. »Heute haben wir die Schwierigkeit nachzuweisen, dass das Mord war.«

Also doch! Die Furcht vor einer Einweisung in die Psychiatrie war berechtigt gewesen. Sogar die Angst, ich könnte mit Medikamenten behandelt worden sein. »Vielleicht habe ich ja zu dem Zeitpunkt, als Marta fort war und die Angst von selbst zum ersten Mal so massiv über mich hereinbrach, diese Tabletten bereits bekommen.«

Frolík war über die Psychiatrie ganz anderer Meinung gewesen. Der hatte gesagt: »Wenn du in die Psychiatrie eingeliefert worden wärst, dann hättest du es prima gehabt.«

Jiřina half mir, den Unterschied zu verstehen, als ich in ihre Wohnung zurückkam. Natürlich gehörten zu den ehemaligen Oppositionellen auch einige Psychiater, die ihren Patienten bzw. den Gefangenen helfen wollten. Wäre ich zu so einem Arzt gebracht worden, hätte ich wirklich Glück gehabt. Aber gerade diese Psychiater mussten sehr vorsichtig sein. Einige der Insassen hätten nicht verstanden, dass man ihnen helfen wollte, erzählte Jiřina. Im Falle Pachmanns, des einstigen Schachmeisters, sei es durch die Psychiater zu einer vorzeitigen Entlassung gekommen. Pachmann hätte aber, kaum war er frei, seinen Aufenthalt in der Psychiatrie öffentlich angeprangert. Um die eigene Haut zu retten, mussten die Psychiater daraufhin zurückschlagen.

Ich sehe Petr in einem Begegnungsraum von Ruzyně. In der Mitte sitzt eine Aufsicht, eine Therapeutin als Wachhabende. Es ist eine zweite Frau da. Petr beachtet mich nicht, er geht auf die andere zu. Ich werde wütend und brülle, dass ich das nicht aushielte. Daraufhin lässt er von der anderen ab, geht hinter der Wachhabenden entlang, stellt sich links von mir auf, redet über ein Musikstück und fragt, ob das Stück nicht revisionistisch sei. Ich wende mich an die Wachhabende: Mit solchen Begriffen könne ich nichts mehr anfangen. Dass ich das sagen kann, befreit mich. Beim Aufwachen singe ich den Gefangenenchor aus Nabucco: »Ziehet, Gedanken, auf goldenen Flügeln ...«

Mit allen konnte ich über meine Erlebnisse sprechen, meine Erfahrungen mit denen anderer vergleichen. Mit Petr ging das am schlechtesten. Seit 1989 trafen wir uns zum dritten Mal. Während der ersten Begegnungen hatten wir nicht über das Gefängnis gesprochen.

Jetzt entlastete er mich in einem wesentlichen Punkt: Dass

ich mich schuldig fühlte, in den Verhören ausgesagt zu haben. »Du hast doch nur vier Punkte zugegeben, die bereits durch mehrere Aussagen belegt waren. Und einer war sogar noch falsch. Da hast du etwas auf dich genommen, was du gar nicht gewesen sein konntest, weil du gar nicht in Prag warst.«

»Stimmt«, ich versuchte es mit einem Lachen. »Ich habe versucht, dich zu entlasten. Du hattest schon so viele Aussagen gegen dich.«

»Wenn du wirklich geredet hättest, wären noch viele andere verhaftet worden, die nur wir beide aufgesucht hatten. Denk mal an den Štěpán. Der lebt heute als lustiger Rentner in Prag. Den hätten sie sofort eingesperrt, wenn du nur ein Wort gesagt hättest. Aber er ist nie behelligt worden.«

Ich atmete auf. Allein hätte ich mir nicht vergeben können. Das konnte wohl auch niemand außer Petr, der außer den vier Jahren zu meiner Zeit später noch einmal fünf Jahre im Gefängnis gesessen hatte.

Aber mit der Beschreibung meiner Hafterlebnisse kam er nicht klar. Als gravierend erkannte er lediglich an, dass ich zu Beginn von Mitgefangenen physisch angegriffen wurde. Die Erlebnisse mit Marta verstand er nicht.

»Natürlich war die Stasi in der Lage, das zu tun, was du beschreibst. Aber warum sollte sie das alles für dich in Bewegung gesetzt haben? Natürlich hätte sie auch einen Artikel extra in eine Zeitung setzen können. Aber faktisch haben sie das viel seltener getan, als eine Reihe von Gefangenen geglaubt haben.«

Er schaute mich sehr direkt an. »Du hast eine Paranoia. Bei den meisten von uns ist sie, als wir draußen waren, miteinander sprachen und das Geschehen vergleichen konnten, schnell wieder weggegangen.«

Ich setzte mich zur Wehr: »Nein, die ist bei mir auch vorbei. Sonst könnte ich nicht in Prag recherchieren.«

Ich fand, die Charta 77 hatte einen Fehler gemacht, weil sie sich nie mit dem Thema psychischer Folter beschäftigt hatte.

Immerhin hatte mir Jan Frolík bestätigt, dass jemand, der verdächtigt wurde, geheimdienstliche Aktivitäten unternommen zu haben, auch behandelt wurde, als ob er einem Geheimdienst angehörte. Schließlich wollten sie das ja herausbekommen. Das war der Grund, warum ich aus meiner Haft anderes zu berichten hatte als die meisten tschechischen Mitglieder unserer damaligen Gruppe.

Mangelnde Sensibilität gegenüber einem seelischen Thema traute ich Petr ohne weiteres zu. Immerhin hatte seine eigene Frau Hanka Šabatová mir eine vergleichbare Geschichte aus ihrer Gefängniszeit erzählt. Damals in den siebziger Jahren war sie mit einer Kriminellen in einer Zelle gewesen. Die hätte jeden Tag eine andere Rolle gelernt und ihr vorgespielt. Zwischen dem, was sie an einem Tag und dann am nächsten sagte, hätte es keine Verbindung gegeben. Auch sie hatte sich nie auf etwas beziehen können, was sie mit der Mitgefangenen zuvor erlebt hatte. Für solche Rollenspiele hätte die Staatssicherheit sehr intelligente Kriminelle eingesetzt.

Petr blieb auch über unsere Trennung anderer Meinung. »Ich habe dich nicht verlassen«, beharrte er und zeigte – noch immer gekränkt – auf den Teil meines Textes, aus dem meine platonische Liebe zu Hippie hervorging.

»Du musstest mich nicht verlassen, nachdem ich ausgewiesen wurde«, konterte ich. »Du brauchtest nur nicht nachzukommen.«

»Das Risiko war mir zu groß. Immerhin hast du damals deine Briefe ›Mit solidarischen Grüßen‹ unterschrieben. Da wusste ich doch, was es geläutet hatte.«

Ich erschrak. So weit hatte ich also meine Gefühle zurückgenommen.

»Du hättest kommen müssen«, sagte ich nur. Beinahe hätte ich um unsere verlorene Liebe trauern können. Doch da sagte er: »Na ja, wenigstens war ich der letzte Mann in deinem Leben.«

»Ihr habt alles dokumentiert, was einer von der Charta 77 oder von anderen Gruppen im Gefängnis erlebt hat«, wandte ich mich am nächsten Morgen an Jiřina Šiklová. Auch sie war ein Jahr in U-Haft gewesen und ohne Prozess wieder entlassen worden. »Warum habt ihr die psychischen Auswirkungen so wenig beachtet? Alles habt ihr über die Haft dokumentiert, nur diese Folgen nicht. Dabei hatte die Stasi ihre Folter doch längst auf die psychischen Methoden umgestellt.«

»Wir haben damals alles mit dem verglichen, was uns über die fünfziger Jahre erzählt wurde«, erklärte Jiřina. »Demgegenüber kam uns das, was wir zu erzählen hatten, fast nebensächlich vor. Es schien unbedeutend, ja fast nichts zu sein. Wir haben die Dringlichkeit nicht erkannt.«

Unbedeutend. Das war das Gefühl, das Petr mir stets vermittelte. Egal, ob es um meine Gefängniszeit oder um seine ging. Dabei hat er insgesamt mehr als neun Jahre im Gefängnis gesessen.

Prag verlor das Gefängnisgrau, mit dem ich es überzogen hatte. Beim Bummel durch die Altstadt, beim Tagebuchschreiben in einem Café, beim Besuch von Galerien – für Momente spürte ich Glück aufsteigen. Wenn es mir gelang, hier in Prag glücklich zu sein, dieses Gefühl überhaupt wieder zu spüren und mit mir nehmen zu können, würde alles gut werden.

In einer Galerie entdeckte ich ein Bild. Eine mystische Frau mit langen Haaren, im Kontakt mit dem Kosmos. Ihr Haarkleid endete im Gefieder eines Raben. Marta, dachte ich. Der Besuch bei Marta war meine nächste Hürde. Doch zunächst einmal musste sie gefunden werden. Und dafür brauchte ich einen großen Anlauf.

Es wurde erneut Frühjahr. In den Geschäften entdeckte ich unerwartet den Samen von Reseda, dieser fast vergessenen Pflanze.

»Anspruchslose, beliebte, angenehm duftende Sommerblume mit orangeroten Blüten, die in dichten Trauben stehen. Beim Aussähen bei warmem Wetter auf Befall von Erdflöhen achten«, lautete ein Hinweis auf der Tüte. Ich brachte den Samen in die Erde, ehe ich mich von meinem Ferienhaus aus auf den Weg machte in Richtung Böhmen.

»Vielleicht solltest du besser hierbleiben«, sorgte sich ein Nachbar, als mein Auto nicht ansprang. »Zu Hause hast du es wenigstens warm.«

Ich lege zwei Schneckenhäuser übereinander und versuche sie zum Kreiseln zu bringen. Jedes steht für einen Rückzug, ausgelöst durch die Stasi. Irgendwann beginnen beide, sich brummend zu drehen.

Mit Gepäck und Computer fuhr ich los. Aber der Computer machte mir Sorgen. Ich hatte ihn dabei, weil ich nicht in das Ferienhaus zurück wollte. Alles, was ich erinnert und über Prag aufgeschrieben hatte, war darauf gespeichert. Je dichter ich der tschechischen Grenze kam, desto tiefer geriet ich in Panik, wieder einmal alles zu verlieren.

»Alles? Wieder alles? Immer alles?« Diese Worte kreisten in meinem Kopf. Auf einmal war es, als ob eine Sichtblende verschwand. Meine Gefühle hatten nahtlos da angeknüpft, wo ich die Tschechoslowakei vor 30 Jahren verlassen hatte. Als ich ausgewiesen wurde, hatte ich die Bücher und die Schreibmaschine in Petrs Wohnung zurücklassen müssen. Das war es, ich hatte den Angstherd identifiziert. Kaum spürte ich den Verlust von einst, verschwand die Angst von heute. Sie war aus alten Quellen gespeist.

Schon vor der Grenze schaltete ich *Radio Prag* ein, um mich wieder in die tschechische Sprache einzuhören. Auf der Suche nach einer ehemaligen Gefängnisinsassin konnte ich nicht erwarten, dass jemand Deutsch oder Englisch verstehen würde. Als ich über den Witz des Radiomoderators lachte, war ich befriedigt: Ich verstand noch genug. Zur Sicherheit schrieb ich mir die Fragen an Marta auf und übersetzte sie ins Tschechische. Auch das war eine Übung.

Je näher ich dem Ort kam, wo ich Marta vermutete, desto

symbolbeladener wurde der Weg. Vor Plzeň machte ich ein Café namens Marta aus und interpretierte selbst Schlaglöcher, in die ich geriet, als Signale: Hier ist es, hier lebt sie. Halt an! Meine Seele war in die Welt von Marta zurückgekehrt.

Im Hotel in Plzeň stellte ich fest, dass ich falsch war. Zwar lebte Martas Ehemann ganz in der Nähe, doch sie selbst war längst weggezogen. Wieder hatte mich die Panik gelenkt, und ich hatte die Adressen verwechselt. Ich musste weiter nach Südböhmen, in eine Gegend, in der schon der brave Soldat Schwejk immer im Kreis herummarschierte, während er vorgab, unterwegs zur Front zu sein.

Schneeflocken legten sich in einem leichten Schleier über das Land, sie füllten die Tiefe der Landschaft, obwohl wir schon April schrieben. Sie blieben im Scheibenwischer hängen. Draußen eine hügelige Landschaft, in der sich See an See reihte. Heruntergekommene Schlösser und arme Dörfer lagen am Weg. Nur die Kirchen wurden schon wiederhergestellt.

Das Dorf lag in einer Mulde. Ich suchte Martas Haus. Als ich die Hausnummer nicht fand, sprach ich eine Dorfbewohnerin an. Diese Nummer liege ganz außerhalb mitten im Wald, sagte die und fügte hinzu: »Da haben Sie eine schlechte Adresse.«

»Ich suche ja auch eine schlechte Frau«, radebrechte ich.

»Aber dort lebt eine Frau allein«, wandte sie ein. »Sie ist bewacht von scharfen Hunden.«

»Ja«, überlegte ich, »das könnte sein.«

»Und sie ist auch fast nie da.«

»Auch das würde passen.«

Marta hatte einmal von einem Haus mitten im Wald gesprochen. Ich hätte die Frau im Gefängnis kennengelernt, erzählte ich. Die Frau stutzte und nahm mich mit zu ihrer Nachbarin.

»Hier sucht jemand diese Frau, die früher mal bei Mirka war.«

Als wäre ich dabei, mich geradewegs ins Asozialenmilieu zu

begeben oder sonst etwas im Schilde zu führen, traf mich ein messerscharfer Blick. »Was wollen Sie denn da?«

»Ich suche nach einer Marta, die dort einmal gelebt hat.«

»Das war eine Sadistin«, kam es knapp.

Nun war ich erst recht sicher, dass ich hier richtig war. Zumindest die Frau, die jetzt unter der Adresse lebte, konnte mir Aufschluss über Marta geben. Doch die Nachbarinnen blockierten: »Nein, die will nicht mehr über die Vergangenheit reden. Sie ist ganz krank geworden von alledem.«

Außerdem würde ich sie sowieso nicht antreffen. Aber offenbar wirkte ich so, als ob ich nicht so schnell aufgeben würde.

»Wenn Sie schon extra mit dem Wagen aus Deutschland gekommen sind, dann haben Sie ja Zeit«, schlug die Frau vor, die sich als Freundin von Mirka vorgestellt hatte.

»Kommen Sie morgen wieder, da ist der Wurst- und Gemüsewagen im Dorf. Mirka kommt um vier Uhr zum Einkaufen herunter.«

»Woran erkenne ich Frau Mirka?«

»Wir sind dann alle da.«

Sie zeigte auf die umstehenden Häuser. Wenn ich es trotzdem allein versuchen wolle – oben an der Straße würde mir jemand Bescheid geben. Ich kam mir vor wie im Märchen, wo an der nächsten Wegbiegung jemand auf mich wartet und die nächste Auskunft gibt. Ich musste nur vertrauen. Wie auf ein unsichtbares Zeichen hin verschwanden beide Frauen, jede in ihrem Haus, und ließen mich allein auf der Dorfstraße stehen.

Oben an der Landstraße arbeitete eine weißhaarige Frau im Garten. Wieder fragte ich nach dem Haus. Erneut wurde ich prüfend beäugt, und noch einmal schilderte ich meine Gefängniszeit mit Marta. »Vielleicht kann Frau Mirka mir etwas über Marta erzählen«, schloss ich. »Kennen Sie Frau Mirka?«

»Na aber sicher, wir sind sehr gut befreundet.«

Die Entgegnung kam ausgesprochen herzlich. Mirka wäre oft bei ihr. Früher seien sie beide in eine Klasse gegangen.

»Wir sind gleich alt. Ich bin heute 69 Jahre. Wenn Mirka unten im Dorf ist, lässt sie ihre Tasche vor meiner Tür, damit ich sehe, dass sie hier ist.«

Ganz selbstverständlich begann die Frau, mir den Weg zu erklären: »Sie müssen hinauf zur Hügelkuppel. Und dann biegen Sie dort links in den Wald ein, fahren immer tiefer in den Wald. Sie kommen an einem Holzstapel vorbei. Aber bleiben sie auf dem Weg geradeaus nach oben, nehmen Sie nicht die Biege nach rechts. Und dann immer geradeaus, immer tiefer …«

Bei welcher Hügelkuppel ich am Horizont abbiegen sollte, verstand ich nicht. Außerdem waren da die Hunde, von denen die beiden Frauen gesprochen hatten.

»Ach, wissen Sie was? Ich komme mit. Sie sind mir sympathisch. Früher sind wir da immer mit dem Auto hinaufgefahren. Jetzt war ich schon Jahre nicht mehr oben. Kommen Sie rein, wir trinken erst einmal einen Kaffee. Ich bin übrigens Frau Rosinka.«

Eine Mauer schloss den Hof ab, in dem die Hühner frei herumliefen. Ich betrat eine Küche mit einer Schlafstelle darin. Einfache, alte Küchenmöbel, eine Kochmaschine, eine Plastikdecke auf dem Tisch, frische Blumen darauf, auf dem Büffet eine Mikrowelle, gekocht wurde im Flur. Dörfliche Armut und moderne Küchentechnik.

Frau Rosinka stellte mir einen Teller mit Buchteln hin.

»Nehmen Sie, essen Sie.«

Sie begann, türkischen Kaffee zu brühen.

»Ich habe diese Frau – wie hieß sie? Marta? – nur einmal getroffen. Das war im Bus. Sie fragte mich, wo sie aussteigen muss, um ins Dorf zu kommen. ›Zu wem wollen Sie denn‹, wollte ich wissen, aber sie hat nicht geantwortet. Sie ist ausgestiegen, ohne sich umzusehen, und ist irgendwo im Dorf verschwunden. Am nächsten Tag traf ich Mirka. ›Du hattest Besuch‹, sagte ich ihr auf den Kopf zu. ›Woher weißt du das?‹, fragte sie. Mehr sagte sie nicht.« Das war alles. Bis heute redete Mirka nicht, so sehr hätte sie damals unter dieser Frau gelitten.

»Mirka war damals richtig dünn geworden«, die Stimme der rundlichen Frau Rosinka klang jetzt noch beunruhigt. »Inzwischen geht es ja wieder, jetzt ist sie wieder richtig rund und sieht gut aus. Bitte essen Sie, nehmen Sie!«, nötigte sie mich.
»Damals haben wir uns natürlich gefragt: Was ist nur mit unserer Mirka los. Die muss wohl krank sein. Dabei hatte sie vier Jahre lang diese Sadistin im Haus.«
Frau Rosinka packte Gebäck und Hühnerpastete ein und ein paar schrumpelige Äpfel, die den Winter über gelagert hatten.
»Meine Kinder würden die ja nicht mehr nehmen. Aber Mirka, die macht sich damit noch Arbeit und kocht Kompott daraus. So wie ich auch. Neulich hat sie noch gesagt, dass sie da oben nichts mehr zu essen hätte, die Arme. Sie lebt ohne fließend Wasser und ohne Strom.«
Der Weg in den Wald war steil und nass. Eine Weile hoppelte der Wagen den Wurzelweg entlang, doch noch vor dem Waldrand begannen die Räder durchzudrehen. Ich bekam das Auto nicht frei, wir mussten zu Fuß weiter.
»Und Sie sind sicher, dass Sie da oben kein Haus kaufen wollen?«, prüfte mich Frau Rosinka noch, während sie neben mir schnaufend die Steigung bewältigte.
»Diese Marta behauptete nämlich damals, hier eine Hütte kaufen zu wollen.«
Nach einer Weile sahen wir Mirkas Gehöft.
»Hoffentlich ist sie da. Sie ist oft lange im Wald unterwegs, dann hört sie uns nicht«, erzählte Frau Rosinka. Dann rief sie: »Mirka!«
Mirkas Hund war nur ein kleiner Kläffer. Die Frauen im Dorf hatten maßlos übertrieben. Er kannte Frau Rosinka und trollte sich sofort. Der Hof lag im kalten Sonnenlicht. Nach außen hin war er von einem zwei Meter hohen Holzzaun völlig abgeschlossen. Durch die Ritzen sah ich einen kleinen Ausschnitt vom Hof und den Teil eines Seitengebäudes. Niemand rührte sich. Ich schrieb auf einen Zettel eine Nachricht, Frau

Rosinka schrieb einen Gruß darauf: »Hallo Mirka, Grüße von Rosinka.«

»Damit sie weiß, dass ich dabei war, und sich keine Sorgen macht.«

Ich suchte ein Hotel in der nächsten Stadt. Am Nachmittag kehrte ich zum Waldgehöft zurück. Wieder sah ich niemanden. Diesmal stellte ich mich an den Feldrand, der etwas höher lag, sodass ich durch zehn bis fünfzehn Meter unbelaubten Buschwerks hindurch wenigstens ein Stück vom Hof überblickte.

»Hallo, Frau Mirka«, rief ich. Und noch einmal: »Frau Mirka.«

Nach einer langen Weile hörte ich im Hof ein Rascheln, der Hund hatte aufgehört zu bellen. Halb verborgen entdeckte ich eine rundliche, alte Frau mit Kopftuch, Kittelschürze und darüber einer dicken Strickjacke. Erleichtert rief ich sie an: »Frau Mirka, ich möchte mit Ihnen über Marta sprechen.«

»Was für eine Marta?«, kam es zurück.

»Sie heißt Marta Martová.«

Unten stöhnte es unterdrückt: »Das ist sie.« Dann etwas lauter und an mich gerichtet: »Schickt sie Sie?«

»Nein.«

Sobald ich Frau Mirka nach ihren Erfahrungen mit Marta fragte, begann die Frau am ganzen Leibe zu zittern und zu jammern: »Nein, ich darf nicht darüber sprechen, der Arzt hat es mir verboten. Und der muss es doch wissen. Sonst komme ich noch in die Irrenanstalt. Ich darf nicht einmal daran denken, sonst kann ich wieder nicht schlafen. Ich muss das alles vergessen.«

Aber neugierig war Mirka doch. »Was haben Sie denn mit ihr erlebt?«

»Auf die Entfernung kann ich das nicht erzählen. Es geht mir sehr nahe. Lassen Sie mich doch herein.« Auch ich schützte mich.

»Nein, nein, ich darf nicht darüber reden, hat der Arzt gesagt. Sonst werde ich wieder so krank wie damals.«

Wenn sie jetzt hineingeht, ist alles vorbei, dachte ich. Schnell fragte ich weiter, über die Büsche hinweg. Das Gespräch musste im Fluss bleiben.

»Sie kam«, rechnete Mirka nach, »1980 und blieb bis 1985, mehr als vier Jahre. Wie alt sind Sie?«

»Eins-und-fünfzig«, addierte ich mein Alter in der fremden Sprache.

»Noch so jung. Als ich so alt war wie Sie jetzt, da kam Marta. Als sie nach vier Jahren wieder ging, war ich 20 Jahre älter.« Auch Marta war damals 50, sie war 1930 geboren.

»Warum hat sie mir 1932 gesagt?« Aus Mirkas Stimme klang bis heute das Nichtverstehen, dass selbst Kleinigkeiten nicht stimmen sollten.

»Marta hat viel gelogen.«

»Ach, ich habe ihr vergeben. Ich bete, dass sie ein besserer Mensch wird. Ich hoffe, auch meine Mutter hat ihr vergeben. Aber meine Mutter war ja eine gute Frau.«

Marta war damals im Dorf ausgestiegen und von der Busstation zum Friedhof gegangen. Dort hatte sie sich versteckt. Mirka kam aus der Kirche, wollte kurz bei den Gräbern vorbeigehen und hat Marta dort gefunden.

»Gefunden? War sie krank?«

»Marta hatte Rheuma. Das hatte sie aus den Arrestzellen im Gefängnis, wo es sehr kalt war. Wenn ich sie nicht gefunden hätte, sie hätte es vielleicht nicht überlebt.« Mirka glaubte das noch heute.

»Damals im Gefängnis fielen ihr die Haare aus.«

»Da kann ich Sie beruhigen. Sie hatte schönes, schwarzes Haar.«

Mir blieb der Atem weg, so verblüffte mich Mirkas Reaktion. Sie ging wie selbstverständlich davon aus, dass ich mir Sorgen um Marta machte. Laut fragte ich nach: »Schwarzes Haar? War es nicht dunkel?«

»Ja, eher dunkel. Als sie kam, trug sie es ganz kurz. Dann hat sie es wachsen lassen. Sie war eine sehr schöne Frau.«

Was hatte Marta wohl vier Jahre lang in dem verlassenen Waldgehöft getan?

»Ich kann nicht darüber reden, ich rege mich zu sehr auf. Der Arzt hat es verboten ... Es war alles meine Schuld. Ich hätte mich nicht so ausnehmen lassen dürfen.«

Ich sprach an, was ich schon von Frau Rosinka erfahren hatte. »Sie haben ihr einen Ledermantel gekauft?«

Mirkas Gesicht leuchtete auf vor Stolz, ihre Stimme wurde ganz sanft. »Ja, den fand sie so schön. Den wollte sie unbedingt haben. Ich leiste mir ja nie etwas. Und ihr habe ich den gekauft.«

Am Ende von Martas Aufenthalt war Mirkas Erspartes weg. Mindestens 30 000 Kronen waren aufgebraucht.

Mit Waldarbeit versuchte Mirka, den Unterhalt für zwei zu verdienen. Im Sommer wie im Winter ging sie zum Bäumefällen. Sie seufzte. Die Erinnerung an das Schwere lag auf ihr.

»Und nach der Arbeit musste ich noch runter ins Dorf und Wasser holen.«

»Warum hat Marta das nicht getan? Die hatte doch Zeit.«

»Weil sie Angst hatte, irgendwohin zu gehen. Marta wollte nicht aus dem Brunnen trinken. Sie war krank.«

Marta fürchtete, sie hätte Krebs. Vier Jahre lang trug Mirka das Wasser für sie hoch, dann brachte sie Marta zu einem Arzt. »Ich hatte Angst um sie.«

Der Arzt stellte fest, dass Marta rundherum gesund war.

Damals kam es zwischen den beiden zum Streit. Marta fürchtete wohl, dass Mirka sie nun vor die Tür setzen würde. Die aber versicherte bis heute treu: »Ich war ja froh, dass sie gesund war.«

Zu Martas Methode gehörten Krankheiten dazu. Durch die erreichte sie, was sie wollte. Da verhielt sie sich im Gefängnis wie draußen. Typisch war auch, dass Marta sich vollständig versorgen ließ. Nur ab und zu hatte sie mal gekocht und gewischt oder den Hof gefegt. Aber konnte sie es in Kauf nehmen, vier Jahre lang keinen Schritt aus dem Hof zu machen?

»Aber Nähen konnte sie gut«, Mirka begeisterte sich richtig. »Das hatte sie früher mal gelernt.«

Was war so schlimm an Marta, dass ich mich anschließend in der Psychiatrie untersuchen ließ und Mirka bis heute Angst vor einer Einlieferung hat? Für Mirka war das Furchtbarste, dass sie mit niemandem reden durfte. Auch sie war in einer Isolation mit Marta. Sie hatte ihr versprochen, niemandem den Aufenthaltsort zu verraten. Mirka hielt Wort. Und war noch stolz darauf.

»Später hat sogar der Polizist gesagt: ›Das ist aber ungewöhnlich, dass ein Frauenzimmer so dicht hält.‹« – »Glauben Sie an Gott?« Mirka wechselte plötzlich das Thema.

»Ich weiß nicht ...«

»Sind Sie Atheistin oder Katholikin«, entschieden verlangte Mirka Auskunft.

»Ich bin als Protestantin getauft.«

Ob Protestantin oder Katholikin, das war Mirka egal, Hauptsache, ich war Christin. Und dass ich in meiner Auskunft lavierte, entging ihr. Zum Glück redete sie selbst schon weiter.

»Marta hat den ganzen Tag über gebetet.«

»In der Zelle hat sie das nie«, wunderte ich mich.

»Wenn ich bete, brauche ich Ruhe und einen stillen Platz. Aber Marta hat demonstrativ von morgens bis abends gebetet. ›So bin ich eben‹, hat sie immer gesagt.«

»Warum hat Marta damals alle Ihre Briefe verbrannt?«

»Ja, sie hat alle Fotos und Briefe ins Feuer geworfen.«

»Warum?«

»Einfach nur so. Sie hat keinen Grund gesagt. Ich war da schon so mit den Nerven runter, dass ich mich nicht mehr wehren konnte.«

»Hat Marta Gedichte geschrieben?«

Mirka taute plötzlich auf und wurde ganz freudig. »O ja. Sie kannte Gedichte zu allen Anlässen. Sie hat immer gesagt, sie hätte eine höhere Bildung als ich.« Trocken schluchzte Mirka auf. »Und ich würde von nichts etwas verstehen. Ich habe doch nur die Volksschule besucht. Sie hat mich erniedrigt. Aber mehr weiß ich nicht. Mein Herz geht schon wie verrückt. Mehr hat sie mir nicht gesagt. Nur noch, dass ihr Vetter Dichter sei. Einer, den hier alle kennen.«

Mirka wusste noch, dass Marta vier Kinder hätte. Einen Moment bezweifelte ich das, dann aber fielen mir die Schwangerschaftsstreifen ein.

»Doch, doch. Das stimmt«, versicherte auch Mirka. »Marta hat immer furchtbar geweint, wenn sie von den Kindern sprach, dass die nicht einmal kämen, um sie zu besuchen. Sie waren aus der ersten Ehe.«

Mirka hat alles geglaubt, was Marta sagte. Sie hat ihre Meinung nie geändert. Auch nicht, als der Richter sie später eines Besseren belehrte.

Die Sonne neigte sich gen Horizont, in Kürze würde sie untergehen. Mir war kalt. Anderthalb Stunden sprachen wir schon und noch immer über eine Entfernung von gut zehn Metern hinweg. Alles Wesentliche hatte ich erfahren, ich wollte zum Schluss kommen.

»Wie kam es, dass Marta ging?«

Marta hätte gemerkt, dass sie, Mirka, immer kränker wurde.

»Mich hält niemand lange aus«, habe sie damals gesagt. Und eines Tages sei Marta wütend geworden und hätte herumgeschrien: »Hier ist es ja auch wie im Knast. Ich gehe jetzt und stelle mich der Polizei.«

Dann sei sie gegangen.

Vor Gericht hatte Mirka furchtbare Angst, dass sie auch verurteilt würde. Immerhin hatte sie Marta versteckt. Der Richter hatte aber ein Einsehen mit ihr: »Sie sind schon gestraft genug.«

Hinterher haben Mirkas Verwandte mit ihr geschimpft. Sie hätten bei ihr da oben gewiss für Ordnung gesorgt, wenn sie nur davon erfahren hätten. »Heute wissen alle im Dorf davon und passen auf, dass ich mit der Geschichte nichts mehr zu tun habe.«

Einmal kam Marta noch zurück. Das war 1990, kurz nach der Wende. Marta war aufgrund der Amnestie aus der Vollzugsanstalt Opava entlassen worden. Sie kam, um ihre Sachen abzuholen.

»Sie nahm nicht einmal mehr einen Kaffee von mir.« Mirka war noch immer gekränkt.

»Siehst du, wie ich mich gebessert habe«, hatte Marta zu Mirka gesagt, nahm ihre Sachen und ging.

Mirka konnte nicht mehr. Sie sei jetzt alt und werde bald sterben. »Und bis dahin möchte ich nur meinen Frieden.«

Ich wünschte ihr Frieden und dankte ihr für die Offenheit.

»Ja, diese Heimlichtuerei ist ja auch falsch. Aber kommen Sie morgen nicht noch einmal, es war schon jetzt zu viel.«

»Hier im Dorf sind alle ganz aufgeregt«, erzählte Frau Rosinka, als ich wieder halt bei ihr machte. »Ich hätte Sie nicht reinlassen sollen, haben die Leute gesagt. Und vielleicht will sie ja doch ein Grundstück kaufen. Oder ihr großes Auto ist gestohlen.« Rosinka schüttelte den Kopf. »Ich kann doch sehen, wem ich vertrauen kann.« Rosinkas Familie war politisch in der Opposition gewesen.

»Wenn alle so besorgt um Mirka sind – warum hat denn damals niemand eingegriffen?«, wollte ich nun wiederum wissen.

»Aber sie hat doch niemandem von uns auch nur ein Sterbenswörtchen erzählt. Niemand wusste, dass diese Frau – Marta – vier Jahre lang bei ihr da oben im Wald lebte. Einmal haben die Waldarbeiter gesehen, dass der Kamin brannte, während Mirka im Wald war. Aber sie hat sich herausgeredet: ›Es wird wohl ein Scheit Feuer gefangen haben.‹« Vor allem hätte ja all die Jahre niemand im Dorf diese Marta zu sehen bekommen. »Dabei hat die unsere arme Mirka sogar im Winter mit nassen Schuhen zum Holzfällen geschickt. Und wenn Mirka kein Geld mehr hatte, musste sie für einen Kanten Brot Geld bei ihr leihen und es am Ende der Woche zurückgeben.«

Frau Rosinka holte einen angekokelten Brief hervor, den Rest von Mirkas verbrannten Dokumenten. Mirka hatte Rosinka gebeten, das für sie aufzubewahren. Nach mehr als zehn Jahren verbarg sie den noch vor Marta.

Neuigkeiten erwarteten mich, als ich mich in Prag meldete. Freunde hatten mir Material über Marta besorgt. »Es ist aufschlussreich«, wurde mir schon am Telefon bedeutet. Als ich endlich dort ankam, hielt man mir ein paar Blätter hin. Es war die Liste mit Martas Vorstrafen. Ungläubig starrte ich das Blatt an: Zwei Jahre, drei Jahre, vier Jahre Haft, fünf Jahre, sieben Jahre, neun Jahre. Neunmal war sie im Gefängnis gewesen, mit Strafen bis zu neun Jahren. Marta war nur selten länger als ein bis zwei Jahre draußen, am längsten wohl während der Jahre bei Mirka. Da war Marta aus dem Gefängnis geflohen gewesen. Republikflucht war beim allerersten Mal der Grund, später hatte sie immer wegen Betrugs gesessen. Und nach der Wende fiel Marta als Schwerstkriminelle nicht einmal unter die Amnestie. Für ihre Entlassung brauchte es eines besonderen Gnadenerlasses durch den Präsidenten. Die vier Kinder gab es tatsächlich. Alle sind in Heimen aufgewachsen.

»Die Daten sind, was Sie betrifft, interessant«, erläuterte mir ein Jurist. »Es geschieht nur ein einziges Mal unter all den Urteilen, dass Marta nachträglich eine niedrigere Strafe bekommt. Und das war, als sie mit Ihnen in der Zelle war. Das sind diese neun Monate hier«, sein Finger wies auf das Jahr 1971. »Vorher und nachher bekam sie immer höhere Strafen. Sie müssten sich das Urteil besorgen, um zu sehen, ob dieses niedrige Strafmaß angemessen war.«

Auffällig sei weiter, dass Marta, als sie 1971 verhaftet wurde, auch noch eine Bewährungsstrafe offen hatte. »Sie hatte also einen Grund, mit der Staatssicherheit zu kooperieren. Nach unserer Aufstellung musste Marta die Bewährungsstrafe nicht mehr absitzen.«

»Das kann ja sein«, meinte Petr, dem ich die Liste auch zeigte. »Trotzdem solltest du die Planung vonseiten der Stasi nicht überschätzen.« Petr meinte, es sei manchmal hilfreich, sich vorzustellen, wie so etwas im Alltag abläuft.»Da ist so ein Typ. Er steht morgens auf, ist schlecht gelaunt, rasiert sich und überlegt, was er heute zu tun hat. Und dann fällt ihm ein: Ach, da haben wir ja die Martová als Neuzugang. Die ist doch so ein richtig fieses Stück. Die wird dieser Plogstedt schon die Hölle heiß machen. Wenn wir die beiden zusammenlegen, erledigt sich das Problem mit der Ausweisung von selbst.« Die Rechnung sei ja auch aufgegangen.»Du hast Marta ja nicht ausgehalten.«

Aber der Straferlass passte nicht in Petrs Modell vom Rausekeln.

»Wenn nun das mit der Bewährungsstrafe noch dazukommt ...«, dachte er nach, »dann könnte ein Teil davon möglicherweise doch von der Stasi inszeniert sein.«

»Dass daran gedreht wurde, konnte ich schon damals an der Belegung der Zelle und der Reaktion der Wärterinnen sehen.« Ich seufzte.»Das war ja die ganze Zeit mein Indiz, dass irgendetwas nicht stimmte. Das niedrige Urteil und die Aufhebung der Bewährungsstrafe ist jetzt das zweite.«

Die innere Struktur der tschechoslowakischen Staatssicherheit sei etwas anders gewesen als die der deutschen, erfuhr ich von Petr. Im Gefängnis hätten die Vernehmungsbeamten zwar dazugehört, ihre Aufgabe habe aber wie bei der Polizei nur darin bestanden, Verhöre durchzuführen. Es waren Beamte, die wie die Polizei ihre Aufgabe machten. Die wirkliche Stasi sei die Abteilung Innere Sicherheit gewesen. Das waren Leute, die überall eingesetzt wurden, als Wärter wie als Gefangene. Sie bestimmten, wer mit wem in eine Zelle kam. Die Wärter der Inneren Sicherheit rekrutierten auch Gefangene zur Mitarbeit, die als Agenten geführt wurden. Deren Lohn bestand darin, früher entlassen zu werden. Dies hat Marta wohl angestrebt.

»Ich hatte auch mal einen Mitgefangenen, der mich ständig provoziert hat.«

Selten genug erzählte Petr seine Hafterlebnisse.

»Am Ende war ich es sogar, der als erster zugeschlagen hat. Wie das gekommen ist, kann ich heute nicht mehr rekonstruieren. Alles kam ganz plötzlich. Jedenfalls mussten wir beide ins Loch. Dort unten sagte der Mithäftling mir dann: ›Ich musste mich so verhalten, sie haben das von mir verlangt. Ablehnen kann ich nicht, weil ich sonst nicht entlassen werde. Aber eigentlich will ich es nicht tun.‹«

Später habe ihm der Gefangene immer zugeblinzelt, wenn er wieder mal provozierte. »Wir haben dann beide Theater gespielt«, lachte Petr. Dass der Mitgefangene überhaupt geredet habe, sei ein Glücksfall gewesen. »Wahrscheinlich hatte er nur in der Isolation keine Furcht. Und das auch nur, weil wir so unerwartet dorthin verlegt wurden. So schnell konnte niemand eine Überwachungsanlage installieren. Zu jeder anderen Zeit wäre das Risiko zu groß gewesen.«

Als ich Petr sagte, dass ich Marta treffen wolle, runzelte er die Stirn.

»Wenn du nicht anders kannst, versuch es. Aber mach dir bloß nicht zu viele Hoffnungen. Selbst wenn es dir gelingen sollte, Marta zu finden: Neun von zehn der einstigen Stasi-Informanten sagen bis heute nicht die Wahrheit. Das ist statistisch belegt.«

Hanka wunderte sich. »Ich habe ja in der Zelle auch so manches erlebt. Aber dass ich dafür in Archive hinabstiege oder gar eine Mitgefangene suchte, das ist mir noch nicht in den Sinn gekommen.«

Eine Weile irrte ich zwischen Hochhäusern mit einer schwer durchschaubaren Nummerierung herum. Eine meiner ehemaligen Wärterinnen sollte in Kladno wohnen. Ich suchte die Aufseherin, die mich einst aufmerksam gemacht hatte, dass in der Zelle etwas nicht stimmte.

»Zu wem wollen Sie?«, rief es aus dem obersten Stockwerk herab.

»Zu Frau Starová.«

»Warten Sie, ich komme.«

Ich erkannte die grauhaarige Zdenka sofort, selbst nach 30 Jahren. Auch wenn sie faltiger geworden war, konnte sie einen noch mit demselben strahlenden Lachen bezaubern. In Ruzyně hatte sie bereits 1974 ihren Dienst quittiert. Jetzt war sie Rentnerin.

»Woher haben Sie denn meinen Namen? Sie kannten doch damals unsere Namen nicht.« Sie war erstaunt und auch ein wenig beunruhigt.

»Nun ja, ich bin Journalistin.«

»Leider kann ich Sie nicht heraufbitten. Oben ist Besuch, und ich möchte nicht, dass der davon erfährt«, sagte sie. »So – ich habe Ihnen damals geholfen? Ja, manchmal habe ich das probiert. Aber es war gefährlich für mich. Deshalb habe ich schließlich auch den Dienst quittieren müssen. Mir hat es damals nicht gepasst, dass die Soldaten in die Gefängnisse geholt wurden.«

Zdenka bezog sich auf den ersten Jahrestag des Einmarsches. Es waren so viele Demonstranten festgenommen worden, dass in den Gefängnissen selbst die Gänge mit Verhafteten überfüllt waren. Zu deren Bewachung waren Soldaten eingesetzt worden.

»Damals habe ich meine Meinung zu laut gesagt und bekam dann einen Haufen Scherereien. Ich wurde immer wieder einbestellt. Schließlich bin ich gegangen. Auch danach haben sie es mir noch sehr, sehr schwer gemacht. Erst nach ganz langer Zeit habe ich Arbeit in einem Büro in der Textilindustrie gefunden.«

An Marta konnte sich Zdenka nicht erinnern. Ich versuchte, ihr mit Stichworten zu helfen: »Diese Marta war oft im Gefängnis.«

»Ich war ja nur kurz in Ruzyně. Wahrscheinlich kannte ich ihren Namen nicht.«

»Doch, Sie haben sie mit Namen angesprochen.«

»Habe ich das? Ach, es ist schon so lange her, und ich war damals mit meinen eigenen Schwierigkeiten beschäftigt.«

Von der einstigen Wärterin bekam ich nichts heraus. Deprimiert verließ ich Kladno.

Wo ich mich nun auf den Weg gemacht hatte, wollte ich nicht unverrichteter Dinge zurückkommen. Noch einmal fuhr ich in eine südtschechische Kreisstadt. Dort war die nächste Adresse von Marta.

»Falls sie nicht wieder im Gefängnis ist«, hatte es lapidar geheißen.

Martas Wohnung lag in einer Hochhaussiedlung. Ein Bach trennte die Neubauten von der Altstadt. An der Klingel stand ihr Name, darunter mit Filzstift: Turga. Ich drückte den Klingelknopf, niemand öffnete. Mit einem Kind ging ich zusammen ins Haus. Innen am Briefkasten stand wieder Turga, Martas Name war mit Filzstift auf den Kasten geschrieben. Es sah aus, als ob es sich um eine Postkastenadresse handelte. Dass oben an der Haustür nur noch Turga stand, war fast schon logisch.

Auch oben öffnete niemand. Bei den Nachbarn zur Linken hieß es: »Frau Turga müsste eigentlich da sein. Vielleicht ist sie einkaufen gegangen.«

Die Nachbarin zur Rechten schickte mich in das Stockwerk darunter. »Die Leute dort kennen Frau Turga besser. Sie können Ihnen eher etwas sagen.«

Vor der Tür standen zwei Paar Schuhe. Vom Mann die Straßenschuhe, von der Frau Haussandalen. Nein, versicherte der Mann, von einer Marta wisse er nichts, er kenne nur Frau Turga.

»Du kannst doch jetzt nicht aufgeben!« Eine Freundin spornte mich von Deutschland aus an.

»Selbst wenn es mir gelänge, diese Frau Turga zu treffen – was finde ich denn da? Noch ein Opfer von Marta? Davon gibt es gerade schon genug.«

»Versuch es!«

»Na ja, vielleicht auf der Rückfahrt. Damit ich weiß, wo ich beim nächsten Mal die Suche beginnen kann.«

Der zweite Anlauf. Auf mein Klingeln hin meldete sich eine

Frauenstimme in der Sprechanlage. Als ich nach Marta fragte, wurde sie abweisend. Die Übertragung war so gestört, dass ich nichts verstand. Oben hängte Frau Turga ein. Ich wollte gehen. Eine drahtige, dunkelhaarige Frau, Mitte 60, kam aus dem Haus.

»Warten Sie«, rief sie und beschleunigte ihre Schritte, um mich einzuholen. »Woher kennen Sie Marta? Sind Sie die Sibylle, die mal eine Arbeitskollegin von Marta war?«

»Nein, ich kenne Marta aus Ruzyně. Das war im Jahr 1971.«

»Sind Sie allein gekommen?«

»Ja.«

Marta sei nicht da, bedeutete mir Frau Turga. Sie sei krank und hätte Fieber. Ach, wieder eine dieser Krankheiten, dachte ich voller Überdruss. Sie würde nach ihr telefonieren, fuhr Frau Turga fort, aber es dauere eine Weile.

»Gut«, sagte ich, »ich warte in der Bar vom Hotel.«

Schon nach zehn Minuten brachte Frau Turga mir die Botschaft: Marta freue sich sehr, mich zu sehen. Aber sie brauche eine Stunde, um hier zu sein. Ob ich so lange warten könne. Ich zwang mich zu einem »ja«. Warten ist für mich das Schwerste.

»Verzeihen Sie, dass ich so abweisend war«, entschuldigte sich Frau Turga noch.

Ich bestellte einen Tee nach dem anderen, rief in Prag an, damit überhaupt jemand wusste, wo ich war. Nervös parkte ich mein Auto um. Ich musste es vor Augen haben. Wieder kam die Angst hoch, dass ich alles verlieren würde.

Ich treffe eine schwarzweiß gefleckte Frau. An den Rändern, den Schultern und an der Seite ist sie weiß. Ihre Brust und der Bauch sind schwarz. Von einer Mischung der Farben ist die Rede. So als ob die anstünde.

Eine Stunde genau, dann erschien Marta. Eine Dame in hellgrauem, weit fallendem Mantel mit passend hellgrauem Hut, dessen Krempe die Stirn bis zum Rand der Brille verdeckte. Azurblaue Schuhe mit breitem Lederriemen und modischem Absatz stachen als Farbfleck aus dem Himmelgrau. Marta steuerte auf mich zu, nahm mich in den Arm und küsste mich.

Erschrocken fuhr ich zurück. Mit einer Annäherung hatte ich zuletzt gerechnet.

»Komm, lass uns nach Hause gehen.« Martas Stimme klang glockenhell und verbreitete sofort eine behagliche Atmosphäre. In mir stieg Unbehagen auf. »Du bist lange gefahren und hast sicher Hunger«, fügte sie hinzu.

Ich hätte lieber im Hotel geredet, in neutraler Atmosphäre. Doch da waren Leute, Marta würde vielleicht wieder anfangen zu flüstern. Wie in der Zelle. Also willigte ich ein. Hätte sie mich gleich ins Haus gelassen, wäre ich ja auch in ihrer Wohnung gewesen, suchte ich mir Normalität einzureden. Aber mit Marta war nichts normal.

Auf dem Weg zum Hochhaus schaute sie mich an. »Du siehst gut aus.«

»Na ja, älter. Es ist 30 Jahre her, seit wir uns begegnet sind«, schränkte ich ein.

»27«, korrigierte Marta. »Frau Turga hat gar nicht glauben wollen, dass so etwas möglich ist. Dass jemand nach so langer Zeit kommt.«

Oben verschwand Frau Turga sofort in der Küche, während ich in Martas Zimmer geführt wurde. Nebenan hörte ich Martas Anweisungen: »Was haben wir noch zu essen?«

»Nur Dosenschinken ...«

»Und Suppe?«

Ich hatte Zeit, mich umzusehen. Eingerichtet mit neuen, hell furnierten Möbeln, wirkte Martas Zimmer mädchenhaft. Eine Kunstwelt: In den Vasen auf der Kommode standen 30 Plastiksonnenblumen, zwei Plastikrosensträuße, ein Plastikchrysanthemenstrauß, ein Plastikosterglockenstrauß. Dazwischen ein Strauß echter Osterglocken. Der wirkte neben den leuchtenden Kunstfarben völlig unscheinbar. Zwei 30 Zentimeter hohe Marienstatuen aus Stearin standen zu Füßen der Plastikrosen. Vielleicht war ja Marta tatsächlich fromm geworden.

Marta kam und drückte mir eine Puppe in die Hand. Aus Plastik mit rötlich blondem Haar, rotweißem Kleid. Wenn sie nicht stand, streckte sie ihre steifen Arme und Beine von sich.

»Die ist für dich.«

»Was soll ich damit«, lehnte ich ab.

»Man merkt, sie hat keine Kinder«, kopfschüttelnd wandte sich Marta an Frau Turga, die uns Kaffee brachte.

»Wir leben hier allein und teilen uns die Wohnung«, erklärte Marta, als Frau Turga wieder draußen war. Frau Turga wohnte in der Küche. Unüblich ist das in Tschechien nicht. Auch in Petrs Küche lebte lange eine Frau.

Frau Turga wisse alles über sie. Auch das mit dem Gefängnis. Martas Mitbewohnerin öffnete die Tür, trug ein Tablett mit einem Teller Suppe herein. Nur für mich.

»Papej!«

Marta benutzte sofort wieder die Babysprache. Ich hatte fast vergessen, wie wehrlos man sich fühlt, wenn man als Erwachsene mit »Mach Hamham« zum Essen eingeladen wird.

Ich löffelte die Suppe. Marta stand halb hinter mir. Mich machte das nervös, sie nicht vor mir und in gleicher Höhe zu sehen. »Setz dich, bitte«, forderte ich sie auf und wandte meinen Kopf zu ihr um. Eine Hand auf meiner Schulter, war Marta gerade dabei, mit einem Fuß zu prüfen, was in meinem Rucksack war. Ich nahm ihn hoch und holte die Kopien aller Gedichte heraus, die sie damals geschrieben hatte. Da erst gab Marta ihre Stellung in meinem Rücken auf.

»Darf ich die behalten«, fragte sie gerührt. Der Rucksack lag jetzt platt und leer am Boden.

Ich witterte Gefahren. Was, wenn die Frauen mir K.-o.-Tropfen ins Essen getan hatten! Mir wurde ganz heiß bei dem Gedanken. Ich löffelte die Pansensuppe noch langsamer und vorsichtiger. Ich wollte merken, wenn ich müde würde.

»Ich komme gerade von weit her«, deutete Marta an. Neben der Eingangstür stand ein in Packpapier gehüllter Koffer. Das Papier sah allerdings so frisch aus, als ob Marta gerade wegwollte. Auch im Zimmer stand eine gepackte Tasche. Der Reißverschluss war offen, obendrauf mehrere Packungen mit Medikamenten. »Du warst schon mal hier und hast nach mir gefragt?«
»Ja.«
»Und was haben sie im Haus gesagt?«
»Nichts. Es schien, als ob sie dich nicht kennen.«
Martas Augen leuchteten jetzt besonders grün. Sie war stolz auf die Leute im Haus, die sie nicht verrieten. Dann schwenkte sie plötzlich um, ihre Stimme klang um einen Ton schärfer: »Du hast mir damals einen Brief geschrieben. Warum nur einen?«
Das Fordernde ihrer Stimme brachte mich in die Defensive.
»Ich hatte mein eigenes Leben«, wich ich aus.
»Ich habe ihn aufgehoben, willst du ihn sehen?«
»Nein«, sagte ich.
Marta saß auf dem Bett. Ich löffelte weiter von der Suppe. Frau Turga rief etwas.
»Ich habe Besuch.« Marta wies sie zurück.
»Ja, ich weiß doch.« Frau Turgas Stimme klang beruhigend. Sie brachte Tee und das Fleisch herein und verließ uns wieder. Marta trank nur vom Tee.
Ich nahm ein paar Höflichkeitsbissen. Dann hielt ich ein. »Ich bin nicht gekommen, um hier zu essen, sondern weil ich dich etwas fragen will.«
Es wurde Zeit, dass ich aktiv wurde.
»Was? Du hast einen Grund? Du bist nicht meinetwegen gekommen?«
Martas Enttäuschung wirkte fast echt.
Auf die Frage, ob die Stasi sie nach mir befragt habe, antwortete sie knapp: »Als du weg warst, ist niemand gekommen.«
»Und als ich noch da war?«
»Da war ich doch immer in der Zelle.«

»Nein, am Anfang nicht.«

Marta überlegte einen Moment. »Ja, das stimmt. Aber es hat mich niemand nach dir gefragt.«

»Ich bin gekommen, um die Wahrheit zu erfahren. Etwas anderes interessiert mich nicht. Ich wollte die Ausweisung damals nicht unterschreiben und habe es unter dem Druck dann doch getan.«

Marta sah meine Schwäche, kaum sprach ich über meine Niederlage. Sie nutzte die Möglichkeit, den Spieß umzudrehen: »Wenn du mit der Trennung von Petr nicht klar kommst, was habe ich damit zu tun. Überhaupt: Was hat er dir damals für Briefe geschrieben! So einen Mann gibt man doch nicht auf. Für so einen tut man doch alles. Da kämpft man bis zum letzten. Du hättest damals nicht unterschreiben dürfen. Lebst du heute wieder mit einem?«

»Nein.«

»Was, du hast keinen Mann gefunden?«

»Ich wollte keinen.«

»Hast du Kontakt zu Petr?«

»Wir sind befreundet. Er hat eine nette Frau. Und Kinder.«

»Du bist froh, dass sie ihn aushalten muss und nicht du?«

»Nein. Ich durfte ja 20 Jahre lang nicht mehr ins Land zurück. Das war hart.«

Beim Wort »tvrdý« für »hart« stoßen im Tschechischen vier Konsonanten aufeinander. Ein Zungenbrecher. Marta ließ mich das »tvrdý« wiederholen, einmal, zweimal, so lange, bis sie zufrieden war. Indem sie mich in die Rolle einer Schülerin brachte, war das Thema Ausweisung vom Tisch.

In einer weinroten Thermoweste saß Marta mir gegenüber auf dem Bett. Den Hut trug sie noch, ihre Stirn war bedeckt. Ihr Kinn, das sehr ausgeprägt war, schob sich vor.

»Ich habe mit dem, was früher war, Schluss gemacht. Ich will nichts mehr davon wissen.«

»Meine Fragen wirst du wohl beantworten, wenn ich dafür

extra aus Deutschland komme.« Glücklicherweise blieb ich gelassen.

»Frag!«

»Warum hast du damals in der Zelle gesagt, aus der Heizung käme Gas?«

»Das habe ich bestimmt nicht gesagt!«

»Und warum hast du gesagt, das Essen sei vergiftet?«

»Habe ich das gesagt? Vielleicht war mir mal schlecht und ich habe mich ein bisschen übergeben ...«

»Du hattest von einer illegalen Organisation erzählt.«

»Ich wusste gar nicht, dass ich in Ruzyně mit jemandem darüber gesprochen habe. Die gibt es zum Teil auch heute noch.«

Immer wieder gelang es Marta, mich zu verblüffen. Ich rechnete mit logischen Reaktionen, Marta war unlogisch, sie verwirrte. Natürlich wusste auch ich von Gruppen, die ihre Untergrundstrukturen bis über die Wende hinaus bewahrt hatten. Kirchengruppen zum Beispiel, deren im Untergrund geweihte Priester und Priesterinnen vom Vatikan noch nicht anerkannt worden waren. Mal abgesehen davon, dass auch Teile der ehemaligen Staatssicherheit in den Untergrund abgetaucht waren.

»Warum hast du damals gesagt, dass mein Anwalt und meine Mutter mit dieser Gruppe zu tun hatten?«

Während des Gesprächs war Marta aufgestanden und ging im Zimmer auf und ab. »Was ist eigentlich mit deinem Anwalt? Wie hieß er noch?«

»Bočkovský? Er ist tot.«

»Also das mit Bočkovský stimmte. Er gehörte dazu.«

Marta begann wieder, Informationen, die sie erfragte, zu einem Konstrukt zu verweben. Bočkovský konnte nichts mehr sagen. Kein Wunder, dass mich das mit 25 Jahren verwirrt hatte und mir die Trennung zwischen Realität und Fiktion schwergefallen war.

»Du hast eine Bewährungsstrafe nicht abgesessen«, setzte ich auf die letzte Karte.

»Ich habe alles abgesessen.« Martas Reaktion war messerscharf. Allen weiteren Fragen entzog sie sich durch einen Wutanfall. Sie schrie mich an: »Sofort entschuldigst du dich, dass du mich verdächtigt hast.«

»Ich entschuldige mich nicht.«

»Ich habe noch nie jemanden verraten. Du entschuldigst dich. Wozu habe ich all die Jahre deinen Brief aufbewahrt ...«

»Man muss so etwas fragen können. Schließlich haben wir uns nicht in einem Café kennengelernt ...« Ich blieb gelassen.

Plötzlich lachte Marta auf, als wäre nie etwas gewesen und setzte sich wieder auf das Bett. »Bist du deshalb so zurückgewichen, als ich dich zur Begrüßung in den Arm nahm?«

»Ich bin nicht so körperbetont.« Wieder wurde mir mulmig.

»Ich spreche nicht über die schändliche Seite zwischen uns. Aber wenn ich für jemanden etwas fühle, dann zeige ich es auch.« Ich wisse doch, dass sie immer gegen das System war ...

Ich antwortete nicht und probierte stattdessen ein Stückchen von dem Sülzfleisch.

Heute gehöre sie der konservativen Partei von Václav Klaus an, erzählte Marta. »Wie hast du mich überhaupt gefunden?« Ihre Nervosität brach wieder durch. Wenn ich sie finden konnte, würde es anderen auch gelingen.

»Ich war bei Mirka.«

Damit hatte sie nicht gerechnet.

»Und woher hattest du diese Adresse?«

Sie überlegte, wen ich wohl kennen könne, und verfiel auf die übliche Knastkontaktkette. Vom Koch in Pankrac, einem der Gefängnisse in Prag zum Beispiel. In ihr arbeitete es.

»Und wie geht es Mirka? In welchem Zustand ist der Hof?« Marta fragte, als wäre sie die eigentliche Besitzerin. Oder eine, die sich nach der Verwalterin erkundigt.

»Ich habe das Haus nicht von innen gesehen. Sie hat mich nicht reingelassen.«

»Warum?«

»Sie hatte Angst.«
»Vor wem?«
»Na, wahrscheinlich vor dir.«
»Ich habe mich noch nie an jemandem gerächt. Aber sie war es, die uns damals angezeigt hat. Wir hätten dort durchgehalten.«
Marta sprach plötzlich im Plural, so als hätte sie nicht allein mit Mirka gelebt. Hatte Mirka mir die übrigen verschwiegen, oder sprach Marta im Pluralis majestatis? Oder war wieder diese sagenhafte Widerstandsgruppe am Werk? Ich unterließ es, weiter zu fragen. Schon damit Marta nicht mit einer weiteren Geschichte alle Karten neu mischte.
»Nach dem Gefängnis habe ich dort nur noch meine Sachen geholt. Selbst den Ledermantel habe ich dagelassen.«
Hier stimmte Martas Erzählung mit der von Mirka überein.
»Du hast Mirka noch eine Karte geschrieben.«
»Habe ich das? Ach ja.«
Aus schierem Übermut zeigte ich ihr ein bisschen zu viel von dem Wissen über sie. Ich flocht ein, dass sie ja das erste Mal wegen Republikflucht im Gefängnis gewesen sei.
Marta fuhr hoch und brüllte los. »Du hast meinen Strafregisterauszug gesehen. Mein Vorleben geht nur mich etwas an. Auch wir haben jetzt Gesetze über Datenschutz. Nur ein Richter darf entscheiden, wer meine Daten sieht. Sofort sagst du, wer dir geholfen hat!«
Die journalistische Ehre verwehre es mir, die Quellen zu nennen, erwiderte ich. Das Argument half. Martas Gefühlsgewitter war nur ein Platzregen. Abgrenzung und Zuwendung wechselten blitzschnell.
»Ich werde sofort prüfen lassen, wer da Einblick genommen hat. Der Sohn meines Vetters ist in Prag Minister.«
Marta lief im Zimmer auf und ab. Diesmal war ich es, die abwiegelte. »Reg dich nicht auf. Sonst wäre ich jetzt nicht hier«, lachte ich sie an.

»Na endlich«, sagte Marta und setzte sich.

»Glaubst du eigentlich an die Wiedergeburt nach dem Tod?« Marta schlug ein Thema an, das mich verblüffte. »Ich habe mich total verändert«, erklärte sie. Ihr Leben dauere ja nur noch kurz, erläuterte sie ihr Bedürfnis nach einem neuen Glauben. Leben nach dem Tod anstelle von Leben während des Lebens. Nach dem Tod der Ersatz für die im Gefängnis verbrachte Zeit. In Prag gäbe es eine Gruppe, die das vertrete. Marta zeigte mir eine Broschüre.

»Eine Sekte?«

»Nein, keine Sekte!«

Ich hätte sie mir ganz gut als Seelenfängerin vorstellen können. In dieses Bild passte sie hinein – nahtlos, ohne jede Veränderung.

»Schreibst du noch Gedichte?«

»Du bist damals extra in die Zelle zurückgekommen wegen der Gedichte.«

Marta holte eine Mappe aus dem Schränkchen und suchte darin herum. Das Blatt, das sie wählte, sah aus, als wäre es schon häufiger gebraucht worden. Eine Ecke war abgerissen. Sie las vor. Man merke, dass sie verliebt sei, nicht wahr? Marta suchte weiter. Bogen um Bogen mit großen Buchstaben und verschieden-bunten Filzern beschrieben, legte sie beiseite. Die grellen Farben passten nicht. Aus einem abgegriffenen Doppelbogen las sie weiter. Mir wurde es zu viel.

»Warte noch!« Sie hielt mich auf, als ich gehen wollte. »Ich muss dir etwas zeigen.« Sie holte ihre Brieftasche hervor, zeigte auf das Foto eines jungen Mannes in Uniform. »Mein Sohn«, sagte sie stolz.

»Ist er bei der Armee?«

»Das war früher. Heute lebt er in Amerika. Ich habe dir doch gesagt, dass ich von weit herkomme.«

»Warst du in Amerika?« folgte ich ihrer Andeutung. Bedeutungsvoll schaute sie mich an. Sie sagte nicht ja und nicht nein.

Die ausdrückliche Lüge mied sie. Doch mit ihren Andeutungen versuchte sie mich erneut, ihrer Leimspur zu folgen und das Gesagte mit eigenen Gedanken zu verbinden, damit es einen Sinn ergab.

Marta blätterte um. Ich sah ein Foto von mir, als ich 25 Jahre war.

Wie vor den Kopf geschlagen, hörte ich im Geiste den Satz, den sie sonst an dieser Stelle sagen würde: »Das ist meine Tochter. Sie lebt in Deutschland.«

»Das habe ich noch«, sagte Marta.

Frau Turga kam ins Zimmer. Ob sie noch einen Strudel backen solle, wollte sie wissen. Marta hob flehend die Hände: Ja bitte, sie möge ihn backen. Mein Nein, ich wolle doch gleich gehen, galt nichts. Frau Turga verschwand in der Küche. Ich wollte trotzdem fahren.

»Warte«, hielt Marta mich zurück. »Ich muss dir noch dies Gedicht vorlesen.«

Marta las. Nachdem ich weitere fünf angehört hatte, begann der Boden unter mir zu wanken. Sie las weiter. »Nur das hier noch. Ich will, dass du das über mich begreifst.«

Ich verstand längst kein Wort mehr und erhob mich. Marta las. Ich ging zur Tür. Marta las. Sie kam mit, las. Nebenbei sagte sie etwas zu Frau Turga, das vielleicht mit dem Strudel zu tun haben mochte, und las weiter. Ich ging zum Fahrstuhl eine halbe Treppe tiefer.

»Halt, dies hier.«

Marta las noch, als ich schon im Fahrstuhl stand. Mitten in ein Gedicht hinein drückte ich auf den Knopf zum Erdgeschoß.

Endlich draußen, atmete ich auf. Während ich zum Hotel ging, versuchte ich, meine Gefühle zu ordnen. Gerade hatte ich in der Hotelrezeption Petrs Telefonnummer angegeben, um Bescheid zu sagen, dass ich wieder zurück bin, da öffnete sich die Hoteltür. Marta zeigte sich. Sie tat dies nur so lange, bis sie sicher war, dass ich sie gesehen hatte. Dann verschwand sie.

Das Hotelpersonal schaute auf mich, als hätte es ein Familienwiedersehen vor sich.

Draußen standen Marta und Frau Turga. Frau Turga hielt mir den eingepackten heißen Strudel hin: »Warum sind Sie denn weggelaufen?«

Mir blieb nichts, als den Strudel ins Auto zu legen.

»Für unterwegs«, sagt Frau Turga. »Und entschuldigen Sie bitte nochmals, dass ich am Anfang so abweisend war. Ich musste doch Marta schützen.«

Ich musste weg. Noch an diesem Abend, noch heute wollte ich wieder raus aus diesem Land. Obwohl ich hundemüde war und in der Dunkelheit immer mehr Schneeflocken an meiner Autoscheibe festbackten, die Straßen langsam weiß und rutschig wurden, kam keines der tschechischen Hotels mehr in Frage. Wie auf der Flucht trieb es mich weiter. Bis über die Grenze.

In Bayern klingelte ich eine Wirtin raus. Am Morgen schrieb die das Datum auf die Rechnung. Der Dreizehnte. Ein Dreizehnter war der Tag meiner Verhaftung gewesen. Und gestern, als ich keinen Tag länger bleiben konnte, war der Zwölfte. Ich war im Jahr 1971 an einem Zwölften ausgewiesen worden.

*... Doch als wir dann zu singen begannen
Unsere schönen, törichten Lieder,
Da plötzlich sah alles ganz anders aus:
Wie alles einst war, kam es wieder.*

*Ein Tag, der war nicht mehr als ein Tag,
Und sieben sind eine Woche.
Töten kam uns abscheulich vor
Und Sterben für eine ferne Epoche.*

*Und die Monate jagen so schnell dahin.
Aber vor uns liegen noch viele!
Wir waren wieder einfach nur jung.
Nicht Märtyrer. Heil'ge, Entehrte.*

*Dies und noch anderes kam uns in den Sinn
Beim geselligen Weitersingen;
Doch glich dies schönen Wolkengebilden –
Wer weiß schon, warum sie da hingen?*

Primo Levi, 1946

Die Akten bleiben zu

Drei Wochen lang war Marta mit mir in der Zelle, als das Bezirksgericht in Prag ihr Urteil plötzlich aufhob. Das Kreisgericht sollte neu verhandeln. Dies geschah, als das Urteil gegen unsere Gruppe schon gefällt war. Am 4. Mai, eine Woche vor meiner Ausweisung, reduzierte das Kreisgericht Martas Strafe auf neun Monate und erleichterte ihr die Haftbedingungen. Das Urteil mit der niedrigen Strafe ist aus den Archiven verschwunden.

Ein Jahr nach meiner Ausweisung wurde ein neues Urteil gegen Marta gefällt. Plötzlich packte ihr die Justiz die erlassene Strafe wieder drauf. Damals erhielt sie 27 Monate und wieder die allerhärtesten Vollzugsbedingungen. Und das, obwohl Marta dem Rentner, den sie betrogen hatte, die 300 Kronen zurückgegeben hatte.

Ich schickte das Urteil an Petr – zusammen mit einem Bescheid des Ministeriums, dass ich als Deutsche in Prag keine Akteneinsicht bekäme. Das Gesetz gestattet nur Tschechen und Slowaken den Zugang. Als ich direkt beim Minister dagegen protestierte, erlaubte man mir nur die Einsicht in die Protokolle der Verhöre von damals. Die kannte ich aber bereits aus dem Prozess.

»Meinst du, ich sollte gerichtlich dagegen angehen?« rief ich bei Petr an.

Er riet abzuwarten. Bald würde sich der Zugang zu den tschechischen Stasi-Akten normalisieren.

»Ich bin mir beinahe sicher, dass du in den Akten etwas finden wirst«, sagte er. Für mich war das fast so viel, als hätte er eingesehen, dass ich damals gehen musste, wenn ich überleben wollte.

Vier Jahre nachdem ich zum ersten Mal meine Suche in Prag aufgenommen hatte, erhielt ich die Nachricht, ich könne dort Akten einsehen. Erwartungsvoll brach ich auf, fuhr diesmal die alte Strecke mit der Bahn von Berlin nach Prag. Gerade hatte der Zug die tschechische Grenze überquert und den Grenzbahnhof passiert, an dem ich damals verhaftet worden war, da klingelte mein Handy. Petr begrüßte mich auf tschechischem Boden. Er wollte mich vom Hauptbahnhof abholen, also dort, wo ich ihn vor gut 30 Jahren zurücklassen musste. Zum ersten Mal nahm ich auch die Einladung an, bei ihm, Hanka und den Kindern zu wohnen. Als er dann tatsächlich auf dem Bahnhof stand, holte mich das Gewesene nicht mehr ein. Ich sah, wie er schwer atmete. Langzeitfolgen seiner Operation, dachte ich und zog es vor, meinen Koffer selbst zu tragen.

Gleich morgens rief ich Jan Frolík an, Petr lud ihn zum Essen ein. Er tat das für mich, denn er hatte sich längst mit Frolík überworfen. Frolík verberge die Akten eher, als dass er sie erschließe, warf Petr ihm vor. Gleich nach dem Frühstück suchte ich noch mal Pavel Bret auf.

»Wir haben uns entschieden, Sie als Geschädigte einzustufen. Damit haben Sie Zugang zu den Akten«, erklärte er mir.

Erwartungsvoll sah ich ihn an, glaubte, dass er mir nun die Akten bringe, doch ich bekam sie nicht zu sehen. Ich solle erst einmal zu Frolík gehen und sehen, was der für mich habe. Trotz seiner Zusage schien Bret Angst zu haben, dass man ihm Probleme bereiten könne, wenn er mir etwas zeige. Immerhin war ich ja Ausländerin. Und die waren nun mal nicht als anspruchsberechtigt im tschechischen Recht verzeichnet.

Noch am selben Tag ging ich zu Frolík, dem einstigen Mitangeklagten aus unserer Gruppe, mit dem ich schon gestritten hatte, weil er mir keine Akteneinsicht gewährt hatte. Diesmal holte er einen schmalen Schnellhefter und legte ihn mir vor. Darin enthalten waren alle Briefe, die ich an ihn im Laufe der vergangenen fünf Jahre geschrieben hatte, und seine Antworten an mich. Eine kafkaeske Situation. Man hatte mich im Kreis geschickt. Hatte man mich extra aus Deutschland kommen lassen, damit ich Briefe, die ich selbst zu Hause hatte, noch einmal sehe?

»Tut mir leid, es ist nicht meine Schuld«, sagte Frolík. Er wies auf einen Brief, den er vor Jahren an Bret geschrieben hatte. Darin hatte er ihn aufgefordert, meinen Fall zu untersuchen. Seither sei aber nichts erfolgt.

»Und du? Mehr hast du nicht?« fragte ich, bei allem Zorn darum bemüht, ihn nicht zu verstimmen. Sonst würde ich gar nichts sehen.

»Es ist alles geheim«, sagte er. Die Akten dürfe nur Pavel Bret anfordern.

»Und wenn ich dir genau die Daten und Namen gebe? Und du dann nachschaust?«

»Alles, was ich fände, wäre geheim.«

»Treffen wir uns trotzdem heute Abend?« fragt Frolík nun abwartend, als kämen wir jetzt zum Schluss und als ob er erwarte, dass ich nun die Einladung zum Essen wieder rückgängig machte.

»Na klar«, sagte ich.

Frolík dachte einen Augenblick nach. »Komm mit«, forderte er mich auf.

Er führte mich einen Gang entlang, und wir gelangten in einen kargen Computerraum. Er gab ein Passwort ein, und vor uns erschien eine Suchmaske. Hinter ihr verbargen sich die Decknamen der Stasi-Mitarbeiter und der Untersuchungsvorgänge. Zur Probe gab er einen Decknamen ein: »Skupina I«. Auf dem Bildschirm erschienen die Daten der Akte, von der er sagte, dass er sie Petr und mir nicht zeigen wolle, weil sie nur ihn betreffe. Obwohl auch ich darin ab und zu erwähnt würde. Dann schrieb er den Decknamen jenes IMs, der unsere Gruppe hatte auffliegen lassen. Er tippte eine ganze Reihe anderer Namen. Ich fragte mich, ob die wohl alle mit der Stasi kooperiert hatten. Endlich schrieb er auch Martas Namen. Kein Ergebnis. Als er aber ihren Mädchennamen eingab, tauchte er gleich mehrfach auf. Frolík hatte also etwas gefunden.

»Und was bedeutet das«, wollte ich wissen.

»Ich gehe davon aus, dass diese Marta der Polizei mehrfach einen Gefallen getan hat.«

Was das genau war, wusste er nicht. Martas Daten waren gelöscht und zwar – so die Datenmaske – schon Mitte der achtziger Jahre, also Jahre vor der Wende.

»Damals waren die Straftaten verjährt und hatten für die Staatssicherheit keine Bedeutung mehr«, erläuterte Frolík den Löschvorgang.

Lediglich eine Akte und zwar die über ihre Republikflucht nach 1948 ist erhalten. An der war ich nun wiederum nicht interessiert.

Bei dem Essen mit Frolík waren Petr und Hanka dabei. Wir saßen in einer Pizzeria und die Stimmung war wie eingefroren. Ich versuchte, alle etwas aufzulockern. Kein Erfolg. Frolík schnitt schweigend an seiner Pizza herum.

Nach dem Essen kam es endlich zum Gespräch. Petr hörte sich noch einmal alles genau an. In Frolíks Datenmaske war die Zeit, in der ich mit Marta zusammen in einer Zelle war, nicht dabei. Dabei müsste die vorläufige Minderung ihrer Strafe, die ich ja bereits aus früheren Dokumenten und dem Urteil ersehen konnte, irgendwo registriert sein – samt den Gründen, welche die Polizei dafür anführte. Frolík sagte, er gehe davon aus, dass Marta für die Stasi gearbeitet habe. Es müsse auch nicht alles in seinem zentralen Computer gespeichert sein. »Marta ist in ihrer Kreisstadt verurteilt und auch von der Polizei dort betreut worden. Die Akten aus den Kreisstädten sind in unserer Kartei nicht enthalten.« Auch wenn er es nicht beweisen könne: Es spreche alles dafür, dass Marta in meinem Fall der Stasi behilflich gewesen war.

Selbst Petr ist inzwischen überzeugt.»Nach dem, was Frolík heute gesagt hat, kannst du zu 99 Prozent sicher sein, dass Marta für die Stasi gearbeitet hat.«

Aber mit der Interpretation war es wie mit den Akten. Auch hier ging ich im Kreis. Noch einmal suchte ich Pavel Bret auf, legte ihm die Erklärungen von Frolík vor. Der schüttelte den Kopf.»Nein, das reicht so noch nicht.« Wenn eine Ausländerin im Spiel gewesen war, dann hätte das für die tschechoslowakische Stasi immer eine zentrale Bedeutung gehabt. Also müsste es auch zentrale und nicht nur lokale Akten gegeben haben. Bret versprach, sich bei mir zu melden, sofern er Unterlagen bekäme. Als unser Gespräch zu Ende ging, tauchte Frolík im Zimmer auf. Er hatte einen Termin mit Bret.

Lediglich im Justizministerium zeigte man mir ein neues Dokument. Es war die Übereinkunft zwischen dem Justiz- und dem Innenministerium, dass man mich damals in jedem Fall ausgewiesen hätte, ganz gleich, ob ich die Berufung zurückgezogen hätte oder nicht. Vorn auf der Mappe stand »Geheim«. Vom eigenen Hause sei das Dokument freigegeben, erklärte der Beamte. Dasselbe müsse aber noch vom Innenministerium geschehen. Ich könne das erst bekommen, wenn es von dort auch freigegeben sei.

»Und wer ist dafür zuständig«, fragte ich.

»Frolík«, lautete die Antwort.

Und was war mit der Reseda? In meinem Garten hat sie bisher nicht gewurzelt. Ich hatte die Hoffnung bereits aufgegeben, eine zu finden, da entdeckte eine Freundin die unscheinbare Pflanze in ihrem Garten. Auf ihrer Fensterbank wartete die Reseda auf mich. Getrocknet pflückte ich sie von ihrem Goldrandteller, zerrieb eine Blüte in meiner Hand. Sie roch ganz schwach nur, etwas ziehend und leicht süß. Ein Geruch, der in der Nase haftete. Sie roch nach vergangenem Leben, nicht nach Tod.

Jahrzehnte später – Nachwort zur Ausgabe 2018

Siebzehn Jahre vergingen. Mein Aufgeregtsein beim Thema Prag hat sich gelegt. Nur Anfangs hatte sie meine Suche und mein Schreiben bestimmt. Die Erinnerung bleibt immer etwas besetzt.

Dennoch arbeitete das Thema Prag weiter in mir. 2003 entstand für den WDR der Film »Was geschah in der Zelle – auf den Spuren einer politischen Haft«.[1] Noch einmal durchlief ich die Stationen meines damaligen Lebens, ging mit Petr Uhl in die ehemaligen Räume der Studentenvertretung an der Karlsuniversität, weiter in die Kleingartenkolonie, in der wir unsere Flugblätter gedruckt haben und die Abzugsmaschine versteckt hielten. Auch ins Gefängnis Ruzyň begleitete mich das Filmteam, in die grün fahle Zelle mit dem Eisenbett und in die maschendrahtbewehrten Frischluftzellen für den Hofgang. Die Bilder halte ich fest. Auch Jan Frolík und die Auszüge der digitalisierten Dateien der Stasi-Unterlagenbehörde, in denen Martas Name immer wieder vorkommt.

Marta vor die Kamera zu bekommen, war mein Ziel. Doch sie entzog sich immer wieder. Schließlich formulierte sie Bedingungen, wann sie bereit wäre, sich drehen zu lassen. Die sprachen für sich. Ich dürfe ihr keine Fragen stellen, hat sie sich ausbedungen. Im Vertrag mit dem WDR dürften ihr Name und

---

[1] »Was geschah in der Zelle – Auf den Spuren einer politischen Haft«, 45 Minuten (Regie Peter Sommer, Autorin Sibylle Plogstedt), WDR-dok. WDR Fernsehen. Kamera: Krzysztof Hampel, Schnitt: Susanne Schweinheim, Redaktion: Beate Schlanstein, Gudrun Wolter. 2003

ihre Adresse stehen, nicht jedoch ihr Geburtsdatum. Nur ihr Name, ihre Adresse und ihre Unterschrift. Weil ich ihr Geburtsdatum nicht erfuhr, kann Frolík in den Akten immer noch nicht klären, ob Marta für die Staatssicherheit gearbeitet hat.

Ich hätte auch nichts finden können. Aleš Kyr vom Gefängnisarchiv Pankrac erzählte mir über die Zeit, in der ich in Haft war: »Aus dieser Zeit gibt es weder im Innenministerium noch bei uns etwas. Die Agententätigkeit in den Gefängnissen war während des Prager Frühlings unterbunden worden. Erst Anfang der 1970er Jahre überlegten die Funktionäre wieder, ob es passend wäre, die Innere Sicherheit neu einzuführen. In unseren Archiven gibt es darüber die ersten Dokumente aus dem Jahr 1974.« Das war aber erst nach meiner Haft. Wenn es die Zellen-IMs trotzdem gegeben habe, was möglicherweise bei Marta der Fall war, wären sie illegal eingesetzt worden. Kyr versicherte, dass deswegen nichts schriftlich festgehalten wurde. Selbst wenn ich Martas Geburtsdatum hätte, könnte ich höchstens feststellen, ob Marta zu früheren Zeiten als IM eingesetzt wurde. Nicht aber ob sie das auch während ihrer Zeit mit mir war.

***

Nach der Samtenen Revolution wurden wir alle rehabilitiert. Es war eindeutig ein politisches Verfahren.

Und das Urteil selbst? Petr Uhl hat die Geschichte von Richter Kašpár recherchiert. Als wir vierzehn festgenommen und angeklagt wurden, so Petr, war Kašpár »ein einfacher Richter, und das nicht einmal in Prag. Man hat ihm gesagt: ‚Sie werden Gerichtspräsident, wenn Sie das Verfahren gegen Petr Uhl und andere annehmen`. Kašpár hat den Fall übernommen. »Er hat die Akten nicht einmal selbst gelesen. Das tat Zelenká, sein Stellvertreter, der hat alles vorbereitet. Und Kašpár hat uns verurteilt.« Zehn Jahre später kam Petr wieder in Haft. Kašpár war immer noch Gerichtspräsident. »Man hat ihm gesagt: Genosse Kašpár, wir haben hier wieder Petr Uhl und Konsorten. Der zweite Angeklagte war Václav Havel. Verurteilen Sie die und Sie werden Justizminister. Er hat uns verurteilt und einige Wochen später wurde er Justizminister.«

* * *

In dem Film kam es zu dem Treffen mit Marta. Auch vor der Kamera. Sie las ein Gedicht.
Marta las: »Für dich Sibylle. Gib mir die Hand!«, befahl sie. »Gib mir die Hand!« Sie ergriff mein Handgelenk, umklammerte es mit aller Kraft. Mein Gelenk wurde weiß. Entziehen konnte ich mich nicht, ohne die Aufnahme zu gefährden. Marta las:

Für dich, Sibylle!

Liebe.
Damit die Welt lebe.
Das Beste vom Leben.
Von Gott allein kann uns retten
und halten in der Welt.
Gesundheit.
Die Erfüllung deiner Wünsche,
vor allem die Liebe.

Greif mit beiden Händen nach ihr.
Schenk sie weiter,
schütze und pflege sie
wie eine seltene Blume.

In Liebe sollen nicht nur wir beide leben,
sondern die ganze Welt.

Liebe
durchleuchte deine Lebensjahre.
Öffne ihr dein Herz und geh auf sie zu.

Ich wand mich, rutschte beinahe wieder zurück in die Zeit der Hilflosigkeit, als ich Marta nicht abwehren konnte. So peinlich mir die Szene auch war, meine Schwäche zu zeigen, war ehrlich.

***

Mehr als zehn Jahre danach erhielt ich im Wendland, wohin ich umgezogen war, einen Anruf aus Südböhmen. Am Telefon war Martas Ehemann.
»Was wollen Sie«, fragte ich.
»Marta ist gestorben«, erzählte er. »Sie hat immer wieder davon gesprochen, wie wichtig es ihr war, dass Sie gekommen sind, um sie mit ihren Gedichten zu fotografieren«.
»Und was wollen Sie?«
»Ich möchte nur, dass Sie das wissen.«
Auf die Idee, noch einmal nach Martas Geburtsdatum zu fragen, kam ich nicht mehr.

Danksagung

Ehe ich die Gefängniserfahrungen bearbeiten konnte, lebte ich viele Jahre lang unter dem Gefängnistrauma. Aus Angst, noch einmal so verletzt zu werden, habe ich mich häufig früh und zu aggressiv verteidigt. Ich bitte alle, die ich aus diesem Grund verletzt habe, um Entschuldigung.

Ein besonderer Dank gebührt Marlies Enneking: Mit ihr ist es mir gelungen, die Erinnerungen, die ich im ersten Teil des Buches niedergelegt habe, aus dem Vergessen zu heben. Auch dass ich mich den Personen meiner Gefängniszeit zu stellen wagte, ist das Ergebnis der Arbeit mit ihr. Nach meinem Buch »Niemandstochter – Auf der Suche nach dem Vater« ist »Im Netz der Gedichte« das zweite Buch, zu dem sie mir durch die therapeutische Arbeit den Anstoß gab.

Marta zu finden war ein Abenteuer. In Prag halfen mir alte Freunde und Menschen, die mir unterwegs neu begegnet sind. Fast alle kommen in dem Buch vor, ihr Beitrag wird direkt sichtbar. Manche müssen hinter einem Pseudonym verborgen oder sogar unerwähnt bleiben. Namentlich danke ich Petr Uhl und Hanka Šabatová, dass sie mit mir über weite Strecken durch diesen Prozess gegangen sind und Jirina Šiklová für ihre Ermutigung. Bei der Rekonstruktion meiner Erinnerungen haben mir Briefe geholfen. Neben denen von Petr Uhl zählen dazu die, die meine Mutter damals an mich geschrieben hat. Beim Wiederlesen wurde mir deutlich, wie viel sie damals für mich getan hat, während ich in der Zelle saß, und wie selbstverständlich ich diese Unterstützung angenommen habe. Und dann trotzdem Misstrauen gegen sie entwickelt habe.

Während ich 30 Jahre rückwärts in meinen Gefängniserinnerungen grub, war an eine aktuelle journalistische Arbeit nicht zu denken. Das Förderprogramm Frauenforschung der Berliner Senatsverwaltung für Arbeit, berufliche Bildung und Frauen ist mit einem Stipendium eingesprungen. Auch die Heinrich-Böll-Stiftung hat vorab ein kleines Teilprojekt gefördert. Beiden sei gedankt.

Während der langen Erinnerungsarbeit brauchte ich viel Unterstützung. Viele haben mir zugehört, zum Teil täglich, und mich ermutigt. Ich danke ihnen. Einige haben irgendwann auch genug von dieser Geschichte gehabt. Dass sie das gezeigt haben, war schmerzlich, aber wichtig.

Mehrere Freundinnen sind mit mir das Manuskript durchgegangen. Namentlich möchte ich Franziska Groszer hervorheben. Eva Maria Epple, Prof. Marianne Krüll, Barbara Degen und Eva Kohlrusch verdanke ich wichtige Hinweise. Prof. Doris Janshen hat Martas Schrift begutachtet. Ich danke auch den Apothekerinnen Frau Schupp und Frau Nolden aus der Apotheke am Römerplatz in Bad Godesberg. Sie waren mir bei der Suche nach pharmazeutischen Erklärungen behilflich.

Alena Wagnerová hat mir Beistand geleistet bei der Rohübersetzung von Martas Gedichten. Denn die Gedichte stammen tatsächlich von Marta und haben mir geholfen, mich an die Szenen in der Zelle zu erinnern. Martas wahren Namen will ich nicht nennen. Mein Anliegen war, mir selbst über dieses Trauma Klarheit zu verschaffen und anderen zu zeigen, wie eine psychische Belastung wirkt und wie lange solch ein Druck über die Haftzeit hinaus andauert.

Glossar

Aktionsrat zur Befreiung der Frau
Frauengruppe im Berliner SDS. In Frankfurt am Main entstand der Weiberrat; beide 1968 gegründet.

Arbeiterräte
Der XIV. Parteitag der KPČ, der während der Invasion der Truppen des Warschauer Pakts im August 1968 tagte, beschloss, verstärkt Arbeiterräte ins Leben zu rufen. Daraufhin breiteten sie sich in den Betrieben und unter den Studenten sehr schnell aus. Sie wurden für Monate zu Trägern des Widerstands.

AStA
Allgemeiner Studentenausschuss. Je nach Landesgesetz und/oder Hochschulverfassung wird durch das gewählte Studentenparlament der AStA als Vertretung der Studierenden gewählt. Bis in die 1970er Jahre war die Mitwirkung der Studentenschaft an der Selbstverwaltung der Hochschulen auf die eigentlichen studentischen Angelegenheiten beschränkt (Studien- und Prüfungsordnungen, Studentenaustausch u.ä.). Die Studentenvertretung nahm Ende der 60er Jahre in Westberlin ein recht weitgehendes politisches Mandat wahr.

Baader-Meinhof-Gruppe
selbst genannt Rote Armee Fraktion (RAF). Sie entstand 1968–1970 unter Führung von Klaus Mahler, Andreas Baader und Ulrike Meinhof und wollte nach dem Vorbild von Che Guevara mit den Methoden der Stadtguerilla die Staats- und Gesellschaftsordnung der Bundesrepublik Deutschland umstürzen. 1972 wurde der »harte Kern« verhaftet und 1974 vor Gericht gestellt. Meinhof wurde 1974 erhängt in der Zelle gefunden, Holger Meins starb im selben Jahr während eines Hungerstreiks. Am 28. April 1977 wurden Andreas Baader, Gudrun Ensslin und Jan-Carl Raspe u.a. wegen

Mordes zu lebenslänglicher Haft verurteilt. Nachdem ein Versuch scheiterte, mittels der Entführung von Hans Martin Schleyer sowie einer Lufthansamaschine die Verurteilten freizupressen, wurden am 18. Oktober 1977 alle drei tot in der Zelle aufgefunden.

Berufsverbot (Radikalenerlass oder Extremistenbeschluss)
Beschluss von Bundeskanzler Willy Brandt und der Regierungschefs der Länder vom 28. Januar 1972, durch den linksradikale Bewerber oder DKP-Angehörige aus dem öffentlichen Dienst ausgeschlossen wurden. Begründete Zweifel an der Verfassungstreue eines Bewerbers rechtfertigten dessen Ablehnung. Der Beschluss stand im Zusammenhang mit der Ostpolitik Willy Brandts und sollte die SPD-Politik in der Öffentlichkeit von Sympathien gegenüber Linken abgrenzen. In den 1970er Jahren häufig angewandt, verzichten inzwischen außer Bayern alle Bundesländer auf die Regelanfrage beim Verfassungsschutz zur Überprüfung der Bewerber.

Bewegung 2. Juni
Entstand 1968 in Berlin und nannte sich Bewegung 2. Juni, um an den Tag zu erinnern, an dem der Student Benno Ohnesorg von einem Polizisten 1967 erschossen wurde. Die Bewegung 2. Juni, neben der RAF die zweite große Terrororganisation, entstammte ursprünglich dem Hasch- und Rockmilieu. Später war sie u.a. verantwortlich für die Erschießung des Berliner Kammergerichtspräsidenten Günther von Drenkmann 1974 und die Entführung des Berliner CDU-Vorsitzenden Peter Lorenz 1975. Ihre Aktionen blieben im Gegensatz zur RAF hauptsächlich auf Berlin beschränkt. Zwischen beiden Gruppen gab es eine Reihe von Kontakten, einige Mitglieder der Bewegung 2. Juni wechselten zur RAF. Ein Teil der Gruppe tauchte wie Inge Vieth in der DDR unter.

Bewegung der Revolutionären Jugend
Jugendgruppe, die Ende 1968 von Petr Uhl in Prag gegründet wurde. Nach dem Einmarsch und der Niederschlagung des Prager Frühlings waren die Mitglieder zunächst im Rahmen der Arbeiter- und Studentenräte tätig und setzten sich weiterhin für mehr Sozialismus, weniger Bürokratie und stärkere Rechte für die Arbeiterräte ein. Die Gruppe geriet in die Illegalität, nannte sich im Sommer 1969 um in Revolutionäre Sozialistische Partei. Im November 1969 löste sich die Gruppe wegen eines Spitzels auf, im Dezember 1969 wurden die Mitglieder inhaftiert und in erster Instanz 1971 wegen »Untergrabung der Republik und antistaatlicher Tätigkeit« verurteilt.

Charta 77
Oppositionsbewegung in der ČSSR, die aufgrund einer im Jahr 1977 zirkulierenden Unterschriftenliste entstand und sich für die Respektierung der Bürger und Menschenrechte in der ČSSR und in der Welt einsetzte. Die Charta blieb bis zur Wende 1989 eine der wichtigsten Oppositionsströmungen.

Courage
Berliner Frauenzeitung, gegründet von Sibylle Plogstedt und Sabine Zurmühl sowie einigen Frauen aus dem Berliner Frauenzentrum. Die erste Ausgabe erschien im September 1976, die öffentliche Nullnummer sogar schon im Juni. Ab Februar 1977 wurde die *Courage* bundesweit vertrieben. *Courage* war acht Jahre lang das Konkurrenzblatt zu *Emma* und berichtete über Entwicklungen in der Frauenbewegung: Theorie, Aktionen, Projekte. Die Zeitschrift erreichte Ende der 70er Jahre eine Auflage von über 70 000 Exemplaren. Als die Zahl der Leserinnen zurückging, musste *Courage* 1984 eingestellt werden.

Die Falken, Sozialistische Jugend Deutschlands
Politische Jugendorganisation, gegründet 1946. Hervorgegangen aus der sozialdemokratischen Reichsarbeitsgemeinschaft der Kinderfreunde und der Sozialistischen Arbeiterjugend Deutschlands, bekennt sich zu den Ideen des Demokratischen Sozialismus und steht der SPD nahe.

KPČ
Kommunistische Partei der Tschechoslowakei. 1921 gegründet, 1938 verboten, 1945 war sie an der Regierung beteiligt. 1948 übernahm sie die alleinige Regierungsverantwortung, die übrigen, noch bestehenden Parteien verloren ihre politische Eigenständigkeit, ebenso die slowakische Sektion. Die gesamte Staatsorganisation wurde nach dem Vorbild der Sowjetunion geordnet. Seit Mitte der 60er Jahre leiteten Kritik innerhalb und außerhalb der KPČ an der staatlichen Wirtschaftspolitik sowie am ideologischen Dogmatismus der Parteiführung – in Verbindung mit wachsender Unzufriedenheit in der Slowakei – einen innenpolitischen Gärungsprozess ein. Der reformerische Flügel im Zentralkomitee einigte sich im Januar 1968 auf Alexander Dubček als Ersten Sekretär. Der XIV. Parteitag der KPČ fand im August 1968 statt und rief zum friedlichen Widerstand gegen die Invasion der Truppen des Warschauer Pakts auf. Der Parteitag wurde nach der Invasion für

illegal erklärt. Es kam zu einem zweiten XIV. Parteitag. In der Folge der Friedlichen Revolution 1989 war die KPČ mit Marián Calfa als Ministerpräsident noch an der Spitze der Übergangsregierung, der Führungsanspruch der KPČ wurde aus der Verfassung gestrichen.

Prager Frühling
Reformbewegung in der ČSSR. Im Januar 1968 gewann eine Gruppe von Reformern um Alexander Dubček im Zentralkomitee der KPČ die Mehrheit und setzte die Wahl Dubčeks zum Generalsekretär der KPČ und die Wahl General Svobodas zum Staatspräsidenten durch. Unter Wahrung der Alleinherrschaft der KPČ suchte die neue Partei- und Staatsführung einen Sozialismus mit menschlichem Antlitz zu verwirklichen und die Wirtschaft zu reformieren. Das erste Halbjahr 1968 war gekennzeichnet durch die Aufhebung der Zensur und die offene Diskussion in den Medien. Der Prager Frühling endete mit dem Einmarsch der Truppen des Warschauer Pakts am 21. August 1968.

Praxis-Gruppe
Gruppe von Philosophen in Jugoslawien, die über viele Jahre lang auf der Insel Korčula eine Sommerschule durchführte. Aufgrund des damals von der Sowjetunion unabhängigen Wegs Jugoslawiens wurde die Sommerschule auch von vielen westlichen Linken besucht. Die Vertreter der Praxisgruppe gingen nach deren Auflösung sehr unterschiedliche Wege. Einige blieben unabhängig, andere gehörten zum engen Kreis von Milosevič.

RAF
Rote Armee Fraktion. Siehe Baader-Meinhof-Gruppe.

Republikanischer Club
Wurde in Westberlin und in anderen Städten ab 1966/67 gegründet als offener Diskussionsort für Nichtstudierende, Sozialisten und liberale Intellektuelle. Die Republikanischen Clubs waren sozialistisch, meist marxistisch ausgerichtet, nach 1969 lösten sie sich wieder auf.

Samtene Revolution
Friedliche Revolution in der ČSSR im Herbst 1989. Mit Demonstrationen, die zunächst von der Polizei brutal zerstreut wurden, erzwang das Volk im November 1989 den Dialog zwischen Regierung und Oppositionsgruppen und forderte tiefgreifende Umgestaltungen in der Gesellschaft. Das Bürgerforum (gegründet am 19.

November 1989) erzwang den Verzicht der KP auf ihre Führungsrolle im Staat und die Beteiligung von Reformpolitikern an der Regierung. Im Dezember 1989 wurde Marián Calfa zum Ministerpräsidenten und Václav Havel zum Staatspräsidenten gewählt.

SEW
Sozialistische Einheitspartei Westberlin. Im Sinne der von der DDR vertretenen Drei-Staaten-Theorie, wonach Westberlin neben der Bundesrepublik und der DDR ein selbständiges politisches Staatsgebilde sei, gab es in Westberlin eine eigene kommunistische Partei, die der SED nahestand und von dieser finanziert wurde.

Slánský-Prozess
Stalinistischer Schauprozess Anfang der fünfziger Jahre gegen Rudolf Slánský. Der tschechoslowakische Politiker war ab 1929 Mitglied des Zentralkomitees und des Politbüros der KP, ab 1945 Generalsekretär und beteiligte sich führend am kommunistischen Umsturz vom Februar 1948 in der Tschechoslowakei. 1951 wurde er auf Druck Moskaus als Generalsekretär abgesetzt und in einem Schauprozess am 27. November 1952 wegen »titoistischer und zionistischer Umtriebe« zum Tod verurteilt und hingerichtet. 1963 hob der Oberste Gerichtshof das Urteil auf, 1968 wurde Slánský rehabilitiert.

SDS
Sozialistischer Deutscher Studentenbund, 1946 gegründet. Die Studentenorganisation, ursprünglich der SPD nahestehend, geriet als Gegner des Godesberger Programms der SPD (1959) mit der Mutterpartei in Konflikt und entwickelte sich in den 60er Jahren zu einem Kristallisationskern der außerparlamentarischen Opposition sowie der neuen Linken in der BRD. Ziel des SDS war es, eine unabhängige linke Kraft zu sein. Der SDS war 1967–69 die tonangebende politische Kraft der studentischen Protestbewegung, zerfiel aber danach in verschiedene linke Strömungen und kommunistische Gruppen und löste sich 1969 auf.

Vnitřní Ochrana
Innere Sicherheit. Politische Abteilung der tschechoslowakischen Staatssicherheit. Eigentlicher Kern der Stasi.

Personenregister

Agnoli, Johannes, 1968 Assistent, seit den 1970er Jahren Professor für Politische Wissenschaften an der FU Berlin, emeritiert seit 1999. 76

Altvater, Elmar, 1968 Assistent, seit den 1970er Jahren Professor für Politische Ökonomie an der FU Berlin. 17

Bašta, Jaroslav (Jarda), 1968–69 Mitglied der Bewegung der Revolutionären Jugend, 1970–72 Haft, 1972–1990 Bau- und Metallarbeiter, seit 1976 in der Charta 77, 1990–1991 im Innenministerium stellvertretender Direktor der Abteilung zur Sicherung der Demokratie (FBIS), 1994–2000 Abgeordneter im Parlament der Tschechischen Republik für die Sozialdemokratie, 1998–2000 Minister ohne Ressort, 2000-2010 Botschafter der ČR in Moskau und Kiew. 80

Battěk, Rudolf, Wissenschaftler am Soziologischen Institut der Tschechoslowakischen Akademie der Wissenschaften, 1969–86 in politischer Haft, 1990–92 Vorsitzender der Volkskammer des tschechoslowakischen Bundesparlaments, im Jahr 2001 Präsident des Verbands der politischen Gefangenen und Präsident der Europäischen Bewegung. 140

Beinert, Micky, 1968 tätig für die Falken. 38

Bret, Pavel, Anfang der 90er Jahre stellvertretender Generalstaatsanwalt in der ČR, seit Mitte der 90er Jahre stellvertretender Leiter des Amtes für Dokumentation und Ermittlung der Verbrechen des Kommunismus (UDV), das dem Innenministerium angehört. 137f., 142 f., 179 f., 181

Bočkovský, Anwalt, der Sibylle Plogstedt beim Prozess

1971 vertrat. 84, 97f., 102, 141, 169

Brozovská, Matylda (Maša), erste Ehefrau Petr Uhls, angeklagt 1970 wegen Mitgliedschaft in der Bewegung der Revolutionären Jugend, im Prozess 1971 freigesprochen. 18

Čechal, Josef, 1969 Arbeiter aus Kladno bei Prag und Spitzel für die tschechoslowakische Staatssicherheit. 77 f.

Dubček, Alexander, 1968 zum Generalsekretär der KPČ gewählt, politischer Repräsentant des Prager Frühlings, 1969 abgelöst, 1990–92 Präsident des tschechoslowakischen Bundesparlaments, 1992 nach einem Autounfall verstorben. 80 f., 128

Dutschke, Rudi, prominenteste Figur aus der 68er Studentenbewegung in Berlin, im Frühjahr 1968 in Prag, nach einem Attentat am 11. April 1968 schwer verletzt, 1979 an den Spätfolgen des Anschlags verstorben. 16

Felcmann, 1970 Staatsanwalt in Prag. 121

Fišer, Zbyněk, tschechischer Philosoph und Leitfigur des tschechoslowakischen kulturellen »underground«, 1976 Unterzeichner der Charta 77, lebt seit den frühen 90er Jahren in Pressburg/Bratislava. 18

Fuchs, Jürgen, Psychologe und Bürgerrechtler, Haft in der DDR wegen Protests gegen den Einmarsch in Prag, 1977 ausgebürgert in die Bundesrepublik, freier Schriftsteller, viele Publikationen zu Stasithemen, verstorben 1999. 126

Frolík, Jan, Mitglied der Bewegung der Revolutionären Jugend, 1969–71 politische Haft, seit 1990 Leiter des Archivs, das die Akten der tschechoslowakischen Stasi aufarbeitet, 2016 verstorben. 43, 80, 119, 121, 141–144, 146, 178–182

Gollwitzer, Helmut, 1957–75 Professor für evangelische Theologie an der FU Berlin, protestierte schon 1955 gegen die Wiederaufrüstung der BRD, wandte sich in den 60er Jahren gegen den Krieg in Vietnam und unterstützte die Forderungen der Studentenbewegung, 1993 verstorben. 115

Horáček, Milan, Exil in Frankfurt am Main, organisierte nach 1968 Literaturtransporte in die ČSSR, Mitbegründer der Grünen, 1983–

85 Bundestagsabgeordneter, danach fünf Jahre Osteuropa-Experte der Grünen-Bundestagsfraktion, 2000 Leiter der Außenstelle der Heinrich-Böll-Stiftung in Prag, 2004–2009 Abgeordneter für Bündnis 90/Die Grünen im Europäischen Parlament. 118

Horák, 1969 Stasi-Offizier in Prag. 26, 28, 34–37, 39

Husák, Gustáv, nach 1945 u.a. Mitglied des Zentralkomitees und des Präsidiums der slowakischen KPČ (1945–50), Vorsitzender der slowakischen Landesregierung (1946–50) sowie Mitglied des Zentralkomitees (1949–51) und des Präsidiums der KPČ, 1951 des bürgerlichen slowakischen Nationalismus beschuldigt, inhaftiert, aus der Partei ausgeschlossen und zu lebenslanger Haft verurteilt, 1960 jedoch begnadigt, politisch rehabilitiert und wieder in die Partei aufgenommen, in der Zeit des Prager Frühlings stellvertretender Ministerpräsident, 1968 Mitglied des Präsidiums des Zentralkomitees der KPČ, 1969–71 Erster Sekretär, 1971–87 Generalsekretär der KPČ, löste 1975 Ludvík Svoboda als Präsidenten ab, blieb bis 1989 im Amt, 1990 verstorben. 53, 128

Kavan, Jan, nach 1968 Exil in London, gründete dort die Nachrichtenagentur *Palach-Press* und organisierte Literaturtransporte in die ČSSR, 1996 sozialdemokratischer Senator, 1998 Außenminister der tschechischen Regierung, 1999–2002 stellvertretender Ministerpräsident. 118

Kašpár, 1971 Gerichtsvorsitzender beim Prozess gegen die Mitglieder der Revolutionären Jugend. Ebenso im Prozess gegen Petr Uhl und Vaclav Havel u.a. 142, 183

Klaus, Václav, 1992–97 Ministerpräsident der ČR, Parteivorsitzender der Konservativen Partei, seit 1998 Vorsitzender der Abgeordnetenkammer des tschechischen Parlaments.170

Kovanda, Karel, 1968 Studentenvertreter an der Prager Karls-Universität, damals auch Treffen mit Rudi Dutschke, nach 1968 im Exil u.a. in den USA und China, in den 90er Jahren hohe Funktionen im Außenministerium der ČR, u.a. 1994 Botschafter der ČR bei der UN in New York, 1996–2005 bei der NATO und der WEU in Brüssel. 16, 85

Krahl, Hans-Jürgen, früher SDS-Theoretiker in Frankfurt

am Main, 1970 nach einem Autounfall verstorben. 17

Krivine, Alain, 1968 gemeinsam mit Daniel Cohn-Bendit einer der Protagonisten der Pariser Mai-Revolte, Sprecher der linksradikalen Ligue Communiste Révolutionnaire (LCR), in Berlin Redner auf dem Vietnamkongress im Jahr 1968, 1999–2004 Abgeordneter im Europaparlament. 18

Kunzelmann, Dieter, 1967 zusammen mit Rainer Langhans und Fritz Teufel treibende Kraft der Gründung der Kommune I, die durch Happenings und provokante Aktionen auf sich aufmerksam machte, Kontakte zur RAF, 1971–75 in Haft, u.a. wegen Brandanschlägen, Engagement in der Hausbesetzerszene in Berlin, 1983–85 Abgeordneter der Alternativen Liste im Berliner Abgeordnetenhaus, 1990 aus der Partei ausgetreten, lebt als Autor in Berlin. 32

Kyr, Aleš, Leiter des Gefängnisarchivs in Pankrác. 183

Lengsfeld, Vera, Bürgerrechtlerin in der DDR, 1994–96 Abgeordnete für Bündnis 90/Die Grünen, wechselte 1996 über zur CDU-Fraktion. 126

Mandel, Ernest, belgischer Wirtschafts- und Politikwissenschaftler dt. Herkunft, nach dem Zweiten Weltkrieg Journalist in Deutschland, 1954–63 Berater für den belgischen Gewerkschaftsbund, vertrat in vielen Veröffentlichungen und Gastvorträgen an Universitäten eine marxistische politische Ökonomie trotzkistischer Prägung, Cheftheoretiker und Sekretär der trotzkistischen IV. Internationale, 1995 verstorben. 18, 38

Marek, Franz, nach 1968 prominenter Dissident der Kommunistischen Partei Österreichs, spaltete sich nach der Invasion in Prag mit anderen von der KPÖ ab und begründete die Zeitschrift *Wiener Tagebuch*. Verstorben 2012. 124

Moneta, Jakob, 1962 bis Ende der 70er Jahre Chefredakteur der Zeitschriften des Deutschen Gewerkschaftsbundes *Metall* und *Der Gewerkschafter*, zum Teil zeitgleich Mitglied im Zentralkomitee der GIM (Gruppe Internationaler Marxisten) und in den Leitungsgremien der trotzkistischen IV. Internationale, 1991–95 Mitglied des Vorstands der PDS. Verstorben 2012. 38

Müller, Jirí, 1968 Studentenvertreter an der Prager Karls-Universität, damals auch Treffen mit Rudi Dutschke, sieben Jahre aus politischen Gründen im Gefängnis, 1990–92 Abgeordneter des Tschechischen Nationalrates (Parlament), danach kurze Zeit Chef des Geheimdiensts der tschechoslowakischen Föderation. 16

Ohnesorg, Benno, Student, am 2. Juni 1967 von einem Polizisten erschossen bei einer Demonstration, die sich gegen den Besuch des Schahs von Persien in Berlin richtete. 115, 128, 189

Pachmann, Ludek, Schriftsteller, Journalist und siebenfacher Schachmeister der ČSSR, gehörte während des Prager Frühlings zu den Unterzeichnern des »Manifests der 2000«, das die volle Gewährung der Menschenrechte forderte, nach der Intervention als politischer Gegner von 1969–70 eineinhalb Jahre in Haft mit zeitweiser Unterbringung in der Psychiatrie, aus Partei und Schachverband ausgeschlossen und Aberkennung seiner Ehrentitel, 1972 erneute Haft, im November 1972 Ausreise in die BRD. Verstorben 2003. 144

Palach, Jan, Student, verbrannte sich am 6. Januar 1969 auf dem Prager Wenzelsplatz aus Protest gegen die Invasion. 34

Pithart, Petr, 1968 Assistent an der Juristischen Fakultät der Prager Karls-Universität, musste 1970 aus politischen Gründen die Universität verlassen und sich danach als Arbeiter und kleiner Angestellter durchschlagen, Unterzeichner der Charta 77, 1990–92 Ministerpräsident der ersten tschechischen Regierung nach der Samtenen Revolution, 1996–1998 Senatspräsident, 1998–2000 Senator und stellvertretender Senatspräsident. 140

Rüger, Sigrid, warf am 13. September 1968 auf der 20. Delegiertenkonferenz des SDS die als Fanal der Frauenbewegung berühmt gewordene Tomate, arbeitete als Wissenschaftlerin am Berufsbildungsinstitut (bibb) in Berlin, 1995 verstorben. 17

Šabatová, Anna (Hanka), politische Haft 1971–73, 1986 Sprecherin der Charta 77, Mitte der 90er Jahre stellvertretende Direktorin der sozialen Dienste des Prager Magistrats, 1998 Menschenrechtspreis der Vereinten Nationen. 2014 Ombudfrau der ČR. 123, 139, 141, 146, 161, 178, 180, 186

Sander, Helke, 1968 Mitbegründerin des Weiberrats und der Kinderladenbewegung im SDS, hielt auf der Delegiertenkonferenz im Herbst 1968 eine Rede zu Frauenfragen, Autorin und Regisseurin, seit 1981 Professorin an der Hochschule für Bildende Künste in Hamburg, Co-Direktorin des Bremer Instituts für Film und Fernsehen. 17

Schily, Otto, Jurist, u.a. Strafverteidiger in RAF-Prozessen, ab 1983 Abgeordneter der Grünen im Bundestag, 1989 Wechsel zur SPD, stellvertretender Fraktionsvorsitzender, seit 1998 Innenminister der rot-grünen Bundesregierung. 124

Siepert, Waltraud, Mitte der 70er Jahre Mitglied des Berliner Frauenzentrums, dann in der Bewegung 2. Juni, 1975 verhaftet und zu einer mehrjährigen Haftstrafe verurteilt. 117 f.

Šiklová, Jiřina, 1968 Assistentin an der Philosophischen Fakultät der Karls-Universität, erhielt Berufsverbot, arbeitete lange als Putzfrau, 1981–1982 ohne Urteil in Untersuchungshaft, nach der Samtene Revolution Leiterin des Lehrstuhls für Sozialarbeit an der Philosophischen Fakultät der Karls-Universität, Gründerin des Gender Studies Center in Prag. 11, 140, 147, 186

Steiger, Štěpán, 1969 tätig in der Bewegung der Revolutionären Jugend. 130

Šustrová, Petra (Petruška), 1968–1969 Mitglied der Bewegung der Revolutionären Jugend in Prag, ein Jahr politische Haft, 1985 Sprecherin der Charta 77, 1991 für kurze Zeit stellvertretende Innenministerin. Danach freiberufliche Journalistin. 77

Svoboda, Ludvík, Offizier und Politiker, förderte als Verteidigungsminister und Oberbefehlshaber der Armee (1945–51) die Machtübernahme durch die KPČ, 1950 im Zentralkomitee, 1951 im Präsidium der KPČ, Ende 1951 aller politischen Funktionen enthoben, ab 1956 Kommandeur der Militärakademie, im März 1968 von den Reformern zum Präsidenten der ČSSR gewählt, stellte sich anfangs gegen die sowjetische Intervention, passte sich aber rasch an, Rücktritt 1975, verstorben 1979. 34

Treulieb, Jürgen, 1968 Student der Politologie und AStA-Vorsitzender der FU Berlin, wissenschaftlicher Mitarbeiter für die Fraktion Bündnis 90/Die Grünen im Bundestag in Berlin. 17

Uhl, Petr, als Anführer der Bewegung der Revolutionären Jugend 1969 zu vier Jahren Haft verurteilt, später als Gründer der Charta 77 zu weiteren fünf Jahren, arbeitete aufgrund eines Berufsverbots u.a. als Heizer, war 1990–92 Abgeordneter im tschechoslowakischen Bundesparlament und bis Mitte der 90er Jahre Direktor von ČTK (Tschechische Presseagentur), Chefredakteur von *Listy*, danach Journalist und Kolumnist, seit 1998 Menschenrechtsbeauftragter der tschechischen Regierung. 10–12, 18–20, 23, 25 f., 29, 32–37, 39 f., 43-46, 49–54, 61, 73–81, 84, 97-102, 104, 106 f., 112, 118–121, 123f., 127, 132, 139–141, 144-148, 159-161, 166, 168, 173, 177–184

Wesel, Uwe, Professor für Rechtsgeschichte und Zivilrecht an der FU Berlin seit 1969, 1969–73 erster Vizepräsident, setzte sich für die Belange kommunistischer Gruppen, insbesondere für den Kommunistischen Studentenverband (KSV) ein, 1974 nach dem dritten Parteiverfahren aus der SPD ausgeschlossen, der er seit 1960 angehörte, Autor zahlreicher Bücher. 125

SIBYLLE PLOGSTEDT

1945 in Berlin geboren, absolvierte ein Studium der Sozialwissenschaften in Berlin. Sie war von 1965 bis 1969 Mitglied des Sozialistischen Studentenbundes. 1969 geriet sie in Prag in politische Haft. In den Jahren 1974– 1976 war Sibylle Plogstedt an der FU Berlin mit Berufsverbot belegt. 1976 wurde sie Mitgründerin der feministischen Zeitschrift *Courage*. Von 1986 bis 1989 war sie Redakteurin des *Vorwärts* in Bonn, danach freie Journalistin für verschiedene Fernseh-, Hörfunk- und Internetredaktionen. Sibylle Plogstedt lebt als freie Autorin im Wendland. Bisher erschienen ihre Bücher »Frauenbetriebe. Vom Kollektiv zur Einzelunternehmerin« (2006) und »Erbenstreit und Mediation« (2008), letzteres in erweiterter Neuauflage unter dem Titel »Erbenstreit. 25 Familienfälle« (2018) im Ulrike Helmer Verlag.

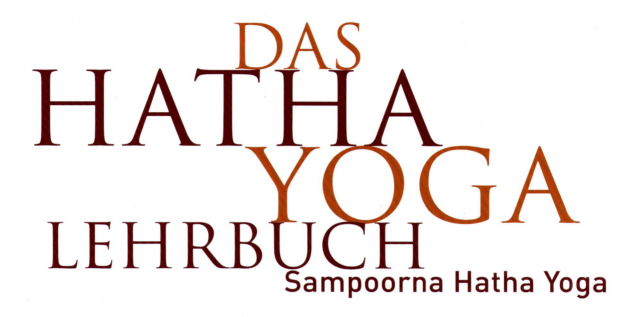

DAS HATHA YOGA LEHRBUCH
Sampoorna Hatha Yoga

Perfektion in Bewegung

systemed

DAS HATHA YOGA LEHRBUCH
Sampoorna Hatha Yoga

Perfektion in Bewegung
Die 150 besten Übungen

Brahmadev Marcel Anders-Hoepgen

12 EINLEITUNG

16 DIE (MYTHOLOGISCHE) ENTSTEHUNG DES HATHA YOGA

19 DIE LINIE DER MEISTER

- **19** Meister Sivananda
- **20** Swami Vishnu-Devananda
- **20** Swami Nada Brahmananda
- **21** Shri Yogi Hari
- **22** Was bedeuten die Worte Guru und Ashram?
- **22** Der Geist des Lernenden

24 SAMPOORNA HATHA YOGA

- **26** Richtige Übung
  Die Wirkung der Asanas ...27
  Aufmerksamkeit beim Üben ...28
  Die Unterschiede für Anfänger und Fortgeschrittene ...28
  Die unterschiedlichen Stufen des Übens ...28

- **30** Richtige Atmung
  Die Anatomie des Atemapparates ...32
  Der feinstoffliche Aspekt der Atmung ...33
  Die Atemübungen ...34
  Shatkriyas ...37

- **38** Richtige Entspannung
  Das autonome Nervensystem ...40
  Das autonome Nervensystem und der Geist ...40
  Sampoorna Raja Yoga ...41
  Wie kann man den Geist zu Ruhe bringen? ...41
  Meditationstechniken ...43
  Moksha Mantras ...44
  Der Bauer und der Djini ...45
  Der Geist ...46
  Der Geist im Sampoorna Hatha Yoga ...48

- **50** Richtige Ernährung
  Der Verdauungstrakt ...52
  Das „wie und was" der yogischen Ernährung ...52

- **54** Die richtige Geisteseinstellung, oder Positives Denken
  Sampoorna Bhakti Yoga ...56

INHALT

- 58 Die Hatha Yoga Pradipika
- 62 Sampoorna Nada Yoga
  Ahata-, Anahata-Klänge ...67
- 68 Sampoorna Gian Yoga
- 72 Sampoorna Karma Yoga
  Der Weg zum Erfolg ...75

76 DIE PRAXIS

- 78 Der Aufbau der Stunde
- 80 Sampoorna Hatha Yoga Stunde, Stufe 1
- 113 „Herantasten" an die Stunde
  Schritt 1 ...115
  Schritt 2 ...115
  Schritt 3 ...116
  Schritt 4 ...116
  Schritt 5 ...116
- 117 Variationen in der Stunde

120 VARIATIONEN

- 122 Sitzhaltungen
- 125 Atemübungen
- 126 Aufwärm- und Kräftigungsübungen
  Variationen im Sonnengruß ...128
  Variationen im Krieger ...132
  Tratakam im Stand ...137
- 138 Logische Sequenz von Asanas
  Variationen im Delfin ...140
  Variationen im Kopfstand ...142
  Variationen in Schulterstand, Pflug, Brücke, Rad ...145
  Variationen im Fisch ...148
  Variationen in den vorwärtsbeugenden Übungen ...150
  Variationen in den rückwärtsbeugenden Übungen ...156
  Variationen im Drehsitz ...162
  Variationen in den Gleichgewichtsübungen ...166
  Variationsreihe der Hand-Fuß-Stellung ...172
- 176 Übungen auf dem Stuhl
- 179 Schlusswort
- 184 Impressum

Widmung

Dieses Buch ist meinem Guru, Lehrer, Mentor und Freund **Shri Yogi Hari** *gewidmet. Er ist die Kraft, das Wissen und die Inspiration, die hinter diesem Buch steht. Shri Yogi Hari ist einer der großen Yogameister unserer Zeit. Er beleuchtet die Wissenschaft des Yoga mit einem neuen Licht und bringt der Menschheit dieses Wissen auf eine ganz unkomplizierte Weise dar, sodass sie im täglichen Leben anwendbar ist. Ich fühle mich sehr geehrt, von ihm lernen zu dürfen. Durch seine hingebende, liebevolle Art mich zu lehren und zu leiten, bin ich zu diesem Punkt in meiner Entwicklung gekommen, an dem ich mich in der Lage gefühlt habe, seine Lehren aufzuschreiben. Eigentlich müsste er als Autor für dieses Buch genannt werden, da ich lediglich derjenige war, der es zu Papier gebracht hat.*

[Vorwort, Danksagung]

„Mögen Gottes und Gurus Segen dieses Buch zu einem großen Erfolg machen. Dieses Buch wird eine tiefgehende Inspiration und Hilfe für all diejenigen sein, die Wissen, Führung und Verständnis im Hatha Yoga suchen, der Wissenschaft, die zu guter Gesundheit, Wohlbefinden und der höchsten Erleuchtung führen kann. Om Shanti."

Shri Yogi Hari

[Perfektion in Bewegung]

Danksagung

Die Liste der Menschen, denen ich danken möchte, ist eigentlich unendlich lang: meiner Familie, Lehrer, Freunde und Bekannte, meinen Teilnehmer in den Kursen etc. Von allen Seiten her bekomme ich so viel Liebe, Unterstützung, Verständnis und Interesse an dem, was ich tue. Ich bin in diesem Leben wirklich gesegnet, dass ich das erleben darf. Ich möchte jedoch ein paar Menschen ganz besonders danken, die mir bei der Erstellung dieses Buches geholfen haben.

Zunächst natürlich meinem Guru Shri Yogi Hari für (ich kann es nicht anders sagen als) „alles".

Sabine Schmieder vom systemed Verlag, für die schnelle, tolle, unkomplizierte und inspirierende Zusammenarbeit.

Karsten Kuppig für die schönen Fotos, es macht immer Spaß, sich vor seiner Kamera zu verbiegen.

Meiner Frau Lalita. Was für eine Geduld sie mit mir hat, ist unbeschreiblich. Vielen Dank für die uneingeschränkte Liebe, das Vertrauen und die geistige Unterstützung und Motivation.

Vor allem aber möchte ich meinen beiden Kindern Brahmananda und Saraswati danken, die mich in der Zeit des Schreibens und Nachdenkens geduldig entbehren und mein Leben mit Freude und Wonne erfüllen. Die Reinheit, Klarheit und bedingungslose Liebe, die sie ausstrahlen, die Konzentration, das niemals Aufgeben, wie sie alles können und lernen wollen ist eine echte Inspiration. Die größte Entbehrung, die ich in meinem Leben zu leisten habe, ist die Zeit, die ich nicht mit ihnen verbringen kann. Kinder sind der schönste Weg, sich Gott zu nähern. Vielen Dank!

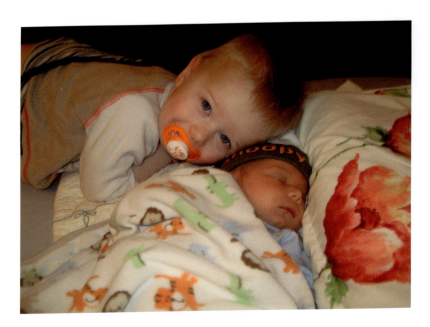

[Lebenslauf]

[Perfektion in Bewegung]

Lebenslauf

BRAHMADEV MARCEL ANDERS-HOEPGEN
praktiziert Yoga und Meditationstechniken schon seit früher Kindheit. Nachdem er das Musikstudium an der Musikhochschule Köln mit den Hauptfächern klassische Gitarre und Gesang abgeschlossen hatte, konzertierte er in über 400 Konzerten in Europa und Amerika und veröffentlichte zwei CDs mit Gitarrenmusik.

Yoga und Meditation halfen ihm sehr bei dem Umgang mit Lampenfieber, sodass er seine Studien in diese Richtung vertiefen wollte. Er begann eine Yogalehrer-Ausbildung und merkte sehr bald, dass er, um die Tiefen des Yoga erfahren zu können, einen kompetenten Lehrer brauchte, der ihn persönlich lehren konnte. Eher durch Zufall betrat Brahmadev auf einer Yogalehrer-Fortbildung einen Raum, um an einer Hatha Yoga Stunde teilzunehmen. Der Raum war mit mehr als 130 übervoll und nur ein Platz direkt vor dem Lehrer war noch frei. Als der Lehrer ihn nach vorne bat, nahm er die Einladung dankend an und lernte so dem Spruch „Ist der Schüler bereit, ist der Lehrer nicht weit." gerecht werdend seinen Guru Shri Yogi Hari kennen. Er war sofort von Shri Yogi Haris Ausstrahlung, seiner Art zu unterrichten und dem Effekt des Sampoorna Hatha Yoga begeistert.

Während der nächsten Tage probierte er so oft wie möglich an Shri Yogi Haris Unterricht teilzunehmen, um möglichst viel von diesem großen Meister lernen zu können. So lernte er einen weiteren Bestandteil des Sampoorna Yoga, Nada Yoga (der Yoga der Musik) kennen, wodurch sich ihm die lang ersehnte Verbindung seines bisherigen Berufes als Musiker und dem Yoga offenbarte. Als er am Ende des Kurses Shri Yogi Hari bat, ihn zu lehren, lud ihn dieser ein, bei ihm zu leben und zu lernen. Da sein Verlangen, diese Lehre in ihrer Tiefe zu ergründen so groß geworden war, gab er seinen Beruf als Musiker auf und folgte Shri Yogi Haris Einladung nach Florida.

Seitdem widmet er sein ganzes Leben dem Lernen und Lehren von Sampoorna Yoga. 2004 verlieh im Shri Yogi Hari den Titel Sampoorna Yoga Meister. 2005 erschien sein erstes Buch „Die Hatha Yoga Schule" mit begleitenden Übungs-CDs. 2006 kehrte er auf die Bitte Shri Yogi Haris hin zurück nach Deutschland, um die Lehre des Sampoorna Yoga zu verbreiten.

01

[Perfektion in Bewegung]

01 [Einleitung]

PERFEKTION IN BEWEGUNG

IN ALLEN TRADITIONEN UND KULTUREN der Welt gibt es immer wieder Menschen, die durch ihre Spiritualität, die Religion oder durch das Ausüben bestimmter Techniken einen Bewusstseinszustand erreichen, der über das „normale" Erleben, Denken und Empfinden hinausgeht. In diesem erhabenen Zustand erleben sie etwas, das sie als das innerste Selbst oder Gott bezeichnen.

Unabhängig vom Weg der dorthin geführt hat, wird das Erleben dieses überbewussten Zustandes, der u.a. als Samadhi, Turiya, Erleuchtung oder Yoga bezeichnet wird, von allen recht ähnlich beschrieben. Sie stoßen hierbei jedoch alle auf das gleiche Problem; sie probieren etwas in Worte zu fassen, was nicht mit Worten erklärbar ist bzw. versuchen dem Geist etwas zu erklären, was jenseits seiner Kapazität liegt. Um ihren Mitmenschen trotzdem eine Inspiration zu sein und sie zu motivieren, den Weg zu beschreiten, der zu diesem Bewusstseinszustand führt, geben sie Analogien oder beschreiben Gefühle, die eine Idee davon vermitteln, wie sich dieser Zustand anfühlt. So wird er u.a. als absolutes Sein, absolutes Wissen, absolute Wonne, Stille, Glückseligkeit, die wahre Natur, das Erleben der Göttlichkeit, Frieden, Einheit, höchste Vollkommenheit und Perfektion beschrieben. Die Heiligen und Yogis geben uns gleichzeitig das Versprechen, dass auch wir anhaltende Zufriedenheit und Glücklichkeit erreichen können. Hierzu nutzen sie sich selbst als Beispiel, indem sie sagen: „Schau mich an, ich bin ein Mensch genau wie Du, und ich habe es geschafft, in mir das Ziel der Ziele zu finden. Wenn Du dem Weg folgst, den ich Dir zeige, wirst Du auch dort ankommen." Diese Beschreibungen sollen uns Menschen helfen, uns auf den spirituellen Pfad zu begeben und uns die Motivation geben, uns aus eigenem Antrieb heraus zu bewegen.

Da es viele unterschiedliche Kulturen, Religionen, Sprachen und Typen von Menschen gibt, sind im Laufe der Zeit viele Wege mit unzähligen Variationen entstanden, die alle das gleiche Ziel der Erleuchtung anstreben. Man könnte das mit dem Besteigen eines Berges vergleichen. So wählt der eine den langsameren, sich schlängelnden Weg, da dies seiner körperlichen Verfassung entspricht oder er die Aussicht genießen möchte. Ein zweiter wählt die steile Nordwand, ein anderer fährt mit dem Rad und noch ein anderer nutzt die Seilbahn. Alle kommen oben an und erleben, obwohl sie vollkommen unterschiedliche Erfahrungen auf dem Weg gemacht haben, die gleiche Aussicht. In der indischen Tradition wird nicht nur das höchste Ziel spiritueller Entwicklung als Yoga bezeichnet, sondern auch alle Wege, die dorthin führen. So gibt es Yogawege die sich direkt an die verschiedenen Aspekte der menschlichen Persönlichkeit wenden. Raja Yoga beschäftigt sich hauptsächlich mit dem Steigern der Konzentrationskraft, Gian Yoga schärft das Vermögen der intellektuellen Analyse, Bhakti Yoga richtet sich vor allem an die Transformation der Emotionen, Karma Yoga an die Transformation des Ego, Nada Yoga nutzt Musik, um den Geist zu erheben, und Hatha Yoga strebt über bestimmte Übungen, die Kontrolle über den Fluss der Energie zu erlangen und dadurch den Geist zu transzendieren an. Im Grunde genommen kann man diese Yogawege nicht wirklich voneinander trennen, so wie man die unterschiedlichen Aspekte unserer Persönlichkeit auch nicht voneinander trennen kann.

Ein Beispiel: Stellen Sie sich nur einmal vor, was passiert, wenn man sich, ursprünglich gut gelaunt, kräftig den Kopf stößt. Die Ursache dafür liegt in der Unachtsamkeit des Geistes; der Effekt ist, dass man einen starken Schmerz empfindet. Aber was passiert dann? Die ursprünglich gute Stimmung ist weg, man wird sauer oder genervt (Emotion) und die Konzentration (Geist) wird sich für einige Zeit nur schwer davon lösen können. Man kann zwar probieren, die Situation zu analysieren und „gutzureden" (Intellekt), aber der Einfluss von Körper und Emotionen wird dominant bleiben. Erst nach einiger Zeit, wenn der Schmerz nachlässt und der Geist sich beruhigt, kann man den „Vorfall" vergessen. Umgekehrt kann man auch sehen, wie man positiven Einfluss ausüben kann. Wenn man z.B. schlecht gelaunt oder aggressiv ist, und dann Yoga oder Sport macht, man sich also mit dem Körper beschäftigt, so wird sich die Stimmung in der Regel verbessern. Genauso kann jede andere Kategorie von Körper, Geist, Emotionen, Intellekt und Ego die anderen sowohl positiv als auch negativ beeinflussen. Deshalb möchte ich die verschiedenen Yogawege in diesem Buch etwas näher erklären.

Wie bereits erwähnt ist das höchste Ziel des Yoga die Erleuchtung. Man kann es natürlich auch für viele andere Zwecke nutzen. So gibt es Menschen, die im Yoga einen Ausgleich zum alltäglichen Leben suchen, um Stress abzubauen oder den Körper zu trainieren. Andere wollen Konzentrationskraft erhalten, damit sie erfolgreicher sein können. Wieder andere praktizieren Yoga, um „besseren" Sex zu haben etc. Das sind sicherlich alles legitime Gründe, aber eben nicht alles, was man durch Yoga erreichen kann. In diesem Buch

Die Heiligen und Yogis geben uns das Versprechen, dass auch wir anhaltende Zufriedenheit und Glücklichkeit erreichen können.

[Perfektion in Bewegung]

möchte ich das System des Hatha Yoga als Weg zur Vollkommenheit, zur Perfektion beschreiben. Ein System, das über das Perfektionieren zielgerichteter Bewegungen von Körper, Energie und Geist den Übenden Schritt für Schritt auf der Leiter der spirituellen Entwicklung nach oben führt, um absolute Harmonie und Perfektion in Körper, Geist und Seele zu erlangen.

Ich werde dies aus meiner Sicht des Sampoorna Hatha Yoga tun. Natürlich bin ich der Meinung, dass Sampoorna Hatha Yoga der beste Yogastil ist. Der beste für mich! Stellen Sie sich nur mal vor, wie unsinnig es wäre, wenn dies nicht der Fall wäre und ich Aussagen treffen müsste wie: „Wir im Sampoorna Hatha Yoga machen das auf diese Weise. Es wäre aber eigentlich sinnvoller, es so auszuführen, wie in dem-und-dem Stil." Ich will damit nicht sagen, dass es der einzige Weg ist, aber es ist der Weg, den ich von meinem Guru gelernt habe, der für mich funktioniert, mein Leben erfüllt und transformiert und mich die Göttlichkeit in mir und um mich herum erfahren lässt. Diese Schönheit, Wonne und Vollkommenheit, die er in mir erzeugt, möchte ich gerne mit Ihnen teilen.

Sampoorna Yoga ist die Frucht Yogi Haris unermüdlichen Strebens nach Perfektion. Es ist kein totes, festgefahrenes Bücherwissen, sondern ein lebendiger, wachsender, sich entwickelnder Weg des Yoga. Wenn es in diesem Buch etwas gibt, das Sie irritiert oder verärgert, so möchte ich Sie bitten, dies zu entschuldigen und mir zu glauben, dass dies einzig an einer mangelnden Gabe zu erklären meinerseits liegt und nicht an diesem wunderbaren System selbst.

„Sampoorna Hatha Yoga – Perfektion in Bewegung"

02

[Die (mythologische) Entstehung des Hatha Yoga]

02 [Die Linie der Meister]

DIE (MYTHOLOGISCHE) ENTSTEHUNG DES HATHA YOGA

„Ehre sei dem ersten Gott und Guru Sri Adinath, der uns das Wissen um Hatha Yoga als eine schrittweise Methode geschenkt hat, um den höchsten Zustand der Vollkommenheit zu erreichen, der Raja Yoga genannt wird."
Hatha Yoga Pradipika

IN DER INDISCHEN MYTHOLOGIE wird Gott immer wieder in unterschiedlichen Formen dargestellt. Es handelt sich dabei jedoch nicht um unterschiedliche Gottheiten, sondern um den einen Gott, der, je nachdem welche Funktion er gerade übernimmt, eine andere Form und einen anderen Namen annimmt. So wie ich für meine Kinder „Papa" bin und die Funktion des Vorbildes übernehme, ich bin liebevoll, voller Zuneigung, albern, verspielt und biete Schutz. Für meinen Lehrer bin ich „Schüler", ich suche Rat und Führung. Für meine Schüler bin ich „Lehrer", ich gebe Rat und Führung und in einem Geschäft bin ich „Kunde", ich bringe Geld. Wenn ich im Garten arbeite, trage ich alte Kleidung und zu einem geschäftlichen Gespräch einen Anzug. Ich bin immer der gleiche, sehe nur manchmal etwas anders aus und erfülle andere Funktionen.

In der Mythologie des Hatha Yoga wird Gott als Shiva (Adinath) bezeichnet, der mit seiner Gefährtin Parvati auf dem Berg Kailash lebt. Eines Tages betrachtete Parvati die Welt und sah das Leid der Menschheit. Sie wurde sehr betroffen und fragte ihren Gatten: „Mein Herr, ich kann nicht mit ansehen, wie unsere Kinder leiden, kannst Du sie bitte aus dem Leid erlösen?" Shiva antwortete: „Nein, das kann ich nicht, denn die Natur dieser Welt, die Natur der Gegensätze, bedeutet Leid. Aber ich kann dir einen Weg zeigen, wie sich die Menschen selbst von dem Leid befreien können. Setze Dich und höre gut zu." Dann tauchte Shiva tief in die Meditation ein und lehrte Parvati das System des Hatha Yoga. Als er geendet hatte und die Augen öffnete, sah er zu seinem großen Verdruss, dass Parvati eingeschlafen war. „Was für eine Tragödie", dachte Shiva, „dass dieses göttliche Wissen, das in dem Zustand der Intuition durch mich hindurch geflossen ist, von niemandem gehört wurde und dadurch verloren gegangen ist." Kaum hatte er dies gedacht, fiel sein Blick auf einen kleinen Teich, aus dem ihn ein Fisch mit großen Augen ganz aufmerksam ansah. Shiva erkannte, dass der Fisch das ganze Wissen des Hatha Yoga aufgenommen hatte. Er segnete den Fisch, sodass dieser zu Matsendranath wurde, dem ersten Hatha Yogi. Dieser gab es dann weiter an Goraknath und begründete damit die Linie der Hatha Yogis.

Die mystische Bedeutung dieser Geschichte ist, dass wenn man nach Selbsterkenntnis verlangt, man Hingabe und gezielte Konzentration entwickeln kann (der niemals blinzelnde Fisch), wodurch man den schlafenden Zustand der Natur (Parvati) hinter sich lässt und in den höchsten Zustand, das absolute Wissen (Shiva) eintaucht. Die Offenbarung des absoluten Wissens (der Segen Shivas) transformiert den Geist von einem niederen in ein göttliches Wesen (der Fisch wird Matsendranath).

In der Hatha Yoga Pradipika wird dann beschrieben, wie das Wissen des Hatha Yoga immer von einem Meister an seine Schüler weitergegeben wurde. Die Schüler lebten dazu traditionellerweise etwa 12 Jahre mit dem Meister zusammen und wurden in allen Aspekten des Yoga geschult. Einige der Schüler blieben so lange bei dem Meister, bis sie selbst die Meisterschaft erreichten und der Meister sie fortschickte, sodass sie selbst lehren konnten. So wurde dieses Wissen über die Jahrtausende hinweg weitergegeben.

[Die (mythologische) Entstehung des Hatha Yoga]

DIE LINIE DER MEISTER

IM 6. JAHRHUNDERT gab es einen großen Meister namens Shankaracharya. Während dieser Zeit war die Yogapraxis sehr verwässert, und es herrschte viel Scharlatanerie. Shankaracharya etablierte vier neue Mönchsorden in ganz Indien und brachte die „reine" Lehre des Yoga zurück. Diese vier Mönchsorden sind die bis in die heutige Zeit bestehenden Orden. Meister Sivananda Saraswati (s.u.) gehörte einem dieser Orden an.

Meister Sivananda

MEISTER SIVANANDA wurde am 8. September 1887 in Indien geboren und entstammte einer sehr bekannten Priesterfamilie. Von Kindesbeinen an widmete er sein Leben dem Studium der hinduistischen Schriften und der Ausführung der dort beschriebenen Praktiken zur Geisteserhebung. Nach seiner Schulausbildung verspürte er den Drang, seinen Mitmenschen zu dienen und zu helfen. Um dies zu tun, konnte er sich keinen besseren Weg denken als den des Arztes. So studierte er Medizin und arbeitete viele Jahre in einem Krankenhaus in Malaysia. Während dieser Zeit erkannte er, dass die Hauptursache für das Leid der Menschen ihre Unwissenheit ist und dass er mit seiner Arbeit als Arzt nur die Symptome und nicht die Ursache für die Krankheiten bekämpfte. Dieser Gedanke ließ ihm keine Ruhe, und er begann nach einem Weg zu suchen, der anhaltende Gesundheit und Zufriedenheit bringt. Diesen Weg fand er im Yoga.

Er kündigte seinen Job und ging zurück nach Indien. Dort traf er seinen Guru (Yogameister), von dem er die Anweisungen für seine Yogapraxis bekam. Er praktizierte viele Jahre sehr intensiv Yoga und wurde einer der großen Meister seiner Zeit. Während dieser Zeit beobachtete er, dass viele Yogapraktizierende sehr einseitig übten. Sie konzentrierten sich z.B. nur auf den körperlichen Aspekt oder nur auf die Emotionen. Dadurch erreichten sie oftmals nicht das gewünschte Ziel der Harmonie zwischen Körper, Geist und Seele. Dies veranlasste Meister Sivananda dazu, einen integrativen Yogaansatz zu formulieren, indem er die wichtigsten Aspekte der unterschiedlichen Yogawege mit seinem medizinischen Wissen verband. Diesen Stil nannte er den **„Integralen Yoga"**.

1932 gründete er den **Sivananda Ashram**, 1936 die **Divine Life Society** und 1948 die **Yoga Vedanta Forest Academie**. Obwohl Meister Sivananda Indien niemals verließ, verbreitete sich sein Ruf in Windeseile durch die ganze Welt, und schon bald kamen Menschen aus der ganzen Welt, um von ihm zu lernen. Manche Schüler waren so fasziniert von diesem Weg, dass sie viele Jahre mit Meister Sivananda lebten. Einige von ihnen sind Swami Vishnu-Devananda (s. S. 20), Swami Nada Brahmananda (s. S. 20), Swami Chidananda und Swami Satyananda. Diese Menschen wurden durch ihre intensive Ausbildung und den ständigen Kontakt zu Meister Sivananda selbst zu großen Yogameistern und halfen, dessen Wissen in der ganzen Welt zu verbreiten. **Swami Sivananda** war besonders wegen seiner Weltoffenheit, Freundlichkeit und Großzügigkeit bekannt. Er schrieb mehr als 200 Bücher und hatte Schüler, die den unterschiedlichsten Nationen, Religionen und Glaubensrichtungen angehören. Seine Lieblingsmottos waren: „Diene, Liebe, Gib, Reinige Dich, Meditiere und Verwirkliche" und „D I N" (Do It Now = Tu es jetzt). 1963 trat er in Mahasamadhi ein und verließ seinen Körper.

Swami Sivanands Motto war:
„D I N", Do It Now (Tu es jetzt)

02 [Die Linie der Meister]

Swami Vishnu-Devananda

SWAMI VISHNU-DEVANANDA wurde am 31. Dezember 1927 in Kerala (Indien) geboren. Da es für ihn finanziell nicht möglich war die Universität zu besuchen, schloss er sich der indischen Armee an, um dort die wissenschaftliche Ausbildung zu erhalten, nach der er sich sehnte.

Während dieser Zeit fand er eines Tages einen Prospekt mit dem Titel „20 spirituelle Anweisungen" von Meister Sivananda. Der Prospekt begann mit den Worten „Ein Gramm Praxis ist besser als Tonnen Theorie". Die praktische Anwendbarkeit und Kraft dieser Worte brachten ihn dazu, sich auf die lange Reise quer durch Indien zu begeben und Meister Sivananda im entfernten Rishikesh im Himalaya zu treffen. Er war 18 Jahre alt, als er den Meister traf. Er verließ die Armee und schloss sich der Divine Life Society an. Nach einigen Jahren ernannte ihn Meister Sivananda zum Professor für **Hatha Yoga** an der Vedanta Forest Acadamie, wo er viele Menschen in Hatha Yoga ausbildete. Auf die Bitte Swami Sivanandas hin begab er sich auf eine Weltreise, um die Lehren des Yoga zu verbreiten. 1958 gründete er das **Sivananda Yoga Center** in Montreal. Dem folgten viele weitere Zentren und Ashrams in der ganzen Welt. Am 09. November 1995 trat Swami Vishnu-Devananda in Mahasamadhi ein.

Swami Nada Brahmananda

SWAMI NADA BRAHMANANDA wurde am 05. Mai 1896 in Mysore (Indien) in einer königlichen Familie geboren. Er begann seine musikalische Ausbildung im Alter von 20 Jahren und führte diese 17 Jahre lang mit hoher Disziplin unter der Führung berühmter Lehrer fort. Er wurde ein sehr bekannter Musiker und konzertierte viele Jahre in ganz Indien. 1950 zog er sich, der indischen Tradition folgend, aus dem weltlichen Leben zurück, trat in den Sivananda Ashram ein und legte das Sanyas-(Mönchs-)Gelübde ab. Dort widmete er seine ganze Zeit der Perfektionierung der Musik im Sinne von **Nada Yoga**, als Praxis zur Geisteserhebung mit dem Ziel der Selbstverwirklichung. Er war ein brillanter Sänger, ein Meister der Tablas (Trommeln), des Harmoniums und der Swaramandala. Er perfektionierte die Wissenschaft des Taan-, Mantra- und Bhajansingens. Er demonstrierte viele für den westlichen Geist atemberaubende Fähigkeiten, wie z.B. das Erzeugen von Klangschwingungen in jedem beliebigen Teil des Körpers. Eine andere erstaunliche Auswirkung seiner Yogapraxis war, dass er in der Lage war, 37 Minuten nicht zu atmen, während er Tabla spielte! Er hat sich vielen wissenschaftlichen Tests unterzogen, die seine Kontrolle über die unterschiedlichen Körperfunktionen bewiesen. So konnte er z.B. seinen Blutdruck mittels seines Geistes auf 240 erhöhen. Er demonstrierte diese Fähigkeiten nicht um zu zeigen, wie toll er ist oder was für ein großer Meister er ist, sondern um zu zeigen, dass es weit mehr gibt, als sich unsere westliche Wissenschaft vorstellen kann. Swami Nada Brahmananda kam 1975 nach Amerika, um die Gebäude zu sehen, die die Wolken berühren und die Züge, die unter der Erde fahren. Nachdem er das Empire State Building bestiegen hatte und mit der New Yorker Untergrundbahn gefahren war, war dieser Wunsch schnell erfüllt. So wollte er wieder zurück nach Indien, wurde aber kurzfristig von Swami Vishnu-Devananda zu einem Yogakongress auf den Bahamas eingeladen. Dort lernte **Yogi Hari** ihn kennen. Yogi Hari studierte 14 Jahre lang mit Swami Nada Brahmanandaji. Am 30. März 1993, im Alter von 98 Jahren, trat Swami Nada Brahmananda in Mahasamadhi ein.

Shri Yogi Hari

YOGI HARI wurde am 22. Juni 1945 in einer traditionell hinduistischen Familie geboren. Er ist ein weltweit anerkannter, respektierter Meister, hochgeschätzt für sein klares, inspirierendes Unterrichten. Im Alter von 22 Jahren sagten ihm seine Ärzte voraus, dass er für den Rest seines Lebens Medikamente nehmen müsste, da durch falsche Ernährung in der Kindheit sein Immunsystem nicht stark genug sei. Diese Vorstellung war natürlich nicht sonderlich erfreulich, und so begann er intensiv Yoga zu üben. Seine Gesundheit verbesserte sich stetig, sodass er nach wenigen Monaten die Medikamente endgültig absetzen konnte. Nach acht Jahren intensiver Praxis erkannte er, dass er für den weiteren Yogapfad einen kompetenten Lehrer brauchte. Als er dann 1975 seine Gurus (Meister) Swami Vishnu-Devananda und Swami Nada Brahmananda traf, zog er sich aus dem weltlichen Leben zurück und verbrachte sieben Jahre im Sivananda Ashram, wo er sich komplett dem Yogastudium (Sadhana) hingab. 1986 wurde er von Swami Vishnu-Devananda in den heiligen Rishi Orden eingeweiht. 1982 gründete er seinen eigenen Ashram in **Fort Lauderdale**, Florida, wo ihn Swami Nada Brahmananda jeden Winter einige Monate lang besuchte und ihn weiter lehrte.

Sampoorna Yoga ist die Frucht von Yogi Haris unermüdlichem Streben nach Perfektion, sowohl in seiner Praxis als auch in seinen Lehren. Es ist das Yoga der Fülle; es integriert auf intelligente Weise Hatha, Raja, Karma, Bhakti, Jnana und Nada Yoga, um alle Aspekte

[Die (mythologische) Entstehung des Hatha Yoga]

der menschlichen Persönlichkeit zu verfeinern und harmonisch zu entwickeln, sodass die Seele in ihrem göttlichen Glanz erstrahlen kann. Sein Ansatz ist tiefgehend, einfach und praktisch. Er hilft Menschen ungeachtet ihrer Herkunft, ein reicheres, fröhlicheres Leben zu führen. Sampoorna Yoga kann uns helfen, Gesundheit, inneren Frieden und Zufriedenheit zu erlangen, da diese sowieso in uns liegen und wir sie nur entdecken müssen.

Sampoorna Yoga ist das Yoga der Fülle.

02 [Die Linie der Meister]

Was bedeuten die Worte Guru und Ashram?

IN DEN 70er-JAHREN des 20. Jahrhunderts gab es eine Phase, in der es „schick" war, sich mit der indischen Philosophie zu beschäftigen. Dies war die Zeit, in der viele Sekten und Scharlatane ihr Unwesen trieben. Viele sogenannte Gurus gründeten ihre eigene Religion und eröffneten „Ashrams" (Zentren), in denen die „Schüler" zusammen wohnten oder sich trafen. Manche dieser Organisationen und Sekten verlangten von den Schülern, dass sie ihren gesamten Besitz der Organisation überschrieben und erzeugten eine große Abhängigkeit, zum einen finanziell, aber vor allem emotional. Durch dieses Verhalten sind hier im Westen die Begriffe Ashram und Guru sehr in Verruf geraten. Das Wort Guru bedeutet eigentlich „der, der die Dunkelheit vertreibt". Gemeint ist damit die Dunkelheit der Unwissenheit. Der Guru ist also ein spiritueller Meister, der Schüler unterrichtet. In Indien wird dieses Wort auch für andere Bereiche benutzt, so wird z.B. der Musiklehrer als Guru bezeichnet oder der Schuhmacher, der seinen Lehrling ausbildet. Die Eltern werden generell als die ersten Gurus angesehen.

Das Wort Guru bedeutet eigentlich „der, der die Dunkelheit vertreibt".

Ein **Ashram** ist ein Ort, an den sich Menschen für bestimmte Zeit zurückziehen können, um körperlich, geistig und spirituell aufzutanken. Im weltlichen Leben werden Geist und Sinne permanent nach außen gezogen, und dadurch wird die Energie zerstreut und erschöpft. Im Ashram passiert genau das Gegenteil. Das Leben im Ashram ist darauf ausgerichtet, die Energie nach innen zu richten, die Sinne zu disziplinieren und den Geist zu beruhigen. Das Bewusstsein für die eigene innere Natur erwacht und bringt uns näher an die Quelle der Heilung und des inneren Friedens. Ein Ashram ist auch ein Ort, an dem Menschen, die auf der Suche nach der Wahrheit sind, zusammenkommen, um ein Leben gemäß ethisch-moralischen Richtlinien zu leben und dadurch ihre Evolution zu beschleunigen. Als Menschen haben wir die Fähigkeit, unsere geistige Evolution zu beschleunigen. Ein Ashram bietet die besten Bedingungen, um dies zu unterstützen. Dies bedeutet nicht, dass man aus der Gesellschaft „aussteigen" muss. Oder dass das Leben im Ashram nur etwas für Menschen ist, die es schwierig finden, in dieser Gesellschaft zu existieren bzw. in ihr nicht funktionieren können. Ganz im Gegenteil, der Ashram ist Teil der Gesellschaft und probiert auf möglichst effiziente Weise, die Gesellschaft zu unterstützen und in Kontakt mit der Gesellschaft zu sein, sodass diese vom Ashram profitieren kann. Ein Ashram bildet sich meist um einen Meister oder Guru. Er gibt das Wissen der Meister, die ihm in der spirituellen Erbfolge vorangegangen sind, weiter.

Als Menschen haben wir die Fähigkeit, unsere geistige Evolution zu beschleunigen. Ein Ashram bietet die besten Bedingungen, um dies zu unterstützen.

Er hat das Wissen geerbt, hält es lebendig und fügt den Reichtum seiner eigenen Erfahrung hinzu. In Indien wird der Ashram als etwas Heiliges angesehen, da in ihm die Tradition, das Wissen und ethisch-moralische Richtlinien erhalten und weitergegeben werden. Er wird als ein so wichtiger Teil der Gesellschaft angesehen, dass die Gesellschaft ihn finanziell unterstützt.

Der Geist des Lernenden

Eines Tages kam ein berühmter Universitätsprofessor zu Meister Nan-in, um von ihm etwas über Zen zu lernen. Nan-in servierte der Tradition folgend Tee. Er goss die Tasse seines Besuchers voll und hörte nicht auf, weiter zu gießen. Der Professor beobachtete das Geschehen und dachte wahrscheinlich bei sich „Wieso bin ich bloß zu diesem Trottel gekommen? Wie soll der mich lehren?" Schließlich konnte er es nicht mehr mit ansehen und sagte: „Es ist übervoll, Nan-in, es geht nichts mehr hinein!" „Schön, dass Du das bemerkt hast", antwortete der Meister, „so wie diese Tasse bist auch Du übervoll mit Deinen eigenen Meinungen und Deinem Wissen. Wie kann ich Dir etwas beibringen, bevor Du Deine Tasse geleert hast?"

Ähnlich geht es uns oft, wenn wir etwas lernen wollen. Wir haben unsere Schulzeit hinter uns gebracht, eventuell eine Ausbildung absolviert und jede Menge an Lebenserfahrung gesammelt. Dann finden wir etwas, das uns interessiert, wir beschäftigen uns damit und kommen irgendwann an einen Punkt, an dem wir alleine nicht weiterkommen. Also suchen wir uns einen Lehrer. Wir gehen zu dem Lehrer, damit er uns unterrichten kann, doch dann passiert etwas Seltsames: Wir vergessen, dass wir etwas von diesem Menschen lernen wollen, und bei der erstbesten Gelegenheit probieren wir, dem Lehrer zu zeigen, was wir besser wissen und wo die Fehler des Lehrers liegen. Die Aufgabe des Lehrers besteht nun darin, diese frisch errichtete Wand langsam und geduldig wieder einzureißen, damit unser Geist wieder in der Lage ist, etwas aufzunehmen. Dies kann man gemeinhin als absolute Zeitverschwendung bezeichnen. Die Stunden oder Tage, die der Lehrer investieren muss, um uns daran zu erinnern, dass wir etwas von ihm wollen, könnten wir eigentlich schon darauf verwenden, uns das Wissen des Lehrers anzueignen.

Um wirklich gut und schnell lernen zu können, muss unsere „Tasse" leer sein. Leer von unserem Stolz und Egoismus. Wenn man einmal wirklich darüber nach-

[Die (mythologische) Entstehung des Hatha Yoga]

denkt, ist es nämlich genau das, um was es dabei geht. Wir kommen zu einem Lehrer und müssen uns erst einmal beweisen. Das soll nicht bedeuten, dass man seinen eigenen Intellekt abschalten soll und schafsgleich „Ja und Amen" zu allem sagt. Aber – um das noch einmal zu wiederholen – man geht ja schließlich zu dem Lehrer, weil er etwas besser kann als man selbst. Wenn das nicht der Fall wäre, wieso sollte man dann zu ihm gehen?

Gerade der Pfad des Yoga und Sadhana (Ausübung spiritueller Praktiken) bringt oft Schwierigkeiten und Enttäuschungen mit sich, da man diesen Weg oft mit vielen festgelegten Vorstellungen und Fantasien betritt. Oftmals wird dem Schüler genau das Gegenteil von dem präsentiert, was er sich vorgestellt hat. Wenn man diese Hindernisse jedoch nicht als Hilfe erkennt, kann es abschreckend wirken, sodass man diesen Pfad verlässt und mit dem Üben aufhört. Das wäre der größte Irrtum. So möchte ich Sie bitten, dieses Buch mit einem offenen Geist zu lesen. Wenn Sie dieses Buch lesen, haben Sie sich wahrscheinlich schon etwas mit dem Thema Yoga beschäftigt und eine „Idee" davon bekommen, was Hatha Yoga ist. Sie werden in diesem Buch wahrscheinlich immer wieder auf Ansichten über Yoga stoßen, die nicht mit dem übereinstimmen, was Sie bislang gehört oder gelesen haben oder vielleicht sogar scheinbar das Gegenteil darstellen. Das kann dazu führen, dass Sie sich diesen Ideen gegenüber verschließen und sich so eine Chance nehmen, Hatha Yoga auf eine andere Art zu erleben. Eine Art, die „sampoorna", Fülle, Vollkommenheit in Ihnen erzeugen kann.

03

[Sampoorna Hatha Yoga – Richtige Übung]

03 [Richtige Übung]

SAMPOORNA HATHA YOGA

Wenn man die verschiedenen Aspekte des Yoga betrachtet, so bietet uns Sampoorna Hatha Yoga sicherlich den leichtesten Einstieg, da es mit der Arbeit an dem Teil unserer Persönlichkeit beginnt, den wir direkt fühlen und (im wahrsten Sinne des Wortes) begreifen können, dem Körper. Der erste Schritt im Sampoorna Hatha Yoga ist das Erreichen körperlicher Gesundheit, denn nur in einem gesunden Körper wohnt ein gesunder Geist. Wir beachten hierzu fünf Punkte: richtige Übung, richtige Atmung, richtige Entspannung, richtige Ernährung und richtige Geisteseinstellung. Wie Sie sehen, sagen wir nicht nur Übung, Atmung etc., sondern richtige Übung, richtige Atmung etc., da es hier große Unterschiede gibt, die ich im Laufe des Buches beschreiben werde.

Richtige Übung

DER MENSCHLICHE KÖRPER ist ein unglaublich faszinierendes Wunderwerk der göttlichen Schöpfung, über das man sicherlich ganze Enzyklopädien schreiben könnte. Um den Rahmen dieses Buches nicht komplett zu sprengen, kann ich Ihnen hier leider nur kleine „Häppchen" anbieten, in der Hoffnung, Sie zu motivieren, sich näher mit diesem Thema zu beschäftigen. Ich selbst erlebe immer wieder, wie sehr ein wachsendes Verständnis für den Körper mein Verständnis im Sampoorna Hatha Yoga vertieft.

Das Gehirn ist zweifelsfrei der wichtigste Teil unseres Körpers. Unter anderem empfängt und verarbeitet es Informationen von außen, entwickelt Pläne als Reaktion auf diese Informationen und sendet die entsprechenden Befehle an die passenden Stellen. Um Informationen von den einzelnen Teilen des Körpers an das Gehirn und Impulse an sie zurücksenden zu können, brauchen wir ein ausgeklügeltes Netzwerk, das Nervensystem. Das Nervensystem besteht aus zwei großen Teilen, dem zentralen Nervensystem (Gehirn, Stammhirn und Rückenmark) und dem peripheren Nervensystem (die Nerven, die aus dem Rückenmark austreten und den Körper enervieren). Um die Nerven möglichst gut vor Beschädigung zu schützen, hat Mutter Natur einen großen Teil in feste, knöcherne Strukturen (dem Schädel und der Wirbelsäule) eingebaut. Die Wirbelsäule übernimmt neben dem Schutz des Rückenmarks noch weitere wichtige Funktionen. So ermöglicht sie es dem Körper aufrecht zu sein und bietet durch ihren besonderen Aufbau eine Vielzahl möglicher Bewegungen. Außerdem übernimmt sie durch ihre doppelte S-Krümmung und die zwischen den Wirbeln liegenden Bandscheiben eine Stoßdämpfer-Funktion für das Gehirn, das sonst durch die permanenten Krafteinwirkungen beim Laufen oder Springen beschädigt würde. Die Wirbelsäule übernimmt also eine zentrale Funktion im Körper und ist deshalb auch das zentrale Objekt der Sampoorna Hatha Yoga Praxis. Genau genommen nicht die Wirbelsäule, sondern das komplexe System an Muskeln, Sehnen und Bändern, die die Wirbelsäule umgeben, sie an Ort und Stelle halten und bewegen.

Der Körper an sich kann aber eigentlich nicht in verschiedene Teile geteilt, sondern nur als Ganzes betrachtet werden. Ich konnte das schon das ein oder andere Mal am eigenen Leibe erfahren. Besonders eindrucksvoll war für mich jedoch, als ich mir ein Außenband im Fuß gerissen habe und dadurch ein paar Wochen lang nicht richtig laufen konnte. Um den verletzten Fuß weniger zu belasten, musste ich eine „Schonhaltung" einnehmen, was zur Folge hatte, dass sich die Symmetrie in meinem Körper verschoben hat. Dieses Ungleichgewicht im Körper hat dann wiederum dafür gesorgt, dass bestimmte Muskeln mehr arbeiten mussten als normalerweise, sodass Verspannungen entstanden sind, die schmerzhaft wurden (z.B. in Nacken und Rücken). Es hat mich nach Abheilung der Verletzung einige Monate gekostet, das Gleichgewicht wieder vollkommen herzustellen. Als ich dann ein paar Monate später einmal etwas länger laufen musste, bekam ich starke Knieschmerzen, die ich mir nicht erklären konnte, bis mir auffiel, dass ich Schuhe trug, die ich in der Zeit des Bänderrisses viel getragen habe. Ich habe die Schuhe anscheinend so „schief" gelaufen, dass mein „wieder hergestellter" Körper durch die erzwungene Asymmetrie der schiefen Schuhe angefangen hat zu schmerzen. So hat jeder Teil des Körpers eine Verbindung mit dem restlichen Körper. Diese Verbindung besteht nicht nur auf einer muskulären Ebene, sondern auch auf der Ebene der Organe, wie in der Fußreflexzonentherapie gezeigt wird. (Die Fußreflexzonentherapie besagt, dass jeder Teil des Körpers in den Füßen widergespiegelt wird und dass man über Stimulieren der jeweiligen Zonen im Fuß den dementsprechenden Teil des Körpers stimulieren kann.)

Im Sampoorna Hatha Yoga verwenden wir deshalb ein Übungssystem, das in jeder Übungseinheit den ganzen Körper beansprucht. Die Ziele der Übungen sind auf körperlicher Ebene zunächst die gleichmäßige Kräftigung der Muskulatur, der Ausgleich der Muskelspannung und das Ausrichten des Körpers, um Symmetrie herzustellen.

Die Wirbelsäule übernimmt eine zentrale Funktion im Körper und ist deshalb auch das zentrale Objekt der Sampoorna Hatha Yoga Praxis.

[Sampoorna Hatha Yoga]

Bewegung im Körper geschieht immer über das Zusammenziehen von Muskulatur, wobei die jeweilige Muskulatur die Bewegung nur in eine Richtung ausführen kann. Möchte ich bspw. den Arm beugen, so muss ich dafür den Bizeps (den Muskel auf der Vorderseite des Oberarmes) nutzen. Der Bizeps ist über Sehnen mit dem Unterarm verbunden, sodass, wenn er sich zusammenzieht, sich der Unterarm bewegt. Entspanne ich nun den Bizeps, so würde der Arm ohne die Hilfe der Schwerkraft in gebeugter Stellung bleiben, da der Bizeps den Arm nicht wieder strecken kann. Hierzu benötigen wir den Gegenspieler auf der anderen Seite des Arms, den Trizeps. Genauso haben wir für jeden Muskel im Körper einen Gegenspieler, damit eine Bewegung auch wieder rückgängig gemacht werden kann. Die Muskulatur hat jedoch nicht nur die Funktion des Bewegens, sondern auch die des Stabilisierens. So wird der Bizeps gespannt, wenn man eine Tasche trägt und der Trizeps, wenn man sich aufstützt und die Arme gerade halten möchte etc. Die Kräftigung der Muskulatur kann deshalb auch unterschiedlich erfolgen, um den verschiedenen Ansprüchen zu genügen. So führen wir manche Übungen als sich wiederholende Bewegung aus und andere als statische Stellung. Wie gesagt trainieren wir immer den ganzen Körper, sodass Spieler und Gegenspieler gleich trainiert werden und Symmetrie entstehen kann.

Die Wirkung der Asanas

Jede einzelne Asana (Yogastellung) hat positive Auswirkungen auf unterschiedlichen Ebenen, die ich am Beispiel des Schulterstandes (vergl. S. 100) darstellen möchte:

Die körperliche Ebene:

Der Schulterstand kräftigt die Arm-, Bauch- und Rückenmuskulatur und dehnt die Nacken- und Schultermuskeln.

Durch die Umkehrung der Schwerkraft fließt viel Blut aus den Beinen zum Oberkörper. Das Herz muss kräftiger schlagen, um das Blut wieder zu den Beinen zu pumpen und wird dadurch gekräftigt.

Es fließt viel Blut zum Hals- und Nackenbereich, was die Funktion der Schilddrüse unterstützt.

Die energetische Ebene:

Im Schulterstand wird viel Energie zu dem Energiezentrum (Chakra) im Hals gebracht.

Wenn eine Umkehrstellung mühelos gehalten werden kann, wirkt sie wie eine Verjüngungskur, da sie dann den Prozess des Alterns aufhalten oder gar umkehren kann.

Die geistige Ebene:

Der Schulterstand wird als die Stellung der Ganzheit angesehen, da er alle Teile von Körper, Geist und Seele harmonisiert.

Im Sampoorna Hatha Yoga sehen wir jedoch davon ab, die einzelnen Asanas als „therapeutische" Übung einzusetzen, da wir zum einen vermeiden wollen, durch das Ausüben nur einer Stellung ein Ungleichgewicht in allen Systemen zu erzeugen. Zum anderen bräuchte eine solche „Verschreibung" auch eine wirklich gründliche Anamnese, um die Ursache eines Problems zu erkennen. Ein Beispiel: Lange Zeit war die im Westen übliche Behandlung von Kopfschmerzen die Einnahme einer Kopfschmerztablette. Dies ist sicherlich effizient, da es das Schmerzempfinden unterbricht und somit die Kopfschmerzen „weg" sind. Dass sie nicht „weg" sind, wird einem leider im wahrsten Sinne des Wortes schmerzlich bewusst, wenn das Medikament seine Wirkung verliert. Es wurde also nur eine Wirkung und nicht die Ursache behandelt. Wir müssen uns deshalb fragen, woher die Kopfschmerzen kommen. Und da beginnt das Problem, da es eine Vielzahl von möglichen Ursachen geben kann. Eine der wohl bekanntesten ist die Verspannung des Nackens. Also wäre es dann doch logisch, einfach die Nackenmuskeln zu entspannen, sodass der Kopfschmerz verschwindet. Dabei vergessen wir nur leider die Frage, woher die Verspannung im Nacken kommt. Sie könnte aus einer Fehlhaltung von Schultern, Nacken und Kopf kommen oder aus einem Problem im unteren Rücken. Vielleicht kommt das Problem im Rücken aber eigentlich aus einem Problem im Fuß oder Knie. Die Verspannung im Nacken könnte aber auch aus einer Fehlfunktion des Darmes herrühren oder eine psychische Ursache haben. Wir sagen im Volksmund ja nicht umsonst „dem sitzt etwas im Nacken" usw. Um eine solche Anamnese zu vermeiden, bietet sich ein yogischer „Rundumschlag" an, indem man einfach immer alles übt, sodass man die Ursache für ein Problem ganz sicher trifft, auch wenn man sich dabei nicht bewusst ist, wann und wo. Genauso hilft man durch diese Art des Übens auch das Auftreten von Problemen zu vermeiden, da Harmonie in Körper, Geist und Seele erzeugt wird. Aus diesem Grund werde ich in diesem Buch auch darauf verzichten, die Wirkungen der einzelnen Übungen zu beschreiben.

Im Sampoorna Hatha Yoga verwenden wir ein Übungssystem, das in jeder Übungseinheit den ganzen Körper beansprucht.

Im Sampoorna Hatha Yoga sehen wir davon ab, die einzelnen Asanas als „therapeutische" Übung einzusetzen.

03 [Richtige Übung]

Aufmerksamkeit beim Üben

Zum richtigen Üben zählt im Sampoorna Hatha Yoga vor allem auch die Kombination von Atem und Übung. Durch das bewusste Führen des Atems wird die Aufmerksamkeit stark nach innen gelenkt, wodurch man den eigenen Körper gut wahrnehmen kann und spüren lernt, wie viel man bei den einzelnen Übungen machen kann. Aus der Sicht des Yoga sollte man nicht danach streben, seine „Leistung" im sportlichen Sinne zu verbessern. Da Wetter, Ernährung, die emotionale Verfassung und vieles mehr das körperliche Befinden sehr stark beeinflussen, kann man nicht jeden Tag gleich „fit" sein und kann leider nicht erwarten, immer gleich beweglich oder kraftvoll zu sein. Ziel ist es, möglichst täglich zu üben, sodass sich all die guten Wirkungen, die durch die regelmäßige Hatha Yoga Praxis entstehen, entfalten können. Wenn man den Körper überfordert und er Zeit zur Regeneration oder gar Heilung braucht, so ist das nicht möglich. Deshalb sollte man sehr aufmerksam üben und nur so viel machen, wie es sich an dem Tag gut anfühlt. Wenn man auf diese Art übt, vermeidet man es, den Körper zu überfordern, wodurch das gute Gefühl nach dem Üben erhalten bleibt. Dies bedeutet auch, dass man bei der Wahl der Übungen sehr ehrlich mit sich sein sollte.

Wählen Sie Übungen, die für Sie gut machbar sind. Es ist besser eine leichtere Übung korrekt auszuführen, als die fortgeschrittene Variante falsch zu machen. Nehmen Sie sich Zeit ein gutes Fundament aufzubauen. Ich habe in Kapitel 13 den Ablauf einer Sampoorna Hatha Yoga Stunde Stufe 1 und die Möglichkeiten für Variationen beschrieben, die Sie Schritt für Schritt weiterführen oder Ihnen die Möglichkeit lässt, leichtere Variationen zu wählen. Das System des Sampoorna Hatha Yoga kann für die Bedürfnisse eines jeden Menschen angepasst werden kann. Ganz egal, ob man 5 oder 90 Jahre alt ist, ob man sich noch nie in seinem Leben sportlich betätigt hat oder Hochleistungssportler ist.

Die Unterschiede für Anfänger und Fortgeschrittene

Abgesehen von der Schwierigkeit der Variationen, gibt es ein paar Unterschiede bei der Ausführung der Asanas bei Anfängern und Fortgeschrittenen. So können ein Anfänger und ein Fortgeschrittener die gleiche Asana machen, sie aber unter scheinbar völlig anderen Gesichtspunkten ausführen. Der Anfänger muss zunächst einmal lernen, die Stellung korrekt auszuführen. Sein Ziel ist es, zu lernen in der Stellung zu entspannen, sodass er nach und nach wirklich nur noch die nötige Muskulatur benutzt. Da der Körper noch nicht an diese Art der Belastung gewöhnt ist, sollte er die Stellungen eher kürzer halten und dafür mehrfach ausführen. Er sollte vermeiden, den Körper zu sehr zu fordern, sowohl bei der Kräftigung als auch bei der Dehnung. Ein gutes und wichtiges Kontrollmittel, um zu sehen, ob man angemessen übt, ist der Atem. Der Anfänger sollte immer probieren, mit der tiefen Bauchatmung zu atmen (vergl. S.85) und dabei einen Rhythmus von drei bis vier Sekunden ein- und ausatmen beizubehalten. Wenn man eine Stellung einnimmt und merkt, dass man den Atemrhythmus nicht mehr aufrechterhalten kann, weil der Dehnungsschmerz zu intensiv wird oder die Stellung zu anstrengend ist, so sollte man etwas aus der Stellung kommen und sie weniger intensiv ausführen. Wenn ein Anfänger zu angestrengt in der Stellung ist, so wird er eher verspannen und sich überfordern. Das heißt als Anfänger geht man an den Dehnungsschmerz heran, aber nicht in ihn hinein. Genauso ist das Zittern eines Muskels in einer Übung ein Zeichen dafür, dass man zu viel macht.

Als Fortgeschrittener hat man diese Punkte schon ganz gut im Griff, man kennt seinen Körper, weiß, wie er auf die Asanas reagiert und hat gelernt, auch unter Spannung zu entspannen. Nun kann man sich etwas mehr herausfordern und tiefer in die Dehnung gehen, sodass man deutlich in den Dehnungsschmerz hineingeht. Es wird jetzt keine Verspannung erzeugen, da man den Rest des Körpers bewusst entspannen kann. Genauso kann man den Körper auch bei der Kräftigung etwas mehr fordern und die Stellungen länger halten. Generell halten wir die Asanas aber nicht viel länger als ein bis zwei Minuten, nur Kopfstand, Schulterstand und Vorwärtsbeuge können etwa drei bis fünf Minuten gehalten werden. Der Atem wird im Laufe der Praxis generell tiefer und ruhiger werden, sodass sich der Rhythmus auf sechs bis acht Sekunden ein- und ausatmen verlängert. Man kann den Atem aber auch bewusst aus diesem Rhythmus lösen und schneller und intensiver atmen, um vermehrt Energie in bestimmte Teile des Körpers zu senden. Hierdurch kann man Blockaden und Spannungen beseitigen.

Die unterschiedlichen Stufen des Übens

Ich sehe bei meinen Schülern immer wieder das Bestreben, zu schnell zu neuen Asanas wechseln zu wollen und möglichst schnell zu den fortgeschrittenen Variationen zu kommen. Das ist jedoch weder gut noch ratsam, da man durch ein ständiges Wechseln immer nur die oberflächliche Wirkung der Asanas erfährt und Perfektion nicht erreichen kann. Perfektion braucht Übung!

Durch das bewusste Führen des Atems wird die Aufmerksamkeit stark nach innen gelenkt.

Ein Anfänger und ein Fortgeschrittener können die gleiche Asana machen, sie aber unter scheinbar völlig anderen Gesichtspunkten ausführen.

[Sampoorna Hatha Yoga]

Es gibt **unterschiedliche Stufen des Lernens und Übens** in jeder Asana, die einen Schritt für Schritt von dem rein körperlichen Erfahren wegführen und es ermöglichen, sich auf immer feinere, subtilere Aspekte zu konzentrieren.

Stufe 1:
Kennenlernen der Stellung
Die erste Stufe ist das Kennenlernen der Stellung. Hier lernt man, wie man die Stellung einnimmt, wie man sie korrekt ausführt, was in ihr zu beachten ist und wie man wieder aus der Stellung kommt. Die Konzentration ist hier sehr stark auf das Ausführen der physischen Tätigkeit gerichtet. Die Wahrnehmung liegt bei dem Empfinden der Dehnung oder der Kräftigung der Muskulatur.

Stufe 2:
Führen des Atems
Wenn man sich einigermaßen mit der Stellung angefreundet und die Muskulatur sich langsam an das Ausführen gewöhnt hat, braucht man nicht mehr so viel Konzentration für diesen Teil und kann beginnen, den Atem zu führen. Durch die Konzentration auf den Atem, wird, wie gesagt, die Aufmerksamkeit nach innen gerichtet und man kann besser spüren, was im Körper passiert. Man kann lernen, bewusst Muskulatur zu spannen oder entspannen. Ziel in jeder Asana ist es, nur so viel an Muskelkraft aufzuwenden, wie man wirklich braucht. Es wird oft gesagt, dass man in den Asanas entspannen soll, das ist natürlich nur begrenzt möglich. Stellen Sie sich einmal vor, Sie machen den Handstand und wollen wirklich entspannen. Wenn Ihnen das gelingt, müssen Sie danach wahrscheinlich den Notarzt rufen, weil Sie kräftig auf den Kopf gefallen sind. Was also eigentlich gemeint ist, ist, dass Sie alle Muskeln entspannen, die Sie nicht brauchen, um die Stellung so perfekt wie möglich aufrechtzuerhalten. Im Handstand ist es bspw. nicht nötig, die Gesichtsmuskulatur anzuspannen etc.

Stufe 3:
Den Fluss der Energie wahrnehmen
Je mehr man sich auf den Atem konzentriert und lernt, ihn zu führen, desto ruhiger und tiefer wird der Atem werden. Die Wahrnehmung wird feiner werden, sodass man lernen kann, den Fluss der Energie im Körper wahrzunehmen und spüren kann, wie die Energie in den einzelnen Asanas durch den Körper geführt wird. Der Geist wird immer aufmerksamer, ruhiger und klarer, und seine Fähigkeit zur Konzentration wächst. Man kann lernen, den Fluss der Energie bewusst zu steuern und sie dorthin zu leiten, wo sie benötigt wird.

Stufe 4:
Sich dem Fluss der Energie hingeben und den Geist transzendieren
Wenn man sich der feinstofflichen Energie bewusster wird und der Geist dadurch immer weiter nach innen gerichtet wird, kann man einen Zustand erleben, in dem man sich dem Fluss der Energie hingeben kann. Was dann passiert, kann man eigentlich nur beschreiben als „es bewegt einen durch die Asanas". Der Körper nimmt spontan Stellungen ein, mühelos, fließend, geschmeidig. Man ist dem jedoch nicht willenlos ausgeliefert, sondern könnte, wenn man wollte, jederzeit aufhören. Der Geist wird dadurch noch weiter nach innen gezogen und kann an den Punkt gelangen, an dem man den Geist transzendiert, er also „aufhört zu sein" und man sein innerstes Wesen, seine Göttlichkeit, erfährt.

Perfektion braucht Übung.

Die meisten Menschen gehen leider nie über die erste Stufe hinaus, da sie sich zu schnell langweilen oder sich nicht bewusst sind, dass es mehr gibt, als den rein physischen Aspekt. Ich habe das schon oft in Workshops erlebt, dass Teilnehmer denken, dass sie eine Stellung falsch machen, weil sie keine Dehnung spüren. Das Gefühl der Dehnung oder Kräftigung ist aber eigentlich nur die Anfangsphase und man kann sich freuen, wenn es weniger wird, weil man dann mehr Energie über hat, sich auf etwas anderes zu konzentrieren.

04

[**Sampoorna Hatha Yoga** – Richtige Atmung]

04 [Richtige Atmung]

Richtige Atmung

Die Anatomie des Atemapparates

Ich möchte Ihnen kurz erklären, wie der Vorgang der Atmung physikalisch vonstatten geht, da sich so einige der Atemübungen besser erklären lassen.

Die Lunge ist eigentlich ein „passives" Organ und führt den Vorgang der Atmung nur bedingt selbst aus. Die Einatmung wird über die aktive Muskelarbeit eines ganzen Muskelsystems ausgeführt. Dieses Muskelsystem nennt man Atemapparat. Er besteht aus verschiedenen Anteilen. Der wichtigste Teil ist das Zwerchfell, das Diaphragma. Das Diaphragma ist eine kuppelförmige Muskelstruktur, die den Brustraum vom Bauchraum trennt. Die Muskelfasern setzen kreisförmig innen an den Rippen an und vereinigen sich in der Mitte in einer kreisförmigen Sehnenfläche. Wenn sich die Muskelfasern bei der Einatmung zusammenziehen, flacht sich diese Kuppel ab. Hierdurch wird der Brustraum vergrößert und die Lunge auseinandergezogen. Dies verursacht ein Vakuum in der Lunge, sodass Luft „eingesogen" wird. Da sich die Muskelkuppel nach unten abflacht, wird der Bauchraum verkleinert, und die Organe müssen ausweichen. Da der Bauchraum nach hinten durch die Wirbelsäule und nach unten durch das Becken begrenzt ist, bleibt nur ein Ausweichen nach vorne.

Bei der Atmung mit dem Diaphragma schiebt sich also der Bauch nach vorne, was bei Kindern meist sehr schön zu sehen ist. Diese Art der Atmung nennt sich Bauchatmung (vergl. S. 85) und ist der natürliche Atem. Auch die Muskeln zwischen den einzelnen Rippen, die Zwischenrippenmuskeln, sind an der Einatmung beteiligt. Im entspannten Zustand hängen die Rippen schräg nach unten. Wenn sich die Zwischenrippenmuskeln zusammenziehen, werden die Rippen nach oben angehoben, hierdurch vergrößert sich der Durchmesser des Brustraumes, was wiederum ein Vakuum in den Lungen erzeugt. Der letzte Teil des Atemapparates ist die sogenannte Atemhilfsmuskulatur. Diese Muskeln führen die Bewegung des Schulterhebens aus und unterstützen damit die Funktion der Zwischenrippenmuskeln. Benutzt man diese drei Teile des Atemapparates (Zwerchfell, Zwischenrippenmuskeln und Atemhilfsmuskulatur) für Ein- und Ausatmung, so nennt sich das „volle Yogaatmung" (vergl. S.86). Die Ausatmung geschieht normalerweise hauptsächlich über das Entspannen der Atemmuskulatur. In der Lunge befinden sich „gummiartige" Fasern, die dafür sorgen, dass sie sich automatisch wieder zusammenzieht. Dies kann jedoch durch ein aktives Zusammenziehen der Bauchmuskulatur und der Zwischenrippenmuskeln unterstützt werden.

> **Die Ausatmung kann durch das Zusammenziehen der Bauchmuskulatur** unterstützt werden.

Die Lunge ist vom Aufbau her vergleichbar mit einem sich verästelnden Röhrensystem. Die Luft wird durch Nase und Mund in die Luftröhre (Trachea) gebracht, die sich dann teilt, um beide Lungenflügel zu erreichen. Wenn man am Ende der Verästelungen angekommen ist, bei den Alveolen, hat sich dieses Röhrensystem 16-mal geteilt. Die Alveolen kann man sich wie kleine traubenförmige Hautsäckchen vorstellen, in denen der Austausch von Sauerstoff und Kohlendioxid mit dem Blut stattfindet. Die Alveolen sind so dünn, dass diese Gase hindurch diffundieren können, das Blut aber davon abgehalten wird, in die Lunge zu fließen.

Wenn man alle Alveolen nebeneinander ausbreiten würde, so ergäbe sich etwa eine Fläche von 150 m². Man kann sich also vorstellen, dass die Alveolen, dünn wie sie sind, sehr leicht verletzbar sind. Deshalb hat Mutter Natur ein sehr ausgeklügeltes Filtersystem eingebaut, welches in der Nase beginnt. Der erste Filter sind die Nasenhaare, die dafür sorgen, die groben Partikel aus der Luft zu filtern. Durch die Schleimhäute wird die Luft befeuchtet, auf die richtige Temperatur gebracht und von feinen Staubpartikeln befreit. Bei der Ausatmung werden die groben Partikel wieder ausgeatmet. Wenn zu viel Fremdkörper in der Nase sind, stoßen die Schleimhäute Flüssigkeit ab, um die Fremdkörper herauszuspülen. Außerdem warnt uns der Geruchssinn davor, schädliche Gase einzuatmen. Dies ist einer der Gründe, wieso wir im Sampoorna Hatha Yoga immer durch die Nase ein- und ausatmen.

> **Im Sampoorna Hatha Yoga geschieht die Ein- und Ausatmung immer durch die Nase.**

[Sampoorna Hatha Yoga]

Der feinstoffliche Aspekt der Atmung
Im Sampoorna Hatha Yoga ist die Atmung ein sehr wichtiger Bestandteil, da über die Atmung zum einen der Sauerstoff-Kohlendioxid-Austausch geschieht. Aus Sicht des Yoga geschieht der wichtigere Teil jedoch auf einer feinstofflicheren Ebene.

In der Yogaphilosophie wird beschrieben, dass der Mensch aus drei Körpern besteht, die alle direkt miteinander verknüpft sind. So haben wir den physischen Körper, der als der gröbste, festeste bezeichnet wird. Auf einer etwas feinstofflicheren Ebene kommt als nächstes der Astralkörper. Im Astralkörper befinden sich verschiedene Systeme, wie das energetische System, die Emotionen, der Geist, der Intellekt und das Ego. Auf einer noch feineren Ebene haben wir den Kausalkörper, der auch als Samenkörper bezeichnet wird, da in ihm der Samen für alles, was wir in diesem Leben an Fähigkeiten, Charakterzügen, Körperlichem etc. mitbringen, angelegt ist. Diese drei Körper sind nicht nur miteinander verknüpft, sondern beeinflussen sich gegenseitig. So kann bspw. eine emotional belastende Zeit zu körperlichen Erkrankungen führen oder umgekehrt körperliche Übungen zu einer Verbesserung der Stimmung. Die Energie, die alle Systeme in den drei Körpern versorgt und laut Yogaphilosophie die Kraft ist, die das ganze Universum bestehen lässt, wird im Yoga „Prana" genannt. Im Menschen befindet sich das Energieleitungssystem im Astralkörper. Es wird gesagt, dass es 72 000 Nadis (Energiekanäle) gibt, die über Chakras (Energiezentren) miteinander verbunden sind. Die Chakras sind sozusagen die Schalt- und Verteilerstellen im Energiesystem. Im Yoga beachten wir vor allem die sieben Hauptchakras, die ihre „Verknüpfung" zum physischen Körper entlang der Wirbelsäule haben. Es gibt in jeder Kultur der Welt mindestens eine Geschichte, die probiert, uns zu erklären, wie diese Welt entstanden ist. Die „Schöpfungsgeschichte", auf die sich das Hatha Yoga bezieht, ist die Shiva-Shakti-Philosophie. Hier wird Gott, das absolute Bewusstsein, als Shiva bezeichnet, aus dem heraus Shakti, die schöpferische Energie, entspringt und den Prozess der Schöpfung beginnt. Shakti durchläuft in dem Prozess der Schöpfung sechs Stadien. In diesen Stadien drückt Shakti sich in immer dichter werdenden Manifestationen aus, bis sie den Zustand erreicht, den wir als den „festen" Zustand dieses Universums erkennen. Wenn sie den festen Zustand erreicht hat, gibt es keine weitere Entwicklung, sodass Shakti „ruht". In diesem Zustand wird sie als Kundalini-Shakti bezeichnet. Ähnlich wird dies in der Bibel ausgedrückt: „Gott schuf die Welt in sechs Tagen, am siebten Tage ruhte er."

> **Die Entwicklung Shaktis** aus Shiva heraus wird in unserem Energiesystem in den sieben Hauptchakras repräsentiert:
>
> **Das Sahasrara-Chakra** repräsentiert Shiva, das absolute Bewusstsein. Es hat seine Verbindung zum Körper am Scheitel.
>
> **Das Ajna-Chakra** repräsentiert das kosmische Bewusstsein, Shakti beginnt die Schöpfung. Die Verbindung zum Körper ist auf der Stirn, zwischen den Augenbrauen.
>
> **Das Vishuddha-Chakra** repräsentiert den Äther, Raum und hat die Verbindung zum Körper auf Höhe der Kehle.
>
> **Das Anahata-Chakra** repräsentiert den gasförmigen Zustand und hat die Verbindung zum Körper auf Höhe des Brustbeins.
>
> **Das Manipura-Chakra** repräsentiert den Feuerzustand und hat die Verbindung zum Körper auf Höhe des Bauchnabels.
>
> **Das Swadisthana-Chakra** repräsentiert den flüssigen Zustand und hat die Verbindung zum Körper auf Höhe der Geschlechtsorgane.
>
> **Das Muladhara-Chakra** repräsentiert den festen Zustand und hat die Verbindung zum Körper am unteren Ende der Wirbelsäule.

Shiva und Shakti haben das Bestreben, sich wieder miteinander zu vereinen und so sucht sich Shakti ihren Weg zurück. Dies erreicht sie über das stetige, gleichmäßige Erheben des Bewusstseins, welches automatisch im Laufe der verschiedenen Inkarnationen geschieht. Die Hinduphilosophie geht davon aus, dass Gott die Welt erschuf, um sich an ihr zu erfreuen. Deshalb inkarniert er in die Welt und durchläuft dabei alle möglichen Stadien der Existenz. So beginnt er die Reise in der Welt der Mineralien, durchläuft sie, erhebt dabei langsam sein Bewusstsein, sodass er in das Pflanzenreich aufsteigt, dann in das Tierreich, um dann als Mensch zu reinkarnieren. Als Mensch haben wir nun die Möglichkeit, diesen Prozess zu beschleunigen, indem wir Yogatechniken üben, die das Bewusstsein erheben.

Gott schuf die Welt in sechs Tagen, am siebten Tage ruhte er.

Die Hinduphilosophie geht davon aus, dass Gott die Welt erschuf, um sich an ihr zu erfreuen.

04 [Richtige Atmung]

In der Hatha Yoga Philosophie wird beschrieben, dass so lange Shakti in uns ruht, bzw. schläft, auch unser Bewusstsein schläft. Erst wenn Shakti erwacht, erwacht auch unser Bewusstsein. Dies drückt sich auch im Prana aus. Solange wir uns auf dieser (schlafenden) Bewusstseinsebene befinden und die Welt in ihrer Dualität erleben, erleben wir das Prana als sich bewegend, dual. In dieser Dualität nimmt das Prana in uns zwei verschiedene Formen an, nämlich „Ha", die Sonnenenergie (man könnte auch sagen männlich, Yang, positiv) und „Tha", die Mondenergie (weiblich, Yin, negativ). Ha und Tha wechseln sich in ihrer Vorherrschaft immer wieder ab und unterstützen dadurch unterschiedliche Prozesse unseres Lebens. So wirkt die Ha-Energie u.a. unterstützend auf alle körperlichen Aktivitäten, inklusive der Aktivität der Organe.

Die Tha-Energie befürwortet eher die geistigen Prozesse, die Intuition etc. Umgekehrt kann man daraus natürlich auch schließen, dass wenn man Ha und Tha in ein Gleichgewicht bringt, das Bewusstsein etwas anderes erlebt als die Dualität.

> **Wenn Ha und Tha in ein Gleichgewicht gebracht werden, erleben wir ein „bewusst Sein".**

Die Ausrichtung des Körpers und das korrekte Ausführen der Asana haben eine große Bedeutung für die Wirksamkeit der Übung auf das energetische System.

Um dies zu erreichen, muss zunächst das Energiesystem gereinigt werden. Das Energiesystem kann man sich wieder wie ein Röhrensystem vorstellen, das, wenn es nicht richtig gewartet und gepflegt wird, verstopft, wodurch die Energie nicht mehr optimal hindurchfließen kann. Die Verstopfungen können durch falsche Ernährung, zu wenig oder falsche Bewegung, Emotionen, falsche Gedankenmuster und Umwelteinflüsse entstehen und können sich u.a. in Krankheit, Verspannung, Steifheit, Müdigkeit und mangelnder Konzentrationsfähigkeit ausdrücken. Eine regelmäßige Sampoorna Hatha Yoga Praxis hilft sehr bei der Beseitigung dieser Blockaden, da durch die Atemübungen bewusst mehr Prana aufgenommen wird, das dann mit den Asanas durch das Energiesystem geleitet wird.

Die Wechselatmung wird als eine der wichtigsten Atemübungen zur Reinigung der Nadis angesehen.

Jede Asana leitet das Prana auf eine ganz bestimmte Weise durch das Energiesystem in bestimmte Bereiche des Körpers, wie im Beispiel des Schulterstandes, wo die Energie hauptsächlich zum Vishuddha-Chakra im Hals geführt wird. Die Ausrichtung des Körpers und das korrekte Ausführen der Asana haben deshalb eine große Bedeutung für die Wirksamkeit der Übung auf das energetische System. In Sampoorna Hatha Yoga Stunden wird durch die Abfolge der Übungen die Energie durch das gesamte Energiesystem bewegt, vor allem werden aber die sieben Hauptchakras angesprochen, aufgeladen und untereinander harmonisiert.

Die Atemübungen

Da wir durch unsere körperlichen und geistigen Aktivitäten immer wieder Prana verbrauchen, müssen wir auch ständig neues aufnehmen. Dies geschieht zum einem durch die Nahrungsaufnahme, hauptsächlich aber durch den Atem. Um vermehrt Prana aufzunehmen und das Energiesystem zu reinigen kann man bestimmte Atemübungen machen. Man sollte hierbei jedoch einem bestimmten Prozess folgen, damit sich das Energiesystem darauf einstellen kann. Dieser schrittweise Prozess wird in der Hatha Yoga Pradipika (vergl. S.60) beschrieben und bietet die Grundlage für die Praxis der Atemübungen im Sampoorna Hatha Yoga.

1. Die Bauchatmung (vergl. S. 85): Die Bauchatmung ist die erste und vielleicht wichtigste Atemübung, da sie die Grundlage für alle weiteren Atemübungen und die Atmung in der Asanapraxis ist. Sie sollten diese Übung immer wieder ausführen, nicht nur auf der Matte, sondern auch in Ihrem täglichen Leben, bis es ganz automatisch wird. Die Bauchatmung hilft Ihnen zu entspannen und Konzentration aufzubauen. Wenn Sie die Bauchatmung gut beherrschen, können Sie die volle Yogaatmung hinzunehmen.

2. Die volle Yogaatmung (vergl. S. 86) Die volle Yogaatmung ist eine sehr energetisierende Übung, da sie die volle Kapazität der Lunge ausnutzt und zu einem sehr hohen Sauerstoff-Kohlendioxid-Austausch führt. Wenn Sie diese Übung regelmäßig ausführen, gewinnen Sie schnell Kontrolle über den Atemmechanismus.

3. Kapalabhati (vergl. S. 87): Kapalabhati bringt sehr viel Prana in das System und erhöht dadurch stark die Konzentrationsfähigkeit. Außerdem hat es eine sehr reinigende Wirkung auf das energetische System. Wenn man Kapalabhati regelmäßig übt, erhöht sich das Atemvolumen.

4. Anuloma-Viloma, die Wechselatmung (vergl. S. 125): Wenn man mit vorangehenden Übungen gut vertraut ist, kann man mit der Wechselatmung beginnen. Sie wird als eine der wichtigsten Atemübungen zur Reinigung der Nadis angesehen. Von den 72 000 Nadis im Energiesystem

[Sampoorna Hatha Yoga]

werden drei als die wichtigsten angesehen: Shushumna, Ida und Pingala. Die Shushumna ist das zentrale Nadi, sie beschreibt den Weg, den Shakti während der Schöpfung beschritten hat und auf dem Weg zurück zu Shiva wieder beschreiten wird. Sie hat ihre Verknüpfung zum Körper in der Wirbelsäule. Rechts und links von ihr liegen Ida und Pingala, die den Fluss von Ha und Tha verkörpern. Ida repräsentiert Tha und liegt auf der linken Seite von Shushumna und endet im linken Nasenflügel. Pingala repräsentiert Ha, liegt auf der rechten Seite und endet im rechten Nasenflügel. Durch die Wechselatmung werden Ida und Pingala stimuliert und harmonisiert, wodurch Ha und Tha im Laufe der Zeit ins Gleichgewicht gebracht werden können. Sie können den Prozess noch beschleunigen, indem Sie während der Wechselatmung eine bestimmte Form des Visualisierens üben. Hierbei stellen Sie sich bei jeder Einatmung vor, dass Sie frische Energie in Form von hellem, klarem Licht einatmen. Während des Atemhaltens stellen Sie sich vor, dass Sie diese Energie durch den ganzen Körper verteilen, sie zu jeder Zelle bringen, bis jede Zelle des Körpers davon angefüllt ist. Mit der Ausatmung stellen Sie sich vor, dass Sie verbrauchte Energie, Schlacken, Unreinheiten ausatmen. Sie sollten mit dieser Form der Wechselatmung jedoch erst beginnen, wenn Sie die Grundform gut beherrschen. Das heißt, dass Sie den Fluss des Atems gut kontrollieren können, dass Ihnen das Zählen des Atemrhythmus keine Schwierigkeiten bereitet und Sie in der Übung entspannen können.

5. Im Weiteren werden in der Hatha Yoga Pradipika die acht Mahakumbhakas beschrieben, die acht großartigen Atemhaltetechniken. Yogi Swatmarama setzt hier jedoch voraus, dass man durch regelmäßige Praxis von Asanas, Atemübungen und dem Einhalten einer angemessenen Ernährung bereits einen Entwicklungsstand erreicht hat, in dem der Körper gesund ist, der Geist ruhig und konzentriert ist und man sich des Prana bewusster geworden ist. Erst dann ist man körperlich und geistig für diese fortgeschrittenen Techniken bereit. Man kann unser Energiesystem gut mit dem Stromkreislauf in einem Haus vergleichen. Ein normaler Stromkreislauf in einem Haus ist für 220 Volt ausgelegt (zumindest in Deutschland). Nun stellen Sie sich einmal vor, was passiert, wenn man Starkstrom durch dieses Haus fließen lassen würde. Wenn man Glück hat, fliegen dadurch nur die Sicherungen raus. Wenn nicht, kann das komplette elektrische Netz durchbrennen, eventuell entsteht ein Feuer etc. Ähnlich verhält es sich in unserem Körper. Unser energetisches System ist für eine bestimmte „Voltzahl" ausgelegt. Wenn man dann durch diese fortgeschrittenen Techniken plötzlich viel mehr Energie in das System pumpt, kann es zu Problemen führen. Angefangen von Schlafstörungen bis hin zu wirklich ernsthaften psychischen Problemen. Wenn man jedoch schrittweise das energetische System reinigt, Blockaden entfernt und den Energiefluss gleichmäßig erhöht, kann man anhand bestimmter Zeichen erkennen, ob man bereit für diese Übungen ist. Dann sind sie

Geschmeidigkeit und Flexibilität sind ein „Nebeneffekt", der durch die Reinigung der Nadis entsteht.

04 [Richtige Atmung]

völlig ungefährlich und eine echte Bereicherung. Ich möchte hier davon Abstand nehmen, sie zu erklären, da man sie nur unter der persönlichen Leitung eines kompetenten Lehrers ausführen sollte.

6. Ich möchte Ihnen jedoch noch eine weitere Atemtechnik beschreiben, die Sie während der Asanapraxis anwenden können. Sie sollten diese Technik aber erst anwenden, wenn Sie während des Ausführens der Asanas problemlos die Bauchatmung aufrechterhalten können. Der Ujjayi-Atem in der Asanapraxis ist eine Variation der Ujjayi-Atemhaltetechnik. Diese Technik hilft, vermehrt Prana aus dem Atem zu gewinnen, den Atem länger und feiner werden zu lassen und den Körper zu erhitzen. Sie hat einen stark reinigenden Effekt und wird den Körper schnell geschmeidig werden lassen. Geschmeidigkeit und Flexibilität sind ein „Nebeneffekt", der durch die Reinigung der Nadis entsteht. Rein anatomisch beschrieben müssen Sie für den Ujjayi-Atem die Stimmbänder bei der Ein- und Ausatmung leicht geschlossen halten, sodass ein Geräusch entsteht, das an Meeresrauschen erinnert. Um dies zu erreichen, können Sie einen Zwischenschritt machen, indem Sie zunächst bei geöffnetem Mund einen lauten hhhhh-Laut machen und dann den Mund schließen. Sie können sich auch vorstellen, dass Sie einen Spiegel anhauchen, um ihn beschlagen zu lassen. Wenn sie dies ein paar Mal gemacht haben und ein Gefühl dafür bekommen haben, wie sich der leichte Verschluss der Stimmbänder anfühlt, können Sie auf den Zwischenschritt verzichten. Probieren Sie dann, den Ujjayi-Atem in die Asanapraxis einzubauen, sich immer wieder daran zu erinnern, bis Sie ihn die ganze Stunde aufrechterhalten können. Sie werden bald spüren, wie sehr diese Atmung den Geist nach innen richtet und wie viel leichter es Ihnen fallen wird, einen gleichmäßigen Atemrhythmus aufrechtzuerhalten.

Im Sampoorna Hatha Yoga führen wir die Atemübungen immer zu Beginn der Asanapraxis aus, da sie vermehrt Prana in das System bringen und den Fluss des Pranas in uns anregen. Hierdurch wird die Wirkung der Asanas verstärkt, und es fällt leichter, sie auszuführen. Um den Fluss des Pranas aufrechtzuerhalten, nutzen wir die permanente tiefe Bauchatmung (oder den Ujjayi-Atem). Ein weiterer wichtiger Aspekt hierbei ist der Fluss in der Ausführung der Asanas selbst. Im Sampoorna Hatha Yoga werden die Übungen ohne Unterbrechung ausgeführt, man fließt sozusagen von einer Stellung in die nächste. Auf einer sehr fortgeschrittenen Stufe der Praxis kann man sich, wie bereits erwähnt, so sehr auf den Fluss des Pranas einstellen, dass man von ihm durch die verschiedenen Asanas „getragen" wird. Man kann die Atemübungen natürlich auch losgelöst von den Asanas üben oder als Vorbereitung für die Meditation nutzen.

[Sampoorna Hatha Yoga]

Die Shatkriyas

Um die Reinigung des Energiesystems zu unterstützen, gibt es ein paar Übungen, die auf der körperlichen Ebene mit der Reinigung beginnen, den Körper sauber und gesund erhalten und darüber eine starke Wirkung auf das energetische System haben. Sie heißen „Shatkriyas", was so viel bedeutet wie „die sechs Handlungen":

1. Tratakam: Der erste Kriya richtet sich an die Augen, hierzu setzen Sie sich in eine aufrechte bequeme Sitzhaltung und stellen zwei bis drei Meter entfernt eine Kerze auf. Die Kerzenflamme sollte auf Augenhöhe sein, sodass Sie geradeaus schauen können, um in die Flamme zu starren. Dies tun Sie dann, ohne zu blinzeln, bis die Augen anfangen zu tränen. Dann schließen Sie die Augen und stellen sich geistig die Kerzenflamme im Dritten Auge (dem Punkt zwischen den Augenbrauen) vor. Diesen Vorgang können Sie mehrfach wiederholen. Tratakam reinigt die Augen, stimuliert das Dritte Auge und ist eine hervorragende Übung, um Konzentration aufzubauen.

2. Neti: Neti ist die Reinigung der Nasenwege. Es gibt hierzu zwei Techniken, die eine können Sie problemlos ausführen, die andere sollten Sie unter Führung eines Lehrers erlernen. Jal Neti verwendet Wasser, um die Nase zu reinigen. Sie können entweder ein dafür hergestelltes Neti-Töpfchen verwenden oder schöpfen Wasser mit der Hand. In beiden Fällen lassen sie das Wasser in jeweils ein Nasenloch laufen, indem Sie den Kopf in den Nacken legen. Das Wasser läuft dann durch die Nase in den Rachen, sodass Sie es ausspucken können. Wiederholen Sie den Prozess ein paarmal. Sie können kaltes oder lauwarmes Wasser verwenden. Manche Menschen finden es angenehmer, etwas Salz in das Wasser zu geben, nötig ist es aber nicht. Bei Sutra Neti führt man einen mehrfach gefalteten Faden oder Katheter in die Nase ein, dies sollten Sie aber, um Verletzungen zu vermeiden, nicht einfach so ausprobieren. Neti reinigt die Nasenwege und stimuliert den Fluss der Energie zum Dritten Auge.

3. Kapalabhati (vergl.S. 87): Kapalabhati reinigt das Blut, kräftigt die Lungen und bringt viel Sauerstoff und Prana in den Körper.

4. Dhauti: Dhauti, die Reinigung des Magens, sollten Sie auch besser von einem Lehrer lernen. Generell geht es darum, eine große Menge Salzwasser zu trinken und dann wieder zu erbrechen, sodass man den Magen wäscht. Es gibt einige vorbereitende

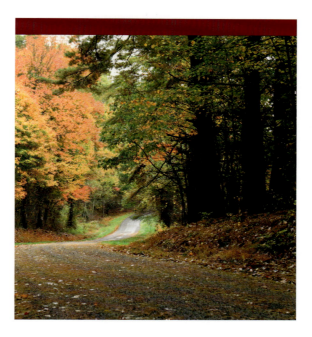

Übungen, die man machen sollte, damit das Ganze nicht zu einem unerfreulichen Erlebnis wird.

5. Nauli: Nauli aktiviert alle inneren Organe und harmonisiert die Funktion des Verdauungstraktes. Atmen Sie stehend vollkommen aus und beugen sich dabei leicht nach vorne. Halten Sie die Beine leicht gebeugt und stützen sich mit den Händen auf die Knie. Dann ziehen Sie mit leerer Lunge den Bauch so weit es geht in Richtung Wirbelsäule, halten die Stellung, solange es angenehm ist, lösen den Bauch und richten sich mit der Einatmung wieder auf. (2 bis 3 Mal wiederholen). Wenn Sie diesen Schritt beherrschen, können Sie probieren, den mittleren Teil der Bauchmuskulatur loszulassen, sodass nur die Seiten nach hinten gezogen werden. Dann können Sie über Verlagerung des Gewichts auf jeweils den rechten und linken Arm beginnen, die Bauchmuskulatur wie eine Rührmaschine kreisen zu lassen. Nauli hilft, die Energie aus den unteren Chakras nach oben zu lenken und verstärkt dadurch die Konzentrationskraft.

6. Bhasti: die Reinigung des Dick- und Enddarms. In der heutigen Zeit nutzt man für Bhasti einen Einlauf, die Technik sollten Sie jedoch auch von einem Lehrer lernen.

Auch wenn Sie nicht alle Kriyas ausführen wollen, möchte ich Ihnen schon ans Herz legen, die ersten drei (Tratakam, Neti und Kapalabhati) regelmäßig zu praktizieren. Neti und Kapalabhati können Sie mehrfach täglich wiederholen, um Müdigkeit abzuschütteln und Konzentrationskraft zu gewinnen.

Neti und Kapalabhati können Sie mehrfach täglich wiederholen, um Müdigkeit abzuschütteln und Konzentrationskraft zu gewinnen.

05

[Sampoorna Hatha Yoga – Richtige Entspannung]

05 (Richtige Entspannung)

Richtige Entspannung

Das autonome Nervensystem

Um zu verstehen, wie richtige Entspannung funktioniert, möchte ich Ihnen zunächst erklären, woher die Verspannung eigentlich kommt. Das autonome Nervensystem ist ein System, das noch aus der Zeit unserer Vorfahren stammt, in der ein schnelles Reagieren für das Überleben notwendig war. In dieser Zeit waren unsere Vorfahren vielen Situationen ausgesetzt, in denen es nötig war, direkt handeln zu können; meist ging es dabei ums Überleben. Konkret hieß das kämpfen oder weglaufen. Das autonome Nervensystem besteht aus zwei Teilen, dem Sympathikus, der für die Stressreaktion verantwortlich ist, und dem Parasympathikus, der für die Entspannung sorgt. Der Sympathikus schüttet Stresshormone aus und schaltet alle Körpersysteme an, die für Flucht oder Kampf benötigt werden und jene ab, die hierfür nicht benötigt werden. Augen, Herz und Lunge werden „angeschaltet", um die Muskulatur mit möglichst viel sauerstoffreichem Blut zu versorgen, damit diese mehr Leistung erbringen können. Verdauung und Ausscheidung werden gebremst, da sie in dieser Situation nicht notwendig oder gar hinderlich sind. Die Haut wird weniger durchblutet, Hände und Füße werden kalt. Dies hat den Sinn, dass im Falle einer Verletzung die Blutung nicht so stark ist. Das Immunsystem wird ebenfalls aktiviert, um gegen Bakterien in möglichen Wunden vorzugehen. Als Gegenspieler schaltet der Parasympathikus genau die entgegengesetzten Organe an und ab. Wenn wir nicht in einer Stresssituation sind und uns entspannen können, dann werden die Herz- und Lungenfunktion heruntergefahren und die Verdauungsorgane werden angeregt.

Wir laufen die ganze Zeit nur umher, unsere Seelen haben gar keine Zeit, zu uns aufzuholen.

Das autonome Nervensystem ist, wie der Name schon sagt, autonom, also selbstständig. Deshalb haben wir auf die meisten Reaktionen, die der Sympathikus hervorruft, nicht so leicht Einfluss. So fällt es den meisten Menschen doch recht schwer, die Herzfrequenz zu beruhigen, oder das Ausschütten von Adrenalin zu verhindern. Auf zwei Reaktionen können wir jedoch recht einfach reagieren und so das „Anschalten" des Parasympathikus unterstützen. Die eine ist die Spannung der Muskulatur, da man mit ein bisschen Übung recht effektiv Muskelspannung reduzieren kann. Die andere ist die Kontrolle der Atemfrequenz, die über die Bauchatmung sehr schnell wirkt und auch schnell zu erlernen ist.

Das autonome Nervensystem und der Geist

In der heutigen Welt erleben wir zwar nicht mehr so viele lebensbedrohliche Situationen, bekommen aber durch die Umwelt so viele Reize, die uns in Alarmbereitschaft versetzen, sodass der Sympathikus permanent aktiv ist und wir Stress empfinden. Unsere Sinne und unser Geist werden permanent nach außen gerichtet. Alles wird immer schneller, die Informationsdichte immer größer und die äußeren Anforderungen verändern sich permanent. Oftmals rennen wir von einer Erfahrung zur nächsten, und es fehlt uns die Zeit zum „Verdauen." Ich habe einmal eine eindrucksvolle Dokumentation über ein paar Menschen aus Afrika gesehen, die noch nie etwas anderes gesehen hatten als ihr vertrautes Dorf und den Urwald. Sie wurden nach Amerika eingeladen und sollten New York besichtigen.

Natürlich war das sehr überwältigend für sie. Sie wurden zu vielen Veranstaltungen eingeladen, und man hatte ein schönes, aber ziemlich volles Programm für sie organisiert. Nach ein paar Tagen wollte die Begleitperson die Afrikaner zum nächsten Termin abholen. Nachdem er eine Weile gewartet hatte, ging er zu ihrem Zimmer und fand sie alle auf dem Boden sitzend vor. Offensichtlich hatten sie nicht die Absicht, irgendwo hinzugehen. Also fragte er, was los sei, die Antwort war sehr verblüffend: „Wir laufen die ganze Zeit nur umher, unsere Seelen haben gar keine Zeit, zu uns aufzuholen. Wir bleiben jetzt hier sitzen, bis uns unsere Seele eingeholt hat."

Diese Geschichte beschreibt ein Grundproblem in der heutigen Welt: Wir nehmen uns zum einen oft nicht die Zeit, damit „unsere Seelen zu uns aufholen können". Zum anderen wissen viele Menschen auch gar nicht, wie sie das effektiv tun können. Die meisten Menschen verstehen unter Entspannung Fernsehen, die Beine hochlegen, ein Gläschen Wein, schlafen etc. Dies sind sicherlich Methoden, mit denen man sich entspannen kann, aber oftmals ist die Entspannung hinterher nicht so groß, wie man das eigentlich bräuchte. Das kommt vor allem daher, dass sich unser Geist bei dieser Art der Entspannung unterbewusst immer noch mit der Ursache der Spannung beschäftigt. Stellen Sie sich nur einmal vor, was passiert, wenn Sie von Ihrem Chef unnötig zurechtgewiesen werden. Das hinterlässt sicherlich ein ungutes Gefühl, man wird sauer oder traurig. Und je nachdem, wie stark diese Zurechtweisung war, können sich Magenschmerzen oder Nackenverspannungen manifestieren. Nun kommen Sie von der Arbeit nach Hause, setzen sich vor den Fernseher und wollen entspannen. Sie schauen einen Film, aber der Geist wird sich weiter mit dem Vorfall des Tages beschäftigen, sodass das ungute Gefühl vorhanden bleibt, obwohl die Situation längst vorbei ist. Die eigentliche Ursache für

[Sampoorna Hatha Yoga]

die Stressreaktion ist in diesem Moment nicht mehr der Chef, sondern der eigene Geist. Ich habe das an einem anderen Beispiel einmal sehr eindrucksvoll beobachten können. Ein Bekannter von mir war in einen schweren Autounfall verwickelt, in dem Gott sei Dank niemand schwer verletzt wurde. Als er mir ein paar Wochen nach dem Unfall die Fotos der Unfallstelle zeigte, wurde er blass und seine Hände begannen zu zittern. Ganz deutlich erlebte er innerlich die Situation noch einmal und die Stressreaktion wurde eingeleitet, ohne dass es einen realen, äußeren Grund dafür gab.

Um eine richtige, effektive Entspannung einzuleiten, haben wir also zwei Möglichkeiten. Erstens, über das Erlernen von Muskelentspannung und Atemkontrolle. Zweitens, indem man es dem Geist untersagt, sich mit den Dingen zu beschäftigen, die uns stressen. Dies kann man am besten erreichen, indem man ihm eine Aufgabe gibt, auf die er sich konzentrieren muss, sodass er keine Zeit mehr hat, sich um andere Dinge zu kümmern.

Sampoorna Raja Yoga

Sampoorna Raja Yoga ist der Aspekt des Yoga, der sich vornehmlich mit der Konzentration und Kontrolle des Geistes beschäftigt. Die Yogis haben auf ihrer Reise nach innen, auf der Suche nach anhaltender Glückseligkeit und ewigem Leben, immer wieder feststellen müssen, dass der Hauptfaktor zur Erfüllung dieser Suche der Geist ist. Unser Geist bestimmt, ob wir unser Leben als gut oder schlecht, glücklich oder unglücklich, zufrieden oder unzufrieden erleben. Solange wir uns mit dieser dualen Welt identifizieren, mit dem, was wir nicht sind, nämlich Name, Form, Beruf, Alter, Geschlecht, etc. wird der Geist die Natur dieser Dualität erleben. Und zwar in der Form der Gegensätzlichkeit: Kälte-Wärme, Tadel-Lob, Hoch-Tief, mögen-nicht mögen, Zufriedenheit-Unzufriedenheit, Glück-Trauer etc.

Wir alle haben schon Momente des Glücks erlebt. Zum Beipiel wenn man als Kind ein ganz besonderes Spielzeug haben wollte (bei den Erwachsenen nennt man das Computer, Auto, Fotoapparat ...) und es dann zum Geburtstag geschenkt bekommen hat. Oder wenn man hart für eine Prüfung gearbeitet hat und sie gut abschließt. Oder wenn man verliebt ist und man endlich mit der/dem Geliebten vereint ist. Wieso erlebt man in diesen Momenten tiefes Glück? Und noch viel wichtiger, wieso hält dieses Gefühl nicht dauerhaft an? Wenn dieses Glücksgefühl tatsächlich durch das externe Objekt (Spielzeug, Zertifikat, Partner) hervorgerufen würde, so müsste man doch auf ewig glücklich sein. Dass dies jedoch leider nicht der Fall ist, haben wir sicherlich alle schon oft genug erlebt. Das Objekt kann also nicht die Ursache des Glücks sein, sondern nur der Katalysator. Das Glück an und für sich muss ein Zustand sein, der uns schon zu eigen ist, den wir jedoch aus bestimmten Gründen nicht permanent erleben. Der Hauptgrund hierfür liegt in der Zerstreutheit des Geistes. Wenn wir etwas begehren und es dann erhalten, wird der Geist für einen Moment still, da sein Wunsch erfüllt ist. Und wenn der Geist still wird, empfinden wir tiefes Glück und Zufriedenheit, da dies der ursprüngliche, natürliche Zustand unseres Seins ist. Leider ist den meisten Menschen dieser Zusammenhang nicht bewusst. Durch die Konditionierung unserer Gesellschaft glauben wir immer mehr, dass Zufriedenheit mit Sinnesbefriedigung, Ruhm und Macht kommt. Dadurch werden Sinne und Geist immer mehr nach außen gezogen, und wir entfernen uns von dem Erleben anhaltenden Glücks und innerer Fülle.

Wie kann man den Geist zur Ruhe bringen?

Das Raja Yoga System wurde von dem Weisen Maharishi Patanjali als achtstufiges System formuliert, um dem Aspiranten ein „Handbuch" zur Geistesentwicklung zu geben; dieses Werk ist als die Yoga Sutras bekannt. Der menschliche Geist wird hier als ein Gedankenbündel definiert, dessen Fluktuation den Menschen vom Erleben seines wirklichen Selbst, der göttlichen Natur abhält. Derjenige, der Kontrolle über den Geist erlangt, ist demzufolge ein wahrer König, ein Raja. Maharishi Patanjali definiert diesen höchsten Geisteszustand als „das Aufhören der Gedankenwellen, das zur Ruhe bringen des Geistes". Das Raja Yoga System beschreibt acht Stufen, die Schritt für Schritt zeigen, wie man Kontrolle über den Geist bekommt und letztendlich das höchste Ziel der Erleuchtung erreicht. Wie viele andere Formen von Religion oder spiritueller Lebenseinstellung baut auch das System des Raja Yoga auf dem Fundament moralischer und ethischer Richtlinien auf (Yamas und Niyamas). Die **Yamas** stellen Richtlinien für den Umgang mit anderen Menschen dar und heißen:

Satya (Ehrlichkeit),
Ahimsa (nicht verletzen),
Asteya (nicht stehlen),
Brahmacharya (Kontrolle der Sinne),
Aparigraha (nicht begehren).

Wenn der Geist still wird, empfinden wir tiefes Glück und Zufriedenheit, da dies der ursprüngliche, natürliche Zustand unseres Seins ist.

Wer Kontrolle über den Geist erlangt ist ein wahrer König.

05 (Richtige Entspannung)

Die **Niyamas** geben dem Aspiranten Hilfestellungen, die es ihm leichter machen, die Yamas einzuhalten. Es sind Richtlinien für den Umgang mit sich selbst.

Die **Niyamas** heißen:
Saucha (Reinlichkeit),
Santosha (Zufriedenheit),
Tapas (Disziplin),
Swadyaya (Studium der Schriften bzw. Selbstanalyse)
Ishawarapranidhana (Hingabe/Vertrauen an Gott oder das höhere Bewusstsein).

Diese beiden Stufen sind sehr wichtig, denn nur wenn man sie befolgt, kann der Geist wirklich ruhig werden. Stellen Sie sich nur einmal vor, was passiert, wenn man lügt. Man muss ständig aufpassen, dass man nicht ertappt wird, das schlechte Gewissen wird permanent anklopfen etc. Es ist jedoch nicht nötig, alle Yamas und Niyamas zu meistern; so hat Mahatma Gandhi sich vor allem auf Satya und Ahimsa, Wahrhaftigkeit und Nicht-Verletzen konzentriert. Er hat sein Leben nach diesen beiden Prinzipien gelebt und wurde ein großer Heiliger.

Die nächste Stufe heißt **Asana**. Im Raja Yoga versteht man darunter eine stabile, aufrechte, bequeme Sitzhaltung. Das aufrechte Sitzen erleichtert den Fluss der Energie zum Kopf und verstärkt die Konzentrationsfähigkeit. Wenn man lange sitzen kann, ohne den Körper zu spüren, kann man den Geist wirklich gut beobachten und trainieren. Dies ist für die meisten Menschen schon nicht möglich. Deshalb wird Sampoorna Hatha Yoga empfohlen, um den Körper flexibler und gesünder zu machen, sodass man leichter sitzen kann. Wenn man ungestört sitzen kann und der Geist ruhiger wird, tritt ein Zustand ein, in dem der Atem ganz ruhig wird und man Kontrolle über den Atem erlangen wird. Dies wird als **Pranayama** bezeichnet. Pranayama heißt „die Wissenschaft zur Kontrolle des Atems" und ist die vierte Stufe im Raja Yoga. Diese ersten vier Stufen sind die eigentliche Arbeit, die wir leisten können. Sie bilden das Fundament für alle weiteren Stufen.

Wenn die inneren Konflikte weniger werden, man ungestört in einer aufrechten Position verweilen kann, Atem und Geist ruhiger werden, dann zieht sich der Geist ganz natürlich von den äußeren Sinnesobjekten zurück. Man vertieft sich so sehr in die Konzentrationsübung, dass die Energie von den Sinnesorganen abgezogen wird und man die fünfte Stufe, den Zustand des **Pratyahara** erreicht. Es geschieht einfach, man kann es nicht wirklich bewusst hervorrufen, da man die Sinne nicht einfach abschalten kann. Den Zustand des Pratyahara kann man auch durch andere Tätigkeiten erreichen. Wenn man z.B. ein gutes Buch liest und so vertieft ist, dass man nicht hört, wenn jemand den Raum betritt, d.h. man ist so sehr mit etwas beschäftigt, dass die gesamte Konzentration und Aufmerksamkeit in diese Tätigkeit fließt. Durch regelmäßige Praxis von Konzentrationsübungen wird die Geisteskraft gestärkt, sodass Pratyahara häufiger auftreten wird (normalerweise während der Konzentrationsübungen). Wenn der Geist nicht mehr durch die Sinne nach außen gezogen wird, nimmt seine Ruhe und Zielgerichtetheit zu. Diese Konzentrationskraft sollte auf einen bestimmten Gegenstand, Gedanken oder Bild gerichtet werden. Wenn der Geist für ca. zwölf Sekunden ununterbrochen auf nur ein einziges Objekt gerichtet bleiben kann, ohne auch nur die geringste Fluktuation, sagt man, dass die Konzentration gemeistert ist (**Dharana**, Stufe 6). Wenn diese Konzentration für ca. 2,5 Minuten aufrechterhalten wird, fällt man in den Zustand der Meditation (**Dhyana**, Stufe 7). Das heißt, der Geist muss für ca. 2,5 Minuten nur einen einzigen Gedanken haben. Um dies an einem Beispiel zu verdeutlichen: Konzentrieren Sie sich auf einen Gegenstand, sagen wir das Kreuz. Stellen Sie sich ein Kreuz vor und probieren Sie, dieses Bild aufrechtzuerhalten. Das Kreuz darf weder seine Form noch die Farbe oder die Größe verändern, denn das wäre bereits ein anderer Gedanke. Es dürfen während dieser Zeit auch keine anderen Gedanken durch den Kopf gehen, keine Emotionen, keine Wertung, kein Überlegen, ob Sie es richtig machen, kein Gedanke an die Zeit. All das sind Fluktuationen der Gedanken. Nur das eine Bild! Nichts weiter. Und das für etwa 2,5 Minuten. Dann fällt man in den Zustand der Meditation. Meditation ist also nichts, was man bewusst machen kann, sondern es ist ein Zustand, den man erreicht, wenn der Geist dazu bereit ist. Man kann das mit dem Einschlafen vergleichen. Man kann das beste Bett der Welt haben und all seine persönlichen „Zu-Bett-Geh-Rituale" machen, aber wenn der Geist nicht bereit ist, wenn man nicht müde ist, so wird man nicht einschlafen. Nur wenn die persönlichen Bedingungen richtig sind, wird man einschlafen. Dies verdeutlicht, wie lose der Begriff Meditation hier im Westen oftmals benutzt wird. Ein bisschen ruhig hinsetzen, die Augen schließen und schon meditiert man …

Bleibt die Meditation für ca. 25 Minuten ungestört bestehen, so erreicht man den transzendentalen Zustand, **Samadhi,** indem man seine wahre Natur, die Göttlichkeit, absolutes Wissen-Sein-Glückseligkeit erfährt. Dieser stufenweise Aufbau heißt jedoch nicht, dass man erst die Yamas und Niyamas meistern muss,

[Sampoorna Hatha Yoga]

bevor man mit Konzentrationsübungen beginnen darf. Die ersten vier Stufen kann und sollte man gleichzeitig üben. Wenn man sein Leben nach bestimmten ethisch-moralischen Richtlinien lebt, wird der Geist von alleine ruhiger und zufriedener. Durch das regelmäßige Üben von Sampoorna Hatha Yoga wird der Körper ausgeglichener und das aufrechte, regungslose Sitzen wird bequemer. Außerdem wird man sich seines Atems bewusster und erlernt, ihn zu kontrollieren. Auch wenn man das „Ziel", den Zustand der Meditation, oder sogar des transzendentalen Zustands nicht erreichen sollte, so gewinnt man durch diese Praxis eine viel höhere Lebensqualität und durch die steigende Konzentrationskraft kann man alles, was man tut, mit mehr Effizienz erledigen.

Diese systematische Gliederung des Raja Yoga bietet uns eine „Checkliste" anhand derer wir zurückverfolgen können, wieso es mit der Konzentration oftmals nicht so gut geht. Man kann Schritt für Schritt jede einzelne Stufe überprüfen und daran feststellen, wo man etwas verändern muss. Zum Beispiel kann man kontrollieren, ob die Sitzhaltung gut ist, ob man wirklich entspannt sitzt, sodass der Körper den Geist nicht mehr ablenkt. Oder man kann die Gedanken beobachten und feststellen, welche Art an Gedanken durch den Geist ziehen. Störende Gedanken hängen oft mit dem Nicht-Einhalten der Yamas und Niyamas zusammen, sodass man dort Korrekturen vornehmen kann etc.

Die höchste Stufe der Geisteskontrolle, Samadhi, mag wie ein sehr hohes, schwer zu erreichendes Ziel erscheinen. Das sollte Sie jedoch nicht entmutigen. Jeder einzelne Schritt auf diesem Weg ist es wert, die Übungen zu machen. Jedes Mal, wenn der Geist etwas ruhiger und konzentrierter wird oder man sich von einer schlechten Gewohnheit befreien kann, wird sich das Gefühl des inneren Friedens verstärken und dem Leben eine ganz neue Qualität geben.

Maharishi Patanjali beschreibt in seinen Yoga Sutras ganz deutlich, welche Kraft der Geist erhält, wenn er gereinigt und frei von Ablenkungen und Aufregung wird. Es gibt dann nichts mehr, das er nicht erreichen kann. Deshalb warnt Maharishi Patanjali den Aspiranten und weist darauf hin, dass man sich das Objekt der Konzentration sehr sorgfältig aussuchen muss. Wenn der Geist weiter auf die Welt gerichtet bleibt, wird man stärker an sie verhaftet sein und seine gewonnene Kraft dazu nutzen, andere zu manipulieren. Wenn der Geist auf Gott gerichtet wird, so führt es zur Befreiung. Deshalb wird Meditation hier als „der ununterbrochene Fluss der Gedanken zu Gott" definiert.

Meditationstechniken

Es gibt eine Vielzahl verschiedener Meditationstechniken, von denen ich hier zwei meiner Lieblingsübungen beschreiben werde. Genau genommen müsste man die Übungen Konzentrationsübungen nennen oder Übungen, die zur Meditation führen, da, wie Sie gelesen haben, Meditation ein Zustand ist, den man erreicht und nicht etwas, das man machen kann. Der Einfachheit halber werde ich aber bei dem bekannten Begriff „Meditationstechnik" bleiben. Eine gute Vorbereitung für die Meditationstechniken ist Tratakam (vergl. S. 37), da es die Konzentration festigt und das Transferieren der Konzentration von etwas Äußerem, der Kerzenflamme, auf etwas Inneres, die Vorstellung der Kerzenflamme, ermöglicht und somit den Geist trainiert, sich nach innen zu richten.

> **Meditation ist ein Geisteszustand, den man erreicht, nicht etwas, das man machen kann.**

05 (Die richtige Entspannung)

1. Die Atemmeditation: Nehmen Sie eine bequeme, aufrechte Sitzhaltung ein (vergl. S. 123) atmen ein paarmal tief ein und aus, um den Körper mit Sauerstoff zu versorgen und den Fluss der Energie auszugleichen. Dann untersuchen Sie den Körper geistig noch einmal auf Spannungen und lösen sie. Nun geben Sie dem Körper geistig den Befehl, für die Zeit der Meditation entspannt zu bleiben, sodass er Sie nicht stört. Wenn man dem Körper einen eindeutigen Befehl gibt, so wird er folgen. Ziehen Sie den Geist vom Körper zurück und beachten ihn nicht weiter. Nun richten Sie Ihre Aufmerksamkeit auf den Atem. Beobachten Sie, wie der Atem ganz natürlich kommt und geht, ohne ihn zu beeinflussen. Dann beginnen Sie die Atemzüge zu zählen. Zählen Sie einatmen, ausatmen, 1, einatmen, ausatmen, 2 etc. Zählen Sie immer von 1 bis 10. Wenn Sie bei 10 angelangt sind, beginnen Sie wieder bei 1. Wenn Sie sich zwischendurch verzählen, zu weit zählen oder den Faden verlieren, beginnen Sie wieder bei 1. Die Konzentration auf den Atem wird den Geist schnell zur Ruhe kommen lassen. Beachten Sie den feinen Übergang zwischen entspannter Konzentration und Tagträumen oder Einschlafen.

2. Die Mantra Meditation: Die Mantra Meditationstechnik wird als eine der effektivsten Meditationstechniken angesehen, da sie den Geist auf verschiedene Arten bindet, u.a. das Wiederholen des Mantras, Melodie und Rhythmus des Mantras, das geistige Visualisieren des Aspektes Gottes, der zu dem Mantra gehört. Man verfährt dazu wie folgt: Kommen Sie in eine bequeme, aufrechte Sitzhaltung, atmen ein paarmal tief ein und aus, um den Körper mit Sauerstoff zu versorgen und den Fluss der Energie auszugleichen. Dann untersuchen Sie den Körper geistig noch einmal auf Spannungen und lösen sie. Geben Sie dem Körper geistig den Befehl, für die Zeit der Meditation entspannt zu bleiben, sodass er Sie nicht stört. Wenn man dem Körper einen eindeutigen Befehl gibt, so wird er folgen. Dann ziehen Sie den Geist langsam vom Körper zurück und beachten ihn nicht weiter. Damit der Geist nicht wahllos umherwandert, geben Sie ihm einen Platz, an dem er sich aufhalten kann. Einer der Punkte, der für die Meditationsübungen vorgeschlagen wird, ist der Punkt zwischen den Augenbrauen, das Dritte Auge, der Sitz des Bewusstseins. Richten Sie Ihre Aufmerksamkeit auf diesen Punkt, ununterbrochen. Wenn Sie merken, dass der Geist abwandert, bringen Sie ihn zurück zu diesem Punkt. Immer und immer wieder. Wenn der Geist beginnt, sich nach innen zu wenden, werden Sie dort das Pulsieren der Lebenskraft spüren können. Es kann sich auf viele unterschiedliche Arten manifestieren: als Klopfen oder Licht in allen möglichen Farben. Was kommt oder nicht kommt ist völlig egal. Akzeptieren Sie es und fahren mit der Übung fort. Um den Geist weiter zu beschäftigen und ihm ein Konzentrationsobjekt zu geben, das ihn erhebt, wählen Sie ein Mantra aus, zu dem Sie sich hingezogen fühlen (vergl. S. 45). Wiederholen Sie das Mantra immer wieder, ununterbrochen. Verwenden Sie immer das gleiche Mantra. Wenn man immer das gleiche Mantra verwendet, wird die geistige Schwingung dieses Mantras im Laufe der Zeit sehr tief und stark werden, wodurch der Geist beim Üben schneller ruhig wird und man tiefer und tiefer gehen kann, bis man irgendwann den Zustand der Meditation und des Samadhi erfährt. Sie können bei dieser Übung zur Unterstützung eine Mala-Kette verwenden, sodass der Geist konzentriert bleibt. Die Mala-Kette besteht aus 108 (meist) Holzperlen. Man legt in der rechten Hand Daumen und Ringfinger zusammen, sodass die Mala in der dadurch entstehenden Rille liegen kann ((vergl. S. 38). Halten Sie während des Übens die rechte Hand auf Höhe des Brustbeins, die linke ruht im Schoß, sodass das untere Ende der Mala in der linken Hand ist. Jede Mala hat eine größere Perle, die als „Guru-Perle" bezeichnet wird. Man beginnt das Zählen hinter dieser Perle. Jedesmal, wenn man das Mantra geistig wiederholt hat, bewegt man die Mala mit dem Mittelfinger eine Perle weiter, bis man auf der anderen Seite der Guru-Perle angekommen ist. Dann dreht man die Mala um und beginnt von vorne. Sie können einmal die Zeit messen, die Sie brauchen, um eine Runde zu machen, sodass Sie immer wissen können, wie viele Runden Sie machen müssen, um eine bestimmte Zeit zu sitzen.

Moksha Mantras

Die Mantras, die zur Meditation mit dem Ziel der Erleuchtung benutzt werden, heißen Moksha Mantras. Moksha bedeutet „Befreiung". Jedes Mantra bezieht sich jeweils auf einen Aspekt Gottes, der ganz bestimmte Qualitäten verkörpert. Wenn man sich auf das Mantra und den dazugehörigen Aspekt Gottes konzentriert, werden sich diese Qualitäten im Laufe der Zeit in uns verkörpern. Ich werde hier nur eine Auswahl der meist genutzten Moksha Mantras anbieten können. Wenn Sie die korrekte Aussprache, Melodie und Rhythmus der Mantras lernen möchten, so kann ich Ihnen die CD „Moksha Mantras" von Shri Yogi Hari empfehlen.

[Sampoorna Hatha Yoga]

1. **Om Gam Ganapataye Namaha**
   Genesha ist der Aspekt Gottes, der die Hindernisse auf der physischen, astralen und mentalen Ebene entfernt.

2. **Om Gum Gurubhyu Namaha**
   Dieses Mantra ruft die Energie des Gurus an, sodass man den spirituellen Pfad schneller lernt und den richtigen Weg geht.

3. **Om Dum Durgaye Namaha**
   Durga ist der Aspekt der Göttlichen Mutter, der angerufen wird, um Tamas, Grobheit und Unwissenheit zu beseitigen.

4. **Om Shri Maha Lakshmiye Namaha**
   Lakshmi wird angerufen, um Wohlstand zu erhalten, sowohl auf der materiellen als auch der spirituellen Ebene.

5. **Om Shri Saraswatiye Namaha**
   Saraswati ist der Aspekt der Göttlichen Mutter, der göttliches Wissen gewährt.

6. **Hare Rama Hare Rama, Rama Rama Hare Hare, Hare Krishna Hare Krishna, Krishna Krishna Hare Hare**
   Dies wird das „Maha Mantra" oder das großartige Mantra genannt, das der Menschheit durch die vedischen Seher für den individuellen und universellen Frieden gegeben wurde.

7. **Om Namah Shivaya**
   Shiva ist der Herr der Yogis. In seiner Wohnstätte auf dem Berg Kailash ist er in tiefe Meditation versunken. Er hat die Sinne und den Geist gemeistert und die drei Gunas transzendiert. Er ist der auflösende Aspekt der Schöpfung und hilft auf dem spirituellen Pfad dabei, Maya, die Illusion durch die Kraft seines Dritten Auges, dem Auge der Unterscheidungskraft, das die Dualität transzendiert, aufzulösen.

8. **Om Namo Narayanaya**
   Narayana ist ein anderer Name für Vishnu. Vishnu ist Gott, involviert in die Erhaltung. Er ist derjenige, der aus Mitgefühl immer wieder inkarniert, wenn die Schöpfung in Gefahr ist. Rama, Krishna, Buddha und Jesus werden als Inkarnationen Vishnus angesehen.

9. **Om Shri Ram Jai Ram, Jai Jai Ram oder Om Shri Ramaya Namaha**
   Rama war eine Inkarnation Vishnus. Als er geboren wurde, war er sich seiner Göttlichkeit nicht bewusst. Er erreichte die Erleuchtung, als er den Vortrag seines Gurus, dem Weisen Vasishtha, über Illusion und Wirklichkeit hörte. Er ist das Vorbild eines idealen Sohnes, Vaters, Ehemannes und Königs.

10. **Om Namo Bhagavate Vasudevaya**
    Vasudev ist ein weiterer Name Krishnas, eine Inkarnation Vishnus. Im Gegensatz zu Rama war sich Krishna seiner Göttlichkeit vom Moment seiner Geburt an bewusst und war in der Lage, seine göttlichen Kräfte zu benutzen. Er inkarnierte, um der Menschheit den Pfad der göttlichen Liebe wiederzubringen.

11. **Om Namo Bhagavate Sivanandaya**
    Wenn man einen Menschen als erleuchtet ansieht, dann ist er ein göttliches Wesen und kann als das Ideal für die Meditation gewählt werden.

Der Bauer und der Djini

Es war einmal ein Bauer, der sich von der Arbeit auf seinem Feld überfordert fühlte. Also ging er zu seinem Guru und bat ihn, ihm einen Djini (einen Geist) zu geben, der ihm bei der Arbeit helfen könnte. Der Guru warnte den Bauern und sagte: „Du musst vorsichtig sein mit dem Djini, wenn Du ihn nicht permanent beschäftigt hältst, wird er auf dumme Gedanken kommen und Dich auffressen!" Der Bauer sagte, dass er sich keine Sorgen machen solle, er habe so viel Arbeit, dass er den Djini sehr lange beschäftigen könnte. Also versprach der Guru, dass der Djini erscheinen werde, sobald der Bauer zu Hause ist. Der Bauer konnte es kaum erwarten und eilte nach Hause. Wie versprochen erschien der Djini sofort und sagte: „Meister, Meister gib mir Arbeit!" Der Bauer befahl ihm das Feld zu bestellen, und der Djini legte sofort los. Mit einem sehr zufriedenen Lächeln auf den Lippen begab sich der Bauer zu seiner Hängematte, um es sich gemütlich zu machen. Kaum hatte er sich hingelegt, erschien der Djini und sagte „Meister, Meister, gib mir Arbeit!" Der Bauer schaute auf sein Feld und war sehr beeindruckt, da alle Arbeit getan war. Also befahl er dem Djini ihm ein Haus zu bauen, ein großes Haus mit vielen Extras. Eine Stunde später kam der Djini zurück und wollte Arbeit. Der Bauer hielt den Geist mit all seinen Wünschen für den Rest des Tages beschäftigt, was sich jedoch als eine Menge Arbeit für ihn herausstellte, da er schnell und gut nachdenken musste, was er dem Djini noch alles auftragen konnte, denn der Djini wurde tatsächlich schon etwas ungeduldig, wenn der Bauer etwas zu lange wartete. Der Bauer erkannte sein Dilemma und sah sich schon im Magen des Djini verschwinden.

05 (Die richtige Entspannung)

So rannte er voller Furcht zurück zu seinem Guru und bat ihn um Hilfe. Das Erste, was er zu hören bekam, war natürlich „Ich habe es dir ja gesagt", selbst der Guru konnte sich das nicht verkneifen. Aber da er seinen Schüler nicht an den Djini verfüttern wollte, zeigte er ihm den Ausweg aus seinem Dilemma. Er sagte: „Wenn Du nach Hause kommst, trage dem Djini auf, den höchsten Baum des Waldes zu fällen und vor Deinem Hause aufzustellen. Immer wenn Du keine Arbeit für den Djini hast, befehle ihm, dass er den Baum hinaufklettern soll. Wenn er oben ankommt, soll er wieder runterkommen und so soll er fortfahren, bis Du ihm etwas anderes aufträgst." Der Bauer rannte voll neuem Lebensmut nach Hause und tat wie ihm geheißen. Der Djini fällte den Baum, brachte ihn zum Haus, verankerte ihn fest im Boden und begann dann, auf den Befehl seines Meisters hin, den Baum auf und ab zu klettern. Nach einer Stunde rief der Djini voller Verzweiflung nach seinem Meister und sagte: „Meister, Meister, Du hast mich besiegt. Bitte erlöse mich von dieser Aufgabe, und ich verspreche Dir, dass ich Dich nicht fressen werden und Dir trotzdem immer zur Verfügung stehen werde, wenn Du mich brauchst." Der Bauer entließ ihn von der Aufgabe und lebte seitdem ein sehr zufriedenes, sorgenfreies Leben.

Der Djini repräsentiert unseren Geist, der viel Arbeit für uns verrichtet und großartige Dinge schaffen kann. Wenn man ihn jedoch unkontrolliert tun lässt, was er möchte, so kommt er auf dumme Gedanken, Emotionen etc. und macht unser Leben miserabel. Er frisst uns auf! Um einen Ausweg aus dieser Misere zu finden, brauchen wir jemanden (den Guru), der den richtigen Weg zeigt und uns in die Kunst der Geisteskontrolle einweist (Meditation). Man muss dem Geist befehlen, eine ganz bestimmte, monotone Tätigkeit zu tun, bis er letztendlich aufgibt und dadurch unser höriger Diener wird. Diese Tätigkeit (das Rauf- und Runterklettern am Baum entlang) ist das Wiederholen eines Mantras. Man wiederholt das eine Mantra immer und immer wieder, bis irgendwann der Geist aufgibt und man den Zustand der Meditation erreicht. Dann, so sagen die Schriften, gibt es nichts auf dieser Welt, das der Geist nicht erreichen kann.

Man muss dem Geist eine konkrete Aufgabe geben, damit er nicht auf dumme Gedanken kommt.

Der Geist

Das ganze Universum ist nichts anderes als eine Manifestation des kosmischen Geistes, des absoluten Bewusstseins, das eine Form annimmt, nämlich die des Universums. Der menschliche Geist ist eine kleine Reflexion des kosmischen Geistes. Er ist durch die Identifikation mit Namen, Form, Raum, Zeit etc. begrenzt und in seinem Fassungsvermögen beschränkt. Wir können die Welt nur so erleben, wie unser Geist es zulässt. Es ist für den menschlichen Geist unmöglich, die gesamte Schöpfung zu verstehen, da ein Teil niemals das Ganze erfassen kann. Ein gereinigter Geist spiegelt das Selbst/Gott wider, genau wie ein wellenfreier See die Sonne identisch widerspiegelt. Der durchschnittliche Geist ist jedoch voller Gedanken, die verhindern, dass wir die Realität, Gott, in ihrer Reinheit wahrnehmen können. Wenn Yoga eintritt, wie Patanjali es definiert, sodass alle Gedanken aufhören, der Geist frei von jeglicher Fluktuation ist, so können wir das Selbst ohne Begrenzung, Verzerrung in seinem höchsten Glanz erleben.

Der Geist besteht aus zwei Teilen, dem Bewussten und dem Unbewussten oder Unterbewussten, das Überbewusste im Sinne des Yoga liegt jenseits des Geistes. Jede Erfahrung, jeder Gedanke, jede Emotion aus diesem oder den vorhergehenden Leben hat einen Eindruck im Unterbewusstsein hinterlassen. Diese Eindrücke werden Samskaras genannt. Der unterbewusste Geist kann also als ein riesiges Lager an Samskaras angesehen werden. Jede Samskara kann mit einer Unebenheit am Meeresboden verglichen werden. Wenn sich das Wasser bewegt und über diese Unebenheit fließt, wird der Fluss des Wassers gestört. Dies drückt sich als kleine Welle an der Oberfläche aus. Genauso erzeugen die Samskaras Bewegungen im Geist, die sich als Gedankenblasen (Vriti) ausdrücken. Je stärker der Eindruck, desto größer die Welle an der Oberfläche. Nehmen wir das Beispiel einer Schmerzerfahrung. Wenn man sich beim Spazierengehen leicht den großen Zeh stößt und der Schmerz nicht so groß ist, wird dieses Erlebnis keinen sehr tiefen Eindruck hinterlassen. Man wird sich daran erinnern können, aber die Erinnerung wird nicht mehr als ein Lächeln oder Kopfschütteln hervorrufen. Stellt man sich jedoch einen Radfahrer vor, der aus voller Fahrt vom Fahrrad fällt und sich dabei schwer verletzt, so wird das einen sehr tiefen Eindruck im Geist des Radfahrers hinterlassen.

Dieses traumatische Erlebnis kann das Leben für lange Zeit beeinflussen. Es kann passieren, dass der Radfahrer Jahre nach dem Unfall beim Einkaufen ein „Flashback" des Unfalls hat und sich unter Schweißausbrüchen hinsetzen muss. Wieso? Was ist passiert? Hierzu muss man verstehen, dass der Geist wie ein Rekorder funktioniert, er zeichnet alles, was wir erleben, denken, fühlen, riechen, schmecken, sehen etc. auf. Und zwar immer in der Kombination all dieser Dinge. Meistens

[Sampoorna Hatha Yoga]

sind wir uns gar nicht bewusst, dass wir z.B. einen Geruch wahrnehmen während wir ein Auto ansehen. Oder wie viele Geräusche wir zusätzlich wahrnehmen, während wir uns in einem Café unterhalten. Diese aufzeichnende Funktion des Geistes wird **Manas** genannt. Erstaunlicherweise nehmen wir nicht nur viel mehr auf, als wir bewusst wahrnehmen, sondern wir analysieren auch viel mehr, ohne dass wir es wahrnehmen. So können wir in ein Gespräch im Café vertieft sein und uns all der anderen Geräusche kaum bewusst sein, aber wenn das Handy klingelt, reagieren wir sofort.

Der Geist ist also so trainiert, dass er die Informationen, die wir als wichtig erachten, zum Bewusstsein durchlässt. In der Funktion des Intellekts bzw. des Selektierens wird der Geist als **Buddhi** bezeichnet. Kehren wir zu unserem Radfahrer zurück. Der Unfall hat durch den Schock und vor allem durch den starken Schmerz einen tiefen Eindruck hinterlassen. Bewusst wird er sich vielleicht noch an einzelne Bilder erinnern können, das Gesicht der Frau, die den Krankenwagen gerufen hat, wie besorgt sie ausgesehen hat, die Fahrt zum Krankenhaus, das Geräusch der Sirenen etc. Unbewusst wurden aber viel mehr Informationen gespeichert, z.B. der Geruch des Parfums, das die helfende Frau getragen hat. Nun geht unser Radfahrer durch die Stadt und riecht, ohne es zu bemerken, das gleiche Parfum. Er kann durch diesen Geruch in das Erleben des Unfalltraumas zurückversetzt werden und die gleichen Emotionen erleben, die er dort erlebt hat, da all diese Informationen in dem einen Eindruck, der einen Samskara gespeichert sind. Dieser Eindruck war so tief gehend, dass schon ein kleiner Anlass genügt, um eine große Welle zu erzeugen. Wenn man davon ausgeht, dass dieses Prinzip auf alle Situationen und Eindrücke aus diesem und den vorhergehenden Leben anwendbar ist, so kann man sich vorstellen, welch eine Masse an Vritis (Gedankenwellen) permanent in unserem Geist erzeugt werden.

Gott sei Dank sind wir uns nicht aller Gedankenwellen bewusst, die durch die Umwelt neu an uns herangetragen werden, kombiniert mit all den alten, bereits bekannten Samskaras, die wieder hervorgerufen werden, denn das würde uns mit ziemlicher Sicherheit wahnsinnig machen. Wenn man jedoch beginnt, sich mit dem Geist zu beschäftigen, ihn zu beobachten und versucht, ihn zu bändigen und zu trainieren, so kann das gerade am Anfang ziemlich frustrierend werden. Die meisten Menschen denken, dass sie eine ganz gute Konzentrationskraft haben und sich der Bewegung ihres Geistes ziemlich bewusst sind. Wenn sie sich dann die Ruhe nehmen den Geist zu beobachten, so wirkt es, als ob er sich durch die Übungen auf einmal viel mehr bewegen würde und unruhiger würde. Dies ist natürlich nicht der Fall, sondern man wird sich einfach mehr und mehr des Chaos bewusst, das sowieso die ganze

Der Geist funktioniert wie ein Rekorder, er zeichnet alles, was wir erleben, denken, fühlen, riechen, schmecken, sehen etc. auf. Und zwar immer in der Kombination all dieser Dinge.

05 (Die richtige Entspannung)

Zeit vorherrscht. Die permanente Bewegung des Geistes wird durch drei Faktoren hervorgerufen, die auch als die drei Defekte des Geistes bezeichnet werden. Der größte Defekt wird als **Mala** (Unreinheiten) bezeichnet. Die Unreinheiten entstehen aus unseren niederen Emotionen Lust, Ärger, Gier, Hass, Eifersucht, Neid und Furcht. Diese Emotionen waren in früheren Zeiten notwendige Attribute, da sie halfen, unser Überleben zu sichern. Es ging nur darum, das eigene Überleben und das der Nachkommen zu sichern, alles andere war egal. Man musste sich nicht um den Nachbarn kümmern, man brauchte nicht unbedingt ein schnelleres Auto etc. Diese niederen Emotionen helfen zwar beim Überleben in der Steppe, sind jedoch auf der Suche nach Gott hinderlich. Man sollte deshalb probieren, sie mit den entgegengesetzten höheren Emotionen, wie Liebe, Großzügigkeit, Mitgefühl, zu ersetzen. Wenn man sich in diesen Emotionen übt, wird der Geist ruhiger und man wird mehr und mehr Zufriedenheit erfahren.

Die permanente Bewegung des Geistes wird durch drei Faktoren hervorgerufen, die auch als die drei Defekte des Geistes bezeichnet werden.

Der zweite Defekt des Geistes ist die schwankende Natur des Geistes (**Vikshepa**). Vikshepa ist ein Effekt von Mala und kann durch Konzentrationsübungen verbessert werden. **Avarna**, die verschleiernde Kraft des Geistes, bringt uns dazu, uns mit der äußeren Hülle zu identifizieren. Avarna lässt uns glauben, dass wir das Vergängliche sind, wie Name und Beruf, und lässt uns vergessen, wer wir wirklich sind, das göttliche Selbst, unvergänglich, ewig. Man kann Avarna durch richtige Analyse beseitigen (Wer bin ich? Was ist der Sinn des Lebens?).

Die Reinigung des Geistes ist die wichtigste Aufgabe. Man beginnt mit dem Bewusstwerden und Beobachten der Geistesinhalte, seiner positiven und negativen Aspekte. Man beobachtet sie, ohne daran Anteil zu nehmen, wie einen Fernsehfilm. Wenn man die negativen Aspekte erkannt hat, kann man beginnen, sie zu bearbeiten und durch gute Tugenden zu ersetzen. **Mala kann niemals vollständig beseitigt werden. Man sollte deshalb gleichzeitig beginnen, Konzentrationsübungen zu machen, um den Geist zu festigen.**
Hatha Yoga Übungen sind in diesem Prozess sehr hilfreich.

Wir haben nun gelesen, dass der Geist aus unterschiedlichen Teilen besteht, dass wir uns nur eines kleinen Teiles bewusst sind, und dass unser Geist sogar drei schwerwiegende Defekte hat. Ist es dann nicht höchst erstaunlich, was die Menschheit trotzdem zustande bringt? Stellen Sie sich einmal vor, wie viel mehr ein richtig ausgebildeter und trainierter Geist bewirken könnte. Menschen, die nur ein kleines bisschen tiefer in den Ozean des Geistes tauchen, ein bisschen mehr Kontrolle über den Geist bekommen, werden von uns als Genies betrachtet. Und selbst diese Menschen können immer nur einen kleinen Teil des Ganzen erfahren. Wenn man den Geist unter richtiger Führung trainiert und auf Gott richtet, kann dies zum höchsten Ziel der Befreiung, dem Erleben absoluter, unvergänglicher Wonne führen.

Der Geist im Sampoorna Hatha Yoga

Das Wissen um Aufbau und Funktionieren des Geistes können wir uns im Sampoorna Hatha Yoga auf unterschiedliche Weisen zunutze machen. Zum einen können wir seiner fluktuierenden Natur entgegenwirken, indem wir ihm eine ganz konkrete Aufgabe stellen und ihm so nicht die Chance lassen, an etwas anderes zu denken. Das erreichen wir zum einen durch den Fluss in der Stunde, zum anderen durch die teilweise schnellere Ausführung der Übungen und zum dritten durch die sich verändernden Aufgaben während des Übens (Konzentration auf das Ausführen, dann auf das Entspannen in der Stellung, den Atem und den Fluss der Energie). Wir vermeiden Pausen beim Üben, da der Geist zu schnell abwandert und an etwas anderes denkt und dadurch den Fluss der Energie von den Übungen wegzieht. Egal, wohin der Geist geht, die Energie wird folgen. Deshalb macht es Sinn, die Konzentration bei sich zu behalten und sie auf die Asana zu lenken, weil so die Energie bei uns bleibt und gespeichert werden kann. Wenn man versteht, dass jeder Gedanke, jede Handlung einen Eindruck im Geist hinterlässt und diese Eindrücke wiederum neue Gedanken und Handlungen erzeugen, so macht es Sinn, möglichst viele gute Gedanken und Handlungen zu tun, damit daraus wieder Gutes in uns entsteht. Je stärker diese Eindrücke sind, desto deutlicher werden sie uns in der Zukunft beeinflussen. Deshalb sollte man in der Praxis eine Routine aufbauen, sodass durch die ständige Wiederholung der Übungen ein tiefer Eindruck im Geist entsteht.

[Sampoorna Hatha Yoga]

> Viele Menschen denken leider, dass Geschwindigkeit beim Üben oder Arbeiten kontraproduktiv zur Entspannung ist. Sie sind dann sehr überrascht, wenn sie in eine Sampoorna Hatha Yoga Stunde kommen und ein teilweise recht zügiges Tempo vorfinden. Ich erfahre aber immer wieder, dass das genaue Gegenteil der Fall ist. **Nur eine aktive Konzentration kann zu echter Entspannung führen, und dazu muss man den Geist immer wieder herausfordern.**

Ein weiterer Weg, wie wir im Sampoorna Hatha Yoga Einfluss auf den Geist nehmen, ist über die Atemübungen. Die Yogis betonen immer wieder den Zusammenhang zwischen Atem/Prana und Geist. So sagen sie, dass die Bewegung von Atem und Geist direkt zusammenhängt. Ist der Geist ruhig, so ist auch der Atem ruhig. Und umgekehrt, ist der Atem ruhig, so wird auch der Geist ruhig. Wir kennen das alle gut aus Situationen, in denen wir nervös und aufgeregt waren. Wenn Sie sich in einer solchen Situation einmal beobachtet haben, werden Sie sicherlich festgestellt haben, dass Sie ganz schnell und flach geatmet haben. Wenn die Spannung dann nachlässt, wird man als Erstes tief durchatmen oder seufzen. Umgekehrt kann man über die Kontrolle des Atems die Aktivität des Geistes beeinflussen. So kann man über die Kontrolle des Atems und die Reinigung des energetischen Systems an einen Punkt gelangen, an dem die Energie vollkommen frei fließt, wodurch die Gedankenwellen im Geist zur Ruhe kommen und beide, Atem und Geist, stehen bleiben; man erlebt die innere Stille. Dies kann für einen recht langen Zeitraum passieren, wie Swami Nada-Brahmananda mehrfach demonstriert hat (vergl. S. 20).

Egal wohin der Geist geht, die Energie wird folgen.

Die Bewegung von Atem und Geist hängt direkt zusammen.

# 06

[Sampoorna Hatha Yoga – Richtige Ernährung]

06 [Richtige Ernährung]

Richtige Ernährung

Der Verdauungstrakt

Der Verdauungskanal beim Menschen ist ca. acht Meter lang, beginnt beim Mund und endet beim After. Durch das Kauen wird die Nahrung zerkleinert, die Zunge sorgt hierbei für das „Umrühren" und Vermengen mit Speichel. Der Speichel hat bei der Verdauung eine sehr wichtige Rolle, da er Enzyme beinhaltet, die mit der Spaltung der Nahrung beginnen. Über die Schluckbewegung wird die Nahrung in die Speiseröhre gebracht, die eine Art „Muskelschlauch" ist. Dieser Muskelschlauch kann eine wellenförmige Bewegung ausführen, die die Nahrung zum Magen befördert. Zwischen Speiseröhre und Magen befindet sich ein Schließmuskel, der normalerweise den Rückfluss des Mageninhaltes in die Speiseröhre verhindert. Die Nahrung wird im Magen mit Salzsäure angereichert, um Bakterien abzutöten. Die Schleimhaut des Magens ist für das Aushalten der Salzsäure „gebaut", nicht aber die Schleimhaut der Speiseröhre. Wenn also der Speiseröhren-Schließmuskel nicht richtig schließt, fließt Magensäure in die Speiseröhre zurück, so entsteht Sodbrennen.

Der Magen selbst stellt eine sackförmige Erweiterung des Verdauungskanals dar und dient als „Nahrungsspeicher". Drüsen in der Magenwand produzieren den Magensaft, der mit der ankommenden Nahrung durch Knetbewegungen der Magenschleimhäute vermengt wird. Der Magensaft zerkleinert die Nahrung weiter, es entsteht ein Nahrungsbrei. Dieser wird am Magenausgang in kleinen Portionen an den Dünndarm weitergegeben. Auch hier findet sich wieder ein „Magen-Schließmuskel", der sogenannte Magenpförtner. Im Dünndarm werden die Nahrungsbestandteile in das Blut aufgenommen. Hierbei sind noch einige weitere Organe beteiligt, die die dafür notwendigen Enzyme herstellen. Das Pankreas (Bauchspeicheldrüse) stellt Verdauungsenzyme her, ebenso die Leber. Das Pankreas gibt seine Verdauungsenzyme direkt in den Dünndarm ab, die Leber in Form von Gallenflüssigkeit. Hierbei gibt es einen besonderen Speicher für die Gallenflüssigkeit, die Gallenblase. Bei fettigen Mahlzeiten wird diese leer gepresst, um besonders viel Verdauungsenzyme aus der Leber zur Verfügung zu stellen. Diese beiden Organe stellen täglich bis zu drei Liter Verdauungssekret her. Nach dem Dünndarm gelangen die Nahrungsreste in den Dickdarm. Hier wird der Nahrung die Flüssigkeit entzogen. Das „Endprodukt" sind ca. 150 Milliliter Stuhl täglich, die durch den After ausgeschieden werden. Mit dem Blut werden die Nährstoffe dann zu jeder einzelnen Körperzelle transportiert. Diese benötigt sie vor allem zur Energiegewinnung: Zusammen mit Sauerstoff aus der Luft wird beispielsweise Zucker „verbrannt" und so Energie gewonnen.

Das „Wie und Was" der yogischen Ernährung

In der Hatha Yoga Pradipika werden sechs Gründe genannt, die einen Aspiranten daran hindern, auf dem Weg des Hatha Yoga erfolgreich zu sein:

1. Zu viel essen bzw. schwelgen in Sinneserfahrungen.

2. Überanstrengung, z.B. durch eine Übungsform, die den Körper ermüdet und man Energie verliert, anstatt sie aufzutanken.

3. Schwätzen oder lästern, weil es den Geist unruhig macht.

4. Fanatisch irgendwelchen Richtlinien folgen, weil durch fanatisches Denken eine Weiterentwicklung nicht möglich ist.

5. Schlechte Gesellschaft, weil es dem Geist ein schlechtes Vorbild ist.

6. Unbeständigkeit, da man nur durch konstantes Üben das Ziel erreichen kann.

[Sampoorna Hatha Yoga]

Sehr zur Enttäuschung vieler Menschen steht das „zu viel essen" gleich an erster Stelle. Auf der rein körperlichen Seite führt zu viel essen auf Dauer zu einer Überlastung des Verdauungssystems, weil ihm die Chance genommen wird zu entspannen. Wenn man zu viel Nahrung zu sich nimmt, wird der Magen so sehr gedehnt, dass er seine „Umrührfunktion", also das Vermischen der Nahrung mit der Magensäure, nicht mehr richtig ausführen kann. Das führt dazu, dass die Nahrung länger im Körper bleibt, wodurch sie anfangen wird zu gären. Im Gärprozess wird Alkohol produziert, der dazu führt, einen für das Immunsystem wichtigen Teil des Dickdarms zu schwächen, sodass das Immunsystem geschwächt wird. Die meisten Menschen kauen zudem ihre Nahrung nicht ausreichend, sodass der Magen zusätzlich arbeiten muss. Wenn man die Nahrung gründlich kaut, wird auch das Sättigungsgefühl schneller eintreten.

Aus yogischer Sicht dient die Nahrungsaufnahme lediglich der Energiegewinnung. Wenn man zu viel isst, braucht der Körper mehr Energie, um alles zu verwerten und abzutransportieren, als er gewinnt. Aus energetischer Sicht gibt es, neben der aufgenommenen Menge, noch einen weiteren Aspekt, der bei der Ernährung zu beachten ist, nämlich das „Was". Hierbei geht es den Yogis einzig darum, zu beobachten, welchen Effekt die Nahrung auf den Geist hat. Dass Nahrung eine direkte Wirkung auf den Geist hat, kann man sehr gut beobachten. Wer kennt nicht das Gefühl der Schwere nach einem Weihnachtsgans-Essen? Im Ruhrgebiet nennen wir dieses Gefühl liebevoll „die Fressnarkose", in der medizinischen Terminologie heißt es „der postprandiale Dip". Oder haben Sie schon einmal beobachtet, was passiert, wenn ein Kind zu viel Zucker gegessen hat und danach absolut hyperaktiv wird? Die Yogis teilen die Nahrung, gemäß der Reaktion, die sie im Geist verursacht, in drei Kategorien ein.

SATTVIGE NAHRUNG besteht hauptsächlich aus Getreide, frischen und getrockneten Früchten, rohem oder frisch gekochtem Gemüse, Bohnen, Tofu, Ghee und reiner organischer Milch (generell werden biologisch angebaute Produkte bevorzugt). Diese leichte und gehaltvolle Nahrung ist einfach zu verdauen. Sie fördert Vitalität, Kraft, Ausdauer und Gesundheit und schafft Harmonie in Körper und Geist.

RAJASSIGE NAHRUNG ist bitter, sauer, salzig, sehr scharf oder beißend, trocken oder brennend. Zu ihr gehören: schwarzer Tee, Kaffee, Knoblauch, zu viel Gewürze, raffiniertes Mehl und Zucker. Alles, was Körper und Geist erregt, wird als rajassige Nahrung bezeichnet.

TAMASSIGE NAHRUNG beinhaltet Fisch, Fleisch, Eier, Alkohol, Pilze, wieder aufgewärmte Gerichte, gefrorene und konservierte Nahrungsmittel. Diese Nahrungsmittel erzeugen ein Schweregefühl und Trägheit.

Die nachhaltige Wirkung der Nahrung auf den Geist tritt oftmals erst ein bis zwei Tage später ein. Man muss sich deshalb über einen längeren Zeitraum gut beobachten, um den Effekt wahrnehmen zu können. So werden Sie vielleicht denken, dass Knoblauch doch so gesund für den Körper sein soll. Dem widerspricht generell auch niemand, nur leider macht Knoblauch den Geist sehr unruhig und wird deshalb aus einer „strengyogischen" Ernährung verbannt. Da das Ziel der Yogapraxis ein ruhiger, ausgeglichener, konzentrierter Geist ist, macht es ja auch Sinn, Nahrung aufzunehmen, die den Geist ruhig und konzentriert sein lässt.

Auf der geistigen Ebene geht es nicht nur um die Kontrolle der Nahrungsaufnahme, sondern generell um die Kontrolle der Sinne. Die Sinne stellen die Tore dar, durch die der Geist nach außen gezogen wird. Wenn man lernt, seine Sinne zu kontrollieren, so wird der Geist ruhiger werden und an Kraft gewinnen.

Aus yogischer Sicht dient die Nahrungsaufnahme lediglich der Energiegewinnung.

07

[Sampoorna Hatha Yoga –
    Die richtige Geisteseinstellung oder positives Denken]

07 [Die richtige Geisteseinstellung oder positives Denken]

Die richtige Geisteseinstellung, oder positives Denken

WIE SIE BEREITS GEMERKT HABEN, geht es immer wieder um den Geist und darum, wie man ihn „besiegen" bzw. ihn zur Ruhe bringen kann. Da dies ein durchaus schwieriges Unterfangen ist, lohnt es sich, möglichst viele Hilfsmittel zur Hand zu haben, sodass man möglichst viele Aspekte der Persönlichkeit erreichen kann. Ein weiteres Hilfsmittel, das ich Ihnen an die Hand geben möchte, stammt aus dem Sampoorna Bhakti Yoga.

Sampoorna Bhakti Yoga

Im Sampoorna Bhakti Yoga beginnt die Arbeit bei den Emotionen. Wie die restliche Schöpfung auch, erleben wir die Emotionen als Gegensatzpaare. Zu jeder positiven Emotion gibt es eine negative, wie Liebe und Hass, Großzügigkeit und Geiz, Gunst und Neid etc. Durch die Identifikation mit den Emotionen, das Verhaftetsein an sie, wird unser Geist permanent hin und her gezogen, was ihn zum einen sehr unruhig macht, zum anderen kostet die Fahrt auf dem Emotionskarussell viel Energie. Wer hat nicht schon mal erlebt, wie ausgelaugt und energielos man ist, nachdem man eine halbe Stunde geweint hat, einen Wutanfall hatte oder überschwänglich glücklich war. Obwohl beide, gute und schlechte Emotionen, den Geist langfristig gesehen Energie kosten, so hinterlassen sie doch recht unterschiedliche Eindrücke. Die negativen Emotionen sind weder in der Zeit, in der sie vorherrschen, angenehm, noch hinterlassen sie eine gute Erinnerung, sind also insgesamt eher belastend. Die positiven Emotionen erzeugen, in der Zeit, in der sie vorherrschen, ein erhebendes Gefühl, das uns Energie gibt, und hinterlassen schöne Erinnerungen. Das Problem hierbei ist, dass sie nicht beständig sind und deshalb der Geist wie ein Pendel zwischen den Emotionen hin- und herschwingt. Der eigentlich wünschenswerteste Zustand ist demzufolge ein gleichbleibend zufriedener Gemütszustand, nicht zu verwechseln mit einer trockenen, emotionslosen Gleichgültigkeit.

Die Frage ist nun, wie man das erreichen kann, da man die negativen Emotionen nicht einfach abschalten kann. Unterdrücken wäre auf jeden Fall der absolut falsche Weg, da das irgendwann nach hinten losgehen würde und zu ernsthaften Problemen führen könnte. Im Sampoorna Bhakti Yoga probiert man deshalb, die negativen Gefühle durch positive zu ersetzen. Konkret könnte das etwa so aussehen: Stellen Sie sich vor, dass eine Ihrer Arbeitskolleginnen ein Kleidungsstück (eine Uhr, ein Auto etc.) hat, das Ihnen besser gefällt, als Ihr eigenes. Sie würden es eigentlich auch gerne haben und werden neidisch. Intellektuell verstehen Sie, dass die Emotion Neid keine gute Wirkung auf Sie selbst hat, sodass Sie diese Emotion gerne loswerden möchten. Da Sie das Kleidungsstück aber wirklich gerne hätten, fällt es Ihnen nicht so leicht, den Neid einfach abzustellen. Stellen Sie sich dann einfach vor, dass anstelle Ihrer Arbeitskollegin jemand, den Sie wirklich gern haben und für die Sie sich wirklich freuen können (eine gute Freundin, die Schwester, Mutter, Tochter) dieses Kleidungsstück tragen würde und übertragen dann dieses Gefühl auf die Arbeitskollegin. Obwohl dies in der Theorie sehr einfach scheint, wird das Resultat in der Praxis jedoch sehr stark davon abhängen, wie sehr Sie die Arbeitskollegin mögen oder nicht mögen. Um es sich mit dem Projizieren positiver Emotionen etwas einfacher zu machen und sie auf etwas Beständiges zu richten, wählt man im Sampoorna Bhakti Yoga einen Aspekt Gottes aus, zu dem man sich hingezogen fühlt. Man stellt sich dann immer wieder all die guten Eigenschaften vor, die man mit Gott in Verbindung bringt, sodass dieses Bild im Kopf immer fester wird und man sich immer mehr zu ihm hingezogen fühlt. Je mehr man sich zu diesem Bild hingezogen fühlt, desto leichter wird es fallen, in eine gute Stimmung zu kommen, wenn man daran denkt. Je häufiger man das wiederholt, desto stärker wird der geistige Eindruck und desto leichter wird es fallen, dieses Gefühl in sich hervorzuholen, bis es irgendwann ganz automatisch da ist. Wenn man sich in seinen positiven Gefühlen zu Gott gefestigt fühlt, kann man beginnen, sie auf seine Umwelt zu richten. Man sollte sich zunächst Menschen aussuchen, die einem sowieso schon sehr nahe stehen (z.B. Eltern, Kinder, Partner, Lehrer), da einem so das Übertragen der Gefühle leichter fallen wird und kann dann nach und nach seine Kreise ausweiten.

In der Hatha Yoga Praxis kann man diese Technik auf viele Bereiche anwenden. Eine positive Geisteseinstellung bzw. Stimmung hat einen großen Effekt auf die Wirksamkeit der Übungen. Zum einen wird das Üben leichter fallen, wenn man gut gelaunt ist; der Körper ist entspannter und leistungsfähiger, sodass man die Asanas tatsächlich besser ausführen kann. Die Energie kann freier fließen, und man kann mehr Energie aufnehmen und speichern, da der Geist ruhiger ist. Sie können Ihren Geist darauf trainieren, während der Asana-Praxis in einer positiven, erhabenen Stimmung zu sein, indem Sie sich jedes Mal vor Beginn der Praxis oder wenn Sie die Matte betreten, daran erinnern, dass Sampoorna Hatha Yoga eine spirituelle Praxis ist, ein Gottesdienst, die Sie näher zu Gott bringt. Normalerweise beginnen und beenden wir die Praxis deshalb, indem wir ein paar Mantras singen und dadurch

---

Durch die Identifikation mit den Emotionen, das Verhaftetsein an sie, wird unser Geist permanent hin und her gezogen, was ihn zum einen sehr unruhig macht, zum anderen kostet die Fahrt auf dem Emotionskarussell viel Energie.

Sampoorna Hatha Yoga ist eine spirituelle Praxis, ein Gottesdienst, die Sie näher zu Gott bringt.

[Sampoorna Hatha Yoga]

den Geist auf Gott richten. Auf einer anderen Ebene können Sie über das positive Denken den Fortschritt in den Asanas stark beschleunigen, indem Sie zum einen immer davon ausgehen, dass Sie in der Lage sind, die Stellung auszuführen, zum anderen, indem Sie während Sie eine Stellung ausführen, sich vorstellen, dass Sie sie perfekt können. Stellen Sie sich vor, wie es aussehen würde, wenn Sie die Stellung perfekt ausführen. Wenn dieses Bild fest und klar wird, wird der Körper sehr schnell folgen. Genauso können Sie Blockaden im Körper „wegdenken", indem Sie sich während der Übungen vorstellen, wie es sich ohne die Blockade anfühlt. So können Sie sehr schnell und effektiv selbst auferlegte, antrainierte Beschränkungen ablegen.

08

[Sampoorna Hatha Yoga – Die Hatha Yoga Pradipika]

08 [Die Hatha Yoga Pradipika]

Die Hatha Yoga Pradipika

WIE IN KAPITEL 2 BESCHRIEBEN, ist Hatha Yoga ein von Gott gegebenes Geschenk, das uns, wenn richtig ausgeführt, zur höchsten Erleuchtung bringt. Leider kam und kommt es mit solch tiefgehenden Lehren immer wieder an einen Punkt, an dem sie nicht mehr in ihrer Reinheit gelehrt und praktiziert werden, sodass die Lehre verwässert oder gar vollkommen falsch interpretiert wird. So auch die Lehre des Hatha Yoga. Es führte im 16. Jahrhundert so weit, dass der Weise Yogi Swatmarama es für nötig erachtete, das System des Hatha Yoga detailliert niederzuschreiben, als Handbuch für den ernsthaft Suchenden. Er nannte sein Werk die „Hatha Yoga Pradipika", was so viel bedeutet wie „Licht auf Yoga".

Eigentlich hätte es nach diesem Werk keine weiteren Bücher über Hatha Yoga mehr geben müssen. Die Probleme entstehen jedoch zum einen daraus, dass bei der Übersetzung immer wieder Fehler gemacht werden und dass die Schrift von Menschen interpretiert wird, die selbst keine tief gehenden Erfahrungen mit der Materie haben, wodurch schwere Fehler entstehen, die das genaue Gegenteil von dem ursprünglichen Ziel erzeugen.

Ein anderes Problem entsteht dadurch, dass Yogi Swatmarama bei der Beschreibung des Weges von einer anderen „Grundausbildung" ausgegangen ist als das heute der Fall ist. Er ging hierbei von einer Lebensführung aus, die das Leben in fünf Abschnitte teilt.

Man verbrachte die ersten acht bis zehn Jahre bei den Eltern, danach lebte man etwa zwölf Jahre im Ashram des Gurus. Dort lebte und lernte man alle Grundlagen eines spirituellen, yogischen Lebens und erhielt eine umfassende Berufsausbildung. Dann folgte der Abschnitt des Familienlebens, in dem man die erlernten Techniken anwendete, um gesund zu bleiben und den Geist auszugleichen und so ein produktives Mitglied der Gesellschaft sein zu können. Man unterstützte den Ashram des Gurus, da dies der Ort war, in den man sich mit Beginn der Rente zurückzog. Wenn die Kinder erwachsen waren und man das Geschäft an sie übergeben konnte, wurde es dann auch Zeit, dies zu tun. Man hatte genug vom Familien- und Berufsleben erlebt, die Wünsche waren erfüllt, sodass man wieder mehr Zeit in die spirituellen Praktiken (Sadhana) investieren konnte, bis man die letzte Lebensstufe erreicht hat, in der man sich in den Wald zurückzog, um sich vollkommen dem Sadhana hinzugeben. In den letzten beiden Lebensstufen kam nun die Hatha Yoga Pradipika ins Spiel, um den Aspiranten weiterzuführen. Yogi Swatmarama ging also davon aus, dass man ein umfassendes Wissen über die Grundlagen des Hatha Yoga hatte und diese auch sein Leben lang praktiziert hatte.

Da dies heute nicht mehr der Fall ist, bedarf es doch etwas mehr Erklärung bzw. Grundlagenarbeit, als die Hatha Yoga Pradipika es leistet. Ich möchte hier darauf verzichten, die Hatha Yoga Pradipika näher zu beschreiben, möchte Ihnen jedoch eine wundervolle Interpretation von einem der größten Hatha Yoga Meister dieses Jahrhunderts, Shri Yogi Hari, ans Herz legen (Hatha Yoga Pradipika, Shri Yogi Hari, Aurum Verlag). Sein Kommentar wird die Lücken schließen, die dieses Buch offen gelassen haben mag und Ihren Geist weiter erheben, als ich dazu in der Lage gewesen sein mag.

[Sampoorna Hatha Yoga]

09

[Sampoorna Nada Yoga]

09 [Sampoorna Nada Yoga]

Sampoorna Nada Yoga

„IM FOLGENDEN WERDE ICH DIE PRAXIS DES NADA YOGA BESCHREIBEN, WIE SIE VON GORAKSHANATH DARGELEGT WURDE. SIE IST SELBST UNGEBILDETEN ZUGÄNGLICH, DIE NICHT IN DER LAGE SIND, DIE PHILOSOPHIE DER HÖHEREN REALITÄT ZU BEGREIFEN. AUCH WENN ADINATH MEHR ALS EINEINVIERTEL CRORES METHODEN GELEHRT HAT, LAYA (DIE ERLEUCHTUNG) ZU ERREICHEN, HALTE ICH DIE ERFORSCHUNG DES ANAHATA NADA FÜR DIE BESTE." HATHA YOGA PRADIPIKA

„Am Anfang war das Wort. Und das Wort war bei Gott. Und das Wort war Gott. Und das Wort manifestierte sich."

Wir alle wissen, wie stark Musik unseren Geist beeinflusst und wie leicht der Geist von Musik gefangen genommen werden kann. Sampoorna Nada Yoga ist der Aspekt des Yoga, der göttliche Musik und Klangschwingungen nutzt, um Konzentration des Geistes zu erlangen. Die Philosophie des Nada Yoga erklärt die Entstehung und die Existenz des Universums wie folgt:

Brahman, der Eine ohne ein Zweites, ist absolute Stille, reines Bewusstsein, absolute Glückseligkeit. Aus Brahman heraus entsteht die erste Schwingung, mit der die gesamte Schöpfung beginnt. Diese erste Schwingung und Brahman sind untrennbar voneinander, so wie Feuer und Wärme untrennbar voneinander sind. Die erste Stufe der Schöpfung wird als **Para** oder Nada Brahman bezeichnet, Gott in der Form von Klang (Nada bedeutet Klang, Schwingung). Die erste Schwingung wird durch das Wort OM repräsentiert. Sie bleibt in ihrer Urform auf ewig bestehen, nimmt aber zusätzliche Formen an, so wie Wasser die Form von Eis und Dampf annehmen kann, aber immer noch Wasser ist. In dieser Stufe der Entwicklung, die **Pashyanti** genannt wird, manifestieren sich die drei Gunas, die drei Kräfte der Natur. Sie sind jedoch noch in einem ausgeglichenen Zustand, sodass die Welt, wie wir sie erleben, noch nicht hervorgerufen wurde. Sie befindet sich also noch im transzendentalen Bereich, im Bereich jenseits des geistigen Fassungsvermögens. Auf der nächsten Stufe, **Madhyama**, manifestiert sich die geistige Ebene wie wir sie kennen. Es ist die Ebene der universalen Konzepte. Ein Beispiel: Hier in Deutschland nennen wir die klare Flüssigkeit, die den Durst stillt „Wasser". Etwas weiter im Westen, in Holland, sagt man „water", wieder ein anderer sagt agua, jal, neti etc. Wenn ich nun nach Saudi Arabien gehe und nach Wasser frage, so wird mich wahrscheinlich niemand verstehen. Wenn ich aber deutlich machen kann, dass ich durstig bin, so wird jeder an die gleiche klare Flüssigkeit denken, d.h. das geistige Konzept hinter all den unterschiedlichen Worten ist dasselbe.

Erst auf der nächsten Stufe der Manifestation, der **Vaikari** Ebene, entsteht die eigentliche scheinbare Vielfältigkeit. Diese Stufe der hörbaren Schwingungen ist die gröbste Stufe der Schöpfung, sie umfasst alles, was wir durch unsere Sinne wahrnehmen können. Das Nada Yoga System geht davon aus, dass alles, vom subtilsten Zustand OM bis hin zu dieser manifesten Welt, nichts anderes ist als Schwingung in unterschiedlichen Formen. Diese Theorie wird ja tatsächlich von der modernen Wissenschaft unterstützt, die auf der Suche nach dem kleinsten teilbaren Teilchen zu dem Schluss gekommen ist, dass im Grunde genommen alles aus Energie besteht und Energie ist nichts anderes als Schwingung. Das heißt alles was wir sehen, hören, fühlen, riechen und schmecken ist nichts anderes als eine Form von Energie/Schwingung. In einem anderen philosophischen System, dem Christentum, wird das Ganze wie folgt dargestellt: „Am Anfang war das Wort. Und das Wort war bei Gott. Und das Wort war Gott. Und das Wort manifestierte sich."

Die Nada Yoga Philosophie beschreibt also eine Entwicklung, die von dem höchsten, feinsten, reinsten Zustand (Brahman), zum niedrigsten, gröbsten, unreinsten Zustand (dieser Welt) führt. Um das noch einmal deutlich zu machen, das bedeutet nicht, dass vor vielen Millionen Jahren die Schöpfung mit der Schwingung OM begonnen hat und heute nur noch die grobe Manifestation dieser Welt übrig ist. Die Schwingung, Gott, ist permanent in allen unterschied-

[Sampoorna Nada Yoga]

lichen Stufen vorhanden, wir sind nur nicht in der Lage, sie wahrzunehmen. Die Schöpfung ist ein ewig, niemals endender Prozess. Allein in unserem Körper werden täglich neue Zellen geschaffen (man könnte sagen, ein neues Universum entsteht), andere Zellen werden erhalten und wieder andere werden abgebaut. Die Nada Yogis machen sich dieses Bild nun zunutze, indem sie probieren, die Leiter vom gröbsten Zustand, Vaikari, zum höchsten Zustand, Para, zurückzuverfolgen. Das heißt sie trainieren den Geist, sodass er in der Lage ist immer feinere Schwingungen wahrzunehmen. Sie nutzen hierzu zunächst hörbare Schwingung in Form von Musik. Jede hörbare Schwingung erzeugt ein geistiges „Bild" in uns. Das kann in Form eines wirklichen Bildes sein, oder einer Emotion etc. Wenn man z.B. das Wort Apfel sagt, so kann eine ganze Reihe von geistigen Bildern in uns entstehen. Je nach unserer Erfahrung mit dem „Apfel", können wir viele verschiedene Bilder und Erinnerungen im Kopf haben. Zunächst mal den Apfel selbst, Geschmack, Geruch, Aussehen, einen Apfelbaum, den man als Kind erklommen hat, Omas gedeckten Apfelkuchen oder den Durchfall ,den man hatte, nachdem man zu viele unreife Äpfel aus Nachbars Garten gegessen hatte.

Die Kette an Gedanken kann unendlich sein, je nach Tiefe der Samskara und der damit verbundenen Erfahrungen von entscheidender Bedeutung für den Verlauf der Gedankenkette. So kann ein scheinbar harmloser Gegenstand Auslöser für eine sehr lange Kette an Gedanken und Emotionen sein, wie wir es am Beispiel unseres Radfahrers in Kapitel 5 gesehen haben. Man kann den Geist bzw. den Verlauf der Gedanken mit dem Verlauf eines Baches vergleichen. Wenn Wasser in ein neues Gebiet fließt, wird es auf allen möglichen Wegen nach unten fließen. Im Laufe der Zeit wird sich jedoch der Weg mit dem geringsten Widerstand durchsetzen, wodurch ein Flussbett entstehen wird. Je mehr Wasser durch dieses Flussbett fließt, desto größer und tiefer wird es werden. Wenn man diesen Fluss umleiten möchte, so muss man kontinuierlich an einem neuen Flussbett arbeiten. Man muss den Weg bestimmen, den das Wasser fließen soll, dann muss man den Weg ebnen und das Flussbett ausheben. Man kann nicht einfach nur ein paar Spatenstiche machen und dann hoffen, dass der ganze Fluss sein altes Flussbett verlassen wird. Wenn man den ganzen Fluss umleiten möchte, so muss man ihm ein Flussbett graben, das größer und besser ist als das alte, da der Fluss sonst, ob des geringeren Widerstandes zumindest teilweise im alten Bett bleiben wird. Ähnlich verhält es sich mit den Gedanken. Normalerweise führt ein Gedanke zum nächsten, ursprünglich reihen sich diese Gedanken wahllos aneinander, aber durch unseren Umgang mit den einzelnen Gedanken formen wir Gedankenketten.

Ein Beispiel:
a) Stellen Sie sich vor, Herr A sieht das erste Mal einen Apfel, er weiß nichts über Äpfel und hat deshalb auch keine Erwartung an den Apfel. Er sieht den Apfel, schenkt ihm weiter keine Beachtung und vergisst ihn. Wenn er das nächste Mal an einen Apfel denkt, wird das wahrscheinlich keine große Gedankenwelle in ihm auslösen.
b) Herr A sieht das erste Mal einen Apfel. Sein Freund zeigt ihm nun, dass man den Apfel essen kann und dass man ihn auf unterschiedliche Arten zubereiten kann. Er backt ihm einen Apfelkuchen und serviert ihn mit Schlagsahne und Vanilleeis. Herr A ist begeistert. Es hinterlässt einen Eindruck in seinem Geist, an den er sich gerne erinnern wird. Das nächste Mal, wenn er an einen Apfel denkt wird die Gedankenkette etwa wie folgt aussehen: Apfelbacken – riecht gut – Schlagsahne und Vanilleeis – lecker. Er schenkt dieser Gedankenkette Beachtung, geht zu seinem Freund und fragt ihn, ob er noch etwas Apfelkuchen haben könnte. Da der Kuchen am Tag zuvor so ein Erfolg war, ist natürlich nichts davon übrig geblieben. Da Herr B gerade keine Zeit hat, einen neuen Kuchen zu backen, schickt er Herrn A zu einer Bäckerei. Herr A findet höchst erfreut heraus, dass man dort warmen Apfelkuchen mit Schlagsahne und Vanilleeis kaufen kann, was er natürlich sofort tut und sehr genießt. Der Apfelkuchen-Eindruck wird stärker. Am nächsten Tag sieht die Gedankenkette dann wie folgt aus: Apfelbacken – riecht gut – Schlagsahne und Vanilleeis – lecker – aufstehen – Autoschlüssel – zur Bäckerei fahren – Kuchen kaufen – essen. Dies passiert ein paar Tage in Folge, und bevor Herr A es realisiert, wird sein Mund jeden Nachmittag um vier wässrig und er muss seinen Apfelkuchen kaufen.

Man könnte nun meinen, dass ich soeben den typischen Verlauf einer Sucht dargestellt habe, aber eigentlich ist dies der typische Verlauf aller geistigen Abläufe. Unser Geist denkt in Mustern, die entstehen, wenn wir bestimmten Gedanken Energie geben und sie weiter verfolgen. Wenn ein Gedanke kommt und wir ihm keine Beachtung schenken, so bekommt er keine Energie und wird deshalb nicht so schnell wiederkommen. Unsere Samskaras bestimmen, welche Art an Gedanken in uns auftaucht. Es ist jedoch unser Umgang mit den Gedanken, der bestimmt, ob daraus

Wenn man beginnt sich mit seinem Geist zu beschäftigen und nach Mustern zu suchen, in denen er sich bewegt, so wird schnell deutlich werden, wie sehr unser Leben durch diese Muster bestimmt wird, ohne dass wir uns dessen bewusst sind.

09 [Sampoorna Nada Yoga]

Jedes Mal, wenn der Geist etwas ruhiger wird, wenn man etwas mehr Konzentrationskraft gewinnt, ist das wie ein Lottogewinn.

ein gedankliches Muster entsteht oder eben nicht. Wenn einmal ein gedankliches Muster entstanden ist, so wird der Geist diesem Muster folgen, bis wir ihm ein neues Muster geben, das stärker ist als das alte. Stärker meint in diesem Fall, dass es so lange eingeübt werden muss, bis der geistige Eindruck tiefer ist als der alte, sodass der Geist es leichter findet, dem neuen Muster zu folgen.

Kommen wir zurück zu Herrn A; er hat einige Wochen lang täglich, einem Ritual gleich, seinen Apfelkuchen gegessen, jeden Nachmittag um vier hat er die Autoschlüssel genommen, ist zu „seiner" Bäckerei gefahren und hat „seinen" Apfelkuchen gegessen. Die Apfelkuchen-Samskara ist also ziemlich tief geworden. Eines Morgens stellt Herr A nun fest, dass sich der Apfelkuchen an seinem Körper manifestiert hat; in Form eines großen Rettungsrings um den Bauch herum und einer verstopften Nase. Herr A beschließt, dies zu ändern und seine „Sucht" zu brechen. Nun muss er einiges an Disziplin und Arbeit investieren, um die Apfelkuchen-Samskara zu brechen. Man könnte sagen, dass er die gleiche Energie investieren muss, diese Samskara zu brechen, wie er investiert hat, sie aufzubauen. Das geht nur, wenn er intellektuell wirklich erkennt, dass es besser ist, mit dem Apfelkuchen aufzuhören. Nur wenn Herr A wirklich erkennt, dass der Rettungsring und die permanent verstopfte Nase nicht gut für ihn sind, wenn der Leidensdruck, der dadurch entsteht größer ist als die temporäre Befriedigung des Essens, nur dann wird Herr A die Anstrengung leisten, etwas zu ändern.

Wenn man beginnt, sich mit seinem Geist zu beschäftigen und nach Mustern zu suchen, in denen er sich bewegt, so wird schnell deutlich werden, wie sehr unser Leben durch diese Muster bestimmt wird, ohne dass wir uns dessen bewusst sind. Viele dieser Gedankenmuster haben wir seit dem Kindesalter aus unserem Umfeld übernommen. So kann man bei Kindern gut beobachten, dass sie eigentlich vor den meisten Dingen keine Angst haben. Sie sind eher neugierig, wollen alles anfassen und es untersuchen. Sie werden nur Angst bekommen, wenn sie eine schlechte Erfahrung mit etwas machen oder von anderen eine Angstreaktion vorgelebt bekommen. Das Prägen von Gedankenmustern hört jedoch nie auf, wie wir am Beispiel des Herrn A gesehen haben, sowohl was schlechte als auch was gute Gedankenmuster angeht. Das Beispiel des Herrn A beschreibt weiterhin den Prozess des spirituellen Erwachens. Wir folgen bestimmten Gedankenmustern, ohne zu reflektieren, ob sie uns Nutzen bringen oder ob sie gut für uns sind. Oftmals fragen wir uns nicht einmal, ob es unsere eigenen Gedankenmuster sind, denen wir folgen, oder ob wir nur dem allgemeinen Trend nachlaufen.

Spirituelles Erwachen kann nur entstehen, wenn der innere Leidensdruck groß genug ist, wenn die Sehnsucht nach innerer Fülle und Zufriedenheit durch die äußere Welt so unbefriedigt bleibt, dass man sich von den bisher bekannten Pfaden abwendet und sich auf die Suche nach etwas macht, das anhaltende Zufriedenheit verspricht. Wie wir gesehen haben, kann anhaltende Zufriedenheit nur entstehen, wenn das Objekt, welches die Zufriedenheit bringt, in sich perfekt und unveränderlich ist. Das einzige „Objekt", das diese Qualifikationen erfüllen kann, ist das ewige, unveränderliche, reine Bewusstsein, Gott. (Ich weiß, ich habe das schon das ein oder andere Mal in diesem Buch gesagt, aber ich glaube, man kann es nicht oft genug sagen, hören und lesen, bis man es schließlich wirklich glaubt.) Unser Geist folgt also, einem Fluss gleich, bestimmten Mustern, wodurch diese Muster immer weiter „eingeübt" werden. Wenn wir nun beschließen, den Geist in eine andere Richtung zu lenken, ihn zu erheben, zu beruhigen und kraftvoll zu machen, so müssen wir einiges an Anstrengung dafür leisten. Man muss dieses neue Gedankenmuster immer wieder wiederholen, ein neues Gedankenflussbett schaffen, bis es so stark geworden ist, dass der Geist automatisch und gerne in diese Richtung fließt. Wie gesagt, das ist sehr mühsam, aber zur gleichen Zeit auch sehr erfreulich. Jedes Mal wenn der Geist etwas ruhiger wird, wenn man etwas mehr Konzentrationskraft gewinnt, ist das wie ein Lottogewinn. Die Nada Yogis nutzten Musik als Konzentrationsobjekt, da der Geist automatisch

[Sampoorna Nada Yoga]

von Musik angezogen wird und sich sehr schnell beruhigt, mit dem spürbaren Effekt der inneren Ruhe und des inneren Friedens. Wenn man die innere Ruhe und den geistigen Frieden immer wieder erlebt, so wird der Eindruck davon immer stärker, bis sie zu einem festen Bestandteil unseres Seins werden. Dadurch erheben wir unser geistiges Muster und gleichen es dem göttlichen Urzustand immer weiter an. Auf der Leiter des Nada Yoga Systems könnte man diesen Prozess so formulieren:

> Man nutzt den Klang auf der Vaikari Ebene, um eine friedvolle Schwingung im Geist (Madyama) zu erzeugen. Wenn der Geist ruhig und konzentriert ist, kann man in den transzendentalen Zustand gelangen (Pashyanti). Durch wiederholtes Erfahren des Pashyanti Zustandes erreicht man die höchste Erleuchtung im Para Zustand und verschmilzt dann wieder mit seiner wahren Natur, Brahman.

Ahata-, Anahata-Klänge

Auf der Vaikari Ebene werden Klänge dadurch produziert, dass ein Gegenstand auf einen anderen trifft, z.B. eine Hand schlägt in die andere oder die Luft trifft auf die Stimmbänder. Dies versetzt die Moleküle in den Gegenständen in Bewegung und erzeugt eine bestimmte Schwingung. Die Schwingung wird durch die Luft transportiert und trifft auf das Trommelfell. Dort versetzt sie das Trommelfell in Schwingung und wird über den Gehörapparat weitergeleitet, in einen elektrischen Impuls umgewandelt, sodass sie an das Gehirn weitergegeben werden kann und vom Gehirn als ein spezifischer Klang eingeordnet wird. (Welch ein Wunder!) Alle Klänge auf der Vaikari Ebene werden als Ahata-Klänge bezeichnet (Ahata = eins trifft auf ein anderes). In der Pashyanti Ebene, der transzendentalen Ebene, existieren Klänge, die entstehen, ohne dass ein Gegenstand auf einen anderen trifft. Sie existieren aus der Schwingung von Prana, der Lebensenergie, und Akash, dem Raum. Man bezeichnet diese Klänge als Anahata-Klänge (anahata = nicht angeschlagen).

Die Anahata-Klänge habe eine regelrecht bezaubernde Wirkung auf den Geist. Wenn man sich auf diese Klänge konzentriert, wird der Geist immer ruhiger und man kann immer subtilere Ebenen der Schwingung erfahren, bis man in die subtilste, OM, eintaucht.

Sampoorna Hatha Yoga und Sampoorna Nada Yoga gleichen sich in zwei Aspekten, zum einen probiert man bei beiden Systemen, sich auf die feine Schwingung des Prana zu konzentrieren, zum anderen führen beide Praktiken zum Erleben der Anahata-Klänge. Jedes Teilchen in uns schwingt in einem bestimmten Rhythmus, und wenn alles in Harmonie miteinander ist, erleben wir Gesundheit. Alles, was wir durch unsere Sinne aufnehmen, kann entweder in Harmonie mit uns sein oder eine Disharmonie erzeugen.

Deshalb sollte man sehr sorgsam wählen, was man an Nahrung zu sich nimmt, welche Filme man sieht, welche Form von Düften man trägt, was man sich auf die Haut schmiert und natürlich, welche Form von Musik man hört. Wenn man den Einfluss von Musik, also Rhythmus, Melodie und Harmonie, auf unser System versteht, so erklärt sich, wieso der Fluss, der Rhythmus des Sampoorna Hatha Yoga, so wichtig ist und wieso die aus dieser Art des Praktizierens entstehende Harmonie einen so großen Einfluss auf unsere Gesundheit hat.

Wenn alles in Harmonie miteinander ist, erleben wir Gesundheit.

10

[Sampoorna Gian Yoga]

10 [Sampoorna Gian Yoga]

Sampoorna Gian Yoga

> „Diszipliniere die Sinne und reinige den Geist, denn in einem gereinigten Geist herrscht andauerndes Bewusstsein des Selbst. Dann beendet Freiheit die Sklaverei und Freude die Sorgen."
> Chanogya Upanishad

Gian bedeutet Wissen. Sampoorna Gian Yoga ist das Yoga des rechten Befragens. Es probiert, über intellektuelle Analyse die Ursache hinter allem zu verstehen und das wahre Selbst, Gott, zu erkennen. Diese intellektuelle Analyse probiert Fragen zu ergründen, wie: Wer bin ich? Was mache ich hier? Was ist Gott? Was ist diese Welt? Wie entstand diese Welt? Wie ist der Zusammenhang zwischen Gott und der Welt? etc. Man könnte dies etwas vereinfacht darstellen, indem man sagt: „Es muss doch mehr geben, als das, was ich erlebe bzw. mir vorstellen kann." Diese Frage ist die Motivation und gleichzeitig das Problem aller Philosophen dieser Welt. Man kommt irgendwann an einen Punkt, an dem der Geist nicht mehr weiter kann, ist aber trotzdem nicht zufriedengestellt, weil da noch mehr sein muss.

Ein Beispiel, mit dem man, wenn man ehrlich zu sich ist, doch recht schnell an die Grenze des eigenen Intellekts stößt: Unsere westliche Wissenschaft sagt, dass alle Materie unseres Universums (und aller existierenden Universen) vor dem Urknall auf einen so kleinen Raum komprimiert war, dass wir keine wirkliche Maßeinheit haben, diesen winzigen Raum zu beschreiben. Dann sagt die Wissenschaft weiter, dass es um diesen winzigen Raum, in dem die Masse aller Universen vorhanden war, nichts weiter gab. Es gab keinen Raum um diesen Raum herum!!! Es gab also eigentlich nichts. Erst durch den Urknall, der zu einer ganz exakten Zeit stattfinden musste, entstand Raum. Dieser Raum dehnt sich immer weiter aus (in dem darum herum vorhandenen „Nicht-Raum"), bis die Kraft der Explosion geringer wird als die Anziehungskraft der Materie. Dann werden die Universen sich langsam wieder zusammenziehen und zurück in den Urzustand verfallen. Wenn man hier ganz ehrlich mit sich ist, so muss man schon zugeben, dass dies weit über die Grenze unserer Vorstellungskraft geht. Das Ganze kann man dann auch noch wunderbar „sprengen", indem man fragt „Was war vor dem Urknall? Was hat den Urknall ausgelöst?" etc. Da die moderne Wissenschaft den Anspruch an sich gestellt hat, das Wort „Gott" nicht zu verwenden, gibt es bislang noch keine plausible Erklärung. Aber man sucht weiter …

Das Prinzip, das hinter dem Sampoorna Gian Yoga steckt, könnte man mit einem Mühlstein vergleichen. Durch die intensive intellektuelle Arbeit wird der Geist sehr konzentriert. Da man aber probiert, etwas zu ergründen und zu verstehen, was die Kapazität des Intellekts weit überschreitet, zerreibt sich der Geist an dieser Aufgabe und hört auf zu sein, wodurch man in das absolute Wissen eintaucht. Den Schriften zufolge braucht der Aspirant, der diesen Weg beschreiten möchte, vier Grundqualifikationen:

1. **Viveka**, die richtige Unterscheidungskraft.

2. **Vairagya**, Leidenschaftslosigkeit, im Sinne von nicht mehr zufrieden sein, mit dem, was die Welt zu bieten hat.

3. **Shadsampat**, die sechs Tugenden des Geistes Ruhe, Stärke, das sich Lösen von der Welt, die Fähigkeit, Unannehmlichkeiten zu ertragen, Vertrauen in die Lehren der Schriften und Gleichmut.

4. **Mumukshutva**, das Verlangen nach Befreiung, nach der Erkenntnis der Realität.

[Sampoorna Gian Yoga]

Diese Punkte sind gut auf das Sampoorna Hatha Yoga anwendbar. So kann man Viveka, die richtige Unterscheidungskraft, nutzen, um die eigene Praxis zu analysieren. Wähle ich die richtigen Übungen für mich? Bin ich aufmerksam beim Üben? Könnte ich mehr machen oder sollte ich eher weniger machen? Wohin bringt mich diese Praxis? Sie können sich durch Viveka auch immer wieder selbst motivieren, indem Sie analysieren: „Die Bilder im Buch zeigen einen Mensch, der beschriebene Weg in diesem Buch spricht von Menschen, die ihn begangen haben, ich bin auch ein Mensch, wieso sollte ich es nicht auch können?" Vairagya, eine gesunde Form der Unzufriedenheit, kann uns sehr bei der Praxis motivieren. Hierzu können wir uns begreiflich machen, dass der natürliche Zustand des Körpers eigentlich Gesundheit ist und er das Bestreben hat, diesen Zustand zu erreichen. Man kann sich deshalb sagen: „Wenn Gesundheit der natürliche Zustand ist, wieso bin ich es dann nicht? Wieso ist mein Geist unruhig, obwohl er doch eigentlich Harmonie möchte? Das kann ich nicht akzeptieren! Ich bin mir mehr wert. Alles unterhalb des perfekten Zustandes kommt für mich nicht infrage." Eine regelmäßige Sampoorna Hatha Yoga Praxis hat einen starken Effekt auf die sechs Tugenden des Geistes. So bringt sie über die Kontrolle des Pranosa den Geist zur Ruhe und verleiht uns Konzentrationsfähigkeit, wodurch die Emotionen weniger schwanken und man Zufriedenheit kultiviert. Durch die Konzentration auf immer feiner werdende Aspekte löst man sich von der äußeren Welt und richtet sich immer weiter nach innen, wodurch man immer mehr von dem erlebt, was die Schriften beschreiben, wodurch das Vertrauen in sie wächst. Mumukshutva, das Verlangen nach Befreiung, könnte man auch beschreiben als das Verlangen nach Vollkommenheit, nach Glück. Dieses Verlangen ist uns allen angeboren und bestimmt genau genommen jede Handlung, die wir ausführen. Diese Suche kann jedoch erst erfolgreich werden, wenn wir erkennen, dass die einzig wirkliche Erfüllung dieses Verlangens durch ein Erleben der eigenen Göttlichen Natur kommen kann. **„Dann beendet Freiheit die Sklaverei und Freude die Sorgen."**

Alles unterhalb des perfekten Zustandes kommt für mich nicht infrage.

11

[Sampoorna Karma Yoga]

11 [Sampoorna Karma Yoga]

Sampoorna Karma Yoga

SAMPOORNA KARMA YOGA ist der Aspekt des Yoga, der sich vornehmlich mit dem Ego, dem Ich-Gedanken beschäftigt. Der Ich-Gedanke stellt auf dem spirituellen Weg ein sehr großes Hindernis dar, da er uns, über die Identifikation mit dem Vergänglichen (mein Haus, mein Auto, mein Boot), an das Erleben der Dualität bindet. Hervorgerufen wird der Ich-Gedanke von Verlangen, die von unseren niederen Emotionen (Lust, Ärger, Gier, Hass, Eifersucht, Neid und Furcht) gesteuert werden. Solche Verlangen rufen Handlungen hervor, die eine Gegenleistung oder Belohnung erwarten. Ich tue etwas, damit ich etwas zurückbekomme und zwar am besten mehr als ich gebe. Kurzum, ich tue etwas für mich. Ein berühmtes Beispiel ist die Frau, die ihrem Liebsten in die Augen schaut und zärtlich sagt „Ich liebe dich" und furchtbar zornig und aufgebracht wird, wenn der Liebste es nicht auch sagt. Die Motivation für ihre Handlung war also eigentlich nicht das Bedürfnis, ihrem Liebsten mitzuteilen, was sie empfindet, sondern das Verlangen nach ein bisschen Aufmerksamkeit. Ein solches Verlangen, also eins, das etwas zurückbekommen möchte, wird den Geist immer unruhig sein lassen. Zum einen wird die hinter dem Verlangen liegende Emotion verstärkt, wenn es erfüllt wird, sodass das nächste Verlangen nicht lange auf sich warten lässt. Zum anderen wird es den Geist in eine schlechte Emotion bringen, sollte es nicht erfüllt werden.

Der Ich-Gedanke stellt auf dem spirituellen Weg ein sehr großes Hindernis dar, da er uns, über die Identifikation mit dem Vergänglichen (mein Haus, mein Auto, mein Boot), an das Erleben der Dualität bindet.

Wird eine Handlung jedoch aus selbstlosen Motiven ausgeführt, ohne etwas dafür zu erwarten, hervorgerufen durch Liebe, Mitgefühl, Großzügigkeit und Vergebung, reinigt sie den Geist und bringt uns näher zum Ziel. Solche Handlungen werden Karma Yoga genannt; sie beruhigen den Geist und bringen uns innere Zufriedenheit. Ein wunderbares und sehr beeindruckendes Beispiel hierfür ist Mutter Theresa. Ihr ganzes Leben war ein einziges Karma Yoga, sie wollte keine Anerkennung, keine Bezahlung für das, was sie getan hat. Sie hat den kranken, verrottenden, armen Menschen aus purem Mitleid und Mitgefühl geholfen. Sie konnte es nicht ertragen, diese Menschen leiden zu sehen. Als sie einmal gefragt wurde, wieso sie all die Arbeit mache, sagte sie, dass sie nur ihrem Herrn Jesu diene. Diese selbstlose Art reinigte ihren Geist immer mehr, sodass sie eine große Heilige wurde. Sampoorna Karma Yoga ist also ein Weg, mit dem man seine alltäglichen Handlungen spiritualisieren kann. Die großen Meister aller Traditionen raten uns immer wieder, diesen Weg zu beschreiten, da er so direkt anwendbar ist. Meister Sivananda fasste den Weg zur Perfektion wie folgt zusammen: „Diene, liebe, gib, reinige Dich, meditiere und verwirkliche." Durch Dienen, Lieben und Geben reinigt man das Herz und wird dadurch den Zustand der Meditation erreichen, der letztlich zur Verwirklichung des höchsten Selbsts führt.

[Sampoorna Karma Yoga]

So kann man die Sampoorna Hatha Yoga Praxis als Teil des Sampoorna Karma Yoga betrachten, denn mit einem gesunden Körper kann man seine Arbeit besser verrichten, und durch einen ruhigen, fokussierten Geist kann man die Kette des Nehmens von anderen durchbrechen. Wenn man in sich zufrieden ist, braucht man nichts von anderen, sondern kann bereitwillig geben. Man kann also die gewonnene Energie in den Dienst der Menschheit stellen.

Weisheit ist ein Leben des selbstlosen Dienens.

Der Weg zum Erfolg

IN KAPITEL 6 habe ich Ihnen die sechs Gründe genannt, die laut Yogi Swatmarama den Aspiranten am Erfolg hindern. Natürlich belassen die Yogis es nicht dabei, nur zu sagen wie es nicht geht, sondern bieten auch immer eine Lösung, wie es wohl geht. Und so möchte ich Ihnen die sechs Gründe, die zum Erfolg führen auch nicht versagen:

1. **Enthusiasmus.** Nur wenn Sie wirklich von diesem Weg überzeugt und begeistert sind, werden Sie die Anstrengung leisten, ihn zu gehen.

2. **Beständigkeit.** Steter Tropfen höhlt den Stein.

3. **Richtiges Unterscheidungsvermögen** (vergl. S. 70)

4. **Vertrauen in die Schriften und Lehrer.** Ohne das Vertrauen in den Lehrer würde man seinen Anweisungen nicht folgen und würde in der Entwicklung nicht weiterkommen.

5. **Mut.** Da man sich auf dem spirituellen Pfad immer wieder gegen alte Gewohnheiten richten muss, bedarf es sehr viel Mut.

6. **Richtige Gesellschaft.** Man braucht Inspiration und Unterstützung auf dem spirituellen Pfad, deshalb wird empfohlen, sich mit Menschen zu umgeben, die auch auf diesem Pfad sind.

Am Anfang erfordert Sadhana, die spirituelle Praxis, permanentes Streben und Bemühen. Wenn man bergab fährt, braucht man sich nicht anzustrengen. Sadhana ist jedoch wie bergauf fahren. Es ist ein permanenter Kampf gegen die tief verwurzelten Neigungen. Der Anfang ist mühsam, doch wenn man täglich mit Geduld und Beständigkeit übt, wird man Kraft und Vertrauen entwickeln. Gute Gesundheit und innerer Frieden sind die Belohnung.

Die Yogis sagen: „Erfahre den Zustand der Ruhe und den inneren Frieden des Geistes. Dies ist der Punkt, an dem alle Philosophie und Informationen enden. Philosophie und Informationen sind wertlos, wenn sie nicht in die Tat umgesetzt werden. Nur das, was Du wirklich in die Tat umsetzt, ist Dir von Nutzen."

Weisheit ist ein Leben des selbstlosen Dienens.

12
[Die Praxis]

12 [Der Aufbau der Stunde]

DIE PRAXIS

Bevor Sie nun mit der Praxis beginnen, möchte ich Ihnen noch ein paar Tipps mit auf den Weg geben, wie Sie sich das Üben erleichtern können und einen noch größeren Nutzen aus Ihrer Sampoorna Hatha Yoga Praxis ziehen werden.

- Achten Sie darauf, dass der Raum, in dem Sie üben, sauber und ordentlich ist, **der Geist kann sich dann leichter konzentrieren.** Wenn möglich, erzeugen Sie eine schöne Atmosphäre, stellen Sie ein paar Blumen auf oder ein inspirierendes Bild, um Harmonie im Geist zu erzeugen.

- Wenn möglich, üben Sie immer an der gleichen Stelle, so wird der Geist sich schneller daran gewöhnen, dass er auf der Matte konzentriert sein soll. Der Mensch ist ein Gewohnheitstier.

- Üben Sie zu festen Zeiten.

- Probieren Sie, beim Üben in einer guten Stimmung zu sein, so werden Sie entspannter üben und mehr Energie aufnehmen. Natürlich klappt das nicht immer, aber man kann es nach und nach trainieren und so den Geist konditionieren. Im Laufe der Zeit werden Sie ganz auto-matisch in eine gute Stimmung kommen, sobald Sie Ihre Yogamatte betreten.

- Achten Sie darauf, dass Sie selbst sauber und ordentlich gekleidet sind. Die Wahl der Farben spielt zudem eine entscheidende Rolle, da alle Farben den Gunas zugeordnet werden können. Schwarz, grau und alle dunklen Farben werden als tamassig bezeichnet. Alle grellen Farben, besonders rot, sind rajassig. Pastellfarben und weiß sind sattwig. Weiß wird als die ideale Farbe für spirituelle Praxis angesehen.

Der Aufbau der Stunde

DIE IN KAPITEL 13 BESCHRIEBENE STUNDE ist sozusagen das „Herz-Stück" des Sampoorna Hatha Yoga. Wenn man den Sinn des Ablaufes der Stunde versteht, kann man unendlich viele Variationen davon ausgehen lassen. Man kann den Ablauf der Stunde auf die Bedürfnisse jedes Menschen zurechtschneiden, sie immer mehr vereinfachen oder schwieriger werden lassen.
Jede Sampoorna Hatha Yoga Stunde folgt einem bestimmten Ablauf, der sich in fünf Gruppen (Kapitel) teilen lässt:

1. Einleitung
2. Atemübungen
3. Aufwärm- und Kräftigungsübungen
4. Logische Sequenzen von Asanas (Yogastellungen)
5. Endentspannung

Dieser Ablauf verändert sich nie! Die einzelnen Kapitel können jedoch in ihrer Ausführung variiert werden. (Vergl. Kapitel 14)

[Die Praxis]

13

[Die Praxis – Sampoorna Hatha Yoga Stufe 1]

13 [Einleitung]

[Sampoorna Hatha Yoga Stufe 1]

EINLEITUNG

SAMPOORNA HATHA YOGA STUNDE, STUFE 1

ICH WERDE NUN ZUNÄCHST DEN ABLAUF

und die Übungen einer Sampoorna Hatha Yoga Stunde, Stufe 1 beschreiben. Wie Sie feststellen werden, besteht eine solche Stunde aus recht vielen verschiedenen Übungen, die, wenn man sie einmal kann, ausgeführt etwa 75 Minuten dauern.

Um sich an diese Stunde „heranzutasten", würde ich Ihnen empfehlen, den Ablauf der Übungen Stück für Stück zu erlernen, so wie in dem nächsten Kapitel beschrieben.

Um Ihnen das Ausführen der Stunde zu erleichtern, werden im Herbst 2010 eine CD und DVD erscheinen, die durch den Ablauf der kompletten Stunde führen.

Legen Sie sich auf den Rücken, geben die Beine etwa schulterweit auseinander, die Hände etwa 30 cm entfernt vom Körper, die Handflächen zeigen zur Decke. Rollen Sie den Kopf von Seite zu Seite, zurück zur Mitte, atmen ein paarmal tief in den Bauch und entspannen.

Achten Sie darauf, dass der Geist in dieser kurzen Entspannungsphase konzentriert bleibt. Sie können sich hierzu auf den Atem konzentrieren und für ein paar Momente beobachten, wie er ganz natürlich ein- und ausfließt.

Der Yogaphilosophie zufolge besteht der Mensch aus drei Körpern, dem physischen, astralen und kausalen Körper. Alle Systeme dieser drei Körper werden in einer Sampoorna Hatha Yoga Stunde harmonisiert und in Einklang gebracht, sodass Sie sich am Ende der Stunde entspannt, erfrischt und zufrieden fühlen werden.

Sie werden den maximalen Nutzen aus der Stunde ziehen, wenn Sie ganz konzentriert bei den Übungen bleiben und dem Geist nicht erlauben umherzuwandern. Beruf, Familie und andere Verantwortungen können für die Dauer der Yogastunde außen vor bleiben. Widmen Sie diese Zeit nur sich selbst und Ihrem Wohlergehen, sodass Sie Kraft und Entspannung tanken können und die Herausforderungen des täglichen Lebens leichter meistern können.

Jedes Mal, wenn der Geist abschweift, bringen Sie ihn zurück, konzentrieren sich auf die Übungen und den Atem. Trainieren Sie dadurch den Geist, aufmerksam zu bleiben. Werden Sie sich Ihrer Stärken und Schwächen bewusst und arbeiten mit ihnen. Arbeiten Sie mit Ihrem eigenen Körper, sodass Sie nicht über Ihre Grenzen hinausgehen. Halten Sie die Aufmerksamkeit auf Ihren Körper gerichtet, sodass Sie sich nicht überfordern und Verletzungen vermeiden. So werden Sie die Stunde genießen und den maximalen Nutzen aus ihr ziehen.

Schließen Sie dann die Beine, strecken die Arme über den Kopf und strecken den Körper. Dehnen Sie die rechte Seite, linke Seite und setzen sich auf. Kommen Sie in eine bequeme, aufrechte Sitzhaltung (vergl. S. 123).

Um den Geist auf die Stunde vorzubereiten und eine gute Stimmung in Körper, Geist und Raum zu erzeugen, können Sie nun 3-mal OM und Shanti singen. OM ist der Urklang und Shanti bedeutet Frieden, damit ist nicht nur der äußere Frieden gemeint, sondern vor allem der innere, geistige Frieden.

OM, OM, OM
OM, Shanti, Shanti, Shanti
OM, Frieden, Frieden, Frieden

[Atemübungen]

ATEMÜBUNGEN

Wie bereits erwähnt, geschieht die Atmung über die Kontraktion von Muskeln und das damit verbundene Ausdehnen des Raumes im Brustkorb.

Die folgenden Aufwärmübungen bereiten diese Muskulatur vor und energetisieren den Oberkörper, sodass die Atemkapazität erhöht wird und Sie mehr Sauerstoff und Prana aufnehmen können.

AUFWÄRMÜBUNGEN

1

Einatmen, strecken Sie die Arme zur Seite, stellen sich vor, dass Sie die Wände auseinanderdrücken möchten, weiten Sie den Brustkorb, halten den Atem …

2

und energetisieren den Körper. Bringen Sie dazu die Finger nach unten und wieder hoch, wiederholen Sie die Bewegung ein paarmal.

3

Ausatmen, bringen Sie die Hände vor der Brust zusammen. (2-mal wiederholen)

4

Einatmen, strecken Sie die Arme über den Kopf, überkreuzen sie und verschränken die Finger ineinander.

5

Halten Sie den Atem an und bringen die Hände zur linken Schulter, fühlen Sie die Dehnung in der rechten Seite. Ausatmen.

[Sampoorna Hatha Yoga Stufe 1]

6

Einatmen, strecken Sie die Arme hoch, halten den Atem an und bringen die Hände zur rechten Schulter, fühlen Sie die Dehnung in der linken Seite. Ausatmen.

7

Einatmen, strecken Sie die Arme hoch und bringen die Hände hinter den Kopf. Ziehen Sie die Ellbogen auseinander um etwas Spannung im Oberkörper zu erzeugen

8

und bewegen den Oberkörper von Seite …

9

zu Seite, um Spannungen aus Brustkorb, Schultern und Nacken zu lösen. Atmen Sie tief in den Bauch. Ausatmen, senken Sie die Arme.

Beginnen Sie nun mit den Atemübungen.

DIE BAUCHATMUNG

Legen Sie eine Hand auf den Bauch für die Bauchatmung. Die Bauchatmung ist der natürliche Atem.

1

Mit der Ausatmung ziehen Sie den Bauch zurück, Richtung Wirbelsäule,

[Atemübungen]

mit der Einatmung schwillt der Bauch nach vorne, wie ein Ballon.

Es kann sein, dass Sie eigentlich umgekehrt atmen möchten, sodass sich der Bauch mit der Einatmung zurückzieht. Wenn sich Ihr Bauch mit der Einatmung zurückziehen möchte, so „zwingen" Sie ihn, dass er die Bewegung so macht, wie beschrieben. Wenn Sie das ein paar Tage trainieren, wird es ganz natürlich werden. Stellen Sie hierbei einen Rhythmus her, sodass Sie 3–4 Sekunden ausatmen (der Bauch geht Richtung Wirbelsäule) und 3–4 Sekunden einatmen (der Bauch wölbt sich nach außen). Beginnen Sie möglichst mit der Ausatmung, da Sie so leichter in den Rhythmus kommen werden. Fahren Sie mit dieser Übung 2–3 Minuten fort.

Um wirklich einen Rhythmus zu etablieren, können Sie geistig die Sekunden der Ein- und Ausatmung zählen. Gleichzeitig wird der Geist hierdurch konzentriert bleiben und sich nach innen richten, wodurch Sie sich Ihres Körpers besser bewusst werden und gut wahrnehmen können, wie er auf die Übungen reagiert.

Sie sollten probieren, diesen Atemrhythmus während der ganzen Stunde aufrechtzuerhalten, es sei denn, die Übung erfordert einen anderen.

Im Laufe der Zeit können Sie den Rhythmus verlängern. Sie sollten den Rhythmus jedoch immer bequem aufrechterhalten können. Es ist besser, bei diesem Rhythmus zu bleiben, bis er auch in den Asanas ganz bequem geht und erst dann die Zeit zu verlängern.

VOLLE YOGAATMUNG

Die volle Yogaatmung ist eine sehr energetisierende Übung, mit der Sie die volle Kapazität der Lunge nutzen.

Legen Sie wieder eine Hand auf den Bauch, atmen aus, ziehen den Bauch nach hinten und werden etwas runder im Rücken, um möglichst viel Luft aus der Lunge zu pressen.

Mit der Einatmung richten Sie sich wieder auf, wölben den Bauch nach außen,

der Bauch bleibt draußen, atmen Sie weiter ein und füllen den Brustkorb,

[Sampoorna Hatha Yoga Stufe 1]

4

atmen weiter ein und heben die Schultern leicht an, füllen die Lunge maximal. Ausatmen, entspannen Sie Schultern, Brustkorb und ziehen den Bauch nach hinten. Wiederholen Sie das 3- bis 4-mal. und kehren dann zum normalen Atemrhythmus zurück.

Der Atemrhythmus wird bei dieser Übung etwas länger, sodass Sie anfangs etwa 6 Sekunden ein- und ausatmen. Im Laufe der Zeit können Sie die Ausatmung doppelt so lang werden lassen wie die Einatmung (also 6 Sekunden einatmen, 12 Sekunden ausatmen) und dann langsam die Zeiten länger werden lassen. Dadurch gewinnen Sie sehr schnell Kontrolle über den Atemmechanismus.

KAPALABHATI

Kapalabhati, der reinigende Atem, wird auch als die „Waschmaschine" für die Lunge bezeichnet, da sie zu einem sehr hohen Austausch von Sauerstoff und Kohlendioxid führt. Gleichzeitig bringt es sehr viel Prana in das System, das über Konzentration zum Kopf gebracht wird. In dieser Übung breitet sich sehr schnell ein ruhiges, strahlendes Gefühl im Kopf aus. Kapalabhati heißt „strahlender Kopf".

Sie werden hierbei kräftig durch die Nase ausatmen, indem Sie den Bauch schnell nach hinten ziehen, dann entspannen Sie den Bauch, sodass die Luft ganz automatisch durch die Nase wieder einströmt. Das heißt die Ausatmung wird ganz aktiv sein und die Einatmung wird passiv geschehen. Sie können sich am Anfang auch vorstellen, dass Sie sich die Nase putzen oder Ihnen eine Fliege in die Nase geflogen ist, die Sie wieder herauspusten wollen.

Stellen Sie hierbei einen Rhythmus her und wiederholen die Ausatmungen 20- bis 30-mal. Nach der letzten Ausatmung atmen Sie ein und strecken die Arme zur Seite, wie in der Aufwärmübung (Vergl. S. 84) energetisieren den Körper und senken mit der Ausatmung die Arme ab. Dann atmen Sie bequem ein und halten den Atem an. Achten Sie dabei darauf, dass der Oberkörper aufrecht aber entspannt bleibt. Je entspannter der Körper ist, desto leichter wird es Ihnen fallen, den Atem zu halten. Halten Sie den Atem nur, solange es bequem geht (ca. 30–40 Sekunden).

Während des Atemhaltens bringen Sie die Aufmerksamkeit zum Punkt zwischen den Augenbrauen, dem Ajna Chakra und wiederholen geistig OM. Dadurch wird der Geist konzentriert bleiben und die aufgenommene Energie dort gespeichert. Dann atmen Sie vollständig aus, vollständig ein, vollständig aus, atmen ein und beginnen mit der nächsten Runde. 2–3 Runden sind am Anfang ausreichend.

Nach der letzten Runde bleiben Sie ein paar Momente mit geschlossenen Augen sitzen, die Konzentration weiter auf das Ajna Chakra gerichtet und spüren, wie ruhig und friedvoll der Geist nach den Atemübungen ist.

Es kann sein, dass Ihnen bei dieser Übung anfangs etwas schwindelig wird, Körper und Geist sind dann noch nicht an diese großen Mengen Sauerstoff und Prana gewöhnt. Das gibt sich aber sehr schnell. Bleiben Sie dann einfach einen Moment ruhig sitzen, bevor Sie mit der nächsten Übung beginnen.

[Aufwärm- und Kräftigungsübungen]

AUFWÄRM- UND KRÄFTIGUNGS- ÜBUNGEN

AUGEN- UND NACKENÜBUNGEN

Kommen Sie wieder in eine bequeme Sitzhaltung.

Bei den Augenübungen ist es sehr wichtig, dass der Kopf ganz regungslos bleibt und nur die Augen sich bewegen. Dadurch werden die Augenmuskeln optimal trainiert und entspannt, wodurch sich Ihre Sehkraft wieder verbessern kann und Spannungskopfschmerzen reduziert werden. Wenn Sie eine Brille tragen, setzen Sie sie für diese Übungen bitte ab.

1

Strecken Sie die Beine vor sich aus und lockern sie. Schließen Sie die Beine und stellen die Hände hinter sich auf den Boden, die Finger zeigen zu den Füßen.

2

Mit der Einatmung heben Sie Becken und Brustkorb hoch zur Decke, der Kopf rollt in den Nacken. Probieren Sie, die Beine gestreckt zu lassen und die Füße flach auf den Boden zu stellen.

3

Ausatmen, senken Sie das Becken und beugen sich aus der Hüfte nach vorne, entspannen. Lassen Sie den Körper ganz locker hängen, ohne zu ziehen.

Wiederholen Sie die Übung noch 1-mal.

1

Schauen Sie so weit wie möglich nach oben, ohne den Kopf zu bewegen,

2

und runter 4- bis 6-mal. Bringen Sie die Augen zurück zur Mitte, atmen ein und schließen die Augen. Halten Sie den Atem 1–2 Sekunden lang an und konzentrieren sich auf die Augen, entspannen Sie die Augen.

Ausatmen, öffnen Sie die Augen.

[Sampoorna Hatha Yoga Stufe 1]

1
Schauen Sie so weit es geht nach rechts,

2
und links unten (4–6-mal). Bringen Sie die Augen zurück zur Mitte, atmen ein und schließen die Augen. Ausatmen, öffnen Sie die Augen.

2
und nach links 4- bis 6-mal. Bringen Sie die Augen zurück zur Mitte, atmen ein und schließen die Augen. Halten Sie den Atem 1-2 Sekunden lang an und konzentrieren sich auf die Augen, entspannen Sie die Augen.

Ausatmen, öffnen Sie die Augen.

1
Schauen Sie nach links oben,

1
Schauen Sie nach rechts oben …

2
rechts unten 4- bis 6-mal. Bringen Sie die Augen zurück zur Mitte, atmen ein und schließen die Augen. Ausatmen, öffnen Sie die Augen.

13 [Augen- und Nackenübungen]

1 Nun kreisen Sie die Augen. Hierzu können Sie mit dem Zeigefinger einen großen Kreis in der Luft beschreiben und mit den Augen folgen. Auf diese Art trainieren Sie alle Augenmuskeln (beide Richtungen je 3-mal)

1 Heben Sie eine Hand, strecken den Zeigefinger aus und fokussieren die Fingerspitze. Halten Sie die Aufmerksamkeit auf die Fingerspitze gerichtet

1 Bringen Sie die Augen zurück zur Mitte, schließen die Augen und reiben die Hände fest aneinander. Spüren Sie die Hitze zwischen den Händen und legen die erhitzten Handflächen auf die geschlossenen Augen.

2 und bringen den Finger langsam zur Nase. Probieren Sie, während dieser Übung nicht zu blinzeln. Nun strecken Sie den Arm langsam wieder aus

2 Spüren Sie, wie die Augen durch die Wärme und Dunkelheit entspannen. Wiederholen Sie die Übung noch einmal. Dann bringen Sie die Fingerspitzen zu den Augen und reiben sanft von innen nach außen und massieren die Augen, senken die Hände und öffnen die Augen.

3 und schauen in die Unendlichkeit. Wiederholen Sie das Ganze noch einmal und senken dann den Arm.

[Sampoorna Hatha Yoga Stufe 1]

NACKENÜBUNGEN

Achten Sie bei diesen Übungen darauf, dass der Rücken ganz aufrecht bleibt, sodass die Nackenmuskulatur optimal angesprochen wird.

1

Beugen Sie den Kopf vorwärts

2

und zurück in den Nacken (4-mal).
Zurück zur Mitte.

1

Bringen Sie das rechte Ohr zur rechten Schulter,

2

links (4-mal) und zurück zur Mitte.

1 **2**

3 **4**

Beugen Sie den Kopf wieder nach vorn und rollen ihn im Uhrzeigersinn. Machen Sie die Kreise nur so groß, dass es sich gut anfühlt. Spüren Sie, wie alle Nackenmuskeln bewegt, gedehnt und entspannt werden. Atmen Sie dabei tief in den Bauch (jede Richtung 3-mal).

Und kommen zurück zur Mitte.

13 [Nackenübungen, Sonnengruß]

1

Schauen Sie über die rechte Schulter,

2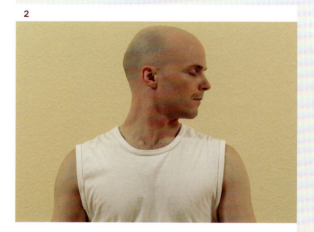

links. (4-mal) und zurück zur Mitte.

1

Verschränken Sie die Hände hinter dem Kopf und lassen den Kopf nach vorne sinken. Lassen Sie Kopf und Arme ganz entspannt hängen und spüren, wie so die Nackenmuskulatur gedehnt wird. Atmen Sie tief in den Bauch.

2

Sie können den Kopf sanft von Seite zu Seite rollen und spüren, wie sich die Dehnung im Nacken ändert.

3

4

Bringen Sie den Kopf zurück zur Mitte, ziehen Ellbogen, Schultern und Kopf zurück, atmen tief ein und weiten den Brustkorb. Ausatmen, senken Sie die Arme.

[Sampoorna Hatha Yoga Stufe 1]

SURYA NAMASKAR, DER SONNENGRUSS

Der Sonnengruß ist eine wundervolle Übung, die den gesamten Körper beansprucht. Er regt das Herz-Kreislauf-System und den Fluss der Energie an. Sie sollten bei dieser Übung die ersten Runden immer etwas langsamer machen, sodass sich der Körper an die Bewegung gewöhnen kann und Sie Zeit haben, die einzelnen Stellungen bewusst korrekt auszuführen. Atmen Sie währenddessen einfach tief weiter ein und aus. Wenn der Ablauf etwas schneller wird, kann man die einzelnen Stellungen durch einen Atemrhythmus verbinden. Im Laufe der Zeit können Sie den Sonnengruß auch recht zügig ausführen, wobei Sie dann nicht mehr so tief ein- und ausatmen können.

1

Strecken Sie die Beine aus und lockern sie. Stellen Sie die Hände hinter den Rücken, Fingerspitzen nach vorne, einatmen, heben Sie Becken und Brustkorb hoch, der Kopf rollt in den Nacken. Ausatmen, senken Sie das Becken und beugen sich sanft nach vorne, entspannen den Rücken.

Heben Sie mit der Einatmung noch einmal das Becken,

2

dieses Mal können Sie auf den Fersen von Seite zu Seite rollen.

3

Senken Sie das Becken und beugen sich sanft nach vorne, entspannen.

1

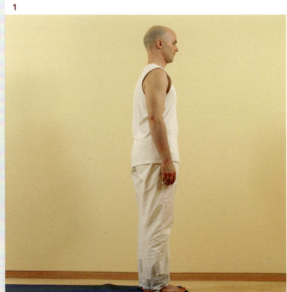

Einatmen

Schließen Sie die Beine und verteilen das Gewicht gleichmäßig auf beide Füße. Spannen Sie die Oberschenkel leicht an, ziehen das Steißbein leicht nach unten, sodass sich Gesäß- und Bauchmuskeln leicht spannen. Der Brustkorb ist aufrecht, Arme und Schultern entspannt, das Kinn ist parallel zum Boden und die Schädeldecke strebt zum Himmel. Das ist Tadasana, die Bergstellung. Fühlen Sie, wie stabil die Stellung ist. Wenn die Stellung richtig ausgeführt wird, fühlt sich der Körper fast schwerelos an, da er sich selbst trägt.

13 [Sonnengruß]

2

Ausatmen
Bringen Sie die Hände vor der Brust zusammen, pressen die Handflächen fest aufeinander und ziehen die Handgelenke nach unten. Die Handballen bleiben dabei fest aufeinander, sodass eine Dehnung in den Handgelenken entsteht.

3

Einatmen
Strecken Sie die Arme hoch über den Kopf, die Handflächen bleiben aufeinander, rollen den Kopf zurück, Blick zu den Daumen und beugen sich leicht zurück. Achten Sie darauf, dass sich das Becken möglichst nicht bewegt, so vermeiden Sie Druck im unteren Rücken.

4

Ausatmen
Beugen Sie sich aus der Hüfte nach vorne, stellen die Hände neben die Füße, Finger und Zehen in einer Linie und bringen den Kopf zu den Knien, wenn nötig

4a

beugen Sie die Knie.

5

Einatmen
Strecken Sie das rechte Bein so weit es geht zurück, das rechte Knie geht zum Boden, der Kopf in den Nacken. Idealerweise ist jetzt das linke Schienbein senkrecht zum Boden und die Hände flach am Boden. Spüren Sie die Dehnung in den Hüften.

[Sampoorna Hatha Yoga Stufe 1]

6

Atem halten
Stellen Sie auch das linke Bein zurück und bringen den Körper in eine gerade Linie. Achten Sie darauf, dass das Becken in einer Linie mit Beinen und Oberkörper bleibt.

7

Ausatmen
Senken Sie die Knie zum Boden, schieben Becken und Kopf zur Decke und beugen den Rücken …

7a

… behalten Sie diese Beugung bei und bringen den Brustkorb zwischen den Händen zum Boden und stellen das Kinn auf.

8

Einatmen
Gleiten Sie auf den Bauch, spannen das Gesäß an und rollen den Kopf in den Nacken, die Kobra. Achten Sie darauf, dass das Gesäß angespannt bleibt. Die Arme sollten am Körper liegen und die Schultern von den Ohren wegschieben. Richten Sie sich in den ersten Runden noch nicht so weit auf, sodass sich der Rücken aufwärmen kann.

9

Ausatmen
Schieben Sie das Becken hoch, bringen Arme, Oberkörper und Kopf in eine Linie und pressen die Fersen Richtung Boden, das umgekehrte V. Spüren Sie die Dehnung in der Rückseite der Beine.

10

Einatmen
Bringen Sie den rechten Fuß nach vorne zwischen die Hände, das linke Knie zum Boden und rollen den Kopf in den Nacken.

13 [Krieger, Delfin]

11

Ausatmen
Bringen Sie auch das linke Bein nach vorne, den Kopf zu den Knien.

12

Einatmen
Strecken Sie sich hoch und zurück. Sie können entweder mit gradem Rücken hoch kommen oder sich Wirbel für Wirbel hoch rollen.

13

Ausatmen
Senken Sie die Arme.

Dies ist eine Runde des Sonnengrußes. Sie können ihn beliebig oft wiederholen, anfangs würde ich jedoch 4–6 Runden empfehlen. Sie können in den Runden je einmal mit dem rechten, dann mit dem linken Bein beginnen.

Danach bleiben Sie einen Moment mit geschlossenen Augen stehen, atmen ein paarmal tief ein und aus und entspannen.

Alle nachfolgenden Übungen können Sie anfangs 3–4 Atemzüge lang halten. Es sei denn, ein anderer Rhythmus ist vorgegeben. Die dazwischenliegenden Entspannungen sollten nicht länger als 2–3 Atemzüge sein.

DER KRIEGER

1

Geben Sie die Beine etwa 1,2 Meter weit auseinander, drehen den rechten Fuß 90 Grad nach außen und den linken Fuß ein bisschen in die gleiche Richtung, um der Stellung Stabilität zu geben.

2

Beugen Sie das rechte Bein, sodass das rechte Knie direkt über dem Fußgelenk ist und der rechte Unterschenkel senkrecht zum Boden steht. Das linke Bein bleibt gestreckt, sodass die Außenseite des linken Fußes am Boden ist.

3

Bringen Sie den rechten Ellbogen zum rechten Oberschenkel, die linke Hand an die linke Hüfte und schauen über die linke Schulter nach hinten. Atmen Sie ein paarmal tief in den Bauch.

Kommen Sie aus der Stellung und wechseln die Seite.

4

Wechseln Sie die Seite noch einmal und beugen das rechte Bein, dieses Mal bleibt der Oberkörper aufrecht.

[Sampoorna Hatha Yoga Stufe 1]

Heben Sie die Arme auf Schulterhöhe und schauen durch die rechte Hand in die Unendlichkeit. Das Gesäß ist leicht angespannt und das Steißbein zieht sanft nach unten, sodass eine zu starke Beugung des unteren Rückens vermieden wird.

Kommen Sie aus der Stellung und wiederholen auf der linken Seite.

DER DELFIN

1

Gehen Sie auf Hände und Knie in die Tischstellung. Bringen Sie die Ellbogen direkt unter den Schultern zum Boden und greifen Sie die Oberarme, um den

2

Abstand zwischen den Ellbogen zu messen.

Verschränken Sie die Hände vor sich auf dem Boden. Achten Sie darauf, dass die Ellbogen nicht verrutschen. Die Unterarme bilden nun ein gleichschenkliges Dreieck, das das Fundament für den Delfin bildet.

[Stellung des Kindes, Beinübungen]

3

Stellen Sie die Füße auf und strecken die Beine.

4

Mit der Ausatmung bringen Sie das Kinn vor den Händen zum Boden,

5

einatmen, bringen Sie die Stirn zwischen die Ellbogen. Aus, vor, ein, zurück. Wiederholen Sie die Übung 5- bis 10-mal.

DIE STELLUNG DES KINDES

5

Dann senken Sie die Knie wieder zum Boden, setzen sich auf die Fersen und bringen die Stirn zum Boden. Die Arme liegen neben dem Körper. Die Stellung des Kindes. Atmen Sie tief in den Bauch und entspannen.

BEINÜBUNGEN

1

Legen Sie sich auf den Rücken, schließen die Beine und legen die Arme an den Körper, Handflächen nach unten.

Bringen Sie die Aufmerksamkeit zum rechten Bein, strecken den Fuß von sich weg,

2

einatmen, heben Sie das rechte Bein hoch, das Knie bleibt gestreckt.

[Sampoorna Hatha Yoga Stufe 1]

3

Ziehen Sie die Zehen zum Kopf, strecken sie zur Decke und ausatmen, senken das Bein.
Wiederholen Sie abwechselnd rechtes und linkes Bein 3–4-mal.

Achten Sie darauf, dass das Knie gestreckt bleibt. Es ist nicht so wichtig, wie hoch Sie das Bein heben, wichtiger ist, dass das Bein gerade ist.

Dann heben Sie das rechte Bein, halten es oben und beugen und strecken den Fuß etwa 10-mal (mit linkem Bein wiederholen).

Heben Sie noch einmal das rechte Bein, dieses Mal kreisen Sie den Fuß im Uhrzeigersinn, achten Sie darauf, dass das Bein gestreckt ist und atmen tief in den Bauch. Wechseln Sie die Richtung. Dann senken Sie das Bein und wiederholen mit dem linken Bein.

Diese Übungen kräftigen Bauch- und Beinmuskulatur.

2

Nun heben Sie den Kopf zum Knie und atmen tief weiter. Senken Sie den Kopf und strecken das Bein zum Boden. Kommen Sie aus der Stellung und wechseln die Seite. Rollen Sie den Kopf von Seite zu Seite, um den Nacken zu lockern.

1

Schließen Sie die Beine, die Arme seitlich am Körper, und strecken beide Füße von sich weg. Einatmen, heben Sie beide Beine gleichzeitig hoch. Wenn das zu viel Druck im Rücken erzeugt, können Sie die Beine auch beugen oder weiter nur ein Bein heben.

1

Heben Sie das rechte Bein, beugen es, umfassen das Knie und ziehen den Oberschenkel zum Brustkorb. Atmen Sie tief in den Bauch und spüren, wie der Bauch mit jeder Einatmung gegen den Oberschenkel drückt und so alle inneren Organe eine gute Massage bekommen.

2

Ziehen Sie die Zehen zum Kopf, zur Decke, ausatmen, senken Sie die Beine. Einatmen, heben, ausatmen, senken. Probieren Sie das 5- bis 10-mal zu wiederholen. Dann senken Sie die Beine, rollen den Kopf ein paarmal von Seite zu Seite, zurück zur Mitte, atmen ein paarmal tief in den Bauch und entspannen.

13 [Schulterstand, Pflug, Fisch]

LOGISCHE SEQUENZEN VON ASANAS

SCHULTERSTAND

1

Schließen Sie die Beine, legen die Arme seitlich an den Körper, der Kopf liegt in der Mitte, das Gesicht zeigt zur Decke.

2

Mit der Einatmung heben Sie beide Beine gleichzeitig an.

3

Heben Sie auch das Becken an und unterstützen es mit den Händen. Es ist anfangs nicht nötig, den Körper in eine gerade Linie zu bringen. Nehmen Sie eine Stellung ein, die Sie bequem halten können und in der Sie keinen Druck im Nacken verspüren. Halten Sie die Stellung 3–4 Atemzüge lang.

4

Dann senken Sie die Beine etwas weiter über den Kopf, legen die Arme auf den Boden und rollen langsam aus der Stellung. Nutzen Sie Arme und Bauchmuskulatur, um kontrolliert aus der Stellung zu kommen.

Rollen Sie den Kopf am Boden von Seite zu Seite und entspannen den Nacken und kommen dann noch einmal in den Schulterstand. Schließen Sie die Augen und entspannen geistig alles, was Sie nicht brauchen, um die Stellung zu halten. Entspannen Sie die Füße, Waden, Oberschenkel. Entspannen Sie Schultern, Nacken und Gesicht. Atmen Sie tief in den Bauch und richten die Aufmerksamkeit auf die Schilddrüse im Hals. Der Schulterstand harmonisiert die Funktion der Schilddrüsen.

Kommen Sie langsam aus der Stellung, rollen den Kopf von Seite zu Seite, zurück zur Mitte, atmen ein paarmal tief in den Bauch und entspannen.

DER PFLUG

1

Als nächstes folgen halber und ganzer Pflug. Hierzu kommen Sie zunächst noch einmal in den Schulter-stand.

[Sampoorna Hatha Yoga Stufe 1]

2

Die Knie bleiben gestreckt, die Zehen ziehen zum Kopf. Spüren Sie die Dehnung in der ganzen Rückseite des Körpers, von den Fersen bis in den Nacken. Atmen Sie tief in den Bauch.

Nun senken Sie das rechte Bein über den Kopf. Achten Sie darauf, dass das Knie gestreckt bleibt und die Zehen zum Kopf ziehen. Es ist nicht so wichtig, wie weit Sie das Bein senken, wichtiger ist, dass das Bein gestreckt bleibt. Atmen Sie tief weiter und spüren die Dehnung in der Rückseite des Beins. Heben Sie das Bein und senken das linke Bein über den Kopf. Das Knie bleibt gestreckt, die Zehen ziehen zum Kopf. Der rechte Fuß streckt hoch zur Decke.

Heben Sie das Bein, schließen die Beine und …

5

Nun legen Sie die Arme auf den Boden und rollen langsam aus der Stellung. Rollen Sie den Kopf von Seite zu Seite, um Spannungen aus dem Nacken zu lösen. Bringen Sie den Kopf zurück zur Mitte, atmen ein paarmal tief ein und aus und entspannen.

Als Gegenstellung zu Schulterstand und Pflug folgt der Fisch.

DER FISCH

3

senken beide Beine über den Kopf. Achten Sie darauf, dass die Knie gestreckt bleiben und die Zehen zum Kopf ziehen. Senken Sie die Beine nur so weit ab, wie Sie die Knie gestreckt halten können.

1

Schließen Sie die Beine, schieben die Hände so weit wie möglich zu den Füßen und greifen die Außenseite der Oberschenkel.

4

Wenn Sie mit den Füßen zum Boden kommen, können Sie die Arme auf dem Boden ausstrecken und die Hände ineinander verschränken, der Pflug. Wenn die Füße noch nicht den Boden berühren, bleiben die Hände weiter im Rücken, um den Rücken zu unterstützen.

2

Nun drücken Sie die Ellbogen in den Boden und heben Oberkörper und Kopf an. Beugen Sie den Kopf in den Nacken und …

13 [Fisch, Vorwärtsbeuge]

senken ihn zum Boden ab. Halten Sie sich weiter an den Beinen fest und drücken die Ellbogen fest in den Boden, sodass nur wenig Gewicht auf dem Kopf ist. Sie können die Hände noch etwas weiter zu den Füßen schieben und so etwas tiefer in die Stellung kommen. Achten Sie darauf, dass Sie nicht zu viel Gewicht auf dem Kopf spüren. Verlagern Sie das Gewicht auf die Ellbogen und probieren das Brustbein etwas weiter nach oben zu schieben. In dieser Stellung ist der Brustkorb maximal geweitet, nutzen Sie dies, um möglichst viel frische Luft in die Lunge zu bekommen.

Sollten Sie in dieser Stellung Druck im unteren Rücken spüren, so probieren Sie, das Becken wieder etwas nach hinten zu rollen und den Bauch ein wenig anzuspannen, um ein Hohlkreuz zu vermeiden.
Drücken Sie die Ellbogen noch etwas fester in den Boden, heben den Kopf hoch und rollen aus der Stellung. Rollen Sie den Kopf von Seite zu Seite und entspannen den Nacken.

VORWÄRTSBEUGENDE ÜBUNGEN

Strecken Sie die Arme über den Kopf, dehnen den Körper und setzen sich auf.

Strecken Sie die Beine vor sich aus und schließen sie. Die Knie sind gestreckt, die Füße geschlossen und die Zehen ziehen zum Kopf. Achten Sie darauf, dass vor allem die Außenseite der Füße zum Kopf zieht, sodass die Füße parallel zur Wand sind.

Mit der Einatmung strecken Sie die Arme hoch, dehnen die Wirbelsäule,

ausatmen, beugen Sie sich vor. Es ist nicht so wichtig, wie weit Sie sich nach vorne beugen können. Wichtig ist, dass die Beine gestreckt bleiben und die Füße zum Kopf ziehen.

Wiederholen Sie diese Bewegung ein paarmal, um den Körper etwas zu lockern. Einatmen, kommen Sie hoch, strecken sich, ausatmen, beugen Sie sich vor.

Dann greifen Sie die Beine oder Füße. Spüren Sie die Dehnung in der Rückseite der Beine und im unteren Rücken und atmen tief in den Bauch. Schließen Sie die

[Sampoorna Hatha Yoga Stufe 1]

Augen und richten die Aufmerksamkeit auf die Bereiche im Körper, in denen Sie die Dehnung am meisten spüren und atmen tief in den Bauch. Sie können dann spüren, wie mit jeder Ausatmung die Spannung etwas weniger wird und Sie etwas tiefer in die Stellung kommen können.

Kommen Sie mit der Einatmung aus der Stellung.

HALBE VORWÄRTSBEUGE

1

Nun legen Sie den rechten Fuß an den linken Oberschenkel. Achten Sie darauf, dass das linke Bein gestreckt bleibt und die Zehen zum Kopf ziehen. Strecken Sie mit der Einatmung die Arme hoch, dehnen die Wirbelsäule,

2

mit der Ausatmung beugen Sie sich zum linken Bein hinab und halten sich dort fest, wo Sie hinkommen. Wenn möglich, greifen Sie den linken Fuß. Atmen Sie tief in den Bauch und achten darauf, dass das linke Bein gestreckt bleibt.

Kommen Sie mit der Einatmung aus der Stellung und legen den rechten Fuß auf den linken Oberschenkel. Wippen Sie das rechte Knie auf und ab, um das Knie- und Hüftgelenk zu lockern.

Wiederholen Sie die Übung auf der anderen Seite.

GEGRÄTSCHTE VORWÄRTSBEUGE

1

Grätschen Sie die Beine so weit wie möglich. Mit der Einatmung strecken Sie die Arme über den Kopf, dann stellen Sie die Hände vor sich auf den Boden und laufen langsam mit den Händen von sich weg …

2

und probieren Brustkorb und Kinn zum Boden zu bringen. Die Knie bleiben gestreckt, die Zehen ziehen zum Kopf. Atmen Sie tief in den Bauch.

Mit der Einatmung kommen Sie aus der Stellung.

[Schmetterling, Yogi Haris Rolle, Kobra]

DER SCHMETTERLING

1

Legen Sie die Fußsohlen aufeinander, verschränken die Hände ineinander und greifen die Füße. Einatmen, ziehen Sie Schultern und Kopf zurück und weiten den Brustkorb.

2

3

Richten Sie sich wieder auf und wippen sanft mit den Beinen, um die Hüften zu lockern.

4

Um die Hüften zu dehnen, können Sie sich nach vorne beugen und mit den Ellbogen auf die Knie drücken. Mit jeder Ausatmung können Sie etwas tiefer gehen und probieren, das Kinn zum Boden zu bringen.

Lösen Sie die Dehnung und lockern die Beine.

YOGI HARIS ROLLE

1

2

Legen Sie sich auf den Bauch für die Yogi Haris Rolle. Strecken Sie die Arme vor sich aus und rollen von Seite zu Seite und massieren so den ganzen Körper.

[Sampoorna Hatha Yoga Stufe 1]

RÜCKWÄRTSBEUGENDE ÜBUNGEN

VORBEREITUNG FÜR DIE KOBRA

1

Legen Sie sich auf den Bauch und bringen die Ellbogen direkt unter den Schultern zum Boden, sodass die Oberarme senkrecht zum Boden sind und die Unterarme parallel zueinander. Spannen Sie das Gesäß fest an und drücken das Becken in den Boden, um den unteren Rücken zu schützen. Achten sie darauf, dass das Gesäß die ganze Zeit lang angespannt bleibt.

2

Mit der Einatmung rollen Sie den Kopf in den Nacken und strecken die Arme vom Boden hoch. Pressen Sie die Handflächen in den Boden und probieren, den Brustkorb zwischen den Armen nach vorne zu schieben.

DIE KOBRA

1

Kommen Sie aus der Stellung und gleiten mit den Händen nach unten, sodass die Handteller auf Höhe des Brustbeins sind, Finger in einer Linie mit den Schultern, die Stirn ruht auf der Matte.

2

Spannen Sie das Gesäß fest an und rollen den Kopf langsam in den Nacken. Geben Sie zunächst noch kein Gewicht auf die Hände.

3

Sie können zur Kontrolle einmal die Hände vom Boden lösen, sodass nur die Rückenmuskulatur arbeitet. Stellen Sie die Hände wieder ab, bleiben aber noch in der Stellung.

Kommen Sie langsam aus der Stellung, atmen 1-mal tief in den Bauch und wiederholen die Stellung.

13 [Heuschrecke, Bogen, Stellung des Kindes, Drehsitz]

4

Dieses Mal können Sie etwas Gewicht auf die Hände geben und sich etwas höher aufrichten. Achten Sie darauf, dass die Arme am Körper bleiben und die Schultern von den Ohren wegschieben.

In dieser Stellung sollten Sie probieren, vom obersten Wirbel am Kopf, die Wirbelsäule Wirbel für Wirbel nach hinten zu rollen. Die Arme dienen nur zur Unterstützung der Bewegung, die Kraft sollte größtenteils aus der Rückenmuskulatur kommen.

Kommen Sie aus der Stellung,

5

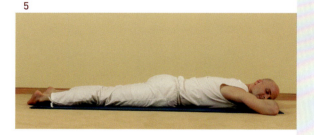

machen ein Kissen mit den Händen und legen eine Wange auf das Kissen. Die großen Zehen berühren sich, die Fersen fallen auseinander. Atmen Sie tief in den Bauch und spüren, wie der Bauch mit der Einatmung in den Boden drückt. Entspannen.

DIE HEUSCHRECKE

1

Machen Sie Fäuste mit den Händen und bringen die Arme so dicht wie möglich unter dem Körper zusammen, das Kinn ruht auf der Matte.

2

Einatmen, heben Sie das rechte Bein, das Knie bleibt gestreckt, ausatmen, senken.

Einatmen, heben Sie das linke Bein, ausatmen, senken. (jede Seite 2-mal).

3

Jetzt schließen Sie die Beine und heben mit der Einatmung beide Beine gleichzeitig, die Heuschrecke. Halten Sie die Beine geschlossen und die Knie wgestreckt, tief atmen.

Ausatmen, senken. (2- bis 3-mal)

Machen Sie ein Kissen mit den Händen, legen die andere Wange auf das Kissen und entspannen.

DER BOGEN

1

Beugen Sie die Beine und greifen die Fußgelenke.

[Sampoorna Hatha Yoga Stufe 1]

DREHSITZ

1

Richten Sie sich auf und setzen sich rechts neben die Fersen. Verschränken Sie die Hände hinter dem Kopf.

2

Mit der Einatmung rollen Sie den Kopf in den Nacken und unterstützen die Aufrollbewegung, indem Sie die Beine nach hinten und oben strecken. Mit der Ausatmung kommen Sie aus der Stellung.

2

Mit der Einatmung ziehen Sie Ellbogen, Schultern, Kopf zurück und weiten den Brustkorb.

3

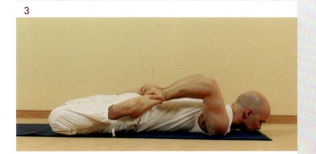

Gleiten Sie mit den Händen zu den Füßen und pressen die Fersen nach unten zum Gesäß.

Dann kommen Sie noch einmal in den Bogen. Dieses Mal können Sie auf dem Bauch vor und zurückschaukeln, um die inneren Organe zu massieren.

3

Mit der Ausatmung beugen Sie sich nach links, bringen den linken Ellbogen zu den Fersen und schauen hoch zur Decke.

DIE STELLUNG DES KINDES

1

Kommen Sie aus der Stellung, stellen die Hände unter die Schultern und schieben sich zurück in die Stellung des Kindes. Entspannen und dehnen Sie die Rückenmuskeln. Spüren Sie, wie mit der Einatmung der Bauch gegen die Oberschenkel drückt und dadurch der untere Rücken eine gute Dehnung erfährt.

13 [Drehsitz, Krähe, Dreieck]

4

Kommen Sie wieder hoch und stellen den linken Fuß über das rechte Knie.

5

Strecken Sie den rechten Arm hoch, um die Wirbelsäule zu dehnen und stellen die linke Hand hinter dem Rücken auf den Boden.

6

Dann bringen Sie den rechten Arm zum linken Knie, drehen sich so weit wie möglich nach links und schauen über die linke Schulter nach hinten, der Drehsitz. Mit jeder Einatmung strecken Sie sich etwas nach oben und mit jeder Ausatmung drehen Sie sich etwas weiter nach links. Achten Sie darauf, dass die Wirbelsäule aufgerichtet bleibt.

Stellen Sie sich bei dieser Übung vor, dass die linke Schulter die Bewegung führt, der Kopf wird nur sanft mitgenommen.

Kommen Sie aus der Stellung und wechseln die Seite.

GLEICHGEWICHTSÜBUNG

DIE KRÄHE

1

Kommen Sie in die Hocke und stellen die Hände etwa mattenweit auseinander. Spreizen Sie die Finger, sodass Sie einen guten Kontakt zur Matte haben.

2

Heben Sie das Becken und beugen die Ellbogen nach unten und außen.

[Sampoorna Hatha Yoga Stufe 1]

DAS DREIECK

3

Legen Sie die Innenseite der Knie auf die Ellbogen, heben den Kopf und fokussieren einen Punkt am Boden, etwa 1 Meter entfernt.

4

Verlagern Sie nun das Gewicht nach vorne und heben langsam einen Fuß nach dem anderen an und kommen in die Krähe.

Es macht nichts, wenn Sie anfangs noch nicht beide Füße heben können; schon der Versuch wird helfen, Handgelenke, Arme und Schultern zu kräftigen.

Kommen Sie aus der Stellung und massieren die Handgelenke.

1

Stehen Sie auf und stellen sich seitlich auf die Matte. Geben Sie die Beine etwa 1,2 Meter weit auseinander, die Füße bleiben parallel.

2

Strecken Sie den rechten Arm hoch, sodass der Arm am Kopf liegt. Halten Sie den Kontakt zwischen Arm und Kopf aufrecht und …

13 [Vorwärtsbeuge im Stehen, Endentspannung]

VORWÄRTSBEUGE IM STEHEN

Kommen Sie an den vorderen Rand der Matte und schließen die Beine.

Mit der Einatmung strecken Sie die Arme in der Gebetsstellung hoch und beugen sich leicht zurück,

ausatmen, beugen Sie sich aus der Hüfte nach vorne, die Knie bleiben gestreckt.

Greifen Sie die Beine und ziehen den Oberkörper sanft zu den Beinen. Spüren Sie die Dehnung in der Rückseite der Beine und atmen tief in den Bauch.

Dann lassen Sie die Beine los, verschränken die Arme ineinander und lassen den Oberkörper entspannt hängen. Sie können den Kopf von Seite zu Seite oder vor und zurück bewegen, um Spannungen aus dem Nacken zu lösen.

gleiten mit der linken Hand am linken Bein hinunter. Strecken Sie die rechte Hand so weit wie möglich von sich weg, der rechte Arm bleibt hierbei gestreckt, sodass Sie eine tiefe Dehnung in der ganzen rechten Seite spüren.

Der Arm sollte möglichst am Kopf bleiben und die Bewegung des Körpers nur zur Seite verlaufen.

Dann lösen Sie den Kopf und schauen zur rechten Hand.

Kommen Sie aus der Stellung und wechseln die Seite (jede Seite 2-mal).

[Sampoorna Hatha Yoga Stufe 1]

ENDENTSPANNUNG

1

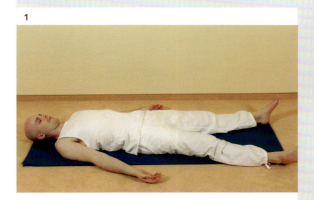

Nun legen Sie sich auf den Rücken für die Endentspannung.
Die Endentspannung wird in drei Teilen verlaufen:
1. Das aktive Spannen und Entspannen (energetisieren) der Muskulatur.
2. Das geistige Entspannen des Körpers.
3. Die Konzentration des Geistes.

ENERGETISIEREN DES KÖRPERS

Spannen Sie noch einmal bewusst jedes einzelne Körperteil an und lassen es dann los. Beginnen Sie zunächst mit den Beinen.

1

Bringen Sie die Aufmerksamkeit zum rechten Bein, atmen ein, heben das rechte Bein 1–2 Zentimeter an, spannen das ganze Bein fest an und lassen es dann mit der Ausatmung zu Boden fallen. Durch die Erschütterung wird die Muskulatur besonders gut entspannt. Verfahren Sie dann mit den folgenden Körperteilen auf die gleiche Weise: Aufmerksamkeit geht zu dem Körperteil, einatmen, das Körperteil heben, anspannen, und ausatmen, fallen lassen.

2

3

4

5

6

13 [Endentspannung]

– Linkes Bein.
– Rechter Arm, Faust machen, Finger spreizen.
– Linker Arm, Faust machen, Finger spreizen.
– Becken und Gesäß.
– Bauch.
– Brustkorb.
– Ziehen Sie das Gesicht zur Nase, dann öffnen Sie den Mund und strecken die Zunge heraus.

Dann geben Sie die Beine etwa schulterweit auseinander, die Arme etwas weg vom Körper, Handflächen zur Decke und rollen den Kopf von Seite zu Seite, entspannen den Nacken.

Bringen Sie den Kopf zurück zur Mitte. Wenn nötig korrigieren Sie noch einmal Ihre Liegeposition.

GEISTIGE ENTSPANNUNG

Geben Sie dem Körper den Befehl, für die Dauer der Endentspannung ganz regungslos und entspannt zu bleiben, keine weiteren Bewegungen.

Gehen Sie noch einmal geistig durch den Körper, untersuchen ihn auf Spannungen und lösen diese geistig auf.

Bringen Sie die Aufmerksamkeit zu den Füßen und entspannen geistig Zehen und Füße. Ein kurzer Moment der Aufmerksamkeit zu dem jeweiligen Körperteil genügt.

Entspannen Sie die Waden, Knie, Oberschenkel, Gesäß, Hüften, Bauch, unteren Rücken, oberen Rücken, Brustkorb, Finger Hände, Arme, Schultern, Nacken, Kiefer, Zunge, Augen, Nase, Mund und Ohren. Entspannen Sie das Gesicht, Kopfhaut und die Stirn.

Dann wiederholen Sie geistig 3-mal:
„Der Körper ist vollkommen entspannt."

KONZENTRATION DES GEISTES

Damit die Endentspannung ihre volle Wirkung entfalten kann, ist es wichtig, dass der Geist ganz aufmerksam und wach bleibt. Das geht am leichtesten, wenn Sie ihm eine Aufgabe geben.

Hierzu schlage ich Ihnen vor, den Geist von allen Gedanken und Ablenkungen zurückzuziehen und ihn auf den Punkt zwischen den Augenbrauen zu heften, sodass er einen Platz hat, an dem er sich ausruhen kann. Wenn Sie merken, dass der Geist abwandert, bringen Sie ihn zurück zu diesem Punkt.

Tauchen Sie tief in diesen Punkt ein, dann werden Sie sehr bald das Pulsieren der Lebenskraft, des Pranas, spüren. Sie können den Rhythmus des Pulsierens nutzen, um geistig OM zu wiederholen. Dadurch wird die Konzentration sehr fest werden, und Sie werden in einen Zustand ganz tiefer Entspannung geraten, sodass Sie sich nach ein paar Minuten ganz erfrischt, entspannt und zufrieden fühlen werden.

Wenn der Körper vollkommen entspannt ist und der Geist wach und konzentriert bleibt, so taucht man in den Zustand des Yoga Nidra ein, dem Schlaf der Yogis. In diesem Zustand fließt die göttliche Energie ungehindert durch einen hindurch, sodass alle Systeme mit frischer Energie aufgeladen werden. Mit dieser Technik kann man sein Schlafbedürfnis sehr stark reduzieren.

Um aus der Entspannung zu kommen, bringen Sie die Aufmerksamkeit zurück zum Körper, atmen tief in den Bauch ein und aus. Dann bewegen Sie sanft Hände und Füße und nehmen wieder Kontakt zum Körper auf. Strecken Sie die Arme über den Kopf, dehnen und räkeln sich und kommen zum Sitzen.

Sie können die Stunde beenden, indem Sie dreimal OM und Shanti singen. Damit zeigen Sie dem Geist, dass die Stunde vorbei ist und schicken gleichzeitig ein bisschen gute Energie an Ihre Umwelt.

OM, OM, OM
OM, Shanti, Shanti, Shanti
OM, Frieden, Frieden, Frieden

Wir beenden unsere Stunden immer mit einem Gruß an unsere Lehrer, als Dankeschön für den wundervollen Weg, den sie uns gelehrt haben.

OM bolo Satguru Sivananda Mahaj ji ki
(Gruß dem Lehrer der Wahrheit Meister Sivananda)
Jay

OM bolo Satguru Yogi Hari Maharaj ji ki
(Gruß dem Lehrer der Wahrheit Meister Yogi Hari)
Jay

[**Die Praxis** – Herantasten an die Stunde, Variationen in der Stunde]

14

„HERANTASTEN" AN DIE STUNDE

In diesem Kapitel möchte ich Ihnen ein Beispiel geben, wie Sie sich schrittweise an den Gesamtablauf der Stunde herantasten können. Ich würde Ihnen empfehlen, sich für jeden Schritt ein paar Tage Zeit zu nehmen, sodass Sie sich an die Übungen gewöhnen können. Ich werde hier nur noch die Übungen nennen, bitte entnehmen Sie den Ablauf und das Ausführen der Übungen aus den vorhergehenden Kapitel

Schritt 1

- Bereiten Sie sich und den Raum vor, legen Ihre Matte aus etc.
- Achten Sie darauf, dass Sie nur so viel tun, wie es sich gut anfühlt, kein Wettbewerb mit den Bildern im Buch, kein Stress. Wenn eine Übung nicht geht, lassen Sie sie weg und versuchen es das nächste Mal wieder.
- Suchen Sie sich eine Sitzhaltung, in der Sie gut, bequem sitzen können.
- Singen Sie dreimal OM und Shanti, um die Stunde zu beginnen. Dann beginnen Sie mit den Übungen.
- Aufwärmübungen für die Atemübungen
- Bauchatmung
- Volle Yogaatmung
- Augenübungen
- Nackenübungen
- Aufwärmübungen: Verwenden Sie aus dem Sonnengebet die folgenden Stellungen: einatmen, Ausgangsstellung, ausatmen, Hände vor die Brust, einatmen, strecken Sie sich hoch, rollen den Kopf in den Nacken, Blick zu den Daumen, ausatmen, beugen Sie sich aus der Hüfte vor, Hände neben die Füße, wenn nötig beugen Sie die Beine. Einatmen, strecken Sie sich wieder hoch und zurück, ausatmen, senken die Arme, 5- bis 10-mal
- Krieger
- Beinübungen: Beine einzeln heben, Fuß mehrfach beugen und strecken; Fuß kreisen, Bein beugen und zum Brustkorb ziehen, Kopf heben.
- Strecken Sie die Arme über den Kopf und setzen sich auf.
- Vorwärtsbeuge mit beiden Beinen gestreckt
- Halbe Vorwärtsbeuge
- Kobra
- Halbe und volle Heuschrecke
- Stellung des Kindes
- Drehsitz
- Dreieck
- Vorwärtsbeuge im Stehen
- Endentspannung

Schritt 2

Ich werde für die folgenden Schritte die neu hinzukommenden Schritte markieren.

- Bereiten Sie sich und den Raum vor, legen Ihre Matten aus etc.
- Kommen Sie in eine bequeme Sitzhaltung.
- Singen Sie dreimal OM und Shanti, um die Stunde zu beginnen. Dann beginnen Sie mit den Übungen.
- Aufwärmübungen für die Atemübungen
- Bauchatmung
- Volle Yogaatmung
- Augenübungen
- Nackenübungen
- Aufwärmübungen: Verwenden Sie aus dem Sonnengebet die folgenden Stellungen: einatmen, Ausgangsstellung, ausatmen, Hände vor die Brust, einatmen, strecken Sie sich hoch, rollen den Kopf in den Nacken, Blick zu den Daumen, ausatmen, beugen Sie sich aus der Hüfte vor, Hände neben die Füße, wenn nötig beugen Sie die Beine. Einatmen, strecken Sie sich wieder hoch und zurück, ausatmen, senken die Arme, 5- bis 10-mal
- **Krieger**
- **Delfin**
- Beinübungen: Beine einzeln heben, Fuß mehrfach beugen und strecken, Fuß kreisen; Bein beugen und zum Brustkorb ziehen, Kopf heben.
- Strecken Sie die Arme über den Kopf und setzen sich auf.
- Vorwärtsbeuge mit beiden Beinen gestreckt
- Halbe Vorwärtsbeuge
- **Gegrätschte Vorwärtsbeuge**
- **Schmetterling**
- Kobra
- Halbe und volle Heuschrecke
- Stellung des Kindes
- Drehsitz
- Dreieck
- Vorwärtsbeuge im Stehen
- Endentspannung

Schritt 3

- Bereiten Sie sich und den Raum vor, legen Ihre Matte aus etc.
- Kommen Sie in eine bequeme Sitzhaltung.
- Singen Sie drei Mal Om und Shanti, um die Stunde zu beginnen. Dann beginnen Sie mit den Übungen.
- Aufwärmübungen für die Atemübungen
- Bauchatmung
- Volle Yogaatmung
- **Kapalabhati 2–3 Runden**
- Augenübungen
- Nackenübungen
- **Sonnengruß 3–4 Runden**

[Praxis]

- Krieger
- Delfin
- Beinübungen: Beine einzeln heben, Fuß mehrfach beugen und strecken, Fuß kreisen, Bein beugen und zum Brustkorb ziehen, Kopf heben.
- **Beinübungen mit beiden Beinen gleichzeitig**
- **Schulterstand**
- Strecken Sie die Arme über den Kopf und setzen sich auf.
- Vorwärtsbeuge mit beiden Beinen gestreckt
- Halbe Vorwärtsbeuge
- Gegrätschte Vorwärtsbeuge
- Schmetterling
- Kobra
- Halbe und volle Heuschrecke
- Bogen
- Stellung des Kindes
- Drehsitz
- Dreieck
- Vorwärtsbeuge im Stehen
- Endentspannung

Schritt 4
- Bereiten Sie sich und den Raum vor, legen Ihre Matte aus etc.
- Kommen Sie in eine bequeme Sitzhaltung.
- Singen Sie dreimal OM und Shanti, um die Stunde zu beginnen. Dann beginnen Sie mit den Übungen.
- Aufwärmübungen für die Atemübungen
- Bauchatmung
- Volle Yogaatmung
- Kapalabhati 2–3 Runden
- Augenübungen
- Nackenübungen
- Sonnengruß 3–4 Runden
- Krieger
- Delfin
- Beinübungen: Beine einzeln heben; Fuß mehrfach beugen und strecken; Fuß kreisen; Bein beugen und zum Brustkorb ziehen, Kopf heben.
- Beinübungen mit beiden Beinen gleichzeitig
- Schulterstand
- **Halber und voller Pflug**
- **Fisch**
- Strecken Sie die Arme über den Kopf und setzen sich auf.
- Vorwärtsbeuge mit beiden Beinen gestreckt
- Halbe Vorwärtsbeuge
- Gegrätschte Vorwärtsbeuge
- Schmetterling
- Kobra
- Halbe und volle Heuschrecke
- Bogen
- Stellung des Kindes
- Drehsitz
- Krähe
- Dreieck
- Vorwärtsbeuge im Stehen
- Endentspannung

Schritt 5
- volle Sampoorna Hatha Yoga Stufe 1

VARIATIONEN IN DER STUNDE

Wie bereits gesagt, kann man die Sampoorna Hatha Yoga Stufe 1 unendlich variieren. Damit Sie all die guten Wirkungen der Sampoorna Hatha Yoga Praxis bekommen, sollten Sie die fünf Kapitel der Stunde 1 jedoch beibehalten. Hier ein paar Anregungen, wie Sie die Stunde verändern können.

1. **Einleitung:**
   a. Beginnen Sie direkt mit dem Singen von OM und Shanti und fahren dann mit den Atemübungen fort.
   b. Beginnen Sie mit OM und Shanti, machen eine Meditationsübung (vergl. S. 44) und fahren dann mit den Atemübungen fort.
   c. Hören Sie inspirierende Musik (wie die von Shri Yogi Hari), singen OM und Shanti und fahren dann mit den Atemübungen fort.

2. **Atemübungen:**
   a. Fügen Sie die Wechselatmung (vergl. S. 125) hinzu.
   b. Wenn Sie Bauchatmung und volle Yogaatmung gut etabliert haben, können Sie sie weglassen und direkt mit Kapalabhati beginnen.
   c. Erhöhen Sie in Kapalabhati die Anzahl der Ausatmungen. Sie können dabei auch schneller werden. Probieren Sie, den Atem länger zu halten.
   d. Erhöhen Sie die Anzahl der Runden bei Kapalabhati und Wechselatmung.
   e. Wenn Sie mal weniger Zeit haben, machen Sie nur ein paar Runden Kapalabhati.

3. **Aufwärm- und Kräftigungsübungen**
   a. Sie können direkt mit dem Sonnengruß beginnen.
   b. Erhöhen Sie die Anzahl der Runden und die Geschwindigkeit im Sonnengruß.
   c. Fügen Sie nach und nach Variationen in den Sonnengruß ein.
   d. Fügen Sie Variationen im Krieger ein.
   e. Erhöhen Sie die Anzahl der Wiederholungen im Delfin, üben Sie Variationen.

[Praxis]

4. **Logische Sequenz der Asanas**
   a. Üben Sie anstelle des Delfins den Kopfstand.
   b. Halten Sie den Schulterstand länger und gehen direkt in den halben und vollen Pflug.
   c. Erweitern Sie den Schulterstand und fügen Variationen mit der Brücke ein.
   d. Üben Sie Variationen im Fisch.
   e. Üben Sie Variationen in den Vorwärtsbeugen, Sie können, wenn Sie nur wenig Zeit haben, auch mal nur eine Vorwärtsbeuge machen.
   f. Üben Sie Variationen in den Rückwärtsbeugen. Sie können, wenn Sie nur wenig Zeit haben, auch mal nur eine Rückwärtsbeuge machen.
   g. Üben Sie andere Gleichgewichtsstellungen, wie den Baum oder den Pfau.

5. **Endentspannung**
   a. Anstatt jedes einzelne Körperteil anzuheben und zu spannen, spannen Sie alles gleichzeitig an, machen Fäuste und ziehen das Gesicht zur Nase, fallen lassen. Dann heben Sie noch einmal alles an, spreizen die Finger und Zehen, strecken die Zunge heraus, entspannen, fallen lassen.
   b. Variieren Sie die Form der Konzentrationsübung. Sie können sich bspw. auch auf dem Atem konzentrieren und die Atemzüge zählen, immer von 1–10, dann beginnen Sie wieder bei 1 (vergl. S. 43).

15
[Variationen]

15 [Variationen in den Sitzhaltungen]

VARIATIONEN

Viele Yogaübende haben das Bedürfnis, ständig etwas Neues zu üben, da sie sich sonst schnell gelangweilt fühlen oder denken, sie entwickeln sich nicht weiter. Darin liegt jedoch, wie bereits gesagt, ein großer Irrtum, da man eigentlich nur durch die Routine und das häufige Wiederholen der Übungen den eigentlichen Fortschritt machen kann.

Die nachfolgenden Variationen sollen Ihnen die Möglichkeit geben, Ihre Praxis gelegentlich etwas anders zu „würzen", sich immer wieder mal herauszufordern oder Variationen zu finden, mit denen Sie sich besser fühlen. Probieren Sie im Laufe der Zeit ruhig alle aus, aber denken Sie dabei daran, dass man nicht alles auf einmal machen kann und dass Sie immer darauf achten, dass Sie sich nicht überfordern. Körper und Geist haben ihre eigene Zeit, wann sie bereit sind für fortgeschrittene Asanas.

Wichtig dabei ist, dass Sie die Variationen nur an den dafür vorgesehenen Stellen einbauen. Wenn Sie z.B. eine neue Variation der Vorwärtsbeuge machen möchten, muss sie in dem Abschnitt der Vorwärtsbeugen kommen. Wenn Sie das Kamel üben möchten, sollte es im Teil der Rückwärtsbeugen sein etc.

Einige der Variationen bauen aufeinander auf und sollten wie hier beschrieben nacheinander eingeführt werden. Führen Sie nicht zu viele Variationen auf einmal ein. Nehmen Sie sich die Zeit, jede einzelne Variation genau erfahren zu können und sich zu versichern, dass Sie sie korrekt ausführen. Wenn Sie neue Asanas ausprobieren (vor allem bei den etwas fortgeschritteneren), sollten Sie das Ganze immer mit einer Prise Humor nehmen. Wenn ich neue Asanas mache, fühle ich mich immer wie ein Kind das spielt. Ich probiere es aus, immer und immer wieder, mit Freude und ohne falschen Ehrgeiz. Wenn es nicht klappt, probiere ich es am nächsten Tag wieder. Ich lache sehr viel über mich, wenn ich auf der Matte bin, das bewahrt die gute Laune und lässt mich unverkrampfter üben.

Ich wünsche Ihnen auf jeden Fall viel Vergnügen, Staunen und Lächeln beim Durchsehen der Variationen und natürlich beim Ausprobieren. Sie werden erstaunt sein, was Ihr Körper im Laufe der Zeit alles machen kann.

Ich habe im Folgenden die Variationen jeweils den fünf Abschnitten aus dem Stundenablauf zugeordnet.

SITZHALTUNGEN

Das Ziel einer jeden Sitzhaltung ist das Aufrichten der Wirbelsäule, sodass Rücken, Nacken und Kopf in einer geraden, aufrechten Linie sind. Dadurch kann die Energie ungehindert zum Kopf fließen und die Konzentration wird fester. Es wird generell leichter, den Rücken aufrecht zu halten, wenn die Knie, horizontal gesehen, unterhalb der Hüftgelenke sind. Wenn die Knie höher sind, hat das Becken die Tendenz nach hinten zu kippen, wodurch der Rücken viel Arbeit leisten muss, um aufrecht zu bleiben. Eine leichte Rotation des Beckens nach vorne erleichtert das aufrechte Sitzen. Wenn Sie für längere Zeit sitzen wollen, z.B. für die Meditation, oder längere Einheiten an Atemübungen, können Sie die Sitzhaltung zwischendurch wechseln, sodass der Körper nicht anfängt zu schmerzen. Im Laufe der Zeit gewöhnen sich Körper und Geist an das Sitzen und die Schmerzen werden weniger, bis sie irgendwann ganz aufhören.

Jede Sitzhaltung kann mit verschiedenen Handstellungen kombiniert werden. Man sollte die für sich bequemste auswählen, sodass der Körper immer weniger Quelle der Ablenkung wird.

Die Hände können entweder ganz normal auf den Knien liegen, Handflächen nach unten, oder sie können bestimmte Mudras einnehmen, um den Fluss der Energie positiv zu beeinflussen.

[Variationen]

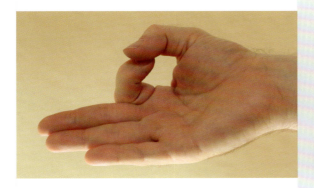

Das meistverwendete Mudra ist das Chin-Mudra. Daumen und Zeigefinger bilden einen Kreis, die anderen Finger sind gestreckt. Dieses Mudra hilft, die Energie zum Dritten Auge zu lenken, erhöht die Konzentration und vieles mehr.

Man kann auch eine Hand in der anderen ruhen lassen, wobei sich die Daumen berühren und einen Kreis bilden.

Variation 1

Das Sitzen auf einem Meditationsbänkchen erleichtert das aufrechte Sitzen sehr, da automatisch das Becken etwas nach vorne gekippt wird. Bei langem Sitzen kann es jedoch zu Knieschmerzen führen, da viel Gewicht auf den Knien liegt.

Variation 2

Setzen Sie sich auf die Fersen und legen ein Kissen zwischen Fersen und Gesäß.

Variation 3

Setzen Sie sich auf die Fersen und legen ein Kissen unter die Füße.

Variation 4

Legen Sie ein großes Kissen zwischen die Beine und setzen sich auf das Kissen.

Variation 5

Setzen Sie sich auf ein Kissen und kreuzen die Beine vor dem Körper, der Schneidersitz.

[Sitzhaltungen, Atemübungen]

Variation 6

Setzen Sie sich auf ein Kissen und legen die Beine voreinander auf den Boden.

Variation 7

Setzen Sie sich auf ein Kissen und legen einen Fuß auf den Oberschenkel des anderen Beines, der halbe Lotus.

Variation 8

Setzen Sie sich auf ein Kissen, legen einen Fuß auf den Oberschenkel des anderen Beins, dann legen Sie den anderen Fuß auf den anderen Oberschenkel, der volle Lotus.

Variation 9

Setzen Sie sich auf ein Kissen, bringen die linke Ferse zum Perineum, legen den rechten Fuß auf den linken, sodass die rechte Ferse auf dem Schambein liegt. Siddhasan, die Stellung der Meister.

Wenn Sie nicht auf dem Boden sitzen können:

Variation 10

Setzen Sie sich auf einen Stuhl. Je nach Körperlänge können Sie beide Füße flach auf den Boden stellen, bei etwas längeren Beinen können Sie ein Bein leicht zurückziehen, sodass das Becken nach vorne kippt

Variation 11

oder legen Sie noch ein Kissen auf den Stuhl.

ATEMÜBUNGEN

DIE WECHSELATMUNG

Die Wechselatmung wird als eine der wichtigsten Atemübungen angesehen, da sie hilft, das Energiesystem zu reinigen und zu harmonisieren, das Atemvolumen erhöht und die Funktion der rechten und linken Gehirnhälfte harmonisiert.

Die Wechselatmung folgt immer einem bestimmten Verhältnis von Einatmen-Atem halten-Ausatmen. Dieses Verhältnis ist 1 : 4 : 2. Das heißt, wenn man 4 Sekunden lang einatmet, hält man den Atem 16 Sekunden und atmet 8 Sekunden lang aus.

Wichtig ist hierbei darauf zu achten, dass man immer das Gefühl hat, bequem zu atmen und geräuschlos ein- und ausatmet.

Die Übung funktioniert wie folgt:

1

Beugen Sie Zeige- und Mittelfinger der rechten Hand in das Handinnere, das Vishnu-Mudra.

2

Atmen Sie durch beide Nasenlöcher aus, verschließen die rechte Seite und atmen links 4 Sekunden lang ein.

[Variationen]

3

Verschließen Sie auch die linke Seite (mit dem Ringfinger) und halten den Atem 16 Sekunden lang an.

4

Lösen Sie den Daumen und atmen rechts 8 Sekunden lang aus.

Dann atmen Sie rechts 4 Sekunden lang ein, halten den Atem 16 Sekunden lang und atmen links 8 Sekunden lang aus.

Das ist eine Runde Wechselatmung. Man kann sie beliebig oft wiederholen.

Wenn Ihnen diese Übung sehr leicht fällt, können Sie die Zählzeiten verlängern auf 5/20/10, dann auf 6/24/12, 7/28/14 und letztlich auf 8/32/16. Darüber hinaus braucht man die Zählzeiten nicht zu erhöhen, sondern sollte stattdessen die Anzahl der Runden erhöhen.

Achten Sie darauf, dass, wenn Sie die Zählzeiten erhöhen, die Atemübung nicht stressvoll wird. Sobald Sie während der Übung nicht mehr entspannt sind, verliert die Übung viele ihrer guten Wirkungen, da die aufgenommene Energie durch Muskelspannung verbraucht wird und der Geist nicht mehr ruhig und konzentriert ist.

16

[Aufwärm und Kräftigungsübungen – Variationen im Sonnengruß]

[Variationen im Sonnengruß]

AUFWÄRM- UND KRÄFTIGUNGS- ÜBUNGEN

VARIATIONEN IM SONNENGRUSS

Wenn Sie den Sonnengruß eine Zeit lang geübt haben, können Sie beginnen, Variationen einzubauen. Sie sollten vorab jedoch immer ein paar Runden ohne Variationen machen, um den Körper aufzuwärmen.

Ich werde die Variationen im Sonnengruß immer nur auf einer Seite des Körpers beschreiben. Um Symmetrie herzustellen, muss die gleiche Variation hinterher auf der anderen Seite ausgeführt werden, wie im Beispiel der ersten Variation beschrieben. Bitte auf alle Variationen anwenden, die den Körper nicht symmetrisch beanspruchen. Bitte beachten Sie, dass ich nur die jeweilige Variation beschreibe. Der Rest des Sonnengrußes bleibt gleich.

Variation 1, 1

(Gebetsstellung, hoch und zurück, vorbeugen) Strecken Sie das rechte Bein zurück,

Variation 1, 2

der linke Fuß zeigt nach vorne und bleibt flach am Boden.

Drehen Sie sich auf der rechten Ferse, bis der rechte Fuß zur Decke zeigt. Achten Sie darauf, dass Sie keine Spannung im linken Knie spüren. Wenn Sie Probleme mit den Knien haben, sollten Sie diese Stellung nicht machen.

(Drehen Sie sich zurück, bringen beide Beine zurück, Knie-Brust-Kinn, Kobra, umgekehrtes V, rechtes Bein vor. Drehen Sie sich auf der linken Ferse, zurück, beide Beine vor, hoch und zurück, Arme senken.)

Variation 2

Verfahren Sie wie in Variation 1.

Dann drehen Sie sich zurück zur Mitte, strecken das linke Bein und bringen das Kinn zum linken Schienbein. Der rechte Fuß bleibt am Boden und zeigt leicht nach rechts. Spüren Sie die Dehnung in der Rückseite des linken Beines. Wenn Sie die Hände nicht am Boden lassen können, stellen Sie sie auf den Fuß oder das Schienbein, beide Beine sollen gestreckt sein.

Variation 3, 1

Verfahren Sie wie in Variation 2.

Dann lassen Sie die linke Hand neben dem Fuß am Boden stehen und bringen die rechte Hand zur rechten Hüfte. Hüfte und Brustkorb drehen sich nach oben, bis die Schulter senkrecht zur Decke zeigt.

[Aufwärm- und Kräftigungsübungen]

Variation 3, 2

Dann strecken Sie den rechten Arm zur Decke. Das Dreieck. Es ist nicht so wichtig, wie weit Sie den Arm nach hinten bringen können. Die rechte Schulter sollte die Bewegung führen, sodass Sie den Brustkorb öffnen. Wenn der Arm senkrecht zur Decke ist, ist das ausreichend. Die linke Hand presst in den Boden, die rechte streckt hoch zur Decke.

Variation 3, 2a

Wenn Sie die Hand nicht auf dem Boden stehen lassen können, stellen Sie sie auf den Fuß oder das Schienbein. Beide Beine sind gestreckt.

Variation 4

Verfahren Sie wie in Variation 3.

Aus dem Dreieck kommend, schwingen Sie den rechten Arm im Uhrzeigersinn, während Sie das linke Bein beugen, bis das rechte Bein, Oberkörper und rechter Arm eine Linie bilden. Strecken Sie sich von der rechten Ferse bis in die Fingerspitzen der rechten Hand.

Variation 5, 1

Verfahren Sie wie in Variation 2.

Dann stellen Sie die rechte Hand an die Außenseite des linken Fußes …

Variation 5, 2

und strecken die linke Hand zur Decke, das gedrehte Dreieck. In dieser Stellung führt die linke Schulter, sodass sich der Brustkorb so weit wie möglich dreht. Die rechte Hand drückt in den Boden, die linke streckt senkrecht hoch zur Decke. Auch hier können Sie, wenn nötig, die rechte Hand auf den linken Fuß oder das Schienbein stellen.

16 [Variationen im Sonnengruß]

Variation 6, 1

Strecken Sie das rechte Bein zurück.

Variation 6, 2

Richten Sie den Oberkörper auf, legen die linke Hand auf das Knie, suchen sich einen Punkt an der Wand, auf den Sie sich konzentrieren können, um das Gleichgewicht zu halten, und greifen mit der rechten Hand den rechten Fuß.

Ziehen Sie den Fuß so weit es geht zum Gesäß und spüren die Dehnung im Oberschenkel.

Achten Sie darauf, dass das hintere Bein nicht senkrecht zum Boden steht, da man sonst Druck auf die Kniescheibe erzeugt, was schmerzhaft sein kann. Strecken Sie das hintere Bein so weit wie möglich zurück.

Variation 6, 3

Wenn möglich greifen Sie den rechten Fuß mit beiden Händen.

Variation 7, 1

Strecken Sie das rechte Bein zurück.

Variation 7, 2

Geben Sie die Hände in die Hüften, sodass Sie sich dort abstützen können und beugen sich zurück. Beginnen Sie mit dem Kopf und rollen sich dann Wirbel für Wirbel weiter.

Variation 8, 1

Verfahren Sie wie in Variation 7. Kommen Sie dann wieder hoch,

[Aufwärm- und Kräftigungsübungen]

Variation 8, 2

bringen die Hände in die Gebetsstellung,

Variation 8, 3

strecken die Arme hoch und rollen den Kopf in den Nacken, schauen Sie zu den Daumen.

Variation 9

Verfahren Sie wie in Variation 8.

Dann beugen Sie sich langsam Wirbel für Wirbel zurück, der Halbmond.

Variation 10, 1

Kommen Sie in das umgekehrte V.

Variation 10, 2

Strecken Sie nun das rechte Bein so weit es geht nach oben, die linke Ferse drückt in den Boden. Senken Sie das rechte Bein und heben das linke.

Variation 11

Verfahren Sie wie in Variation 10.

Dann heben Sie das rechte Bein zur Seite, parallel zum Boden. Senken Sie das Bein und heben das linke zur Seite. Sie können auch zuerst das rechte Bein nach oben strecken, wie in Variation 10, und es dann, ohne es zum Boden zu bringen, zur Seite strecken. In dieser Variation hat sich mir endlich erklärt, wieso man das Umgekehrte V auch „den nach unten schauenden Hund" nennt …

[Aufwärm- und Kräftigungsübungen – Variationen im Krieger] 17

[Variationen im Krieger]

VARIATIONEN IM KRIEGER

Variation 1, 1

Drehen Sie den rechten Fuß 90 Grad nach außen, den linken etwa 30 Grad in die gleiche Richtung.

Variation 1, 2

Beugen Sie das rechte Bein, sodass das rechte Knie direkt über dem Fußgelenk ist. Drehen Sie Oberkörper und Hüfte zum rechten Bein und stützen sich mit den Händen auf dem rechten Knie ab. Die linke Hand steht vor der rechten. (Wenn Sie die Seite wechseln, steht die rechte Hand vor der linken.) Drücken Sie mit den Händen auf das Knie, sodass sich die Wirbelsäule weiter aufrichten kann und sich das Becken besser zum rechten Bein hin drehen kann.

Variation 1, 3

Bringen Sie die Hände in die Gebetsstellung, strecken die Arme über den Kopf, rollen den Kopf in den Nacken und schauen zu den Daumen. Achten Sie darauf, dass das hintere Bein gestreckt bleibt.

[Aufwärm- und Kräftigungsübungen]

Variation 2

Verfahren Sie wie in Variation 1.

Verschränken Sie die Finger ineinander, nur die Zeigefinger zeigen hoch, und beugen Sie sich Wirbel für Wirbel zurück. Das hintere Bein aktiv strecken.

Variation 3, 2

Mit der Einatmung strecken Sie die Hände nach unten, beugen den Kopf zurück und weiten den Brustkorb.

Variation 3, 1

Drehen Sie den rechten Fuß 90 Grad nach außen, den linken etwa 30 Grad in die gleiche Richtung. Verschränken Sie die Hände hinter dem Rücken, die Beine bleiben gestreckt.

17 [Variationen im Krieger]

Variation 3, 3

Mit der Ausatmung beugen Sie sich zum gestreckten rechten Bein hinab, bringen das Kinn zum Schienbein und ziehen die Arme über den Kopf.

Variation 4, 2

Beugen Sie sich aus der Hüfte nach vorne, die Beine bleiben gestreckt, die Arme ziehen über den Kopf. Wenn möglich, bringen Sie die Hände zum Boden.

Variation 4, 1

Stellen Sie die Beine etwa 1,2 Meter weit auseinander, die Füße sind parallel, verschränken die Hände hinter dem Rücken und ziehen sie mit der Einatmung nach unten. Der Kopf rollt in den Nacken, weiten Sie den Brustkorb.

Variation 4, 3

Lösen Sie die Hände und strecken sie so weit wie möglich zwischen den Beinen nach hinten.

[Aufwärm- und Kräftigungsübungen]

TRATAKAM IM STAND

Diese Stellung ist eigentlich keine Variation des Kriegers, kann aber gut nach den Kriegern oder an deren Stelle ausgeführt werden.

Stellen Sie die Beine etwas mehr als schulterweit auseinander, die Füße parallel und die Beine leicht gebeugt. Der Oberkörper bleibt aufrecht, die Hände hängen entspannt vor dem Körper im Chin-Mudra.

Fokussieren Sie einen Punkt an der Wand und probieren nicht zu blinzeln. Halten Sie die Stellung für 1–2 Minuten und atmen tief weiter. Die Stellung hilft Konzentrationskraft aufzubauen, die Augen zu reinigen und die Sehkraft zu stärken.

18

[Logische Sequenzen von Asanas]

18 [Variationen im Delfin]

LOGISCHE SEQUENZEN VON ASANAS

VARIATIONEN IM DELFIN

Wenn Ihnen die Grundform des Delfins zu schwierig ist, können Sie die folgende Variante ausprobieren:

Variation 1, 1

Bringen Sie die Ellbogen unter die Schultern und verschränken die Finger ineinander.

Variation 1, 2

Lassen Sie die Knie am Boden und beugen sich mit der Ausatmung nach vorne, bringen das Kinn vor den Händen zum Boden.

Variation 1, 3

Mit der Einatmung schieben Sie sich zurück und bringen die Stirn zwischen den Ellbogen zum Boden.

Wenn der Delfin „zu einfach" wird, kann man ihn noch etwas erschweren:

Variation 2, 1

Kommen Sie in die Ausgangsstellung und strecken das rechte Bein so hoch wie möglich.

Variation 2, 2

Beugen Sie sich mit der Ausatmung vor

[Logische Sequenzen von Asanas]

Variation 2, 3

und mit der Einatmung zurück. Wechseln Sie nach ein paar Wiederholungen das Bein.

Wenn auch das zu einfach wird, heben Sie beide Beine … das hört sich wie ein Witz an, ist aber mit ein bisschen mehr Übung tatsächlich machbar.

18 [Variationen im Kopfstand]

DER KOPFSTAND

Anstelle des Delfins können Sie im Laufe der Zeit den Kopfstand einführen. Folgen Sie dabei den nachfolgenden Schritten.

1

Bringen Sie die Ellbogen unter die Schultern und greifen die Oberarme, um den Abstand zwischen den Armen zu messen. Es ist sehr wichtig, dass die Ellbogen direkt unter den Schultern stehen, da man so die größte Kraftauswirkung im Kopfstand erzeugen kann und dadurch den Nacken entlastet. Im Kopfstand soll das meiste Gewicht auf den Ellbogen sein.

2

Verschränken Sie die Hände ineinander, ohne dass die Ellbogen verrutschen. Öffnen Sie die Hände leicht, um Platz für den Kopf zu machen.

3

Stellen Sie den höchsten Punkt des Kopfes auf den Boden, sodass der Hinterkopf in Kontakt mit den Handflächen ist.

4

Strecken Sie die Beine und laufen mit den Füßen so weit wie möglich zum Körper. Laufen Sie so nah an den Körper heran, dass es sich so anfühlt, als ob Sie gleich nach hinten kippen würden. Drücken Sie die Ellbogen fest in den Boden.

5

Die Ellbogen drücken weiter fest in den Boden! Heben Sie langsam ein Bein angewinkelt hoch und bringen es zum Brustkorb.

6

Wenn möglich, heben Sie auch das andere Bein zum Brustkorb. Halten Sie die Stellung so und spüren das Gleichgewicht.

Üben Sie die Stellung auf diese Weise für ein paar Tage, bis Sie sich sicher darin fühlen.

[Logische Sequenzen von Asanas]

KOPFSTANDVARIATIONEN

Wenn der Kopfstand sicher geworden ist und Sie die Stellung mühelos halten können, können Sie mit Variationen anfangen.

7

Dann können Sie langsam die Beine heben …

Variation 1

Senken Sie aus dem Kopfstand das rechte Bein zum Boden, bis Sie den Boden berühren. Heben Sie das Bein und wiederholen mit dem linken. Wiederholen Sie beide Seiten 3- bis 4-mal Die Übung entwickelt Gleichgewicht und Kraft im Rücken.

8

und nach oben strecken. Wenn der Körper ganz gerade ist und die Ellbogen fest in den Boden drücken, dann fühlt sich der Körper schwerelos an und man kann den Kopfstand ohne große Anstrengung sehr lange halten.

Variation 2, 1

Senken Sie aus dem Kopfstand beide Beine gleichzeitig zum Boden, bis Sie den Boden berühren. Achten Sie darauf, dass die Beine gestreckt bleiben.

18 [Variationen im Kopfstand, Schulterstand, Pflug]

Variation 2, 2

Dann heben Sie die gestreckten Beine gleichzeitig wieder hoch in den Kopfstand

Variation 2, 3

und beugen sich mit gestreckten Beinen so weit wie möglich zurück. Wiederholen Sie das ein paarmal. Diese Variation bereitet Sie auf den Skorpion vor.

Variation 3, 1

Verfahren Sie wie in Variation 2.

Spüren Sie die Kraft im Rücken und achten darauf, dass Sie die Beugung im Rücken nicht verändern. Legen Sie die Hände auf den Boden, sodass die Unterarme parallel zueinander sind.

Variation 3, 2

Achten Sie darauf, dass der Rücken sich nicht verändert, die Beine bleiben gestreckt, die Knie geschlossen. Verlagern Sie das Gewicht weiter auf die Ellbogen und heben den Kopf. Der Skorpion.

Variation 4

Verfahren Sie wie Variation 3.

Wenn Sie den Skorpion sicher halten können, bringen Sie nacheinander die Hände zum Kopf.

VARIATIONEN IM SCHULTERSTAND

Wenn der Schulterstand bequemer wird und Sie vertrauter mit Ihrem Körper werden, können Sie sich im Schulterstand immer etwas weiter aufrichten,

1

bis der Körper eine senkrechte Linie bildet.

Variation 1

Senken Sie das rechte Bein gestreckt über den Kopf, bis der Fuß den Boden berührt. Die Knie bleiben gestreckt, der rechte Fuß zieht zum Kopf, der linke streckt hoch zur Decke. Wiederholen Sie mit dem linken Bein.

[Logische Sequenzen von Asanas]

Variation 2

Schließen Sie die Beine und senken sie gleichzeitig so weit wie möglich über den Kopf. Dann heben Sie sie gleichzeitig hoch zurück in den Schulterstand. 5- bis 10-mal wiederholen.

Variation 3

Im Schulterstand geben Sie die Beine in den Lotus und drücken mit den Händen die Knie nach oben, sodass Sie nur noch auf Schultern und Nacken stehen.

DER PFLUG

Im Schulterstand schließen Sie die Beine und ziehen die Zehen zum Kopf.

1

Senken Sie beide Beine gleichzeitig ab, bis Sie mit den Füßen den Boden berühren. Die Knie bleiben gestreckt, die Zehen ziehen zum Kopf. Strecken Sie die Arme aus und verschränken Sie die Hände ineinander.

18 [Variationen in Brücke, Rad]

DIE BRÜCKE

Variation 1, 1

Achten Sie darauf, dass im Schulterstand die Finger zur Wirbelsäule zeigen. Senken Sie das rechte Bein in die andere Richtung,

Variation 1, 2

bis es auf dem Boden steht.

Variation 1, 3

Dann stellen Sie das linke Bein dazu, die Brücke.

Variation 2

Verfahren Sie wie in Variation 1.

Dann laufen Sie mit den Füßen so weit wie möglich von sich weg, schließen die Beine und probieren, die Füße flach auf den Boden zu stellen, die Finger zeigen weiter zur Wirbelsäule.

Variation 3

Verfahren Sie wie in Variation 2.

Dann strecken Sie das linke Bein so hoch es geht, das Knie bleibt gestreckt. Wiederholen Sie mit dem rechten Bein.

Variation 4

Verfahren Sie wie in Variation 2.

Dann heben Sie das rechte Bein, um dem Körper Schwung zu geben und kommen wieder hoch in den Schulterstand.
Senken Sie beide Beine ab in den Pflug. Kommen Sie zurück in den Schulterstand und gehen in die Brücke. Wiederholen Sie mit dem linken Bein.

[Logische Sequenzen von Asanas]

Variation 5

Verfahren Sie wie in Variation 1.

Dann greifen Sie die Fußgelenke und schieben das Becken so hoch es geht, das halbe Rad.

Variation 6, 1

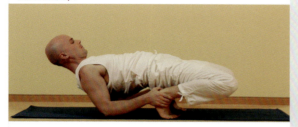

Verfahren Sie wie in Variation 5.

Dann verlagern Sie das Gewicht nach vorne, sodass Sie nur noch auf Ellbogen und Füßen stehen.

Variation 6, 2

Bringen Sie den Kopf zum Boden und schieben sich hoch auf Kopf und Füße.

Variation 6, 3

Stellen Sie die Hände neben den Kopf, die Finger zeigen zu den Füßen …

Variation 6, 4

und schieben sich hoch in das volle Rad.

Variation 7, 1

Verfahren Sie wie in Variation 6.

Heben Sie die Fersen hoch

Variation 7, 2

und laufen mit den Händen zu den Füßen …

[Variationen im Fisch]

Variation 7, 3

bis Sie die Füße berühren, dann stellen Sie die Fersen wieder auf.

VARIATIONEN IM FISCH

Variation 1, 1

Aus der Ausgangsstellung …

Variation 1,2

heben Sie die Beine etwa 45 Grad vom Boden hoch.

Variation 2

Verfahren Sie wie in Variation 1.

Dann bringen Sie die Hände in die Gebetsstellung vor die Brust.

Variation 3, 1

Auf dem Rücken liegend, bringen Sie die Beine in die Lotusstellung und greifen die Füße, sodass die Hände nach oben zeigen.

Variation 3, 2

Pressen Sie die Ellbogen in den Boden, um den Oberkörper hoch zu heben, bringen die Knie zum Boden, beugen den Rücken und stellen den Kopf auf den Boden. Achten Sie darauf, dass die Ellbogen weiter in den Boden drücken, sodass Sie nicht zu viel Gewicht auf dem Kopf haben. Der Lotus-Fisch.

Kommen Sie aus der Stellung und …

Variation 3, 3

beugen die Beine im Lotus zum Brustkorb.

Variation 3, 4

Wenn möglich, legen Sie die Arme über die Beine.

[Logische Sequenzen von Asanas]

Variation 4

Verfahren Sie wie in Variation 3 und kommen in den Lotus-Fisch.

Dann heben Sie die Beine vom Boden hoch und legen die Hände auf die Knie.

Kommen Sie aus der Stellung und beugen den Lotus zum Brustkorb.

19

[Logische Sequenz von Asanas –
Variationen in den vorwärtsbeugenden Übungen]

[Variationen in den vorwärtsbeugenden Übungen]

VARIATIONEN IN DEN VORWÄRTSBEUGENDEN ÜBUNGEN

1

Wenn die Flexibilität zunimmt, können Sie in der Vorwärtsbeuge immer weiter zu den Beinen hinunterkommen. Im Idealfall verschränken Sie die Finger ineinander und legen die Handflächen auf die Fußsohlen. Strecken Sie das Kinn zu den Füßen, um die Wirbelsäule zu dehnen und heben die Ellbogen an, sodass der Oberkörper flach auf den Oberschenkeln liegen kann.

Variation 1, 1

Legen Sie den rechten Fuß auf den linken Oberschenkel in den halben Lotus, strecken die Arme hoch und beugen sich aus der Hüfte zum linken Bein hinab.

Variation 1, 2

Verschränken Sie die Finger ineinander und legen die Handflächen auf die Fußsohlen. Strecken Sie das Kinn zum linken Fuß, um die Wirbelsäule zu dehnen und heben die Ellbogen an, sodass der Oberkörper flach auf dem Oberschenkel liegen kann.

Wiederholen Sie mit dem rechten Bein.

Variation 2, 1

Legen Sie den rechten Fuß in den halben Lotus, schwingen die rechte Hand um den Körper und greifen den rechten Fuß. Der halbe gebundene Lotus.

Strecken Sie den linken Arm hoch und …

Variation 2, 2

beugen sich aus der Hüfte nach vorne. Legen Sie die linke Handfläche auf die Fußsohle und bringen den Oberkörper zum linken Oberschenkel.

Wiederholen Sie mit dem rechten Bein.

Variation 3, 1

Legen Sie den rechten Fuß in den halben Lotus (wenn das nicht geht, können Sie den Fuß auch an die Innenseite des linken Oberschenkels legen), drehen sich zum rechten Bein und strecken die Arme hoch.

[Logische Sequenzen von Asanas]

Variation 3, 2

Mit der Ausatmung beugen Sie sich seitlich zum linken Bein hinab und probieren mit der rechten Hand, den linken Fuß zu greifen. Strecken Sie den rechten Arm vor sich auf dem Boden aus, sodass Sie den Oberkörper weiter drehen können,

Variation 3, 3

bis der Rücken auf dem linken Bein liegt.

Es ist nicht so wichtig, den linken Fuß zu greifen. Wichtig ist, dass Sie die ganze rechte Seite dehnen. Beugen Sie sich gerade zur Seite runter.

Variation 4, 1

Legen Sie den rechten Fuß in die linke Armbeuge und legen den rechten Arm um das Bein.

Dann wiegen Sie das Bein von Seite …

Variation 4, 2

zu Seite, wie ein Baby. Diese Übung hilft, die Hüftgelenke zu lockern.

Wiederholen Sie mit dem linken Bein.

VARIATIONEN FÜR DIE GEGRÄTSCHTE VORWÄRTSBEUGE

Variation 1, 1

Grätschen Sie die Beine so weit wie möglich, einatmen, strecken Sie die Arme hoch und …

Variation 1, 2

beugen sich seitlich zum linken Bein. Probieren Sie mit der rechten Hand, den linken Fuß zu greifen und strecken die linke Hand auf dem Boden aus. Achten Sie darauf, dass Sie den Oberkörper nicht zum linken Bein drehen, sondern sich ganz gerade zur Seite beugen. Es macht nichts, wenn Sie den linken Fuß nicht greifen können.

Wiederholen Sie auf der anderen Seite.

19 [Variationen in den vorwärtsbeugenden Übungen]

Variation 2, 1

Grätschen Sie die Beine so weit wie möglich, einatmen, strecken Sie die Arme hoch, drehen den Oberkörper zum linken Bein und …

Variation 2, 2

beugen sich hinab. Probieren Sie, den linken Fuß mit beiden Händen zu greifen und den Oberkörper zum linken Bein zu bringen. Die Schultern sollten möglichst parallel zum Boden sein.

Wiederholen Sie auf der anderen Seite.

Variation 3, 1

Grätschen Sie die Beine so weit wie möglich, einatmen, strecken Sie die Arme hoch

Variation 3, 2

und beugen sich aus der Hüfte so weit wie möglich nach vorne, bis Bauch, Brustkorb und Kinn am Boden sind.

Wenn das nicht geht,

Variation 3, 3

kommen Sie in die „Fernseh-Asana." Yogi Hari sagt immer, dass man nur fernsehen darf, wenn man diese Stellung kann.

[Logische Sequenzen von Asanas]

VARIATIONEN IM SCHMETTERLING

Nachdem Sie den Schmetterling normal ausgeführt haben,

Variation 1, 1

können Sie mit den Ellbogen auf die Oberschenkel drücken. Wenn das gut geht, können Sie die Dehnung intensivieren,

Variation 1, 2

indem Sie sich nach vorne beugen, bis das Kinn am Boden ist.

Variation 2, 1

Drücken Sie die Beine mit den Händen nach unten …

Variation 2, 2

und drehen sich dann von Seite …

Variation 2, 3

zu Seite.

20

[Logische Sequenzen von Asanas –
Variationen in den rückwärtsbeugenden Übungen]

[Variationen in den rückwärtsbeugenden Übungen]

VARIATIONEN IN DEN RÜCKWÄRTSBEUGENDEN ÜBUNGEN

KOBRA

Variation 1, 1

Legen Sie sich auf den Bauch und verschränken die Hände auf dem Rücken.

Variation 1, 2

Mit der Einatmung schieben Sie die Hände so weit es geht nach hinten und rollen sich auf, der Kopf geht in den Nacken.

Variation 2, 1

Wenn Sie in der Kobra flexibler geworden sind, können Sie die volle Kobra üben.

Variation 2, 2

Geben Sie dazu die Beine etwas auseinander, beugen die Knie, gleiten mit den Händen 3–5 Zentimeter weiter nach unten und kommen auf die Fingerspitzen.

Variation 2, 3

Rollen Sie sich langsam auf und beugen sich so weit wie möglich zurück …

Variation 2, 4

und bringen die Zehen zum Kopf.

DER VOLLE BOGEN

1

Beugen Sie die Beine, die Hände sind vor Ihnen, Handflächen zeigen zur Decke.

2

Bringen Sie die Hände zu den Füßen, sodass die Handflächen weiter nach oben zeigen und greifen die Füße.

[Logische Sequenzen von Asanas]

3

Ziehen Sie die Ellbogen zum Körper und …

4

drehen sie nach oben, in den vollen Bogen.

5

Wenn möglich, ziehen Sie die Füße zum Kopf.

DER VOGEL

1

Strecken Sie die Arme nach hinten aus und schließen die Beine.

2

Mit der Einatmung heben Sie Arme, Beine und Kopf vom Boden. Achten Sie darauf, dass die Beine geschlossen und gestreckt sind.

DAS BOOT

Variation 1, 1

Strecken Sie die Arme vor sich aus und schließen die Beine.

Variation 1, 2

Mit der Einatmung heben Sie den rechten Arm und das linke Bein, das Bein bleibt gestreckt.

Wiederholen Sie mit dem linken Arm und rechten Bein.

Variation 2

Mit der Einatmung heben Sie beide Arme, Beine und den Kopf, die Beine bleiben geschlossen.

[Variationen in den rückwärtsbeugenden Übungen]

DIE KATZE

Kommen Sie in die Tischstellung, die Knie etwa schulterweit auseinander, die Hände unter den Schultern.

1

Mit der Ausatmung beugen Sie den Rücken nach oben und lassen den Kopf nach vorne sinken.

2

Mit der Einatmung beugen Sie den Rücken in ein Hohlkreuz und rollen den Kopf in den Nacken.

Wiederholen Sie die Übung einige Male im eigenen Atemrhythmus.

DIE HALBE HEUSCHRECKE IN DER TISCHSTELLUNG

Kommen Sie in die Tischstellung, die Knie etwa schulterweit auseinander, die Hände unter den Schultern.

1

Heben Sie den Kopf und fokussieren einen Punkt vor sich am Boden. Strecken Sie das rechte Bein und heben es so hoch wie möglich.

Wiederholen Sie mit dem linken Bein.

DAS BOOT IN DER TISCHSTELLUNG

Kommen Sie in die Tischstellung, die Knie etwa schulterweit auseinander, die Hände unter den Schultern.

Variation 1

Heben Sie das rechte Bein und den linken Arm. Heben Sie den Kopf und fokussieren einen Punkt am Boden. Wiederholen Sie mit dem linken Bein und dem rechten Arm.

Kommen Sie in die Tischstellung, die Knie etwa schulterweit auseinander, die Hände unter den Schultern.

Variation 2

Heben Sie den Kopf, richten die Konzentration auf einen Punkt am Boden und heben das rechte Bein und den rechten Arm.

Wiederholen Sie mit dem linken Arm und Bein.

DIE KNIENDE KOBRA

1

Kommen Sie in den Kniestand, die Beine etwa schulterweit auseinander und verschränken die Hände hinter dem Rücken.

[Logische Sequenzen von Asanas]

DAS KAMEL

Verfahren Sie wie im knienden Bogen,

1

dann stellen Sie eine Hand nach der anderen auf die Fersen.

DER DIAMANT

Verfahren Sie wie im Kamel,

1

dann reichen Sie mit den Armen über den Kopf nach hinten, bis die Hände am Boden stehen.

2

Laufen Sie mit den Händen zu den Füßen und stellen den Kopf zum Boden.

2

Mit der Einatmung schieben Sie die Hände nach unten, rollen den Kopf in den Nacken und weiten den Brustkorb. Achten Sie darauf, dass die Hüften regungslos bleiben, sodass Sie nicht in ein Hohlkreuz gehen.

DER KNIENDE BOGEN

1

Kommen Sie in den Kniestand, die Beine etwa schulterweit auseinander und stellen die Hände in den unteren Rücken.

2

Rollen Sie den Kopf zurück und beugen sich so weit es geht zurück, dieses Mal können Sie das Becken nach vorne schieben.

21

[Logische Sequenzen von Asanas – Variationen im Drehsitz]

[Variationen im Drehsitz]

VARIATIONEN IM DREHSITZ

Wenn Ihnen die Grundstellung Schwierigkeiten bereitet, können Sie sie etwas vereinfachen.

Variation 1, 1

Strecken Sie das rechte Bein, stellen den linken Fuß über das rechte Bein und ziehen sich am linken Schienbein nach vorne, um die Wirbelsäule aufzurichten.

Variation 1, 2

Legen Sie den rechten Arm um das linke Bein und …

Variation 1, 3

stellen die linke Hand hinter dem Rücken auf. Drehen Sie sich so weit wie möglich nach links und schauen über die linke Schulter nach hinten.

Wiederholen Sie auf der anderen Seite.

Variation 2, 1

Setzen Sie sich rechts neben die Ferse, stellen den linken Fuß über das rechte Knie, stellen die linke Hand hinter dem Rücken auf und strecken den rechten Arm hoch.

Variation 2, 2

Geben Sie den rechten Ellbogen an die Außenseite des linken Knies und schieben das Bein zum Körper hin.

Variation 2, 3

Strecken Sie den rechten Arm und greifen den linken Fuß.

Wiederholen Sie auf der anderen Seite.

[Logische Sequenzen von Asanas]

WIRBELSÄULENDREHUNG IN DER RÜCKENLAGE

DIE KROKODILSÜBUNGEN

Variation 1, 1

Legen Sie sich auf den Rücken, strecken die Arme auf Schulterhöhe auf dem Boden aus und heben die gebeugten Beine an.

Variation 1, 2

Bringen Sie die Beine rechts zum Boden und drehen den Kopf nach links.

Wiederholen Sie auf der anderen Seite.

Variation 2, 1

Legen Sie sich auf den Rücken, strecken die Arme auf Schulterhöhe auf dem Boden aus und stellen den linken Fuß auf das rechte Knie.

Variation 2, 2

Bringen Sie das linke Knie rechts zum Boden und drehen den Kopf nach links.

Variation 2, 3

Legen Sie die rechte Hand auf das linke Knie.

Wiederholen Sie auf der anderen Seite.

22

[Logische Sequenzen von Asanas –
Variationen in den Gleichgewichtsübungen]

[Variationen in den Gleichgewichtsübungen]

VARIATIONEN IN DEN GLEICHGEWICHTSÜBUNGEN

DIE KRÄHE

Variation 1, 1

Kommen Sie in die Hocke, stellen die Hände mattenweit auseinander und gleiten mit den Oberarmen nach unten, bis die Schienbeine auf den Oberarmen liegen.

Variation 1, 2

Verlagern Sie das Gewicht nach vorne und …

Variation 1, 3

heben den Körper hoch in die Krähe.

Variation 2, 1

Stellen Sie die Hände etwas mehr als schulterweit auseinander und legen den linken Oberschenkel auf den rechten Ellbogen. Die Beine liegen aufeinander. Heben Sie den Kopf und fokussieren einen Punkt vor sich am Boden.

Variation 2, 2

Verlagern Sie das Gewicht leicht nach vorne, heben die Füße hoch und strecken die Beine. Das ganze Gewicht ruht auf dem rechten Ellbogen.

Wiederholen Sie auf der anderen Seite.

Variation 3, 1

Setzen Sie sich auf den Boden, strecken das linke Bein vor sich aus und legen das rechte Bein über den rechten Oberarm.

[Logische Sequenzen von Asanas]

DER PFAU

Variation 3, 2

Verschränken Sie die Füße ineinander,

Variation 1, 1

Hocken Sie sich bei aufgestellten Zehen auf die Fersen und legen die Hände seitlich aneinander, sodass sich die kleinen Finger berühren.

Variation 3, 3

heben den Körper hoch und drehen die Beine nach rechts, das ganze Gewicht ruht auf dem rechten Ellbogen.

Wiederholen Sie auf der anderen Seite.
(Ist leichter als es aussieht!!)

Variation 1, 2

Stellen Sie die Hände unter dem Becken auf den Boden, die Finger zeigen nach hinten, die kleinen Finger berühren sich, die Ellbogen sind geschlossen und berühren den Bauch.

Variation 4

Verfahren Sie wie in Variation 1.

Dann ziehen Sie die Fersen zum Gesäß und drücken den Körper hoch in den Handstand.
(Ist schwerer als es aussieht …)

Variation 1, 3

Bringen Sie die Stirn zum Boden und strecken die Beine nach hinten aus. Auch wenn Sie in der Stellung nicht weiterkommen als bis hierher, werden Sie viele gute Auswirkungen der Stellung spüren.

[Variationen in den Gleichgewichtsübungen]

Variation 1, 4

Heben Sie den Kopf und probieren den Rücken zu strecken, dann laufen Sie mit den Füßen immer weiter zu den Händen,

Variation 1, 5

bis Sie sich automatisch vom Boden lösen. Probieren Sie nicht, mit den Füßen vom Boden zu springen, da Sie so das Gleichgewicht nicht finden werden. Nur wenn der Oberkörper weit genug nach vorne geschoben wird, kann der Körper auf den Ellbogen balancieren.

Variation 2, 1

Kommen Sie in den Lotus und stellen sich auf die Knie. Die Hände sind geschlossen, die Fingerspitzen zeigen nach hinten.

Variation 2, 2

Bringen Sie die Stirn zum Boden und …

Variation 2, 3

heben Beine und Oberkörper vom Boden hoch in den Lotus-Pfau.

Wenn man den Lotus kann, ist diese Stellung leichter als der Pfau.

DER BAUM

Variation 1, 1

Stellen Sie den rechten Fuß auf den linken und bringen die Hände in die Gebetsstellung. Fokussieren Sie einen Punkt am Boden, um das Gleichgewicht zu halten.

[Logische Sequenzen von Asanas]

Variation 1, 2

Strecken Sie die Arme über den Kopf. Wiederholen Sie auf der anderen Seite.

Variation 2

Stellen Sie den rechten Fuß an das linke Knie, kommen in die Gebetsstellung und strecken die Arme über den Kopf. Wiederholen Sie auf der anderen Seite.

Variation 3

Stellen Sie den rechten Fuß an den linken Oberschenkel, bringen die Hände in die Gebetsstellung und strecken sie über den Kopf.

Wiederholen Sie auf der anderen Seite.

Variation 4

Bringen Sie den rechten Fuß in den halben Lotus, die Hände in die Gebetsstellung und strecken sie über den Kopf.

Wiederholen Sie auf der anderen Seite.

Variation 5

Bringen Sie den rechten Fuß in den halben Lotus, legen den rechten Arm um den Körper und greifen den rechten Fuß, der halbe gebundene Lotus. Strecken Sie den linken Arm über den Kopf.

Wiederholen Sie auf der anderen Seite.

23

[Logische Sequenzen von Asanas – Variationsreihe der Hand-Fuß-Stellung]

23 [Variationsreihe der Hand-Fuß-Stellung]

VARIATIONSREIHE DER HAND-FUSS-STELLUNG

Sie können in dieser Übung jede Stellung 2–3 Atemzüge lang halten.

1

Schließen Sie die Beine und bringen die Hände in die Gebetsstellung.

2

Mit der Einatmung strecken Sie sich hoch und zurück und weiten den Brustkorb.

3

Öffnen Sie die Arme in ein V und weiten den Brustkorb etwas mehr.

4

Verschränken Sie die Hände hinter dem Rücken, ziehen die Hände nach unten und rollen den Kopf in den Nacken.

5

Beugen Sie sich aus der Hüfte nach vorne und ziehen die Arme über den Kopf, die Knie bleiben gestreckt. Spüren Sie die Dehnung in Beinen und Schultern.

[Logische Sequenzen von Asanas]

6

Lösen Sie die Arme und heben Arme und Oberkörper parallel zum Boden, die Beine bleiben möglichst gestreckt. Heben Sie Oberkörper und Arme weiter hoch,

7

schließen die Hände und beugen sich leicht zurück. Machen Sie ein V mit den Armen, verschränken die Hände hinter dem Rücken.

2- bis 3-mal wiederholen.

[Übungen auf dem Stuhl]

ÜBUNGEN AUF DEM STUHL

Wenn Sie nicht gut auf dem Boden sitzen können, so können Sie viele der Übungen auch auf einem Stuhl sitzend machen.

Atem-, Augen- und Nackenübungen können natürlich sowieso auf dem Stuhl gemacht werden, genauso wie die Anfangs- und Endentspannung.

Ich werde hier nur einige Varianten aufzeigen, um Ihnen eine Idee zu geben, wie man kreativ mit den Übungen umgehen kann, sie an jede Situation anpassen kann, wenn man den Sinn der Übung versteht.

VORWÄRTSBEUGE

1

Stellen Sie den linken Fuß auf, strecken das rechte Bein und ziehen die Zehen zum Kopf.

2

Beugen Sie sich mit der Ausatmung zum rechten Bein hinab.

Wiederholen Sie mit dem linken Bein.

SCHIEFE EBENE

1

Schließen und strecken Sie die Beine, stellen die Füße auf und stellen die Hände hinter sich auf den Stuhl.

2

Mit der Einatmung schieben Sie Becken und Brustkorb hoch und rollen den Kopf in den Nacken.

3

Senken Sie das Becken und beugen sich sanft nach vorne.

[Übungen auf dem Stuhl]

DREHSITZ

Variation 1, 1

Stellen Sie die linke Hand hinter sich auf den Stuhl und legen die rechte Hand auf das linke Knie.

Variation 1, 2

Richten Sie den Rücken auf und drehen sich so weit es geht nach links, schauen über die linke Schulter nach hinten.

Wiederholen Sie auf der anderen Seite.

Variation 2, 1

Legen Sie das linke Bein über das rechte Knie, stellen die linke Hand hinter dem Rücken auf den Stuhl und legen die rechte Hand auf das linke Knie.

Variation 2, 2

Richten Sie den Rücken auf und drehen sich so weit es geht nach links, schauen Sie über die linke Schulter nach hinten.

Wiederholen Sie auf der anderen Seite.

ENDENTSPANNUNG

1

Heben Sie das rechte Bein, anspannen, fallen lassen.

2

Linkes Bein heben, anspannen, fallen lassen.

23 [Übungen auf dem Stuhl]

3

Heben Sie den rechten Arm, machen eine Faust, anspannen,

4

spreizen die Finger, fallen lassen.
Usw., usw.

[Schlusswort]

Zum Abschluss des Buches möchte ich mich bedanken, dass Sie mir Ihre Aufmerksamkeit geschenkt haben und hoffe, dass ich Ihnen die ein oder andere Anregung zum Nachdenken und Erweiterung beim Üben mit auf den Weg geben konnte. Sampoorna Yoga ist ein wundervoller, effektiver Weg, anhaltende Zufriedenheit, gute Gesundheit und letztendlich die höchste Erleuchtung, die Stille des Geistes zu erreichen. Ich kann Ihnen versprechen, dass sich jede Stunde, Minute oder gar Sekunde, die Sie in diesen Weg investieren tausendfach bezahlt macht.

„Sampoorna Hatha Yoga – Perfektion in Bewegung, oder (geistige) Perfektion durch Bewegung."

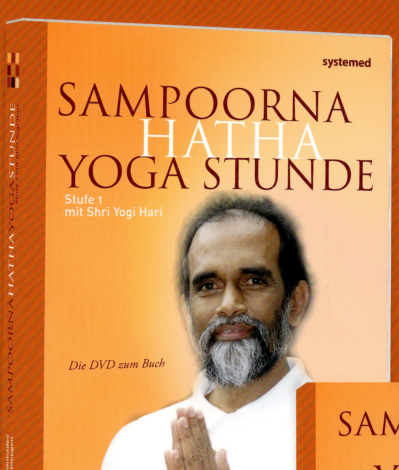

Lernen Sie die Übungen der Sampoorna Hatha Yoga Stunde, Stufe 1, direkt von dem großen Yogameister Shri Yogi Hari. Seine bezaubernde Ausstrahlung und die geschmeidigen Bewegungen werden Sie inspirieren und Ihre Fortschritte beim Üben stark beschleunigen. Lassen Sie sich von diesem Video verzaubern. Die wundervolle Natur Floridas und beruhigende Hintergrundmusik versetzen Ihren Geist in einen entspannten, aufnahmebereiten Zustand, sodass Sie den von Brahmadev Marcel Anders-Hoepgen gesprochenen Anweisungen problemlos folgen können.

DVD, Laufzeit circa 75 Minuten
gesprochen von
Brahmadev Marcel Anders-Hoepgen
Preis: 24,95 €
ISBN 978-3-927372-64-1

Diese beiden Titel erscheinen im Herbst 2010. Wenn Sie vor Erscheinen benachrichtigt werden möchten, senden Sie uns bitte eine eMail an info@systemed.de.

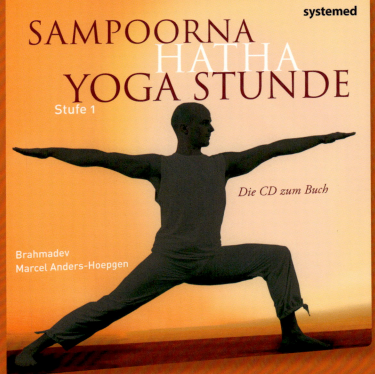

Mit dieser CD können Sie sich von Brahmadev Marcel Anders-Hoepgen durch die Sampoorna Hatha Yoga Stunde, Stufe 1, führen lassen. Die Sprachaufnahme wird Ihnen das Üben sehr erleichtern, da durch die Kombination von Brahmadevs melodischer Stimme und der beruhigenden Hintergrundmusik von Shri Yogi Hari eine wundervolle Stimmung kreiert wird, die den Geist beruhigt und energetisiert. Üben mit dieser CD ist, als ob Sie Ihren privaten Yogameister bei sich zu Hause hätten.

CD, Laufzeit circa 75 Minuten
gesprochen von
Brahmadev Marcel Anders-Hoepgen
Preis: 16,95 €
ISBN 978-3-927372-65-8

Leseempfehlungen rund um ein bewusstes Leben und um den gesunden Lebensstil.

Dr. Nicolai Worm
Glücklich und schlank.

Mit viel Eiweiß und dem richtigen Fett. Das komplette LOGI-Basiswissen. Mit umfangreichem Rezeptteil.

Format: 165 mm x 235 mm
176 Seiten, vierfarbig

19,90 EUR (D)
ISBN 978-3-927372-26-9

Über 300.000 Leser kauften LOGI-Bücher! Damit ist die LOGI-Methode aus dem systemed Verlag eine der erfolgreichsten Ernährungsratgeber-Reihen auf dem Markt.

Keine Diät, sondern eine Lebenseinstellung. Das Grundlagenwerk zur LOGI-Methode.

Dr. Nicolai Worms LOGI-Methode ist ein ganzheitliches System, das nicht auf Radikaldiäten und kurzfristige Sensationserfolge baut. LOGI ist eine Lebenseinstellung, mit der man dauerhaft gesund bleiben und genussvoll abnehmen kann.

WWW.LOGI-METHODE.DE

systemed verlag

LOGI-METHODE.
Glücklich und schlank.
Mit viel Eiweiß und dem
richtigen Fett.
Dr. Nicolai Worm
978-3-927372-26-9
19,90 EUR

LOGI-METHODE.
Das große LOGI-Kochbuch.
Franca Mangiameli
978-3-927372-29-0
18,90 EUR

LOGI-METHODE.
Das neue große
LOGI-Kochbuch.
Franca Mangiameli,
Heike Lemberger
978-3-927372-44-3
19,95 EUR

LOGI-METHODE.
Die LOGI-Kochkarten.
978-3-927372-45-0
17,95 EUR

LOGI-METHODE.
LOGI-Guide.
Franca Mangiameli,
Dr. Nicolai Worm
978-3-927372-28-3
6,90 EUR

LOGI-METHODE.
LOGI-Tageskalender 2011.
978-3-927372-58-0
15,95 EUR

LOGI-METHODE.
Die LOGI-Akademie
Franca Mangiameli
978-3-927372-59-7
48,00 EUR

LOGI-METHODE.
Das LOGI-Menü
Franca Mangiameli
978-3-927372-60-3
29,95 EUR

LOGI-METHODE.
Abnehmen lernen.
In nur zehn Wochen.
Heike Lemberger,
Franca Mangiameli
978-3-927372-46-7
18,95 EUR

Leicht abnehmen!
Geheimrezept Eiweiß.
Dr. Hardy Walle,
Dr. Nicolai Worm
978-3-927372-39-9
19,95 EUR

Leicht abnehmen!
Das Rezeptbuch.
Dr. Hardy Walle
978-3-927372-40-5
12,95 EUR

66 Ernährungsfallen
... und wie sie mit Low-Carb
zu vermeiden sind
Petra Linné,
Barbara Gassert
978-3-927372-55-9
15,95 EUR

Stopp Diabetes!
Raus aus der Insulinfalle
dank der LOGI-Methode
Katja Richert,
Ulrike Gonder
978-3-927372-56-6
16,95 EUR

Syndrom X oder
Ein Mammut auf den Teller!
Dr. Nicolai Worm
978-3-927372-23-8
19,90 EUR

Sind wir morgen alle dick?
40 Jahre Ernährungslügen.
10 Kilo Übergewicht.
Pierre Weill
978-3-927372-52-8
15,95 EUR

Mehr vom Sport!
Low-Carb und LOGI in der
Sporternährung.
Clifford Opoku-Afari,
Dr. Nicolai Worm,
Heike Lemberger
978-3-927372-41-2
19,95 EUR

Das Kohlenhydratkartell.
Über die Diätkatastrophe,
die vermeiden, die
finsteren Machenschaften der
Zuckerlobby und Wege aus
dem Diätendschungel.
Clifford Opoku-Afari
978-3-927372-43-6
12,95 EUR

Heilkraft D. Wie das Sonnenvitamin vor Herzinfarkt, Krebs und anderen Zivilisationskrankheiten schützt.
Dr. Nicolai Worm
978-3-927372-47-4
15,95 EUR

Allergien vorbeugen.
Allergieprävention heute.
Dr. Imke Reese,
Christiane Schäfer.
978-3-927372-50-4
14,95 EUR

Homöopathie – sanfte Heilkunst für Babys und Kinder.
Angelika Szymczak
978-3-927372-49-8
19,95 EUR

Das Hatha Yoga Lehrbuch
Sampoorna Hatha Yoga,
Perfektion in Bewegung
Die 150 schönsten Übungen.
Marcel Anders-Hoepgen
978-3-927372-53-5
29,95 EUR

Audio-CDs von
Marcel Anders-Hoepgen

- Kraft tanken
Entspannung für den Tag
Geführte Meditation
978-3-927372-61-0
9,95 EUR

- Gut schlafen
Entspannung für die Nacht
Geführte Meditation
978-3-927372-62-7
9,95 EUR

Johanniskraut.
Wenn die Nerven
verrückt spielen.
Anita Heßmann-Kosaris
978-3-927372-38-2
10,95 EUR

Natürlich verhüten
ohne Pille
Anita Heßmann-Kosaris
978-3-927372-63-4
14,95 EUR

Gesund durch Stress!
Wer reizvoll lebt,
bleibt länger jung!
Hans-Jürgen Richter,
Dr. Peter Heilmeyer
978-3-927372-42-9
15,95 EUR

LOGI und Low Carb
in der Sporternährung.
Jan Prinzhausen
978-3-927372-30-6
24,90 EUR

LOGI-Grundlagenbroschüren
- Den Typ-2-Diabetes an der Wurzel packen.
- Syndrom X: Metabolisches Syndrom.
- Süßes Blut rächt sich bitter.
Paketpreis: 7,50 EUR
(erhältlich nur beim Verlag)

Praxisbroschüre
LOGI im Alltag.
978-3-927372-35-1
3,90 EUR

Praxisbroschüre
Ernährungstherapie nach der LOGI-Methode.
978-3-927372-36-8
4,90 EUR

DIN-A1-Poster
Die LOGI-Pyramide
EUR 6,50 zzgl. EUR 5,00 Versandkosten
(erhältlich nur beim Verlag)

systemed Verlag · Kastanienstraße 10 · D-44534 Lünen · Telefon 02306 63994 · Telefax 02306 61460 · www.systemed.de · faltin@systemed.de

Yes, I can!
Erfolgreich schlank
in 365 Schritten.
Dr. Ilona Bürgel
978-3-927372-51-1
15,00 EUR

Was halten SIE von Diäten? Nichts, weil eh sinnlos? Nichts mehr, weil Sie schlechte Erfahrungen haben? Sie streben trotzdem ein schönes Leben mit Gesundheit, Vitalität und Wunschgewicht an? Dann ist dieses Buch genau für Sie. Ein Buch, das Möglichkeiten und Wege zeigt, endlich und dauerhaft Ihr Ziel zu erreichen: Ihre Wunschfigur.

Noch mehr Informationen zu unseren Titeln und Autoren finden Sie im Internet auf www.systemed.de

[Impressum]

© 2010 systemed Verlag, Lünen. Alle Rechte vorbehalten. Nachdruck, auch auszugsweise, sowie Verbreitung durch Film, Funk und Fernsehen, durch fotomechanische Wiedergabe, Tonträger und Datenverarbeitungssysteme jeglicher Art nur mit schriftlicher Genehmigung des Verlages.

Redaktion: systemed Verlag, Lünen
Gestaltung: fuchs_design, München
Satz: Final Art, Manfred Karg, München
Fotos: Karsten Kuppig, Dortmund
www.kk-images.com
Druck: Druckerei Griebsch & Rochol, Hamm
ISBN: 978-3-927372-53-5
1. Auflage

Bildnachweis: S. 9 Marcel Anders-Hoepgen, S. 15, 18, 23, 29, 35, 36, 37, 43, 47, 49, 52, 53, 57, 61, 64, 66, 67, 70, 71, 74, 75, 79, 117, 119, 184 iStockphoto.